王陽明傳

周月亮 著

中國傳媒大學周月亮教授
歷時二十年的心血力作

王陽明傳

作　　者：周月亮 著

責任編輯：謙　和

裝幀設計：謙德文化

出　　版：古籍書局有限公司

香港尖沙咀金巴利道 53 號

E-MAIL：qiandedushu@qq.com

發　　行：古籍書局有限公司

香港尖沙咀金巴利道 53 號

印　　刷：深圳遠東包裝有限公司

深圳市龍華區龍華街道龍苑大道聯華工業園

版　　次：2024 年 8 月第 1 版第 1 次印刷

定　　價：HK$ 78.00　NT$ 320.00

ISBN 978-988-70548-6-3

Published in Hong Kong

導讀 修心煉膽吐光芒

一、通過任何生活創造自己

渴望不朽的人認爲日常生活不値得過，渴望生活的人認爲追逐不朽是虛妄的。心學大師王陽明告訴你：人可以通過任何生活來創造自己，渴望生活與渴望不朽正可一統於「致良知」。他還告訴你一套隨分用力、用自我的力量來生成自我的方法，找著良知這個「發竅處」，便能每天都活出新水準。若找不著便架空度日，給別人活了。梵·高渴望生活是用自己的感性來創意，陽明渴望不朽也是用感性來創意，他們的感覺把他們的生命和生活一體化了，從而都「活」出了不朽。

心學就是用良知建功立業、詩意棲居活出靈性的意義學。是個靠意念貫通心物建立起來的自己成全自己的成功學。匹夫而爲百世師，許多人從陽明學中取了一瓢飲。王陽明的啓示在於：凡牆都是門，聖雄事業是從心頭做。他高度強調道德的自我完成，並因爲這種追求相當純粹反而建立了救時濟世的事功，而不是相反，講道德就什麼也不幹了，像以往成了藝術品的君子那樣。他的秘密在於超道德而道德化、超實用而相當實用，又不是兩張皮，從而眞誠至極又機變至極，高度恪守道德又相當心智自由，將一生變成了自覺改造自己、自覺改造社會的覺世行道之旅。每一天都不白活，無事時成聖，有事時成雄。

二、良知能給我們的

良知是人之所以爲人的自性，是人所固有的「根本慧」，是能接通自然能量的本源性直覺。當代日本人矢崎勝彥用陽明心學發展起來的「將來世代國際財團」意在證明良知之道的大意義：克服我執，超越經濟至上主義、科學至上主義、眼前至上主義等。喚醒每一個人內在良知的地球市民意識，呼籲以此爲行動準則，建立開拓未來的新文明。現在的「互聯網+」則更日新日日新地需要陽明學做意義支撑。

陽明說良知如佛說的「本來面目」。它是人生的「根」，根，是能生的意思。也就是說它是「元意義」，是人生各種意義的根據、本體。這個本體卻是個「虛靈」，不能著一物，如眼裏容不得一粒，不管是沙子還是金子。然而它又是根本慧：做事情，它是成所作智；看人情事變，它是妙觀察智；在任何環境中，它是貫通心物、建立意義的平等性智；它是宇宙便是我心、我心便是宇宙、讓人生生不息進取超越的大圓鏡智。地，無水是焦土；人，無智是僵屍。良知能給我們的就是這個根本慧，讓我們隨我的「分」去建立意義通道。致良知卽明心見性，性卽是見，見卽是性。不可以智更斷智，智智相害，卽智亦不可得。

為達目的不擇手段的陰謀家會說它沒用，成事不足敗事有餘——這是一句完全的外行話，謀略能成恰靠「不動心」。良知正是「不動心」本身，王陽明正是靠著這個「不動心」旬日平寧王、剿巨寇。個中原委詳見本書第九回、第十回。

三、心學憑什麼有這種能力？

心學是開良知這個「根本慧」的功夫學。致良知的主要目的是喚醒一種澄明的意識狀態。各種知識是有終點的，而這種澄明的狀態則只是起點，不僅超越有限又無情的知識理性，更超越蠻橫的唯我主義。它啓發你生生不息地尊重物性、尊重各行各業的規律、富有創造性地做好本分事。

最簡單的辦法是在紛繁複雜的世事、欲念中親證「虛靈不昧」的良知，有了良知覺悟性就無施不可、無往不恰到好處了。

良知是定盤星、通道，既不在任何貌似眞理的說教中，也不在無窮無盡的對象界，只在你心中。有人自信不及，自己埋倒了；有人貪欲太重，把良知遮蔽了；有人理障太深，不見自性……所以稀裏糊塗地活、亂七八糟地死。追逐什麼死於什麼，沒有找到生的根，就只能到處流浪、與物同榮枯。王陽明的一生是用德去得道的心學標本，他在艱苦卓絕的歷程中找到了「自性」，從而絕處逢生；有良知指引，任風高浪險，操船得舵；既現場發揮得好，又不是權宜之計；每一創意、舉措都既操作簡便又意義深遠。

心學是能將所有玄遠的意義感覺化的身體力行的藝術。譬如，人活著無非是說與做，有的人多言、有的人沉默。陽明告訴你：多言的病根在氣浮、志輕。氣浮的人志向不確定，熱衷於外在炫耀，必然日見淺陋；志輕的容易自滿松心，幹什麼都不會有高深的造詣。而沉默包含著四種危險：如果疑而不問，蔽而不知辨，只是自己哄自己的傻悶著，這是愚蠢的沉默；如果用不說話討好別人，就是狡猾的沉默；如果怕人家看清底細，故作高深掩蓋自己的無能，那是捉弄人的沉默；如果深知內情，裝糊塗，佈置陷阱，默售其奸，那是「默之賊」。陽明說：功夫愈久，愈覺不同，此難口說。

王陽明是中華民族的代表人物之一，他的心學卻沒有成爲我民族感性的、本能的世界觀。蔣介石在《中國的立國精神》（1932年6月6日）中有點誇張地說：「他們日本自立國以來，舉國上下，普遍學我們中國的是什麼？就是中國的儒道，而儒道中最得力的，就是中國王陽明知行合一『致良知』的哲學。他們竊取『致良知』哲學的唾餘，便改造了衰弱萎靡的日本，統一了支離破碎的封建國家，竟成了一個今日稱霸的民族。我們中國人自己忘了自己的立國精神，拋棄了自己固有最良的武器」，「我們要復興中國，完成革命」，「就是要把復興中國，抵抗日本的緊要武器，拿住在我們手裏」。

發明了蘋果電腦的喬布斯可能沒有受過王陽明的任何影響，他生前說過一番話卻頗得心學旨趣：人活著不要被教條所限，不要活在別人的觀念裏，不要讓別人的意見左右自己內心的聲音，要勇敢地追隨自己的心靈和直覺。——喬布斯這段話的主語是「人」，不是想幹什麼就幹什麼的動物。

王陽明的心性論是聯通論、意義論，陽明學是打通學，是上通《易》道下啓民智、點對點開發可能性的大智慧，用今天的話說：良知之道是「良知+」，一點也不是單邊道德主義、抗拒任何性質和形式的單面人。良知之道應該也正在成爲互聯網時代之資訊文明的「根」，是草根們的當然的「根」。

本文標題前四個字用西鄉隆盛「修心煉膽，全從陽明學而來」後三個字借梁啓超說陽明先生「吐大光芒」。全部問題結穴於：咱每一個人怎麼修心煉膽、怎麼自己成就自己的心體之光明。至於能否吐光芒、吐大光芒還是小光芒，就不要多想了，想多了就成了市儈凡夫。

小引 綴著駝鈴的鞋

一生極重踐履的陽明，像只鞋。這只鞋上插著生命的權杖，形成心學的倒T字型結構——不是十字架，也不是鑽不出地平線的大衆的正T字型。他的「致良知」功夫就是要把人「十字打開」、拉成與大地垂直、頂天立地的大寫的人。

拔著頭髮離地球的是阿Q，當縮頭烏龜還挺體面的是假洋鬼子，只是鞋而無權杖的是孔乙己，只要權杖而不願當鞋的是不准別人姓趙的趙太爺。「未莊」不一定是紹興，陽明和魯迅卻同是紹興人。未莊是俗世，他倆是聖雄。

聖雄的生活方式是：既生活在這裏，又生活在別處！換句話說，聖雄是只註定要走向遠方的鞋。

《明史》陽明本傳中只附了一個學生：冀元亨。因去過寧王府而被當成陽明通寧王的證據給抓起來，在錦衣衛的監獄裏受百般折磨，但他對人依然像春風一樣，能感動得獄吏和獄友們垂淚，他把坐大獄當成了上學堂。司法人員驚奇問他夫人：「你丈夫秉持什麼學術？」她說：「我丈夫的學問不出闔幃衽席之間。」聞者皆驚愕不已。

中國人訓練感情的場所不在教堂，而在家庭、在「闔幃之間」，養成像對待親人一樣的對待世界的態度，就能活出眞誠惻怛來，這眞誠惻怛就是人人能說卻難實踐的良知。人們如果能像天天穿鞋一樣「踐履」眞誠惻怛，就愛仁而見性了。

先作只鞋，再插上權杖，也不是陽明學的精神。那是把鞋的「大地性」當成了手段，斷斷成不了聖雄，如果成功也只是先裝孫子後當爺的梟雄。

再高貴的鞋，也是踩在腳下；但路也正在腳下。許多人最大的痛苦就是找不到合腳的鞋。致良知，就是要你找到可以上路的合腳的鞋。致者，實現也。能否實現呢？就看你肯不肯去實現——因爲，它就在你自身——「心卽理」。陽明這樣解釋孔子說的上智下愚不移——不是不能移，只是不肯移。只有成全自己之生命意志的人才能「踐履」在希望的道路上。

說無路可走的人，是沒有握住自家的權杖，把生命的舵送給了別人——那人哪怕是上帝也會變成魔鬼——上帝的眞誠包含著上帝的欺騙。

心學或曰陽明學並不給世人提供任何現成或統一的鞋，如果有那種鞋就是枷鎖和桎梏了，心學只是告訴人們：每個人都能找到自己的那雙合腳的天天向上的鞋——找這雙鞋的功夫與天天向上的功夫是同一個功夫。

路在腳下，「鞋」在心中。你的任務是找與走，走著找，找著走，邊找邊走，摸著心中的鞋，蹚過腳下的河……這只鞋，陽明叫「良知」，大乘佛法叫「如來藏」。

這樣邊找邊走，就凸現出權杖的「權道」來——這個權道的「權」是秤砣，以及因此衍生的權衡、權宜的那個權。權，就是「感應之幾」，「幾」是那個權衡而得中、微妙的恰好。道是規定「權」在運用中顯現出來的意義。權道因此恰恰與流氓的無標準相反。權，若無道，便成了水漂、風標。日本陽明學派創始人中江藤樹端的是知音：「權外無道，道外無權；權外無學，學外無權。」權道就是道權合一、學權合一。

沒有道的權杖，就成了擺設或兇器。有了道，權杖才能變成金箍棒，草鞋才能變成船，駛向理想的港灣。通權達變，是孔子認可的最高境界。不能通權達變就刻舟求劍、守株待兔……

這個權道是踐履精神與權變智慧的一體化，也是聖賢功夫與俗世智慧的一體化——一講權變就滑向流氓，為杜絕流氓就割斷權道，這都是沒有找到自家本有的良知。權，人心這桿秤的秤砣，陽明說就是良知，它自體不動，無善無惡，卻能量出善惡是非。

所以，陽明這只鞋還綴著秤砣，這砣是風鈴更像駝鈴。

目錄

第一回 姚江夜航船

1.夜之光

有明三百年之活劇，像明人創作的戲文一樣，有它堂皇的開端、略爲沉悶的發展、好戲連台的高潮和引人深長思之的結尾。整個大故事有似「夜」「光」「影」之交疊的萬花筒。朝綱整肅時，社會蕭條；政治糜爛時，社會又出新芽。土崩之中有砥柱，瓦解之際有堅心，魚爛之內有珍珠。從正德朝開始明王朝開始衰敗也「好看」起來。漫漫長夜，人們渴望光。陽明應運而生了「心學」之光。

夜與光乃並體聯生的統一體，不可作兩事看。光有波粒二相性，夜則有光影二相性。一物之立則有三相焉。同理，宦官有忠奸，更有不忠不奸、可忠可奸的一大群。文官有邪正，更有不邪不正、可邪可正的一大幫。天下沒有不包含互反性的東西。洪武爺想打掉宦官和文官，卻反彈得這兩樣都空前地活躍。

這個牧童、乞兒、和尚出身的皇帝與傳統的文官精英政治及他們那套文化傳統沒有多少共同語言，從小吃苦太多養成他反社會反政府的人格，長期的軍事殺伐助長了他殘酷的品性。他的一個基本指導思想是聯合農民鬥地主，打散那個壓迫窮苦百姓的官僚層。如果說廢除宰相是怕篡權的話，大殺貪官則是爲國爲民除害。他殺貪官的幅面和力度、持久性都足夠空前。但以小過殺大臣成了家常便飯時，他就是江湖的「老大」了。他從農村的社戲中就知道了宦官禍政的教訓，他認爲宦官中好的「百無其一」，他當了皇帝後規定宮中宦官的數量不得超過百人，不准他們讀書受教育，想砍斷他們干政典兵的路。結果卻造成文盲收拾文化人的怪異國情。

劉瑾，這位「站著的皇帝」卻沒有眞皇帝的家產觀念、責任感，還是個及身而絕的絕戶。他手中那把扇子中藏著鋒利的匕首，說明他活得極不安泰。——所有的人都可能是敵人，這是以人爲敵者的必然邏輯。這種心理陰暗如「昏夜」的秉國者必然把國家搞得昏天黑地。因爲在這最最極權的國家，誰握著了皇權的權把子，誰就能按著他的意志把這個國家掄起來。這個古老的帝國的第一原理是「朕卽國家」。這個「朕」又往往是不知從哪兒掉下來的雜種。像呂不韋那種伎倆漢代陳平用過，唐、宋、明均有過得手者。寧王就說正德是江湖野種。群臣百姓只跪拜皇權，不敢問其由來和根本。皇權又是個「空筐結構」，誰塡充進去誰就是「主公」。「空筐」與宦官同樣不陰不陽。

大明王朝，明君良相極難找，昏君毒豎卻成對地出現此起彼伏。英宗與王振不及正德和劉瑾邪乎，正德和劉瑾又不如天啓與魏忠賢要命。劉雖比不過魏，但正德卻是古今無雙的大痞子、大玩主。正是這對寶貝打了陽明40大板，並發配到貴州龍場驛站，他們的性格決定了王陽明的政治命運。

如果說昏君毒豎是「夜」的話，那文官活躍就是「光」。沒有文官活躍這個大背景，就沒有陽明用武的大舞臺。文官活躍，文化上的原因是由於宋代理學的教化；現實原因是朱洪武廣開仕路和言路，開科取士的規模空前地大，允許任何官員直接上書言事。翻《明史》列傳，時見有人因一奏疏而驟貴或倒楣到底。文官隊伍品種駁雜，良莠不齊，總體上是政府運轉下來的基本力量。正德以後，皇帝不上班的多多，全國的政事照常運轉，靠的就是文官。

王陽明與這個文官系統的關係也是「夜與光」關係：他從他們中來，卻不想與他們一樣架空度日、混吃等死或生事事生的被是非窩活埋；他想帶動他們一起覺悟大道，他們卻覺得他倡狂生猛。他在他們當中如「荒原狼」，他們則如家兔子。他一生之戲劇性的沉浮變化，有一半是文官集團導演的。當然關鍵在於他反抗窩囊不肯和光同塵，不想與世低昂。他既生活在這裏，又生活在別處。他因此而歷盡顛蹶，也因此而光芒九千丈。他想給黑夜帶來光明，黑夜想把他吞噬了。他終於衝破了黑暗，創建了給幾代人帶來光明的心學。然而到了魯迅還在說：「夜正長，路也正長。」

2.夜中正是用功時

對這佈滿夜色的生存環境，陽明自有與衆不同的「心法」：用夜深人靜後心魂相守的超然的心態來超越黑暗的現實，用孟子擴充法在侮辱面前高大起來；獲「反手而治」的大利益。

他說：「人一日間，古今世界都經過一番，只是人不見耳。夜氣清明時，無視無聽，無思無作，淡然平懷，就是羲皇世界。平旦時神清氣朗，雍雍穆穆，就是堯舜世界。日中以前，禮儀交會，氣象秩然，就是三代世界。日中以後，神氣漸昏，往來雜擾，就是春秋戰國世界。漸漸昏夜，萬物寢息，景象寂寥，就是人消物盡的世界。學者信得良知過，不爲氣所亂，便常做個羲皇已上人。」（《傳習錄》下）這裏用「夜」來比方社會狀況，這個比方隱括了公羊學的「三世說」，夜氣清明與人消物盡的昏夜是治世與亂世的象徵（清末龔自珍的《尊隱》再次借用了這個表達法）。陽明強調的是：人的精神力量（信得良知過）是可以獨立地超越社會此狀況臻達彼狀況的。

正德十年（乙亥），陽明爲天澤作《夜氣說》，強調夜氣（靜）與白天（動）的相互依存的辯證關係，他先從感性知覺說文人喜歡的「夜晚現象」：師友相聚，談玄論道，靜謐的夜晚賦予了文人超越的情思，適宜靈魂進行創造性活動；他又轉而告誡天澤，不能太迷戀夜晚這種孤寂的狀態，太離群索居必意怠志喪，這就失去了陽氣的滋養。

「良知在夜氣發的，方是本體，以其無物欲之雜也。學者要使事物紛擾之時，常如夜氣一般，就是通乎晝夜之道而知。」這裏又把夜氣比做中庸至境的那個「未發之中」。明心見性的眞功夫就是找到、養育這個「未發之中」（《傳習錄》下）。後來，他更簡練的說法是「良知就是獨知」時，靜夜慎獨做夠內聖功夫，才能超拔出衆人那平均態的心智。靜功是動功的本錢，在紛擾混亂中，「不動心」；每臨大事有靜氣，不隨境轉，不爲氣亂，是陽明最後終能建成事功的心訣。

陽明一生反復說：「若上好靜，遇事便亂，終無長進。」「好靜只是放溺」，沉空守寂只會學成一個癡呆漢。他堅決主張必須在事上磨練才是眞做功夫。陽明的哲學是：萬物皆備於我，化任何不利因素爲有利因素，「苟得其養，無物不長；苟失其養，無物不消」。要想長，就得想辦法得全面的「養」。任何故意跑偏樹敵的做法都是自作孽的傻瓜行爲。陽明在強調轉化時借重道家的「孤陰不生，獨陽不長」的思想，也借重禪宗「達則遍境是，不悟永乖疏」的智量。

心學就像心一樣靈動不可強持。陽明的過人之處在於他能將距離很遠的學說，打並爲一，將儒、墨、釋、道的精華一體化爲心學，這是以後的事情，現在的問題是：若一腔子羲皇世界的心志，偏偏遭遇了「日中以後」「漸漸昏夜」的年頭，怎麼辦？用現代話頭說：身處黑暗的年代，怎麼面對？是堅持還是合流？如果退回到自己的內心怎麼對世界負起責任？

3.超拔的家風

遺傳這「看不見的手」，撥弄人於「冥冥之中」。像人種有差別一樣，一個家族的特點、徽征如樹之年輪，能穿越歲月風雨和人事代謝而顯出內在的脈絡。陽明家族徽章的標記一句說盡，就是超拔、超越、超脫。陽明的心性顯現著遺傳的心性基因。

僅說淡泊俗名微利這一條，就是他們的「傳家寶」。陽明的六祖王綱，字性常，文武全才，元末世亂，往來於山水之間，時人莫知，從終南山隱士趙緣督學筮法，還會相面（舊稱「識鑒」，像看風水叫「地理」一樣）。他與劉伯溫是朋友，他對劉說：「老夫性在丘壑，異時（你）得志，幸勿以世緣見累，則善矣。」後來他70歲時還是被劉推薦到朝中當了兵部郎中。因爲他懂養生術，年70「而齒發精神如少壯」，朱元璋接見他時頗感驚奇。最後在廣東征苗時死於增城。王陽明也好養生，也是出征客死於路。

16歲的王彥達，用羊皮裹父屍背回老家。「痛父以忠死」，而朝廷待之太薄，遂終生隱居，躬耕養母，讀書自娛。給他的兒子與准留下先世傳下來的書，說：「但勿廢先業而已，不以仕進望爾也。」與准「閉門力學，盡讀所遺書」。信奉儒家「遯世無悶」的信條，既不去參加科考，也逃避薦舉。因他會打卦，知縣總找他算卦，他的倔脾氣發作，對著知縣派來的人，把卦書燒毀：「王與准不能爲術士，終日奔走豪門談禍福。」縣令懷恨在心，王與准逃遯到四明山的石室中。

當時朝廷爲裝點大一統氣象，「督有司訪求遺逸甚嚴」，以消化更多的不合作者。縣令特「舉報」了他：「王與准以其先世嘗死忠，朝廷待之薄，遂父子誓不出仕，有怨望之心。」朝廷派來的部使大怒，拘留與准的三個兒子，作爲人質，再上山追與准。與准「益深遯，墜崖傷足。求者得之以出」。部使見王的確傷得很重，又見他「言貌坦直無他」，不像個叛逆。王又向部使講了燒卦書逃遯的原因。部使放了他一家人，見他的二兒子世傑有出息，便對他說：「足下不仕，終恐及罪，寧能以子代行乎？」不得已，世傑當了領取「助學金」的秀才。他爲了感謝傷了他腳的石頭，遂自號「遯石翁」。

王世傑即陽明的曾祖。他勉強當了秀才後，趕上大考之年，按規定，考生須散髮脫衣接受檢查，以免夾帶作弊的東西。世傑覺得是侮辱，未進考場而返。後來又有兩次當貢生的機會，他都讓給了別人。理由先是雙親老，後來父死又以母老。但是不當官的日子是艱苦的，以奉養母親爲名不出仕，單靠種地教書，常常「饔飧不繼」。他母親臨死時曾說：「爾貧日益甚，吾死，爾必仕。勿忘吾言！」

古人有諛墓的習慣，我們讀到的是王氏門人編撰的《世德記》，也許這三代人所謂不出仕，實乃沒出了仕的好聽的說法。儘管如此，三代人耕讀養氣，不失「江左望族」的餘風。在明代流氓政治的漩渦外，在世風日替的齷齪聲浪之外，保持著「隱儒」風範，眞有腐敗權貴世家或單純農商家族所不具備的文化力量。「隱」是獨立之意志、自由之思想的人格基礎。

世傑因先世在門前種了三棵槐樹而號「槐里子」。平時言行一以古聖賢爲法，以曾點爲楷模，灑然自得（陽明在詩文中頻頻向曾點致敬），對爵祿無動於心。最後被舉貢到南雍（南京），沒當成官還客死身亡，自著的《易春秋說》《周禮考正》的手稿「爲其同舍生所取」，散失不知所終，僅存《槐里雜稿》數卷。

他的兒子就是一手帶大陽明的王天敍，名倫，以字行，號竹軒，「性愛竹，所居軒外環植之，日嘯詠其間」，靠教書過得窮自在。槐裏先生也是只給他留下幾箱書，每開書箱，都傷感地說：「此吾先世所殖也。我後人不殖，則將落矣。」他有良好的藝術感覺和文人雅趣，「善鼓琴，每風清月朗，則焚香操弄數曲。弄罷，復歌以詩詞，而使子弟和之。」他教育出個狀元郎和新建伯來，自有過人之處。可以說，陽明辦書院、會點撥人，是家傳也是遺傳。己酉年（1489年），陽明18歲時，這位能吃暗虧的可愛老人謝世。

他遺傳給了陽明「細目美髯」的相貌特徵，還有仁義和樂、與人交際親切藹然而尊嚴不可侵犯的個性，以及敏捷練達的才智。他爲文好簡古而厭浮靡，作詩則援筆立就，若不介意，卻合格律。他母親性格嚴厲，又偏愛她娘家的孩子和他的弟弟，但他像舜一樣照樣孝敬母親、愛護弟弟。這種以仁義之道處不公正之境的涵養也薰陶了陽明處逆心順的作風。更重要的是，這位被視爲陶淵明一流的人物傳給了他親愛的孫子瀟灑的隱逸之氣。

陽明的父親王華，因曾讀書龍泉山中，人稱龍山先生，晚號「海日翁」。生而警敏，讀書過目不忘，天敍口授的詩歌，經耳成誦。他6歲的時候在水邊玩，有人丟掉一袋金子，他知道那人必來找，又怕別人拿走，就將袋子放在水中。一會兒，那個人邊哭邊找過來。他告訴了他，那個人取出一錠來謝他，他扭頭走了。他氣質醇厚，坦坦自信，不立邊幅，議論風生，由衷而發；廣庭之論，入對妻子無異語。常面斥人惡，因而得罪人；但人們也知道他無深意，也結不下深怨。他有定力，組織能力強，百務紛陳，應之如流；在危疑震盪之際，能卓然屹立。陽明起兵平寧王時，家鄉人慌亂，怕寧王派兵來，他應付裕如。他家的樓房失火，親朋齊驚，他款語如常。這些都遺傳給了他兒子王守仁。

4.古越姚江

陽明爲人作序記，落款常是「古越陽明子」「陽明山人」「餘姚王陽明」，成化八年（1472年）九月三十日亥時陽明出生於餘姚。陽明的父親王華狀元及第後思戀山陰山水佳麗，又搬回山陰。餘姚遂成爲陽明的「老家」，現在兩地都留有遺跡，兩地在明代都屬於紹興府。紹興是大禹時代的「大越」，越地越人的特色要從大禹說起。魯迅視大禹爲「中國脊樑」的原型樣板，既是平實之論，亦包含著同鄉的自豪之情。大禹治水，功鑄九鼎；陽明治心，魯迅改造國民性，也都功不在禹下。

大禹治水告成於這三苗古地。《越絕書》載：這片泥濘積水的沼澤地，本是荒服之國，人民水行而山居、刀耕火種，還流行著斷髮文身的習俗，巫風頗甚。有越語（隸屬吳方言系統）、越歌、「鳥蟲書」（文字），古老的越文化則有河姆渡文化、良渚文化、馬橋文化。《越傳》載，「禹到大越，上苗山，大會計，爵有德，封有功，因而更名苗山曰會稽」。現會稽山麓的大禹陵，卽爲禹之葬地。夏少康封庶子無餘於會稽，奉守禹祠，國號爲「於越」。秦始皇時期改名爲「山陰」。

越王勾踐臥薪嚐膽終於報仇復國的精神最見越人的脾氣和心性。紹興的越城區是范蠡幫助勾踐爲「十年生聚，十年教訓」而規劃設計的。紹興城也因此又稱作「蠡城」。勾踐滅吳的次年將國都從蠡城遷到瑯琊（今山東膠南縣附近）。王陽明的遠祖卽瑯琊人，王氏族譜上的「始祖」是晉光祿大夫王覽。有人說王陽明是王導一系的，有人說是王羲之一系的。

山陰習稱爲越，還因爲隋朝時在此建越州。改稱爲紹興，則是南宋趙構避金兵跑到這裏，兩次把越州當成臨時都城，越州官紳上表乞賜府額，趙構題「紹祚中興」，意爲繼承帝業，中興社稷。西元1131年，改年號爲紹興，並將越州改爲紹興府。於是，於越、會稽、山陰等名稱一統爲紹興。

陽明出生的餘姚是個山嶺叢集的古樸閉塞的城鎮，多虧了一條姚江溝通了與域外的聯繫，更多虧王陽明創立了姚江之學，從而使之成爲浙東文化重鎮。

姚江，又叫舜水，全稱爲餘姚江。餘姚江源出四明山支脈太平山，蜿蜒東流經餘姚於寧波匯奉化江後成爲甬江。關心郡國利病的大儒黃宗羲寫有一篇《餘姚至省下路程沿革記》。歷任地方官想改革舟渡辦法都是治此彼起，改變不了舟子跡同殺人的擺渡狀況，改變不了候渡甚難的情況。「是故吾邑風氣樸略，較之三吳，截然不同。無他，地使之然也。」陽明在《送紹興佟太守序》中說：「吾郡繁麗不及蘇，而敦樸或過；財賦不若嘉（興），而淳善則逾。是亦論之通於吳、越之間者。」

餘姚縣境中最大的山是龍泉山，爲四明山的支脈，又名龍山，在餘姚西邊。南坡山腰有泉，雖微不竭，名龍泉，以泉名山。其北麓半腰處有棟小閣子樓，本屬於莫家，王華還沒中狀元時租用爲書房，並家居於此。但因生了王陽明而成了文物。陽明高弟錢德洪撰有《瑞雲樓記》詳細記述了「神人送子」的神話：陽明的奶奶岑氏夢見五彩雲中，神人在鼓樂聲中抱一嬰兒交付岑氏。岑氏說，我已有子，我媳婦對我極孝敬，願得個好孫子。神人答應，然後，懷孕14個月的鄭氏生下陽明。等陽明大貴之後，鄉人便把那個小樓叫做「瑞雲樓」。有趣的是，24年後陽明的高足錢德洪也生於這個樓中。

《明史》寫得清靈精練，相當講究，但依然信服神秘靈異的話頭，好像大人物就是天縱之聖似的，說陽明是神人自雲中送來，因而初名「雲」，也因此而5歲尚不能說話，經異人撫摸後，更名「守仁」，才會說話。「雲」即「云」，在古漢語中是說話的意思，道破了天機。守仁，用的是《論語》語典：「知及之，仁不能守之，雖得之，必失之。」

正德十六年，陽明「百戰歸來白髮新」，「訪瑞雲樓，指胎衣地，收淚久之」。不是這種氣質的人，不可能創立重生命順人道的心學。陽明有《憶龍泉山》等詩。在《憶諸弟》中很有感慨地說：

久別龍山雲，時夢龍山雨。覺來枕簟涼，諸弟在何許？終年走風塵，何似山中住。百歲如轉蓬，拂衣從此去。

王守仁以「陽明」自號，是喜歡「陽明洞天」這個地方和這種仙氣的名稱。「陽明洞天」被當地人簡稱爲陽明洞。這個陽明洞在會稽山，據說是大禹藏書或葬身的地方，也叫禹穴。王陽明後來自豪地說，「昔年大雪會稽山，我時放跡遊其間……我嘗親遊此景得其趣……」

陽明31歲時告病回紹興，築室陽明洞側，行導引術。後來講學於陽明洞都是在洞側的房屋中，即王龍溪說的「精廬」。會稽山在紹興東南13里，有人徑稱會稽山爲陽明山。另外在廣西、貴州還有兩個陽明洞，都是陽明後來的講學處。

《嘉慶山陰縣誌》《紹興府志》都強調陽明是紹興（山陰）人，都說他「本山陰人，遷居餘姚後，仍還原籍」，「先生世居山陰，後遷姚江」。餘姚自來隸屬山陰。陽明的高祖王與准爲避永樂皇帝之舉遺逸曾逃到餘姚，王華遷回紹興後，王家就世居於此了。餘姚是陽明的出生地，紹興是他的生長地，也是中年以後的居住地。陽明在正德十三年《與諸弟書》中眉飛色舞地說：「歸與諸弟相樂有日矣。爲我掃松陰之石、開竹下之徑、俟我於舜江之滸，且告絕頂諸老衲，龍泉山主來矣。」

還有一座「王家山」，因王羲之建宅於山麓之中而得名。它在紹興的東北，相傳山上長蕺，越王勾踐爲雪恥興國曾經在此采食蕺草以自勵，所以又名蕺山。蕺山後來因「蕺山書院」而名滿天下，明末大儒劉宗周在此講學，培養了一個更大的儒——黃宗羲。黃的《明儒學案》是心學專門史，以姚江之學命名陽明學。清末於書院舊址創辦山陰學堂，秋瑾的同志徐錫麟曾主持學堂。

「越女天下白，鑒湖五月涼」，這是杜甫的名句。鑒湖在紹興西南，俗名長湖，大湖；雅名鏡湖，賀鑒湖。它因「鑒湖女俠」秋瑾的英名而廣爲人知。陽明詠鑒湖的詩無甚名氣，但可見他對家鄉水的感情：「鑒水終年碧，雲山盡日閑。」（《故山》）「春風梅市晚，月色鑒湖秋。空有煙霞好，猶爲塵世留。」（《憶鑒湖友》）

吳越素稱肝膽相照的鄰邦，但越人強項，吳人奢靡，民風扞格難通。浙東學風與湘湖學風相近，而去浙西較遠。陽明只能從姚江走出，而不可能從秦淮河畔崛起。秦淮河出名士，越地出志士，即便是名士也帶有孤傲倔強的志士風。湛若水在給這位古越陽明子作的墓誌銘中深情地說：「夫水土之積也厚，其生物必蕃，有以也夫。」——良有以也！

黃宗羲在《餘姚縣重修儒學記》語涉誇張地概括姚江之學：

元末明初，經生學人習熟先儒之成說，不異童子之述朱、書家之臨帖，天下汩沒於支離章句之中。吳康齋、陳白沙稍見端倪，而未臻美大聖神之域，學脈幾乎絕矣。……貞元之運，融結於姚江之學校。於是陽明先生者出，以心學教天下，視以作聖之路。馬醫夏畦，皆可反身認取；步趨唯諾，無非大和真覺。聖人去人不遠……至謂千五百年之間，天地亦是架漏過時，人心亦是牽補度日，是人皆不可為堯舜矣。非陽明亦孰雪此冤哉！……今之學脈不絕，衣被天下者，皆吾姚江學校之功也。

是以三百年以來，凡國家大節目，必吾姚江學校之人出而楷定……故姚江學校之盛衰，關係天下之盛衰也。……陽明非姚江所得而私也，天下皆學陽明之學，志陽明之志……

——《南雷文定》三集卷一

5.啓蒙大師

黃宗羲在上文中用姚江學校代指了姚江之學，姚江學校培養的人才對南明政權發揮了他所說的作用，而讓黃宗羲激動的地方在堂堂中華像姚江一樣的學校太少了，尤其是入清之後，哪里還有以天下爲己任的「學校」？姚江之學也沒有輝煌到「天下皆學陽明之學，志陽明之志」的程度，果眞如此還會在陽明屍骨未寒之際即被朝廷宣佈爲「僞學」而遭天下禁毀？不算政治賬，僅就學術影響而言，王學在廣大北方沒有形成氣候，在王學廣爲傳播的晚明，也沒有跨過長江——山東略有幾個講王學的。王學的盛傳在吳越楚蜀。

儒學的命脈在書院，王學的傳播也主要靠書院。朱元璋、朱棣擴張國子監、加大科舉規模，有用學校教育取代書院的意思，但是書院沒有絕跡，尚有洙泗書院、尼山書院、濂溪書院，但既未出人才也沒有影響。明代的書院振興起始於王陽明、湛甘泉。陽明創建了龍岡書院，復興了貴陽書院、濂溪書院、白鹿洞書院，主講稽山書院，開辦了南寧書院、敷文書院。陽明爲東林書院、平山書院、紫陽書院、萬松書院都作過「記」，以推廣書院教育。他54歲的時候，他的學生在他家建成了陽明書院。但更重要的是陽明學的啓蒙精神和力度，的確是關乎了天下之盛衰。陽明之吾性具足在「覺性」，人人皆有覺性，一旦覺性通貫就可以感寂無問、顯微一致、知行合一，從而無施不可，這個心性事功合二爲一的新思想，震動科場理學大廈，吹響了從明至淸的啓蒙號角。

王陽明是個啓蒙大師，上對八十老翁下對三尺孩童講，對苗瑤族不通漢語的人、聾啞人講。他天天講、月月講、年年講、隨時隨地講，遊山玩水的時候講、喝酒吟唱的時候講、行軍打仗的時候講、日常閒居會客的時候講、坐船騎馬的時候講、給朋友寫信作序的時候講，尤爲可感的是，他把官場當學堂，把處理公務當成講學，把曉諭百姓、招撫洞匪當成講學，就是發佈個告示、給其他衙門行個公文也是用哲理開頭、結尾——也是在講學。因爲他講的是「心」（心卽理），講的是如何「用心」（知行合一），講的是如何「正確最大化」（致良知）。不用「備課」，張口即是，因爲他一本自己的良知而行。陽明及其徒弟主講過的書院都成了陽明學的播種機、宣傳隊。

他倒楣在講學上，他活著的時候朝廷厭惡他到處講學不重用他，最後削奪他的封爵的理由是他的「僞學」破壞了天下讀書人的風氣。要求「人人講良心」壞了讀書人風氣，那要求不講良心就不壞了？陽明不會像岳飛那樣寫「天理昭昭！天理昭昭！」了，因爲他大行了，讓我們替他說聲「秋風秋雨愁煞人」吧。

他也永垂不朽在講學上。大明朝的官員成千上萬，文學有比他好的、功勞有比他大的，然而只有他被當成「源頭活水」，就因爲他講出了個心學。

他不僅在平叛時奮不顧身，他在講學時也奮不顧身！他不僅在平叛時沉機曲算，他在講學時也沉機曲算。這條夜航船是講學船，講出了姚江之學，從而夜裏有了光——光不僅在燭上！

有一天，大街上傳來哄吵聲。甲說：「你無天理。」乙說：「你無天理。」甲說：「你欺心。」乙說：「你欺心。」陽明招呼弟子快來聽。學生說：村民吵架有啥可聽的？他說，他們在講學，他們一個勁地在說「天理」「心」。學生問：「既是講學，又何必罵？」陽明說：「他們只知道責備別人，不肯反省自己啊！」

第二回 內聖外王起腳處

1.親佛近道學養生

王陽明是片織錦，由無數個線頭織成。不管有多少條線，有一條最要緊的隱線：他是個病人。五歲後才開始說話，形成他內傾型性格，凡有觸念先在心裏回環，長大了讀書時亦好「每對書輒靜坐凝思」（《年譜》11歲）。再後來，他用練習書法的經驗闡明格物致知的原理：「吾始學書，對模古帖，止得字形。後舉筆不輕落紙，凝思靜慮，擬形於心，久之始通其法。」（《年譜》17歲）格竹子病倒以前有過男孩子尚武、好騎射之「任俠」期，也是他一生唯一的健康期，如果格竹子不得肺病，他成爲一個戚繼光式的武將也未可知。關於格竹子的年齡還是以他自己說的爲准，《陽明先生遺言錄》：

「先生曰：某十五六歲時，便有志於聖人之道，但於先儒格致之說若無所入，一向姑放下了。一日寓書齋，對數莖竹，要去格他理之所以然。茫然無可得，遂深思數日，卒遇危疾，幾至不起（差點死了），乃疑聖人之道恐非吾分所及，且隨時去學科舉之業。既後心不自已，略要起思，舊病又發。於是又放情去學二氏，覺得二氏之學比之吾儒反覺徑捷，遂欣然去究竟其說。」

他自己說透了對釋家、道家的因緣、態度：放情去學二氏之學，是因爲舊病復發，去究竟其說是覺得比儒學徑捷。徑捷在哪里了？徑捷在直接有益於身心。現存最權威的陽明畫像是故宮博物院那一張：消瘦清矍，雖不能妄斷是癆病臉也庶幾近之（當然，這張臉耐心地看著你，時時想吸取任何東西）。憂思傷脾肺，馬克思上大學時要創立體系累成了肺結核。在西元1500的中國，肺病、肺癆是要命的。他當官以後去修王越墓騎馬摔得吐血，此病遂伴他終身矣！他一生將近20次上疏「乞」養病、歸省、退休、「乞骸骨」，不是策略性的，他確實有病。有病也使他急於成功，乃至於形成他幹什麼都「奮不顧身」的基本性格特徵。他對於二氏之學不是業餘愛好，是「放情去學」、是「欣然去究竟其說」。這，是成就他心學大師的肯綮。

現存陽明最早的文字是《資聖寺杏花樓》（七言八句）：「東風日日杏花開，春雪多情故換胎。」時年八歲。全詩沒有佛韻禪風，只是因爲陽明隨當塾師的父親住在海鹽資聖寺，而成了他親近佛法的第一站（王陽明多次自承「究心於老、釋」自八歲始）。

他在寺院裏住著自然能夠接觸到佛法常識，他後來喜歡遊覽、寄寓寺院則有大量詩文爲證。至於他如何「究心」佛法、又達到了什麼程度則只能從他的心學中找「內證」了。他九歲離開資聖寺，留下「他日重來是故鄉」（《寓資聖僧房》）這樣的溫情話。現存其十一歲作的《蔽月山房》是頗有禪風禪韻的：

山近月遠覺月小，便道此山大於月。

若有人眼大如天，還見山小月更闊。

臨摹和尚懷素的書法，也是他「究心」佛法的一個重要途徑。十七歲那一年，他迎娶夫人住在岳丈家一年半，在岳丈諸養和的書房，練成一個書法家。助力最大的是學習懷素的狂逸筆法。他一生數次臨摹懷素的《自敍帖》。書法的形式感與禪的不可言說性，內化於他的潛意識中。

他的岳父諸養和是餘姚人，現官江西布政司參議，與王華是「金石相契」的至交。在陽明還是個嬉笑無方的小孩時，諸介庵在吏部，到王家串門，非常賞識活潑的小陽明，慨然允諾將女兒許配給他。

新婚合巹之日，他卻閑行步入一個叫「鐵柱宮」的道觀，見一道士趺坐一榻，遂即問訊，「遂相與對坐忘歸」。（《年譜》）「對坐」是在師傅指導下一起練習。陽明曾自道八歲即「妄意神仙」，十年來他琢磨「養生之說」有了相當經驗。

東林領袖高攀龍說陽明學是從鐵柱宮道士學養生一段來。

陽明的弟子們經反復商量，決定在《年譜》中標出這件事以「提醒」人：本師門之儒學是眞誠的有技術含量的心性之學、是以身體爲中心的身心之學。

《王龍溪先生全集》卷二《滁州會語》詳細記錄陽明早年靜坐修煉的情況：

「究心於老佛之學，緣洞天精廬。日夕勤修煉，習伏藏，洞悉機要，其於彼（老、佛）家所謂『見性』、『抱一』之旨，非通其義，蓋已得髓矣。（陽明）自謂：『嘗於靜中，內照形軀如水晶宮，忘己忘物，忘天忘地，與虛空同體，光耀神奇，恍惚變幻，以欲言而忘其所以言，乃真境象也。』」

能內照形軀，而且看得透明（水晶宮），已經到了開天眼的程度，能夠與虛空同體則是開悟境界。明代論內丹修煉的名著《性命圭旨》利集收錄陽明《口訣》：

閑觀物態皆生意，靜悟天機入窅冥。
道在險夷隨地樂，心忘魚鳥自流行。

他因曾潛心出入二氏才追求眞切親證，他又極善「化而通之」，力求萬物皆備於我。他的學生都說他的聖雄全才來自其「學問全功」，如胡松說：「先生之才之全，蓋出於其學如此。」他的「學」是「通」學，從而能把儒釋道變成統一的精神哲學——心學，從而成就聖雄全功。

一生患病的身體使他從內心裏喜歡養生學，錢緒山說陽明「因學養生，而沉酣於二氏」、切身體驗出仙釋二氏之學「其妙與聖人只有毫釐之間」，而且終身「每談二氏，猶若津津有味」，並作爲引領學生修養的入門路徑，他認爲「能完善此身謂之仙，能不染世累謂之佛，二氏之用皆我之用也」（《天台集》卷十《新建侯文成王先生世家》）。王陽明的病和他終身對仙釋二氏之學的喜愛使他從章句之學轉向身心之學，使他的心學有了以身體爲中心的特徵。他的道心是性命之學的道心。

他37歲在龍場時寫的《答人問神仙》的信中明晰表述了這個好而未通的歷程：「僕誠八歲而卽好其說，而今已餘三十年矣，齒漸搖動，發已有一二莖變化成白，目光僅盈尺，聲聞函丈之外，又常經月不出，藥量驟進，此殆其效也。」他是在現身說法，證明神仙之道不足憑。但也承認了從8歲開始形成的精神傾向，一直延續了30年，儘管時斷時續，卻也算癡心不改了。他後來把聖賢之學與修煉養身統一起來，明確表示「養德養身，只是一事」（《與陸原靜》）。

釋家、道家是宗教，是形而上的求根本的學說，其精神能量與辭章、騎射、任俠不可同日而語，比側重倫理的儒學也博大精深，穎悟過人的陽明，少年接受大衆化的佛教、道教，青年契入二氏之學，形成了有自己個性的身心儒學，佛禪、仙老是他精神探險之旅的起腳處。一生用二氏之學平靜懷才不遇的悲憤，終身「每談二氏，猶若津津有味」。

2·俠客夢

陽明生來「英毅淩邁，超俠不羈」，王陽明曾跟皇上說：「平生性野多違俗」，「臣在少年，粗心浮言，狂誕自居」。他性情活潑，好動，竄奔跳躍，矯健異常。張岱在《陶庵夢憶》卷五《爐峰月》中說陽明能一躍跨過「兩石不相接者丈許」的千丈岩，「人服其膽」。膽大心細是陽明的基本性格。

他12歲在京師讀私塾，不肯專心誦讀，每潛出與群兒戲，制大小旗居中調度，左旋右旋，略如戰陣之勢。龍山公（王華）出見之。怒曰：「吾家世以讀書顯，安用是爲？」先生曰：「讀書有何用處？」龍山公曰：「讀書則爲大官，如汝父中狀元，皆讀書之力也。」先生曰，「父中狀元，子孫世代還是狀元麼？」龍山公曰：「止吾一世耳。汝若中狀元，還是去勤讀。」先生笑曰：「一代，雖狀元不爲稀罕。」父益怒撲責之。王華常常擔心兒子會不成器，王天敍覺得自己的孫子不是凡品，而且他更願意相信相面先生的美妙預言：「此子他日官至極品，當立異等功名。」成功後的陽明總結道：「儒者患不知兵。仲尼有文章，必有武備。區區章句之儒，平日叨竊富貴，以詞章粉飾太平，臨事遇變，束手無策，此通儒之所羞也。「（馮夢龍《皇明大儒王陽明出身靖難錄》卷上）

于謙領導的北京保衛戰是小陽明心中一個謎。13歲的他在京城四處逡巡，想瞭解實戰情景。他在于謙的祠堂前題下這樣一聯：

赤手挽銀河，公自大名垂宇宙；

青山埋忠骨，我來何處弔英賢？

他在居庸關附近遊覽長城，拜訪鄉村老人，詢問北方少數民族的生活習俗，瞭解古代征戰的細節，憑弔古戰場，思考禦邊方策。15歲時居然夢見自己去參拜伏波將軍廟，還有一首詩：「卷甲歸來馬伏波，早年兵法鬢毛皤。雲埋銅柱雷轟折，六字題文尚不磨。」這位將軍叫馬援，是征討交趾苗亂的名將。陽明臨死前，居然親身到了伏波廟，跟他現在夢見的一樣。

他屢屢想向朝廷獻上自己的「平安策」。建功立業的功名心也是其早期經驗的重要內容，心學家區別於理學家的一個特點是「好事」。那位狀元老子斥責他太狂妄了：「你懂什麼！治安緝盜要有具體辦法，不是說幾句現成話就能見效的。還是先敦實你的學問，再來建功立業罷。」

在眾多評論的聲音裏，只有章太炎慧眼識英雄，他在《王文成公全書題辭》中說：陽明以豪傑抗志爲學，要求人勇於改過而促爲善，完全是子路以行帶知「儒俠」一系的。這一系的儒，自宋代而「金鏡墜」、自陽明出而再高掛起來。章太炎說中國不缺少那些「降臣賤士」、「倡優」式的儒、清談的儒，就是缺少「起賤儒爲志士，屏唇舌之論以歸躬行」的俠儒：「徑行而易入，使人勇改過而促爲善者，則遠莫如子路，近莫如（王）文成。」

所謂哲學史，是哲學家氣質史。王陽明的知行合一由這種俠儒的氣質而生，也是這種味道的知行合一，不是唇舌之論。

3.聖人必可學而至

12歲那一年，他問塾師：「何爲第一等事？」塾師說：「惟讀書登第耳。」陽明憑著童心的大和眞覺反駁老師：「登第恐未爲第一等事，或讀書學聖賢耳。」一個孩子怎麼會想到這一層呢？只能說是其好奇心高遠、好勝心強烈、具有不可抑制的實驗衝動。他格竹子就是這種實驗性格的行爲藝術：把自己當演員與竹子互動共舞，不是主觀看客觀，是尋找自己的感覺在怎樣工作，避開經驗試試自己的反思能走到什麼境界。戴震小時候問他的老師:朱熹怎麼知道千年以前的事情？梁啓超誇張地說：這一問問出了300年啓蒙思潮。陽明這一問一答，開闢了心學譜系「人人皆可成聖賢」之自己成全自己的人生跑道。讀書學聖賢是追求內聖，登第是世俗的外在成功。登第只能管一世之吃喝，學至聖賢則能永垂不朽。立什麼志成什麼人，以偉人自期的英雄主義，是我中華大丈夫薪盡火傳之心燈。

18歲這年他與當時的名儒婁諒（一齋，1422年—1491年）的會面成爲他邁進儒學門檻的標誌，用《年譜》的話說「先生始慕聖學」。他領著夫人回餘姚，坐船過廣信（今上饒），他特意下船專程去拜訪了婁諒。婁諒是明初著名理學家吳與弼的學生，吳是以朱學爲正宗的，也有點心學傾向，婁氏亦然。婁氏向王講了「聖人必可學而至」的道理。這其實是儒學的通則，無論理學還是心學都篤信學而致聖的原理。只因正搔著陽明此時的癢處，「遂深契之」。直接聽能感受到簡易明細的思路，大儒的氣象本身也有感染力。從此，陽明更堅定了學做聖賢的志向：只要通過「學」能成聖，那我肯定能成功。

婁諒能點透眼前這個年輕人，因爲他也有成聖之志。婁曾經遊走四方，遍求名師，結果非常失望：「都是些舉子學，不是身心學。」輾轉聽說江西臨川的吳康齋（與弼）是個聖人，遂從老家廣信出發「朝聖」。這一次沒有失望，康齋也「一見喜之」，說：「老夫聰明性緊，賢友也聰明性緊。」康齋針對一齋豪邁不治細事的特點，告誡他：「學者須親細務。」婁一齋以收「放心」爲居敬之門，以「勿助」「勿忘」爲居敬要指。這些也都是陽明後來天天講的，尤其是親細務、事上磨。

黃宗羲在《明儒學案》卷二中明確地說，王的姚江之學，婁發其端也。婁反對「舉子學」，宣導「身心學」，議論雖主程朱居敬之旨，卻深深地潛行著周濂溪、程明道之學，而濂溪、明道正是心學的一個有力的來源。謂婁發姚江之端，其實是婁契合了王的心志，更是那個「道」本身召喚了他倆對跑道的選擇。包括人們常說晚明浪漫洪流是左派王學開啓，那也「根」不在王學而在浪漫。

明人上至皇帝大儒下至愚夫愚婦都信神秘數術。婁一齋在英宗天順七年（癸未，1463年）進京參加會試，走到杭州突然返回。人們問爲什麼，他說，「此行非爲不第，且有危禍」。果然，會試的貢院起火，舉子被燒傷燒死者無算。黃宗羲說這是他「靜久而明」有了神術。然而他沒有算出來他的女兒嫁給寧王，使得他的子侄多被捉拿，門生散讁，他這一脈宗門狼狽不堪寥落星散。陽明平寧王后給已經自殺的「婁妃」以禮葬，既表彰其深明大義規勸寧王勿反的知禮精神，又報答了當年受婁氏點撥的恩情。

即使婁一齋不算王學的發端，陽明心學也不是空穴來風。康齋的另一學生謝西山就曾提出過「知行合一，學之要也」。康齋就講究身體力驗，只在走趨語默之間，出作入息，刻刻不忘，自成片段。他的口號是「敬義夾持，誠明兩進」，他與來從遊的弟子，一起躬耕，自食其力，雨中披蓑笠，負耒耜，並耕於野，和學生一起吃最普通的百姓飯。陳白沙從廣東來就學，晨光初現，康齋就親自簸穀子。白沙不起，康齋大吼：「秀才，若爲懶惰，即他日何從到伊川門下？又何從到孟子門下？」有一次割莊稼割傷了手，康齋說：「何爲物所勝？」照割如初。曾感歎箋注太繁，無益有害，因此不輕率著述。省郡交章舉薦他，他不去當官，他說：「宦官、釋氏不除，而欲天下之治，難矣。吾寧出爲！」（均見《明儒學案》卷一）他已在「轉」理學，儘管他並不想破理學規矩，是理學作爲一個學科太成熟了自然會出現危機。這種規矩儒者對理學的轉變，更有說服力地證明了理學非轉不行了，至少靠辭章傳注不能維持其精神力量了。心學轉變理學就是要重建儒學的精神路徑、界面以滿足人們那新的精神需求。轉向心學乃是時代走勢，陽明是應運而生。

不過，理學的藩籬是堅固耐用的，它已經是「傳統的權力」了。婁諒向陽明講得更多的還是「宋儒的格物之學」「居敬功夫」。陽明過去是個活潑詼諧、愛開玩笑的人，別過一齋後，變得「端坐省言」起來。他的從弟、妹婿覺得奇怪，他說，「吾昔日放逸，今知過矣」。陽明從此有了「道學氣」。然而也不是老老實實的道學先生，中年以後常愛手持拂塵（他年輕的時候成立過「掃塵社」，到晚年都在用掃塵喻指去蔽），像個道士似的。

弘治三年，王華服父喪回到老家餘姚，監督著子弟們講析經義，以備應舉考試。陽明白天隨衆學習舉子業，晚上搜取經史子集讀之，常常讀到深夜，打下了後來能夠旁徵博引的文史基礎。從弟妹婿們見他文字日進，愧歎弗如，感到「彼已游心舉業外矣，吾輩不及也」（《年譜》），這也是老子說的「外其身而身存，後其身而身先」。

陽明一生都得力於這種入乎其內出乎其外的實驗心性、跨界打通的心法，而且總是就根源性問題提問，永遠突出簡單要點，尋求最爲究竟的答案。

4.紙上談兵

21歲這一年，參加浙江鄉試，一舉成功。這樣輕鬆往往兆示著坎坷在後頭。他專心科考卻在癸丑年（1493年）舉行的會試中下第了。上天像特意要「苦其心志，勞其筋骨」地鍛煉考驗他似的，偏不要他沒找到自我就混入銷人靈魂的官僚隊伍當中。等到丙辰年（弘治九年，1496年）會試，他又落榜了。他在「隨世就辭章之學」的同時，再度燃起對兵學的熱情。早期俠客夢是個底子，現實刺激是契機，科舉失敗反彈出來的濟世熱情以及文武並進才能成聖成雄的儒生信念，使他沉浸於兵典武學，以透視兵學的奧秘。

錢德洪說乃師在弘治十年，「凡兵家秘書，莫不精究」（《年譜》）。陽明讀了哪些秘笈不得而知，從保存下來的評語來看，他評的只是宋代編輯的《武經七書》：《孫子》《司馬法》《尉繚子》《六韜》《吳子》《三略》《唐李問對》。南宋高宗時，曾指定《武經七書》爲選拔將領考試的必讀書，使它們在社會上廣爲流傳。他的批評可分兩類，一是驗證聖學之不誤，屬於理論性的總結。一是實踐性的技術性的領會，即徐光啓所謂「實用固彰彰不誣」的「術」。

《司馬法》對他的影響相當大，不僅體現在領兵打仗時講究行伍管理、練兵爲先，尤其表現爲葆有仁政思想。他此時對《司馬法》第二篇《天子之義》發揮性的議論就見其根基：

先之以教民，至誓師用兵之時，猶必以禮與法相表裡，文與武相左右，即「賞罰且設而不用」，直歸之「克讓克和」，此真天子之義，能取法天地而觀於先聖者也。

這是用「儒」釋「兵」，倘將兵者都如此行事，則生靈有幸。司馬驤苴在本篇中講了許多切合實用的規定，比《孫子》具體，陽明此時的「知」變成了將來的「行」。

他只對《唐李問對》下卷作了一句評論：「李靖一書，總之祖孫、吳而未盡其妙，然以當孫、吳注腳亦可。」說《尉繚子》「通卷論形勢而已」。特別就《將理》「重審囚」有感覺，尤重視「兵教」：「巧者不過習者之門。兵之用奇，全從教習中來。若平居教習不素，一日有急，驅之赴敵，有聞金鼓而目眩者矣，安望出死力而決勝乎？」這一點對胡宗憲、戚繼光有非常之啓發。他在江西就鎮日練兵，逗得寧王的謀士直笑話他。

他談得最多的是《孫子》：「校之以計而索其情爲兵家秘密藏，即下文所謂權也，詭也」——「此中校量計畫，有多少神明妙用在」。首先需要破除的是一廂情願的「揣摩法」，八股教育體制培養原理就是揣摩，揣摩總是以己度人、難免唯我唯心。而兵法首重一個「因」字。陽明說：「因敵變化而取勝，謂神。」因利制權要有「先著」，如後來平寧王先製造假消息說大軍來匯剿、滯留寧王於南昌。而「相敵情有如燭照，得之機先，非關揣摩」。王陽明文人領兵沒有文人病，起腳於陽明現在的「備課」啊。

其次是怎樣保證全勝。這又分兩個層面，一是平時治兵，二是打起來時的用兵。治兵除了平居教習有素，關鍵在「治氣、治心、治力」，塑造軍魂以禦衆。用兵如神要有個練兵如神在前面。陽明說這叫「修治而保法」。能達到用衆若使一人、若出一心，「則戰未有不出死力氣者」。臨戰則要「變動不居，周流六虛」，他說這是《周易》的原理，「奇兵作用悉本於此」，而且要「奇而不離於正」，因爲離於正就必沓泄，奇不起來了。「善出奇者，無窮如天地」，「知天知地，勝乃可全」。既要深入掌握其「幾」，又要充分臨場發揮。歸到「『全』之一字，爭勝天下」。兵道的總原則就是：誤人而不誤於人，致人而不致於人。靠什麼？就是靠萬全的謀略。《軍爭第七》的評語亦見心學受益於兵學的痕跡：

「善戰不戰，故於軍爭之中，寓不爭之妙（有點禪韻了：虛勝實。他在另外一處說：『有不戰，戰必勝矣』）。『以迂為直，以患為利』，『懸權（秤砣）而動』；而必申之以避銳擊惰：『以治』（治氣、治心、治力），『以靜』（不可怒而興師致戰），『無要』（智者雜於利害），『無擊』（恃吾有以待之），『勿向』（以分合為變），『勿逆』（因利制權）等語，所謂『校之以計而索其情』者，審也。非直能以不爭勝爭，抑亦能不即危，故無失利。」

陽明眞是個心細如髮追求萬全的智者。是否可以這樣說：心學在制敵時是兵道，在克己時是儒術？陽明後來成雄靠兵道，成聖靠儒術。兵道是最不能一廂情願的，成聖又是最要一廂情願的（「吾欲仁斯仁至矣」），他是覺得只有將兩者合爲一體時才算成功。這也是他努力要解決朱子將理與心分爲二這一關鍵問題的肯綮之所在。這也算王學的秘密吧。

儒生是當然的人治主義者，讀《九變第八》時，他重申了「有治人無治法」的主張後，憤世嫉俗地說：「國家誠得於『九變』之將，則於『五利』『五危』之幾，何不燭照數計，而又何覆軍殺將之足虞乎？」因爲他當然知道是一幫混蛋在誤國害民。明代民變無一日無之。用正史的話說卽所謂「明賊忒夥」，尤使肉食者頭疼的是「邊患」，先是西北後是東北的少數民族不斷地攻掠。他是帶著問題來學的。在具體戰役中，還就是良將贏，窳將輸；多算勝，少算不勝。如寫過著名的《中山狼傳》的馬中錫作戰不利，下獄論死，連舉薦馬的大僚也被撤職。人治的體制本質上要求誰給的官對誰負責，只求上峰滿意是其「自然法」。所以形成陽明特別指控的常規現象：

> 「今之用兵者，只為求名避罪一個念頭先橫胸臆，所以地形在目而不知趨避，敵情我獻而不知覺察，若果『進不求名，退不避罪』，單留一片報國丹心，將苟利國家，生死以之，又何愁不能『計險扼遠近』，而『料敵制勝』乎？」（《地形第十》批語）

先有一個求名避罪的念頭就心裏蒙了塵、就該腦子進水了，就看不出地形的利害、敵我情況的變化了。不敢說林則徐的名言「苟利國家，生死以之」是從陽明這裏來，卻可以說這是歷代志士仁人共奉的格言。陽明說有了丹心就不愁能力。其實，眞要料敵制勝，必須做足知己知彼的功課。陽明說不用乖覺的嚮導就不能得「地利」，「不愛爵祿，捐金反間，是一要著」——平寧王最關鍵的一步是把賊首葉芳拉過來，因爲他的人馬驍勇善戰，他幫誰誰贏。寧王下了很大功夫，陽明下的功夫更大，早早給了他許多巨大的樹讓他廣造房屋（臨戰不忍棄家從寧王），後又許諾把寧王府的財寶都給了他。鄱陽湖決戰時寧王等他出現，他出現了，衝垮了寧王的陣腳。當然陽明也因此而淪於「說不清楚」的迴途。

陽明對孫子的《用間》的議論，有點見利不見害，以爲「知此一法，任敵之堅壁完壘，而無不可破，橫行直撞，直遊刃有餘了。總之，不出『校之以計而索其情』一語。」僅僅視間諜爲索情之具，而忽略了孫子勸戒愼用間諜的一貫思想——用間乃死道。他平寧王用間得手也咎愧終身。且不說那些死了也得不到撫恤的間諜，他派冀元亨去偵察寧王，卻被朝廷作爲私通寧王的證據，冀元亨坐大獄六年、出獄後五天死了。心學家倜儻簡易，也難免失於輕率。

陽明談兵一「化約」、二「意會」。化約法在紙上談兵時顯得簡易直接，輕鬆漂亮。如他讀《三略》《六韜》只抓「攬英雄」三個字，並且非常自信地說：「《三略》大義，了然心目矣。」寥寥三五句，即了賬。他後來廣招門徒就在「務攬英雄」。譬如爲羅致王龍溪，讓人去跟他賭博。龍溪問：腐儒會玩這？那人說我老師天天玩這個。龍溪遂見陽明，後來龍溪果然光大了陽明學。

「意會法」則像審美法。他讀《文韜·文師》只批了一句：「看『嘿嘿昧昧』一語，而韜之大義，已自了然。」「嘿嘿昧昧」的意思是虛虛實實，讓人琢磨不透，這樣可以人不知己、己獨知人，這樣才能「其光必遠」。虛與委蛇、韜光養晦、暗中準備，這是兵法「詭道」。陽明把「韜略」歸結爲韜晦、陰謀，一語破的。他對《龍韜·農器》很重視，詳加評說：「古者寓兵於農，正是此意。無事則吾兵即吾農，有事則吾農即吾兵，以佚待勞，以飽待饑，而不令敵人得窺我虛實，此所以百戰百勝。」發現兵民一體是勝利之本，悟透了農耕社會的養兵用兵之道，這使他後來創建了「鄉勇」「民團」這條啓示「路」。

荀子談兵，受後儒譏評。陽明卻說孔子已言兵。社會越變越複雜，簡單拒絕談兵純是迂腐。「兵者，撥亂之神」的說法逐漸被人接收，以暴止暴，幾成共識。唐甄說「兵者，國之大事，君子之急務也」（《潛書·全學》）。但單靠陰謀必成強盜世界。問題又回到了心學的命題：志者，帥也。同樣一件事，「有伊尹之志則可；無伊尹之志則篡」。

陽明恰恰有伊尹之志。然而此時他只能「每遇賓宴，嘗聚果核列陣爲戲」（《年譜》）。知之者，知其有遠志；不知者還以爲他有精神病呢。

第三回 英雄心性奴才命

1.八股文中的心學端倪

無論如何，青年王陽明的主業是科舉。他鄉試（中舉）、會試（中進士）考中的卷子不但保留下來，還被作爲範文廣泛流傳，有的評點家從《鳶飛戾天》（《中庸》）看見不合八股文法（如短句太多），有的評點家從《子噲不得與人燕》（《孟子》）看見了日後平寧王的手段，包括閱卷官都承認一個基本事實：這不是個拘拘摹擬之士。

鄉試八股文《志士仁人》（《論語》）幾乎標舉出了心學的總綱：「心體之光明」！志士仁人是「心之有主者」，因能「決其心」，從而能「全其德」。心有定主，就是有信仰、有理念，因此有了超越私心雜念的精神力量，因此而擁有了「心體之光明」，心體之光明的內容是「存吾心之公」（志士）、「全吾心之仁」

（仁人）。他後來把前者叫做「廓然大公」，把後者叫做「一體之仁」，前後一氣貫穿。志士「身負綱常之重」，仁人「身會天德之全」，當然能夠事變不能驚、利害不能奪、死生不足累，從而能夠捐軀赴難以善天下之道。遇到嚴峻考驗的時候，自然「以吾心爲重，而以吾身爲輕」，以存心爲生、以存身爲累。在身心兩難選擇時，爲了高尚的心而捐棄沉重的身。精神不死才是永生。

心體光明才會慨然赴義、乃至從容就義、勇敢擔當不苟且。有人拿八股文做敲門磚，王陽明卻以他的一生踐履了這篇《志士仁人》論。但這篇《志士仁人》還不能算心學宣言，因爲還只是解悟，儘管充滿浩然正氣，卻只是靠心氣充到這個境界，還沒有親證體悟，還要經過龍場那臨崖一跳，才能自承「心體之光明」。

陽明弘治五年中舉後，在北京國子監讀書，這一讀就讀到了弘治九年（一度在南京國子監就讀，也一度當過塾師）。對於一個跨行發展、同時注重發展心靈和手藝的人，他這期間又讀兵法又作詩、頻頻拜會道士和高僧。得國家名器卻須中進士！然而，他接連的兩次會試失敗，個中原因肯定不是《年譜》說的有人嫉妒（我的朋友伍鴻亮猜測是李東陽故意要曆練他，可備一說）。我們可注意的是他之豪傑心性：「人以落第爲恥，吾以落第動心爲恥。」

弘治十二年，他28歲，春天會試，「賜二甲進士出身第七人」。第一場考經義，陽明選了《禮記》。《禮》是古代齊家治國的政治學，選攻《禮》這一經是陽明的政治熱情使然。《禮》通

《易》，《易》是他祖傳家學，父親王華是《禮》學名家，對他灌輸較多，他覺得選這一「經」比較有把握。考試題目是《禮記》中的一段話：「樂者敦和，率神而從天；禮者別宜，居鬼而從地。故聖人作樂以應天，制禮以配地。」陽明的《禮記》八股文依然寫得廉銳飛揚。

他從造化的角度破題：禮樂是合造化之妙的，不然不能發揮建立秩序而協和天地的功能。造化之妙就是自然之道，自然之道的核心是陰陽，分而言之，樂敦和應天是陽，禮別宜配地是陰。聖人作樂，讓人們感覺的是五聲六律，這只是「文」，其理在終始相生、清濁相應的「生物之功」，從而「率神」「應天」。聖人制禮，有各種規矩、各種制度讓人遵守，這只是「儀」，其理在於體現造化的秩序、安於本分，從而「居鬼」「配地」。天地鬼神陰陽禮樂是一不是二，譬如陽是「動」但不能過亢，陰是「靜」但不能過肅，動與靜是一體的。陽明結穴收束於：「聖人之道，不外乎禮樂，而和序者，禮樂之道也。其實則一而二，不知者乃歧而二之。」二之就背離了聖學宗旨、無法貫徹落實禮樂平衡天下陰陽的立意了。宰相的第一職責是燮理陰陽。

評閱官或讚賞「其氣充然」，或認爲是「究本之論」，或看重其暢達無滯。一致認爲體認分明、說理精深，說透了《禮記》的本質和根本精神。

作「論」的題目是《君子中立而不倚》，陽明全以「勇」來上下左右申論：「勇所以成乎智仁而保此中者也」，而且「國有道無道而不變」才是最高境界的「德義之勇」。當考驗來臨、能否中正，關鍵在有無道德勇氣；能否挺住在於敢不敢鐵肩擔道義。陽明說的句句是心裏話，盡顯俠儒的本性。

後來，他大講「無我之勇」就是這個「德義之勇」的昇華。

2.跨界發聲

這個紹興「性僻而野」的青年終於步入「承天之門」（即清朝「天安之門」，亦即天安門），「觀政工部」，工部在東朝房。他家在長安西街，是他父親的府邸。觀政，相當於見習、實習。明朝每科進士約三百，分到工部約三十人。工部管都邑建設、治漕總河、鐵廠織造、屯田鑄錢、植樹造林等等。陽明可能分到了屯田司，因爲派他去督造威寧伯王越的墳墓。他用民工演練編伍和陣法，還在巡查各守鎮時發現了問題，寫出《陳言邊務疏》。現在他的頂頭上司是李士實，李士實已是詩文名人，陽明寫了《墜馬行》還請他「走筆以補」——跟著唱和。李後來成了寧王第一謀士，陽明給他寫信，離間了他與寧王的關係。陽明墜馬是在督造王越墓時，他可以坐轎，但爲了練習騎射偏要騎馬，結果摔了下來，還吐了血。看來他在「騎」上並沒有多麼沉溺，此前所謂「溺於騎射」主要功夫下在「射」上了。

他「觀政」觀得腳踏實地，明白了許多「規矩」「掌故」「不成文法」，但心體已經有光的他沒有興趣沉浸在官場學裏。

對想發財的人來說，工部是好地方，曆朝都屬工部最富。但陽明想的是像李東陽那樣一篇文章震撼朝廷，從而幹一番大事業。他是個不甘庸碌、爭分奪秒創建功業的人。一個可遇不可求的機會來了：出現了災異，朝廷下詔讓群臣直言、提合理化建議（董仲舒嚇唬皇帝的天人感應災異示警的學說，被形式上當了真）。王陽明豪情滿懷地上了《陳言邊務疏》。開頭就先對皇上「遇災能警，臨事而懼之盛心」表示感動，因為皇帝這樣做是以天下為重的最有誠意的表現。這，當然是把皇帝當順毛驢來撫摸的門面話。下面的內容就像一篇「假如我是宰相」的徵文。就宰相文章而言，陽明已很到位，但那些與時俱滅的話頭，今天只可作瞭解陽明的「時代背景」來看。「邊務」是最讓皇帝頭痛的事情，不僅顯示出皇權的限度，更暴露出大帝國低能的本質。陽明就從邊務不振乃內務腐敗這個關係展開他的宏論：

臣愚以為今之大患，在於為大臣者外托慎重老成之名，而內為固祿希寵之計；為左右者（主要指內官），內挾交蟠蔽壅之資，而外肆招權納賄之惡。習以成俗，互相為奸。憂世者，謂之狂；進言者，訶之浮躁。沮抑正大剛直之氣，而養成怯懦因循之風。故其衰耗頹塌，將至於不可支持而不自覺。

這種議論可謂代代有人拼著老命都在講，歷代變法家、改革家都這樣提出問題，譬如晚清龔自珍還在這樣倡呼，說明這是體制結構上的病源性病毒，不得不治又實難革治。陽明想讓皇帝把邊務危機變成「改轅易轍之機」「痛革蔽源」，是個聰明的建議，但遇上劉備是個好主意，遇上劉禪便是一篇廢話。

這時他已意識到人們不肯「知行合一」，常理正道人所共見，不得通行的根源是每個人都有一大套自己的小道理：「勢有所軼，則委於無可奈何；事憚煩難，則爲因循苟且。是以玩習弛廢，一至於此。」他希望皇帝將他的八項建議交兵部審議，「斟酌施行」，他擔心自己竭忠盡智的建白成爲虛文。已不再勤於政事的皇帝能否看到這篇新進士的大作，皇帝有無足夠的耐心和體力看或聽完他這6000餘字的高論，都是問題，反正沒有得到官方任何回饋。

自然，他白幹的事情永遠比他沒白幹的事情要多得多。令人嘆服的是他上手就是個老油子，拿出來的八條措施，都是切實可行的招兒，用的是「化」勁：順勢禦馬，讓藥物的力道推動原肌體向好的方向運轉。他前一年學的《孫子兵法》都用上了。既非杜甫式的「高而不切」，也無李白式的華而不實，更不是唐伯虎那種名士風流。當然，也沒有進步到黃宗羲、康有爲、譚嗣同那樣出手就想改革行政機制。在這點上他是個明白的現實主義者、切合實際的合理主義者，從而只是個舊體制中的能員幹將。而且他一幹起事情來就沒有名士風，也沒有隱逸心了。現存的王陽明的文字十之七八是奏疏公移牌令，王陽明的「活」思想也存在於這些公文中。

觀政工部而上邊務書，是跨界發聲，因爲他根本就不想按部就班往上「挨」。在言官權重而活躍的明朝，陽明適合也希望走這條路。他的朋友以禮科都給事中擢少尹京丞，他很感慨地爲之《序》：「給事，諫官也。京兆，三輔之首也。以給事試京兆，是以諫官試三輔也……聖天子詢事考言，方欲致股肱之良，以希唐虞之盛，耳目之司，顧獨不重哉？」陽明的羡慕之情溢於言表，他還天眞地將言官與實職的關係看成「知」與「行」的關係：既然能言之在道，則應該行道有成。

3.不做空頭文學家

陽明是由文學青年成長爲思想家的。少年時代就展露出卓越的文學才華。《評釋巧對》載：八歲的陽明跟著父親遊山，看到弄撮戲高杆的，父出上句：「百尺竿頭進步」。陽明對：「千層浪裏翻身」。或遊園，父出上句：「一年春長長春發」。陽明對：「五月夏半半夏生」。諸如此類，還有《金山寺》，「金山一點大如拳，打破維揚水底天」，都見其出手不凡的才氣。他科舉不售時，曾回老家組建過龍泉詩社。

29歲，正式「授刑部雲南淸吏司主事」，他是京城少壯派文官了，格局和平臺都是「國家級」的了。他遇上的文學總形勢是李、何之前七子要取代三楊之臺閣體的復古思潮。三楊因所輔皇帝年幼，又能與太監周旋，遂在位久，任閣臣都在40餘年，從成祖始曆事四朝，是歷史上罕見的長命宰相。楊士奇、楊榮、楊溥，能久立不敗之地，是因爲他們「能原本儒術，通達事幾，協力相資」（《明史》本傳贊）。臺閣體的最後遺響是李東陽，他因一篇文章被弘治「稱善」，遂「入閣專典誥敕」，不到三年就成了文淵閣大學士，「爲文典雅流麗，朝廷大著作多出其手」，「自明興以來，宰臣以文章領袖縉紳者，楊士奇後，東陽而已」（《明史》本傳）。他是王陽明、李夢陽、何景明這一茬人的宰相。陽明弘治十二年的長詩《墜馬行》中對東陽頻頻致意：「西涯先生（東陽）眞繆愛，感此慰問勤拳情。入門下馬坐則坐，往往東來須一過。詞林意氣薄雲漢，高義誰云在曹佐。」東陽半看王華情面，半賞識陽明，對陽明是有過幫助的。他本來是陽明的恩師和榜樣，後來因爲他能與劉瑾周旋獲得「伴食宰相」雅號，陽明對他便有譏評了。這是陽明當不了宰相的地方：豪傑有餘、圓融不夠。

東陽已有點求變之聲，論詩多附和嚴羽，自然還端著講究形式的臺閣大架子。李夢陽譏笑他太「萎弱」，夢陽以他特有的囂張氣質，位卑言高，勇於拉起杆子來大幹，與何景明、徐禎卿、康海、王九思、邊貢、朱應登、顧磷、鄭善夫、陳沂等號「十才子」，又與王廷相再加上十才子的前六位，號「七才子」，皆卑視一世，而李爲領袖。這一彪不可一世的文學好漢，除了夢陽比陽明小一歲，別人都比陽明小五歲以上。中舉中進士的年頭也相若，夢陽與陽明是同年舉人，次年就及第了。何比陽明小11歲，中進士只比陽明晚一科。他們相互唱和，詩酒酬對，聲氣相投。錢謙益《列朝詩集小傳·王新建守仁》：「先生在部署，與李空同諸人遊，刻意爲詞章。」他當時投入了相當的精力和熱情。總想與人不同出奇制勝的青年陽明，加入李何一路，並不爲了來趕已成時髦的復古思潮。他傾向復古是其心路歷程的內在需要。當他不滿足文必秦漢、詩必盛唐，要復古就復到「三代之治」的時候，他就不想做空頭文學家了。

李夢陽等人的集子裏保留著與陽明贈答的作品，而陽明的集子裏沒有他們的隻字音耗。因爲陽明後來「幡然悔之」：「以有限之精神，蔽於無用之空談，何異隋珠彈雀，其昧於輕重亦甚矣。縱欲立言爲不朽之業，等而上之，更當有自立處。大丈夫出世一番，豈應泯泯若是而已乎！」（《王龍溪先生全集》卷一六）《傳習錄》（上）有這樣一段話，包含著他對氾濫詞章的悔意，也是修煉心意的緊要節目：

> 種樹者必先培其根。種德者必先養其心。欲樹之長，必於始生時刪其繁枝。欲德之盛，必於始學時去夫外好。如外好詩文，則精神日漸漏泄在詩文上去。凡百好皆然。……樹初生時，便抽繁枝，亦須刊落，然後枝幹能大。初學時亦然。故立志貴專一。

黃綰在王氏行狀中說：「日事案牘（做本職工作），夜歸必燃燈讀《五經》及先秦兩漢書，爲文字益工。龍山公（王華）恐過勞成疾，禁家人不許置燈書室。俟龍山公寢，復燃，必至夜分，因得嘔血疾（這是他吐血原因的又一種說法）。」文字益工是練出來的，他作文總是反復修改，到他老而益工、幾達化境的時候也是反復修潤，以他英敏的才智，如此刻苦的力行，造詣令人矚目是可想而知的。黃綰說他此時與李何諸公「以才名爭馳騁」，於是有了專門來找他作序記的四方之士。

現在的《陽明全集中·序》是其散文（不及其公文的五十分之一）的大宗：給別人詩文集作序，還有一些送贈序記，都寫得眞誠自然、古樸靈動，比那「七子」「十子」都寫得好，就是在整部中國散文史中也有一種別樣的好。不僅詞工而且義高情腴，還活潑清新，最不可及的是尤能體道慕德，追求形而上的體驗。他已被朋友視爲「粹於道」者。就說怎麼當官吧，他主張爲了行道：

古之仕者，將以行其道；今之仕者，將以利其身。將以行其道，故能不以險夷得喪動其心，而唯道之行為休戚。利其身，故懷土偷安，見利而趨，見難而懼。（《送黃敬夫先生僉憲廣西序》）

「行其道」與「利其身」是個永恆的義利之辨。陽明是自覺的「體道慕德」的志士。

4.刑部裏的名士

他當然也有足夠多的文人雅趣，與朋友同志四時賞景，唱和聯句。一次，重陽節過了15天，官邸中的花「盛開且衰」，他們的雅集幾乎變成了「新亭對泣」：「相與感時物之變衰，歎人事之超忽，發爲歌詩，遂成聯句。鬱然而憂深，悄然而情隱，雖故託辭於觴詠，而沉痛惋悒，終有異乎昔之舉酒花前，劇飲酣歌，陶然而樂者矣。」（《對菊聯句序》）對時間的恐懼讓他「鬱然而憂深」。

陽明是個萬花筒，橫看成嶺側成雲。他剛剛中進士後，以極大的熱情關注邊患，有點大丈夫立功異域的幻想；很快清醒地看到世事難爲，如他在《對菊聯句序》中所感慨的：「西北方多事，自夏徂秋，荒頓窘戚。」這個極想做一番大事業的人，也不得不有「吏而隱」之思了：「守仁性僻而野，嘗思鹿豕木石之群。」各位同道也是雖爲國之「利器」，「而飄然每有煙霞林壑之想」。與「讓最軟弱的也起來反抗說明壓迫得過了頭」同樣的道理，讓最有事業心功名心的人生出隱退心，足見世道太難以用其志了。他「觀政」的結果是不如歸去，然而又不眞回去。

一個有牢騷氣的隱者絕不是個眞隱士，倒是名士氣味很足。這個時期，他學習王維的畫，畫了一些山水畫，書法也大有進步，其生活方式頗有江南名士的風格。他多次讚美唐伯虎的畫是神品。反映這種名士悶騷情緒的作品不少，僅錄《奉和宗一高韻》以概其餘：

懶愛官閑不計升，解嘲還計昔人曾。
沉迷簿領今應免，料理詩篇老更能。
未許少陵誇吏隱，真同摩詰作禪僧。
龍淵且復三冬蟄，鵬翼終當萬里騰。

因爲懶而滿意現在的狀況是矯情話，這個寫八股文能寫眞話的人，寫詩反而不坦白，既然不許少陵誇吏隱就是說我比他更隱，還要學王維做禪僧，那還要什麼萬里騰？

一有工作他就幹勁衝天了，30歲這一年他奉命去直隸、淮安等府審決重囚，「沖冒風寒，恬無顧忌」（《乞養病疏》）。他的人道情懷使他對重囚「多所平反」。也力排衆議，伸張正義：「決囚南畿。有陳指揮者，殺十八人系獄，屢賄當道，十餘歲不決。王公至，首命誅之，巡撫御史反爲力請，而王公竟不從。……竟斬於市，市人無不齧齒稱快。」他在巡視一個牢獄時，發現獄吏養豬，他要糾察此事，群吏跪伏請寬。陽明下令殺豬，分食諸囚。（束景南《王陽明散佚語錄輯補》）

一閑下來，上了九華山，又有了同齡人如唐伯虎那樣的名士的牢騷：「卻懷劉項當年事，不及山中一著棋。」（《題四老圍棋圖》）發狠地說：「吾誠不能同草木而腐朽，又何避乎群喙之啾啾。」（《遊九華賦》）同情李白未展其才：「謫仙淒隱地，千載尙高風。」（《李白祠》）

他在九華山專去拜訪了一個善談仙家事的道士蔡蓬頭。蔡見了王只說：「尙未。」過了一會兒，王避開左右，與道士到了後亭，再度請教。蔡還是倆字「尙未」。王再三懇求，請道長指點。蔡才說：「汝後堂後亭禮雖隆，終不忘官相。」說完，一笑而別。道士的意思是，他的「底子」可望成仙，但太想當官了。仙人覺得想當官的人是聰明的傻瓜，其聰明與其傻、相資相用，絕難度化，比單純的傻瓜難度化多了。所以，一笑而別。

他聽說地藏洞有異人，坐臥松毛，不火食，只吃天然的東西，如松子瓜果之類。王攀絕壁走險峰，好不容易才找到他，他正裝著熟睡，以試驗來者的道行。王也不俗，坐在他旁邊，摸他的腳。道士覺得他不酸，就「醒」了。問：「路險何得至此？」王說想討教怎樣修煉最上乘的功夫。道士說：「周濂溪、程明道是儒家兩個好秀才。」

周濂溪融化釋道，開闢出宋代理學新世界。明道是大程，與弟弟伊川同受業於周濂溪。周的《太極圖說》被公認是從道家宇宙論模式中深化翻轉而來，其《愛蓮說》則融合了《華嚴經探玄記》的基本意思。這兩位大儒與道家相通，所以這個道士說他兩個是好秀才，也暗示王應該當這樣的好秀才。

陽明又轉悠了許多地方，如池州青山，他眞切地感歎：「豈塵網之誤羈，歎仙質之未化。」（《遊齊山賦》）八個月後，他果然築室陽明洞了。

他31歲這一年五月，他才回到京城復命。他對一度熱衷過的詩文復古運動，失去了興趣。用王龍溪記錄陽明後來的話說是：「使學如韓、柳，不過爲文人，辭如李、杜，不過爲詩人，果有志於心性之學，以顏、閔爲期，非第一德業乎？」（《明儒學案·浙中王門二》）

5.築室陽明洞

他決計要告別京師，告別政治，告別文壇，告別那些喧嘩與騷動。他剛剛幹了三年，就不想幹了。弘治十五年八月，31歲，因「虛弱咳嗽之疾」，上疏回家養病。若干年後，正德十年兩次、十一年一次、十三年兩次、正德十四年正月一月之內兩次，上疏告病乞養：百病交攻、嘔吐潮熱、手足麻痹，已成廢人。唯有弘治十五年這一次，他一請就照準了。

身體不好、仕途無趣、文人無益，導致他情緒低落：「人生一無成，寂寞知向許？」（《審山詩》）他路過秀水縣，拜會了在三塔寺閉修的芳上人，受他的影響，回到紹興，在會稽山的陽明洞蓋上房子，摒棄諸凡冗務，專意修煉道術。一開始，專注認眞，修煉意念和呼吸，還總結出一首呼吸歌《坐功》。他是按照《黃庭經》進行修煉的，現存他「臨書」的《無題道詩》全是導引功行話，如「一卷《黃庭》眞訣秘，不教紅液走旁寸」。《年譜》載，他在洞中持續修煉，「久之，遂先知。一日坐洞中，友人王思輿等四人來訪，方出五雲門，先生卽行僕迎之，且曆語其來跡。僕遇諸途，與語良合。衆驚異，以爲得道。久之悟曰：『此簸弄精神，非道也。』又摒去」。他摒去的是氣功狀態。這種能感應萬物的氣功態是相當折磨人的，別人渾然不覺的資訊，他就收發不停了，自然是相當簸弄精神的。

他自然並不總枯守古洞中，而是到處遊玩，登高覽勝，留詩不少。煙霞之氣盎然，什麼「池邊一坐即三日，忽見岩頭碧樹紅」「青山暗逐回廊轉，碧海眞成捷徑通」「江鷗意到忽飛去，野老情深只自留」（《歸越詩》）。似乎是魂歸自然了。

他在這種靜養中嘗到了甜頭，凡幹事專注的人慣性也大，他持續化地想「離世遠去」，大隱息聲，徹底下決心了斷塵緣。這一次，不止是說說，還應該有現實矛盾，譬如總沒有孩子、與夫人不和又不能休妻（他在國子監讀書時期受惠於岳父處多多，見他之《祭外舅介庵先生文》，結婚不入洞房入鐵柱宮，現在離家來修道，都透露著夫妻不諧的資訊）。他決心徹底隱居，有著既不滿意國也不滿意家的意思——這片織錦有一條貫穿性的隱逸線，直到嘉靖朝奉旨隱居。

自然又猶豫不決，不忍心丟下奶奶（岑氏）和父親。他幼讀孔孟之書、長達周公之禮，知道天倫不可違，他雖有桀驁不馴的個性，但善良溫情，做不了絕情絕意、撒手天涯的事情。《年譜》說是這血緣的力量把他拉回塵寰，其實更重要的是他畢竟是儒生，誠如道士所云「終不忘官相」，他的山水詩中依然有這樣的話頭：「夜擁蒼崖臥丹洞，山中亦自有王公。」儘管是將山中生活與王公生活相比，但「王公」還是他心頭中占分量的標準。

他的養生功和神仙術並沒有治好他的病。第二年，即他32歲時，搬到錢塘西湖養病去了。

到了西湖之後，僅從詩題上就得知他去過本覺寺、聖水寺、曹林庵、覺苑寺、勝果寺、寶界寺。至於他修成了多少禪風道骨，只能從日後的表現判斷了。

他心情頗沁爽起來，什麼「十年塵寰勞魂夢，此日重來眼倍清」（《西湖醉中漫書》）。一沁爽了，又開始熱愛生活了，「復思用世」（《年譜》）。在虎跑寺中，他遇見一坐關三年的老僧，不語不視，王喝問：「這和尚終日口巴巴說什麼！終日眼睜睜看什麼！」這一喝，足見陽明熟稔此道，他在四處尋找「眞理」時明確地說「道心無賴入禪機」（《與胡少參小集》）。

黃宗羲對祖師爺說過一句不甚恭敬的話：「王文成可謂善變者也。」的確，他英才天縱、跨行兼修儒、釋、道、兵法、文學、書法、騎射等，想起一出是一出地換著樣兒「舞弄」、實驗著不同人生境界，可謂「蛟龍變化，不可訓狎」。他若眞正深入掌握了養生道術，至少也不會50多歲就留下「所學才見到幾分」的憾恨而驟返道山。當然也可以說，如果不修煉，他也許來不及建功立業而撒手人寰。他的學生胡松說得好：「夫道一而已，通則皆通，塞則皆塞。」陽明在修養生功、喜仙道時正好「塞」著，不然，中國只會多一個名道，而少了一個影響歷史的大儒。

6.宰相經

他回到京城，銷了這不長不短的病假。仍然是刑部主事。但機會似乎來了，他被巡按山東的監察御史陸偁聘去參加山東的選拔舉人的鄉試。他沒有去提牢廳當班的煩惱牢騷了，以區區一刑部主事的身份到夫子之鄉來典試儒學生徒，他自然感到這是「平生之大幸」。欣慰之情產生兩個後果：一是暫時擺脫了逃禪學仙的心境，二是從官場中找到了可以一試身手的興奮點。

現在從他出的題以及作的「陳文」（「標準答案」）來看，他當時心中期待的首要讀者，並不是那些應試的生員而是當朝大佬們，他是再上一道《陳言邊務疏》，他要一展自己的宰相之才。他把這些年「觀政」發現的諸多積弊、倒錯扭曲的現象以或明或隱的方式向讀書人「提」出來。

他出的各科題目都很大膽。如首場「四書文」（即決定考生命運的八股文）問的居然是：「所謂大臣者以道事君不可則止」。「不可則止」正包含著「用之則行，舍之則藏」的氣節，包含著士子對君主「道不同不相與謀」的獨立立場，包含著不給「老闆」當狗、當家僕私臣的道義原則、價值取向。這是絕對符合儒學原教旨而在大一統家天下體制中相當犯忌諱的。孔子就因堅持這一「以道事君」的基本原則而「繞樹三匝，無枝可依」，周遊列國不遇可行其道之君，最後退回老家教書育人去了。孟子強調得最厲害，幾乎是不遺餘力地狙擊那些不講道義、苟取富貴、以妾婦之道事君的無恥之徒。朱元璋大罵孟子，先毀後刪改《孟子》就爲打擊這種「革命」傾向。若朱元璋看見王陽明這樣出題非殺了他不可，或在永樂目灼灼似賊時期，或在清兵入關生怕漢人不合作之際，王出這種哪壺不開提哪壺的題都是在找死，至少要倒一個連他老子也要跌進去的大黴。

另一題目也見陽明心思——「禹思天下有溺者由己溺之也稷思天下有饑者由己饑之也」。這是孟子之熱心腸一脈儒者信守的教義，但眞普照士林，成爲士風，是到了宋代。有名的如范仲淹之「先天下之憂而憂，後天下之樂而樂」的號召，張載之「民，吾同胞。物，吾與也」的信條，都是傑出的體現。陽明的心學就直承這一脈「仁者與萬物一體」論而來。以天下爲己任，事事皆關我心，「我」是「主人翁」，天下興亡，匹夫有責。強調小我統一於大我的歷史責任感，是儒學留給中國人的精神邏輯。陽明的歷史地位正在他是這一生產線上的一個新生代的「變壓器」。這又與「以道事君不可則止」構成一種互補關係。其中的理論張力在於「天下」與「君國」不是一回事，儒家有一個同樣讓君主頭痛的主張：天下乃天下人之天下，君主只是來爲民辦事的「公務員」。儒家這個「大同」學說到了康有爲、孫中山才大放異彩。王陽明還只是講「我」與天下一體，不可能搞什麼憲政運動。

在「論」這一項中，他出的題目是：「人君之心惟在所養」。這是一個標準的心學論式，陽明能提出心學是一路努力「養」出來。孔子開啓的中國文教傳統唯重教養，孔子的理想是把全國變成一個培養君子的大學校。理想和現實總存在著差距和矛盾，而人又應該朝著理想化的方向努力，那麼怎樣才能完成從現實到理想的轉變呢，只有靠「養」——「天下之物，未有不得其養而能生者」。人君之心「養之以善，則進於高明，而心日以智；養之以惡，則流於汙下，而心日以愚」。

陽明的學生說這些保留在陽明兒子手中的四書文、策論範文，都是出於陽明的親筆：

人君之心，不公則私，不正則邪，不善則惡，不賢人君子之是與，則小夫憸人之是狎，固未有漠然中立而兩無所在者。一失其所養，則流於私，而心之志蕩矣。入於私邪，則心之智惑矣。溺於惡，而心之智亡矣。而何能免於庸患之歸乎？

人君也許看不到這種大不敬的大實話，但有一批專門的文化員警在替皇帝照看著，科舉制度的程式是有復核參校這一環節的：

兩京各省鄉試錄，及中式墨卷，背聖言則參，背王制則參，不背則否。

官司評騭，送科復閱，各以虛心平心，從公從實，互相參校。

（《春明夢餘錄》卷40）

像陽明這樣把君當「人」來正邪公私地加以漫議而不犯忌諱，是因爲明中葉的自由度比明初大多了。

「擬唐張九齡上千秋金鑒錄表」的「問」和「答」肯定是王寫的。「論」和「表」都是官牘中的常用文體，中國的行政系統主要靠文牘流通來支撐，科考是選拔幹部，故這兩項是必考的。「擬」者仿也，仿前人的形式、語氣，內容還是對「現實」發表意見。陽明這道「表」的指導思想是如何全面「治理整頓」，是篇如果「我」是宰相的施政大綱。其中的核心問題是改變「名器太濫」、清理「牧羊人」隊伍。國家設官是爲了治民，但曆朝政治的難點和問題的爆發點都出在官身上。這好像刷子本是刷鍋的，但刷不了幾次，刷子就比鍋還要髒了。

最體現陽明心思的問題是：「志伊尹之所志，學顏子之所學。」這是王自己內心的兩極，外在欲求對於書生來說就是當宰相，內聖的楷模是顏回。王擬的答卷也見心學路數：「求古人之志者，必將先自求其志，而後能辨其出處之是非。論古人之學者，必先自論其學，而後能識其造詣之深淺。」這與我們熟悉的欲爲革命文先爲革命人是同一邏輯。

最後一個問題的設置顯示了他與當時的流行做法的「緊張」關係。他先亮明自己的觀點：「明於當世之務者，唯豪傑爲然。」王陽明最後以平民教育家而永垂不朽，但他是個豪傑本位主義者。他痛恨「今取士於科舉，雖未免於記誦文辭之間」，意指這種做法是拔不出豪傑來的，但馬上表明自己是要拔豪傑的，所以讓你們「備論當世之務」：如何削減冗官？如何理平繁重的賦稅？現在藩王滿天下消費極大，國家幾乎養不起了，他們還將發展到尾大不掉鬧事的地步，怎麼處置？軍隊遍海內而日耗甚大，怎麼辦？各種自然災害造成大量流民，怎麼拯救？社會治安混亂，「獄訟煩滋，流賊昌熾，其將何以息之？」權貴世家兼併土地，爲害鄉里，人情怨苦，怎麼制裁他們？邊境不寧，怎麼對付那些戎和胡？

他幾乎把當時主要急務都擺出來了，他認爲這都是「官冗而事益不治之所致」。

所有這些問題都是成龍配套的，官多藩重必加重稅賦，南軍北用北軍南用，徵調運輸糧食就使民不堪命。那些肉食者又只是滿腦袋權錢經！怎麼辦？千言萬語是得找出豪傑來，但國家「名器已濫」！

出個把豪傑也得被官場這個銷金窟給磨滅了。他現存的《山東詩六首》，既痛「濁世將焉窮」「下愚竟難曉」，更恨「我才不救時，匡扶志空大」。現實對於他來說是個「網」——「塵網苦羈縻，富貴眞露草！不如騎白鹿，東遊入蓬島」。這個豪傑時時都想著跑。

7.師友之道

明制規定鄉試開場日期是八月初九，十五日第三場，幾天之後放牌。陽明又去登了泰山，觀了東海，忽而與天地交融、心騖八極，忽而突發悲音。及至返回京城，已入九月。

就在這個九月，他被調到兵部武選淸吏司，還是個主事，從六品。兵部在承天之門的東邊、宗人府的後面，一溜面朝西的房子。吏部管文官，兵部管武官。武官的總額又比文官大得多。武選司，是兵部第一司，掌管武官的選升、襲替、功賞之事，相當於兵部中的吏部。按一般的官場經來說，陽明由刑部調到這裏是進了半步。根據明制五品以下官員六年才京察一次（原定十年）的規定，他暫時無升遷的可能。山東歸來，他感到了培養學生的重要，34歲，便開門授徒了。

他教徒弟什麼呢？身心之學！他開門授徒不是因爲自己多麼高明，而是世風及士風已經變成這樣了：既有西漢末的懦弱又横添蠻悍之風；既有東漢末的儌激又雜染隨風倒的習氣；既有晉朝的虛薄又混合著庸俗瑣碎的心計；既有唐朝的放蕩又夾纏著鄙吝的市儈作風，集以往之卑劣再添上現實之邪惡，無人致力「身心之學」。而學術關乎士品，士品關乎世風。再不講究身心之學，聖學將大面積被遺棄。

尋找師友是爲了建立起與之抗衡的「道場」，他本人的切身體會是，師友之道直接作用於知情意，能直接獲得有血有肉的生命感動，能找到一種從書本中找不到的「感覺」。他從青年起就一直在遍訪師友，尋覓知音，自感「受用」大於閉門讀書。

陽明與甘泉的相遇無論如何是一個「事件」，對於明代的思想界來說是件了不起的事情，對於陽明本人的思想發展也是件了不起的事情。

湛若水從學於廣東老鄉陳白沙。陳是新會人，陳曾從吳與弼學習半年，後回老家閉門讀書，築陽春臺靜坐其中，數年足不出戶。陽明築室陽明洞也是這個意思，都有點禪風道意。這二氏之學，自中唐以後幾乎成爲士林的不言之教。甘泉與陽明的最大區別是甘泉以志顏回之學爲主，陽明以志伊尹（夏朝宰相）之志爲主。甘泉本不想去參加科舉，奉母命，入南京國子監，弘治十八年參加會試，考官楊廷和等人說這個卷子肯定是陳白沙的學生做的，拆開糊名處一看，果然是，置第二，選爲庶吉士。當時，陽明是兵部武選司主事，也在北京，兩人一見定交，共以倡明聖學爲事。

陽明對人說：「守仁從宦三十年，未見此人。」

甘泉對人說：「若水泛觀於四方，未見此人。」

陽明時年34歲，所謂從宦30年，是從跟著他父親旅居京華算起。從當時的名公巨卿如李西涯（東陽）到文學名家如前七子等，陽明可謂閱人多矣，但都不足以引起王的由衷敬佩，因爲他們只是明星而聖人氣象不足。而王的意向又在此而不在彼。七年後，陽明這樣總結湛甘泉的「意義」：湛是眞正體現聖人之學的典範，是今日之顏回，因爲他唯求「自得」。

他倆都求自得，但方法不同。湛主「體認天理」，王主「默坐澄心」。他們的共同目標是，從已成了口耳之學的八股化了的朱子理學中突圍出來，另創一種究心性命的身心之學。他們認爲已經時文化、八股化的理學，看似平正、周到，近乎聖學，實際上卻是依門傍戶、俯仰隨人的鄉愿。「言益詳，道益晦，析理益精，學益支離。」矛頭當然也只能是暗指朱學（非朱子），陽明認爲朱學已是今日之「大患」（《別湛甘泉序》）。

孔夫子辦學的特點是造成一種「場」，讓學生們去「如切如磋，如琢如磨」，他本人的啓發點撥只是引路、確定高度，他確定的師友之道就是「以文會友，以友輔仁」（《論語》）。陽明和湛甘泉都以爲他們的相會和講論才符合夫子之道。

然而，換了皇帝了。靜養身心之學的大氣候一去不復返了。陽明也有機會從邊緣走向中心了——不是受重用的中心，而是受迫害的中心。他出了名——上了奸黨榜。

他以後的歷程，內需要超越自己的英雄心性，外需要超越做奴才的命運，這兩條彙集成一個現實的選擇：就是最好退隱山林，躲開官場這個漩渦。還有一個更難也更有意義的路，就是完成精神飛躍，從英雄變成聖雄。

第四回 北風送南雁 有情覺悟難

1.流氓

有的稗史根據其種種反常規的舉止推測正德是江湖野種，不是眞正的龍子龍孫。這是利用道學表達偏見。所謂野種是指稱其流氓性，而流氓性恰是皇族的通性，朱元璋的流氓性體現在政治上，朱厚照的流氓本性體現在反政治上罷了。流氓性這一家族的「年輪」歷久不變。正德的反政治不是不講政治，而是「玩」政治，把政治戲耍化，他的確很聰明，徹底看透了皇權帝制的黑洞本質。歷史安排正德來使皇權的本質大透底，讓世人知道皇權原來這麼不是東西，皇帝原來可以這麼流氓！

正德剛剛卽位時，陽明得到了一方珍貴的五星硯，喜滋滋地感覺朝廷更化、五氣順布，寫了「化育綱紀，無不惟五。石蘊五星，上應天數」的《五星硯銘》，落款用了公羊學筆法：「正德春王正月。」他覺得在前朝庸碌、會在新王更始的國運中一展身手呢。這一年，他大論書法、學畫山水畫、作題畫詩，心情舒展。沒有料到，正德只信用東宮陪著他一起玩鷹逗狗的太監，管文體活動的太監劉瑾成了「站著的皇帝」，即位不到一年，前朝大臣除了李東陽幾乎都被罷免了。

極富有主人翁責任感的文官集團自然不肯善罷甘休，北京的言官衝鋒在前，謀誅劉瑾等「八黨」，其中有陽明的「同年」（進士）劉秋佩，結果是數十人廷杖下獄。北京萬馬齊喑了，南京言官合疏上奏：閣臣不可去，閹豎不可留，其中包括陽明的姑父，結果是全被拿到大獄，押送北京。

不用心學、僅憑常識也知道，衝上去是燈蛾撲火。我們的傳主在弘治十七年（33歲）九月轉任兵部武選清吏司主事，不在言官系統，他可以發聲也可以不發聲，以他此前的修爲他不可能唱讚歌（在嘉靖更始、「大禮議」的時候，陽明的學生席書、方獻夫就因唱讚歌而躍遷）。也許有一點營救姑父、同年的私情，更關鍵的是俠儒的仗義，在這種大是大非面前不發聲內心不安，發聲必倒楣，前車之鑒已豁然在目。他踐履了應聘皇家幹部考試所作的《志士仁人》中的「義理」：捨生取義，爲了心安不計身累。他上了封《乞宥言官去權奸以彰聖德疏》。

他說：戴銑等人想必是觸犯了皇上，但他們以言爲責，其言而善，自宜嘉納施行。說錯了皇上也該包涵，以開忠讜之路。現在特派錦衣衛把他們拿解赴京，群臣皆以爲不當，而無人敢言，怕得相同的處罰而增加皇上的過錯。但是這樣下去，再有關乎國家威儀不合祖宗體統的事情，皇上還能從哪里聽到諫議？他這個勸架人，總是用具體的細節來增強感動效果。他提醒皇上萬一他們在押赴京城的道兒上塡了溝壑，使陛下有殺諫臣之名，興群臣紛紛之議，到那個時候，您又要責怪左右不勸戒您，且爲時已晚。全文沒有一句「去權奸」的話，沒有再作聲討宦官的努力，這看出陽明的「巧」。結尾時哀懇：陛下不可使耳目壅塞，手足萎病，保護了言官，自然就壓抑了權奸，能這樣做就彰明了聖德。

但正德不「正」，他偏用奸邪而鎭壓善類，他把自己的私人看成與自己一體化的「法人」，他認爲打他的狗就是向狗的主人挑釁。此前，在一次關於鹽業問題的御前會議上，他反譏李東陽，「國家事豈專是內官壞了？文官中僅有十之三四好人耳，壞事者十常六七，先生輩亦自知之」（王世貞《中官考》）。對文官的基本估計竟然如此，難怪不惜辣手處置他們——如果他有欲望專心治理國家的話，他會「大清洗」一大片的。正德元年十一月，陽明被「廷杖四十」、逮入錦衣衛大獄。正德和劉瑾將包括王陽明在內的53人列爲奸黨，正德最後拿劉瑾做替罪羊「謝」了天下，以緩衝與文官集團的緊張關係，說明正德比劉瑾流氓。

明代的律法，「奸黨」是要處斬的，還要妻子爲奴，財產入官。

2.大牆國子監：習忍達無所傷

集權必極權。極權，必恐怖。不管何種方式的集權、極權，都必然強迫人們要麼與之同流合污，要麼被踩在腳下。這時，傳統智慧講求「靜以待變」。大學士謝遷，退居林下後，正與人下棋，追奪誥命的聖旨下達，他談笑自若，家人和朋友都爲他憂慮，估計更大的不幸還會降臨。他卻照常賦詩飲酒。劉瑾伏誅，他復職，依然淡定。這叫宰相器度。

王陽明呢？他才35歲，沒有謝遷的雅量，坐在大獄裏，很難「不動心」。「廷杖」就是在朝堂上當衆脫了褲子打屁股，羞辱更甚於痛苦，他一度昏厥，有的記載說把大腿打折了，有的記載說屁股被打爛了，他那英雄心性使他絕不訴說這方面的痛苦。《獄中詩十四首》之第一首是「不寐」。北京的十二月，冷酷如世道。越睡不著，越覺得黑夜無盡頭。他自認「我心良匪石」，怎能不會被深悲大感攪動？「滔滔眼前事，逝者去相踵。」要用一句話概括他此時此地的心境，就是後悔。不是後悔上疏營救戴銑他們，而是根本就不該重返仕途！「匡時在賢達，歸哉盍耕壟！」這個世界是他們的，我就不該來參與，現在倒好，想回家當個農夫，也找不到自己的地頭了。他奶奶、父親，還有妻子，都與他人間、地獄般地隔開來。他最傷感的是對家人的懷念，什麼「思家有淚仍多病」，「蕭條念宗祀」（我是老大卻沒有孩子）等等，叫人覺得他這個人眞實自然，無虛矯之氣，他與玩弄心學之人有本質區別。

在幽室中他度過了最黑暗的1506年，大年夜，他只有對著從牆縫中射入來的月光，在「旁皇涕沾裳」之餘，勉強滋長出「逝者不可及，來者猶可望」的自勉式的朦朧希望。他在獄中過年，家人牽掛著獄中的親人，他也因知道家人的牽掛而「忽驚歲暮還思鄉」。打斷他鄉愁的只有忽然竄上床的狡猾的老鼠。在會稽山下散步，在餘姚江中放舟，這最最普通的家常生活，現在成了他高不可攀的夢想——成了他做人的全部代價。

弘治時代那寬鬆的氣氛「賺」他出山，結果正德洗牌，他面對的是錦衣衛獄那特種大牆，還有比這大牆更黑的前途，他說：「崖窮猶可涉，水深猶可泳。」唯獨坐大獄如掉到無底黑洞中，除了荒誕、飄忽、沒准，他還能感覺到什麼？鐵窗生涯「窒如穴處，無秋無冬」！像在漫漫長夜盼望銀河欲曙的任何人一樣，他要光。但是，光只能從自家身心上找了。

原因一言難盡，明代的文官牢獄之災頗重。還不說方孝孺式的、文字獄的；就說忠心耿耿的，正德時期算是跟宦官鬥，一批一批地進去，接下來直接跟嘉靖皇帝爭大禮的，進去的比正德時候的還多；在風口浪尖上弄險的言官，趕上朝中有「大故」時自然難免爭先恐後地跳火坑；還有因「工作失誤」也常常下獄。就是平正的「儒林傳」中也頗多下獄論死之類的事情。號稱明代頭號大儒的薛瑄，在辦一件案子時，被彈劾，宦官王振爲報復薛不拍他的馬屁，決定處死。要行刑的那天早晨，王振的僕人在爨下哭將起來，問爲什麼？僕人說：「聽說今天薛夫子就要被砍頭了。」振大感動，後薛終得不死。薛在獄中等死時，讀《易》自如。胡居仁的學生余佑的部下稽查住了宦官的走私船，胡也被宦官投入監獄，在獄中，他著《性書》三卷。明中葉以後，文官集團內部的黨爭，也是著急了就想辦法把對手往大牢裏送。

說這些是爲了點明王陽明的鐵窗生涯只是明代文官普遍的牢獄之災中的一出小戲，並非什麼非凡的足以傲視群儔的大節目。而且求仁得仁又何怨乎？他在《贈劉秋佩》中說：「骨鯁英風海外知，況於青史萬年垂。」在《又贈劉秋佩》中更自豪了：「檢點同年三百輩，大都碌碌在風塵。」咱們那一科三百來個進士，被廷杖下獄上了奸黨榜的「唯使君與操爾」。

儘管陽明自稱自己一生百死千難，但這一難算是落到了底，此前此後的苦難畢竟是在大牆外頭。等最初的尖銳的痛苦稍微地靠「習慣」變得能忍受時，當對命運毫無把握充滿恐懼感時，誰都想「明白明白」。

所以，他此時想讀而且讀了《易經》：「暝坐玩羲《易》，洗心見微奧。」他是個樂觀分子，不肯自小，他把自己想像成「拘而演《易》」的周文王，自己也占卦。他的祖上曾以算卦爲業，他自幼當習此道。他記錄下來的卦有「《遯》四獲我心，《蠱》上需自保。」《遯》，這個卦像是艮下乾上，象徵退避。卦中二陰自下而生，陰漸長而陽漸消，小人漸盛，若山之侵天；而君子退避，若天之遠山，故名遯。《經典釋文》解此卦曰：「隱退也，匿跡避時，奉身退隱之謂也。」獲我心云云，無非是不打皇家工了，想「重返陽明洞」了。他來自遺傳的、自幼熱心的、一直沒放棄的求仙養生情緒，此時大大地釋放出來。《見月》《屋罅月》二首，再明白不過地表露了道教情調的生命意識。然而，這個人永遠不會單線條，他在體驗道教義理時能觸類旁通到儒家的高明。他在「淚下長如霰」時，能體證顏回簞食瓢飲在陋巷不改其樂並非矯情，他後來提出常快樂是眞功夫的「樂本體」說，並舉證說大哭也是樂的側面，恐怕也是總結了這方面的經驗。獄中有儒門「戰友」，他們在大牆之內依然講學論道，在高明遠大的聖道之中，體驗到了俗人難以理解的精神愉悅（「累累囹圄間，講誦未能輟……至道良足悅」《別友獄中》）。陽明《送別省吾林都憲序》中說他與林富「相與講《易》於桎梏之間者彌月，蓋晝夜不怠，忘其身之爲囚也」。學自性出，他後來創造出一個能將「萬物皆備於我」、能化一切不利因素爲有利因素的心學，得益於他這種君子友我、小人資我、艱難困苦玉成我的機智心性。他晚年依然主張：「凡遇患難，須要堅忍。譬如烹飪硬物，火到方熟，雖聖人遇事亦如此。」（束景南《王陽明散佚語錄輯補》）

他在弘治六年會試落第後，在北京國子監一直讀了四年書，課外練習繪畫書法，那是常態中的正常成長。現在這個大牆國子監給了他「臨界狀態」，他體驗到了「孤獨個體」那種無所依傍的深淵感。於深悲大戚之中，在天地之間，除了自己這顆心，除了靠「心之力」，還有什麼力量能伸進大牆來支撐自己？他深切地感受到：「道器不可離，二之即非性。」道器不離也好，道術一體也好，思辨起來並不難，難的是身體力行、知行合一，任何「紙上談兵」都無濟於事。須得把心力煉成本能，才能「隨機應變」又無往不合大道。他現在開始拈出後來心學普度衆生的修養法門了：什麼「無欲見眞體，忘助皆非功」。無欲見眞體，是佛門路數；忘助皆非功，是孟子的方法。忘，是故意去尋找無念頭狀態；助，是人爲地來「揠苗助長」。陽明區別於其後徒的一個標誌性的特點是，王始終堅持「事上練」：「君子勤小物，蘊蓄乃成行。」必須從現狀出發，必須「勤小物」，必須有能力處理具體問題。找「忘」是坐枯禪。日人高瀨武次郎說：「大凡陽明學含有二元素，一曰事業的，一曰枯禪的。得枯禪之元素者可以亡國，得事業之元素者可以興國。中日兩國各得其一。」（見張君勱《中日陽明學之比較研究》）在事上練，是不二法門，追求的是事理圓融，在做事中體悟其形而上的大道至理，既不能在做事中遺忘了意義，也不能體悟玄虛反對做事、不會做事。

陽明現在面臨的問題是：怎樣既反對流行的那一套又要與它們並不「我死你活」地矛盾下去？如何在險象環生的逆境中「重新開局」？儒家那固有的「智慧」經過長時間無智慧的解釋、已經退化爲專供口說的現成「道理」。他暫時還沒有最後悟透，但已種下了「覺悟」的種子，這種子就是他後來常說的「虛靈不昧」。等他到荒無人煙的龍場繼續坐宇宙監獄時，「種子」終於開花結果。

據說不死的囚徒比任何人都富有夢想，只有被斥逐的人才能達到永恆。任何艱難困苦對於志在成聖成雄的人來說都只是培訓進修，這次培訓使陽明看清了絞肉機的本質，血的教訓使他明白必須「道術一體」才能有效地「行道」。

行道有兩大方式：一是通過國家，即得君行道；一是通過社會，即覺世行道。王陽明得君行道的路暫時堵死了。

3.追殺造神話

劉瑾有個最大的優點是愛才，當他還是東宮一個只管文體活動的普通太監時就聽說過王華的大名。現在他想學蔡京攬楊時的辦法，網羅名人來裝點治平。而且劉在嚴酷打擊文官的同時，也急需樹立「投誠」的標兵以分化文官集團。當時也有這種「巧人」，任何時候都有奔走權門的無骨奴才。當時劉瑾幾次暗示王華，只要王華去劉的私宅一趟，不但陽明可以平安無事，他父子倆都可以得到升遷。但王華就是不去，而且很高興地說：「吾子得爲忠臣，垂名青史，吾願足矣！」

只要陽明提筆給劉太監寫一封悔過書、效忠信，就會立即被車馬迎還，他絕不可能去走那敞開著的狗竇。他不得不靜以待命，做被人決定生死明晦的「主人翁」（戲用心學術語）。好在劉瑾要從重從快地處罰他們。大約因爲陽明的上疏沒有一句單指劉瑾的話，劉瑾沒有暗殺他（被暗殺的至少5個），也沒有開除他公職（被開除的23個）。陽明被發配到貴州龍場驛當驛丞，一個從九品的大官兒。還有一個意外的收穫：他與早已入獄的楊一清常常晤談，楊一清發現他是個天才，楊一清是倒劉瑾的關鍵人物，也是後來快速升遷陽明的援手。

我們的傳主很鎮靜地也很幽默地說「報主無能合遠投」（得君行道夢的一個小結），同時又展露倔強：「留得升平雙眼在」（《天涯》），看看螃蟹能橫行到幾時。他沒有寫「強盜頌」，他和他老子一樣還要心甘情願地當忠臣：「天王本明聖，旋已但中熱。」

在料峭春風吹人冷的時節，他離開了京城，告別了他的京華夢（後來僅40、41歲短暫來居）。他入獄後不久，父親王華即被藉故弄到南京去了。貌似平調，其實是貶官。餘姚老家，關山阻隔。這個出了獄卻無家可歸的流放犯，本身就酸甜苦辣難以言說，還在呼吸成禍福的危險處境中，如果一切順利，等待他的前途也只是個遠戍貴州。敏感的他覺得有人跟蹤他，而到貴州的期限是135天。

他沉機不露地與朋友們詩酒唱和。還有朋友為他送行，他們是寧靜的學者或略疏遠政治的道德家、思想家，如湛若水、汪抑之、崔子鐘。他們不會因白色恐怖而疏遠陽明，照樣為他置酒賦詩，「搽洗傷口」。除了安慰就是鼓勵，充滿了「精神貴族」的高貴氣韻。他們之間的唱和，流露出來的是道義的尊嚴，沒有絲毫怯懦的悲鳴。他們用正氣相濡以沫，用偉人的標準自律並相互要求：「君莫忘五詩，忘之我焉求？」「鵝湖有前約，鹿洞多遺篇。寄子春鴻書，待我秋江船。」他們要在雞鳴風雨之中，用帶血的雙腳踐履聖學的道統。可以說，陽明這只鞋是有血性的鞋。這不僅見出陽明他們不爲稻粱謀的心力，更見出眞儒學的道義力量。他在他們的呵護中漸漸復蘇了精神的活力與信心（「言微感逾深」）。雖「憂來仍不免」，但他已經想好了對付危機的辦法。爲了擺脫跟蹤，他不走驛道走水路。他「南遊」走了不到十幾天，感覺輕鬆了，就再次賦詩申述前幾天答詩的未盡之意，並且在夢境與他們重逢，並且再三念叨他們要在衡山結廬，共同研究《易經》的約言。經典，總是他這種如「驚鵲無寧枝」（上引均見《赴謫詩》）者的家園。

他正德二年二月南下，三月初到徐州，遊覽了雲龍山（《雲龍山次喬宇韻》）。走到常州毗陵，他有感覺危險逼近，他「潛投同志范君」：

> 正德二年丁卯夏四月，守仁赴謫，逆瑾遣人隨行偵探，予意叵測，晦行道跡，潛投同志范君思哲之兄思賢於毗陵……君遂匿余於祖祠者三匝月……秋七月回錢塘。（《范氏宗譜記》）

這與他現存《赴謫詩》裏顯示的在杭州住的時間不一致：「臥病空山春復夏」，先住在南屛山的淨慈寺，從春天住到夏天。再後來，又移居到勝果寺。勝果寺可能更涼快，「六月深松無暑來」。陽明說七月回錢塘是記憶模糊？抑或這個《范氏宗譜記》是僞作？

他舊病復發是眞的，他的肺病，只宜靜養。他現在既需要用靜心的沉思來「洗心」，也需要用高質量的空氣來洗肺。他從心眼裏喜歡這個風水寶地，「湖山依舊我重來」。在這種人間天堂的環境中過心魂相守的寧靜的書生日子，是他發自內心的願望。再用顏子的內傾的精神來比論一番，就更心安理得了。「把卷有時眠白石，解纓隨意濯清漪。」這種冰雪文字是心存富貴的功利人寫不出來的。「便欲攜書從此老」是他眞實的心聲。他若沒有這種淡泊的心境，也做不出驚天動地的功業。因爲淡泊養「義」，因義生的「利」才是好「利」。他還在深化「澹泊明志，寧靜致遠」的功夫。當然，只有這樣養心，才能養病。他身體力行了「養德養身,只是一事」。

然而政治情懷終難平服。他爲築立於錢塘三臺山下的于謙祠題寫了《于公祠享堂柱銘》：

千古痛錢塘，並楚國孤臣，白馬江邊，怒卷千堆雪浪；

兩朝冤少保，同岳家父子，夕陽亭裡，心傷兩地風波。

于謙是明朝第一冤，也與屈原、岳飛鼎足而三成爲忠而被冤的典型，陽明沒有說出來的是：算上我就夠四個了。郭彤伯《于廟觀王文成墨刻楹帖》說得好：「陽明才氣少保倫，和墨書成一腔血」，還說陽明和于謙是浙東、浙西出產的豪傑，「齊將赤手擎蒼天」。陽明還寫了《于忠肅像贊》再抒「神人之所共憤的悲情」。

他內心裏是怕重蹈岳飛、于謙覆轍。思前想後，寫了一篇《田橫論》，說田橫「智淺」，不該離島的時候離島、不該自殺的時候自殺，「大抵事不可近慮（看得太近），以近慮而慮之，未有不覆其事者。」他下定了眼前不算看到底的決心，編制了一個錦衣衛追殺不得不逃竄武夷山的「劇本」，還有《遊海詩》（三詩一文）、《告終辭》，意在製造不能按期限到達貴州的理由。

關於錦衣衛追殺陽明一事的眞僞之爭，從來就有兩派，毛西河等認爲，「譜狀乃盡情狂誕」，馮夢龍的《王陽明先生出身靖亂錄》則詳細如小說家言。《年譜》及查繼佐的《王守仁傳》都是按照王陽明的「說法」來講述這個故事。

「故事」說：錦衣衛殺手追到江畔，陽明慮難得脫，急中生智，用上了當年習學俠客的那一套本事，將衣服鞋帽投至江中（或擱置江畔），成功地佈置了自殺的假現場，騙過了那些職業殺手。然後，他偷偷地爬上一條商船，船是去舟山的，忽起颶風，一日夜就到了福建界面。他爬上武夷山，如驚弓之鳥，一氣竄入深山之中。

他確實上了武夷山，這有他的詩爲證。但下面的內容又是故事了：深山之中只有寺院，到了晚上，他終於找到了一個，請求容納，但人家不收留他。一個面色發綠、神色荒涼、來路不明的中年男人，不容易被相信。他沒法，只好在附近的一個野廟裏落腳，躺在香案上睡著了。

這個野廟是老虎的家。那個不給他開門的和尙以爲他已喂了老虎，來撿他的行囊。卻見這個風餐露宿、爬了山的人睡得正香。這個勢利的和尙以爲他一定不是個凡人，就又把他請回寺中。無巧不成書，——「故事」總是需要戲劇性的，教主總是需要神話的：當年他在鐵柱宮談得特投機的那個道士，像正在這裏等他似的，拿出早已作好的詩，其中有：

二十年前曾見君，
今來消息我先聞。

陽明居然還問他：該怎麼辦？並把自己剛下定的「將遠遯」的決心告訴他。道士說：你父親現在朝中，你不屈服不要緊，劉瑾會把你老父親抓起來。你是隱於深山了，但瑾會說你北投胡兵了，南投海盜了，給你定個叛國投敵的罪名，你下三代都抬不起頭來。這顯然是王陽明的內心獨白變成了道士的代言。「戲文」接著顯示陽明知道他說得對，但一時難以回心轉意。道士爲他占了一卦，卦得「明夷」，雖是光明受損傷之卦，但可以有希望地等待著，會有聖主來訪。這給了陽明信心和勇氣。王陽明的精神轉敗爲勝了：

險夷原不滯胸中，
何異浮雲過太空。

人，就是這樣，只要有希望，就可以忍受——心學從某種意義上說就是這種希望哲學，是陽明在「動忍增益」中錘煉出來的自救救人的精神勝利法。這位心學大師畢竟魄力蠻大，他又毅然出山，重返充滿荒誕和希望的人世間。在京城流傳著他自沉於江水、至福建始起的神話。還有他自己的詩爲證：「海上曾爲滄水使，山中又遇武夷君。」

信以爲眞的人告訴湛甘泉，湛啞然失笑，說「此佯狂避世也」，湛同時也笑世人喜歡「誇虛執有以爲神奇」，哪里能懂得陽明這一套虛虛實實的藝術。湛還作詩總結王的這種「藝術」：「佯狂欲浮海，說夢癡人前。」幾年後，他們在滁州相會，連袂夜話時，陽明向老朋友吐露實情：的確是在英雄欺人，果不出弱水所料。而這段故事、以及《遊海詩》《告終辭》伴隨著陽明日益受關注而到處流傳，陽明師徒從未發聲辯駁。

綜合各種資料，竊以爲：的確有錦衣衛跟蹤監視（不一定是追殺，因爲要殺早就殺了），被陽明擺脫後，直撲了貴州，然後返回來在杭州堵住了陽明，陽明運用三寸不爛之舌，把那兩個錦衣衛說服，說辭應該是：咱們共同造個我自殺的現場，你們回去好交差；我作詩文加以宣傳，現在不好提你們的姓名，等將來我東山再起，讓你們永垂不朽。於是，陽明作了《遊海詩》《告終辭》（都很長，不可能刀逼著眞得死還能寫得出來）。然後有了到處流傳的《陽明先生遊海錄》《皇明大儒王陽明出身靖亂錄》等等。

4.情牽返塵寰

在《赴謫次北新關喜見諸弟詩》中，陽明喜不自禁地說：

扁舟風雨泊江關，兄弟相看夢寐間。
已分天涯成死別，寧知意外得生還！
投荒自識君恩遠，多病心便吏事閒。
攜汝耕樵應有日，好移茅屋傍雲山。

對君恩還很在乎，耕樵也是牢騷式的願景。生還快樂，活著卻須「艱難選擇」。」

今年，陽明36歲，干支記年則歲在丁卯。《年譜》說「在越」，徐愛等三人因為陽明被貶而特意正式舉行了拜師禮。陽明作《別三子序》，開頭大講師友之道：「自程、朱諸大儒沒而師友之道遂亡。《六經》分裂於訓詁，支離蕪蔓於辭章舉業之習，聖學幾於息矣。」將聖學的存亡與師友之道的興廢因果性地聯繫起來，是在批判官方將聖學只當成進身仕途的應試教材，儒學的精義遂徹底被遺忘了。他感歎：「自予始知學，即求師於天下，而莫予誨也；求友於天下，而與予者寡矣。又求同志於天下，二三子之外，藐乎其寥寥也。」現在收穫了這三個弟子，他無比欣慰：師友之道能夠用師生鏈的形式保持住原儒本色。但三人同時被舉薦爲鄉貢生，就要到北京去了。他告訴他們，到北京後，找湛若水，就像跟我學習一樣。「同志」一詞，在此具有它最神聖的本義：「出身承當，以聖學爲己任。」（它做足了自肯承當的準備才有了龍場一悟）他語意深長地教導這三個首批上了「名冊」的徒弟要反向用功，「沉潛剛克，高明柔克」！

他現在能做的就是平靜地到貴州龍場驛站去報到。他領著家僕王祥、王瑞上路了。

他從姚江坐船，抵達錢塘江，然後經江西廣信（今上饒）、分宜、萍鄉，進入湖南的醴陵，然後沿湖南的湘江，經過洞庭湖，溯沅江西上，經沅陵、辰溪等地，然後由沅江支流沅水，進入貴州玉屏。「山行風雪瘦能當，會喜江花照野航。」他眞的能「喜」得起來麼？「野航」其實是文人流浪之宿命，是這條「夜航船」的使命。

他又到了當年過訪婁一齋的廣信。他當年志在成聖，如今是個「犯官」。遙想當年的豪氣，他此刻只有哭笑不得的無奈而已。只爲成聖一念不肯詩酒風流自逍遙而走上這發配之路！「元夕」之夜，他與廣信的太守在船中「夜話」。他當年就模仿過蘇東坡的《赤壁賦》，現在依然情願銷溶於江風明月之中。他很感謝蔣太守熱情地接待他這個准配軍。這種古君子風讓他感動得表示要繼續寄詩給蔣先生。

他因與前七子唱和而在官場中有聲譽，又加上他是反權奸的英雄，沿途總有士大夫請他喝酒夜話，這頗能抵擋赴謫路上的孤苦寂寞。夜泊石亭寺時，他寫了兩首藝術水準也頗高的詩，給眼前的朋友並兼寄在別處的老朋友：

煙霞故國虛夢想，風雨客途真慣經。
白壁屢投終自信，朱弦一絕好誰聽？

憂傷之中透露著沉潛的堅持，堅持之中又難掩抑無法克服的悲涼。這應該是他最其實的心境。現實的路只有一個「往前走」。劉瑾不相信眼淚，大明朝也不相信眼淚。但是他的精神勝利法可以使他感覺好起來：

青山清我目，流水靜我耳。
琴瑟在我御，經書滿我几。
措足踐坦道，悅心有妙理。
……
悠然天地內，不知老將至。
羊腸亦坦道，太虛何陰晴？

在江闊雲低斷雁叫西風的「野航」之中，古老的《易經》居然使他欣喜起舞，頓忘形骸，大有何似在人間之慨。這顯然是只能與智者道、不能與俗人語的「精神舞蹈」。發完少年狂之後，他又斂衽端莊地靜坐，心遊萬仞神騖八極，去冥想大化玄機、生生之易理。結論是：

寒根固生意，息灰抱陽精。

陽明的身心之學是包括這種養生術的。調理自己的精氣神，去吻合生生易道，於枯寒處悟見「生意」，又能「晦」處安身，負陰抱陽。只要精氣內完，外物奈我何？——這種超越飄逸的心境固然不常有，但一年之內有這麼幾次就足以保持精神勝利的「元氣」，就有了抵禦外界風寒的心力。

他在「萍鄉道中」正好遇見一個祭祀周敦頤的濂溪祠，便虔誠地進謁。他對周聖人的評價高過朱子。因爲周子不支離（僅留下6248字的著述），有神性，相容二氏，又能一本於聖道。周的家鄉有許多能顯示周的精神特徵的小地名，如安心寨、聖脈泉、道山，更不用說什麼極有仙風道骨的濂溪、濯纓亭、濯足亭、釣遊橋、五行墩等等。陽明的隱逸氣、道士氣，正是周這種儒生風味的道士氣。陽明的詩天然地像周，也許並未刻意追摩，只因「心」似，故聲氣便自然如出一轍。周的《濂溪書堂詩》：「田間有流水，清池出山心。山心無塵土，白石照沈沈。」通篇都是這種調子、寫法。比陽明的還清淡，甚至更準確地說是平淡乏味。要點在於其意境，即其中包含的人生哲學、人生境界，是冰雪文，是平常心，是拒絕滾滾紅塵超然物外又不棄世的眞道學的人生態度。這也是王一直要從顏回處學習的「道行」，是王一直標舉「顏氏之學」的內心原因。

王謁濂溪祠的詩寫得很好，確實是神到意到之語：

碧水蒼山俱過化，
光風霽月自傳神。

他毫不掩飾地承認自己是周的私淑弟子，也承認自己是心喪到此地。但只要以濂溪爲榜樣，何愁前路無光風霽月？但心路與世路頗難一致，是世路大呢？還是心路大？就看你有一顆什麼樣的心了。

他隨路宛轉，再走似乎坐不成船了，「已聞南去艱舟楫」，他現在開始爬山，至少在詩中還從容：「曉行山徑樹高低，雨後春泥沒馬蹄。」但心頭「胡不歸」的旋律不滅不絕。他真想「東歸」回陽明洞去，但又怕想，只要一想就沮喪。回去又怎麼樣？而且是想好了才出來的。只有「意淫」過嘴癮：「夜宿仙家見明月，清光還似鑒湖西。」

其《赴謫詩》的下一首是《醴陵道中風雨夜宿泗州寺次韻》。他有點感歎破船偏遇頂頭風了：「風雨偏從險道嘗，深泥沒馬陷車廂。虛傳馬路通巴蜀，豈必羊腸在太行。」他還是靠偉大的《易經》來抵擋漫長的黑夜——是否人在旅途，讀《易》最相契？反正，陽明是迷上了《易》——「還理義編坐夜長」。

「醴陵西來涉湘水」，跨越了今天屬於江西的山地，他來到湖南地面。他身體不好，走水路爲宜。自然走水路實在繞了遠，從另外的意義上說，又是作了社會考察。所到之處，因劉瑾橫徵暴斂而民情洶洶。陽明與各地的地方官接觸時——準確地說，敢跟他接觸的地方官都對劉瑾的政策怨氣填膺。陽明的史學雖說不太精深，但極明史理，他知道一個倒行逆施的政權必然是短命的，尤其是宦官弄權更不可能長遠。

到了長沙之後，他情緒很好。他的學術名聲因傳奇性的政治遭遇而流傳遠播。湖南的學子有向他請教的。這其實搔著了他的癢處。心學家有「好為人師」這種「人之患」。湛若水笑王「病在好講學」，算知音之言。他此刻雖然「旅倦憩江觀，病齒廢講誦」。但他不顧病倦，勉力跟問學的青年講貴在立志的重要性：先「靜」下來，培養顏回、曾點的境界，明白大廈之材必出幽谷的道理，不要急功近利，「養心在寡欲」。他舉經典性的例子：「孔聖故惶惶，與點樂歸詠；回也王佐才，閉戶避鄰鬩。」這倒是他終生奉行不渝的。這是對治明人好名、奔競大於沉潛之病的良藥。他勉勵長沙的學子：宋學的基地就在你們湖南，周濂溪、朱熹在湖南留下了良好的學風、學統，你們應該立志繼承這一寶貴的「聖脈」。明白的理性，深沉的勇氣，永遠是士人最可寶重的「氣」。

極重師友之道的陽明，他滿懷著對宋儒的尊仰之情，決心西探嶽麓：「昔賢此修藏，我來實仰止。」這個志在成聖的人由青年變成了中年，現在患難之中，嘗到聖學的精神療救的滋味，越發深信不疑了。他再三表示要向曾點和顏回那樣瀟灑走一回。「渴飲松下泉，饑饗石上芝。」他現在更多地想的是「處則為眞儒」的一面，但也合理地包括「出則為王佐」的另一面。隨時而起，待機而動。資之深者，左右逢其源。他對自己充滿信心——「晚冀有所得，此外吾何知！」儒學對於眞誠的儒生還具有這種宗教昇華功能。只要眞誠就不是在舞弄借來的意義。

長沙的趙太守、王推官，最後又到船上與他拜別。他讚揚他們在保持儒學氣象方面做的有益的工作。但也坦白地說出，這塊斯文重地，已今不如昔。並提議在這魚目混珠的年頭，首先得潔身自好，哪怕是「迂疏自岩谷」，也要守住儒士的底線。

從長沙出來，開始很快，「瞬息百餘里」，「舟人共揚眉」，他卻於歡暢時感到了危機。果然，天黑時在進入沅江之後，飛舟觸石，差不多散了架，就別提多狼狽了。眼看就要到天心湖時，突然風雷大作，又一次險些送命……善於順勢禦馬的王果斷地決定停泊於岸邊，然後沿岸邊緩慢滑行。他說「虎怒安可攖」？暫避其鋒後，他們順利地像箭一樣到達了武陽江，生火做飯，暗暗慶倖劫波餘生。

王的結論是：

濟險在需時，僥倖豈常理？

爾輩勿輕生，偶然非可恃！

第五回 臨崖一跳悟心宗

1.若轉不得 雖活猶死

儘管，他在《瘞旅文》中說他之所以未死於貴州龍場這瘴毒之地，原因蓋在於他未嘗一日心慼慼。其實，這是後來的境界，他並不是「入火不熱，入水不濕」的得道眞人，他一到龍場，就大作起「去婦歎」來。《去婦歎》一寫就是五首，用的是楚地「故事」，無非是些妾命如草、淚下不可揮之類的悲鳴。這種棄婦的悲鳴，從屈原到龔自珍都一律是以妾婦之道事君的另一種表現形式，與那些得了手的諂諛之徒的差別在於他們被一腳踢了出來。無需贅言，如果他只會作「去婦歎」必死於這瘴癘之地，即使未死也只是個什麼都不是的「去婦」。

他被拋回「初民社會」、被拋到一個標準的異國他鄉——語言不通，住沒住處，吃沒吃的，空氣不僅稀薄而且惡劣，這對於有肺病的他來說是致命的。就是升官到此，亦足悲矣，更何況是發配！

心性的修煉眞是一個反復的過程。他在湖南的聖學氣象居然能被瘴癘之氣刹那間遮蔽起來。能夠成聖和成聖不易都因肉身的感受性。一日不能「克己」則一日不能「上道」，一日不能成聖，則難免一日反復。陽明深有體會，才在後來的教學中把「克己省察」作爲最基本也最根本的功夫。即使「悟」了也需要一悟再悟的，佛教的破我成佛也是頓悟之後繼以漸悟，不然會成頓迷。

龍場，是個小地方。在貴州西北的修文縣，處萬山叢棘之中，十分偏僻閉塞，毒蛇遍地，野獸竄奔。龍場驛站是洪武年間彝族土司奢香夫人爲效忠朝廷，打通貴陽與四川通道而開設的九驛之一。因爲太偏僻了，這條驛道，幾乎沒什麼人馬通過。與通都大邑管驛站的相去天壤，那是可以爲害一方、魚肉百姓的權要。劉瑾夢遊著給他想到了這麼個「好」地方。

龍場驛設驛丞1人，吏1人，馬23匹，鋪陳23副。陽明雖爲驛丞，卻是謫官，不得居驛站，只得在離驛站不遠的小孤山一洞口搭草庵棲身：「草庵不及肩，旅倦體方適。開棘自成籬，土階漫無級。迎風亦蕭疏，漏月易補緝。」（《初至龍場無所止結草庵居之》）這裏的物質條件比監獄差，隨時都會被大自然奪去生命。偶有能跟他說說官話的是亡命到此的。偶有同僚來問訊，語言與表情均粗魯不堪，使敏感的陽明覺得他們還不如時來造訪的豬、鹿親切。

不久，他在離驛站三里遠的龍岡山找著一個岩洞——東洞。

就搬了過來，並命名爲「陽明小洞天」，寫有《始得東洞遂改爲陽明小洞天》詩三首，從中得知，岩石那天然的竇穴就成了他做飯的灶台，大而平的石塊便成了他的床榻。依然愛好清潔，黎明即起灑掃庭除；還是手不釋卷，灶前榻上漫無統紀地堆著書。現存他的文字有唯一的散曲《套數·恬退》，正作於此時：「黃金難買此身閒」，「歎人生翻覆，一似波瀾」，「假饒位至三公顯，怎如我埜人閑」，「無心老翁一任蓬鬆兩鬢斑」，「歎目前機關漢，色聲香味任他瞞，長笑一聲天地寬」。他奉旨過上了有巢氏式的生活，正是鍾煉恬淡境界的好時候。

用他自己的話說，就是得失榮辱諸關均已打通，唯有生牢死關這一念「尚覺未化」。現在，考驗日日臨頭，他自備石頭棺材一副，自誓曰：「吾唯俟命而已！」事情已經到底就還它一個到底，也就沒有情緒反應了。因爲情緒就是沒把握時的一種代償性反應。他現在眞修實煉了：「日夜端居澄默，以求靜一；久之，胸中灑灑。」（《年譜》）這才到了他在《瘞旅文》中說的「歷瘴毒而苟能自全，以我未嘗一日而慼慼也」的境界。

跟他來的人，沒有他這種道行、他的修行方法，很快病倒了。沒有哲學心智的人永遠難以領略這種境界。在這一點上，他只能自家吃飯自家飽。儘管他是個願普度衆生的，也依然不能代他們修行，給他們輸入個「心中灑灑」。他只有爲他們做飯，喂他們食水；本來，他們是來服侍他的，現在翻了個兒。他以能助人爲美。仁，或者說人道情懷始終是他的人格底色。在航行遇難之際，「丁夫盡嗟噫」，他卻「淋漓念同胞，吾寧忍暴使？饍粥且傾橐，苦甘我與爾」。在實際考驗的關頭能如此，才眞做到了「民胞物與」。單是喂飯還不夠，又怕他們心中苦悶，給他們「歌詩」，還是悶悶不樂，他又給他們唱越地小調，家鄉的聲音足慰鄉愁，他又給他們講笑話，逗悶子，終於使他們忘記了疾病、鄉愁、身處異國他鄉的種種患難，他和他們共同度過了痛苦的不適應期。這也「訓練」了他後來廣授門徒，因材施教、因病發藥、隨機點撥、不拘一格、哪招靈用哪招的特殊「教法」。

於此，也能看出這人實幹家的質地，而且堅持不捐細務、事上磨煉的修養方法，在這絕地確實是可以救命的。那些笨得只能作官的「官崽」、或只能過紙上蒼生的讀書蟲，至於此地絕難生還。他能夠以環境克服環境，能夠在任何條件下化險爲夷，從而才能在多愁善感者必死無疑的生存環境中，奇跡般地活下來。他很好地體現了《老子》「虛己應物，應物而不傷」的法則。他不像屈原、賈誼那樣自視甚高從而無法與現實妥協，自速其死。他沒有蘇東坡那麼「曠」，有與蘇不相上下的「達」。達，才能通，通才不痛。哲學是通學，不但自己通還要使人通。

2.撒手懸崖　自肯承當

置於死地而後生，在軍事上有時只是一句鼓舞士氣的大話；卻是獲得質變體悟的常規現象，因爲不進入臨界狀態，不可能發現生存的眞相，也就無法看清「在」的本質。像勾踐臥薪嚐膽總讓人問他忘了那些恥辱了沒有一樣，陽明在叫天不靈叫地不應的絕境總自問：「聖人處此，更有何道？」別人這樣發問也許是故意或矯情，在他卻是自然又必然的。因爲，他一直就在探尋怎樣學爲聖人。無論是格竹子、《上邊務疏》、乃至於學禪道養生，都是爲了在當世成爲聖人。像浴火重生的鳳凰，他給自己和這個世界提交的答卷就是：龍場悟道。

黃綰《陽明先生行狀》說：「公於一切得失榮辱皆能超脫，唯生死一念，尚不能遣於心，乃爲石槨，自誓曰：『吾今惟俟死而已，他復何計？』日夜端居默坐，澄心精慮，以求諸靜一之中。一夕，忽大悟，踴躍若狂者。以所記憶《五經》之言證之，一一相契，獨與晦庵（朱熹）注疏若相抵牾，恒往來於心，因著《五經臆說》。時元山席公官貴陽，聞其言論，謂爲聖學復睹。」陽明高弟王龍溪則把這個聖學的特徵概括爲：「恍惚神悟，不離倫物感應，而是是非非，天則自見。」

《年譜》說「先生始悟格物致知」，主要情節與《行狀》同，多出了「寤寐中若有人語之者」，好像睡覺時有人告訴了他格物致知之旨，他忽然從石床上呼躍而起。把跟從他的人著實嚇了一大跳。一陣激動過後，陽明「始知聖人之道，吾性自足，向之求理於事物者誤也」。

這就是被各種思想史著作稱爲劃時代事件的「龍場悟道」的故事梗概。

他被「拋」到了深淵，中國人平素要依賴和受制約的各種關係的力量都沒有了，他一無所有地赤條條地站在這深淵中，只有他的「心」上聯天下聯地思接古聖。王陽明要是二十年前、十年前被拋到這種處境，他未必能夠悟道。此時，若不拋到這裏，他也未必能夠「覺醒」到這程度。正是因爲他經歷了「格竹子」，按照朱熹的方法「格」經典，按照自己的性子「格」辭章、「格」仙釋二氏之學之後，他才能在此「坎陷」中頓悟。不進入臨界狀態，精神就不可能迸發出超越常規的發現、就不可能「頓悟」本眞的意義，就像禪宗所說的不臨崖一跳不可能開悟。

所謂「聖人之道，吾性具足」——就是禪宗那「懸崖撒手、自肯承當」！這有陽明最後在天泉證道時的話爲「旁證」：「上根之人世亦難遇，一悟本體即見工夫，物我內外一齊盡透，此顏子明道不敢承當，豈可輕易望人！」顏回、程明道不敢承當，是因爲這兩個好秀才太儒雅了，缺乏陽明之俠儒肝膽，陽明在所有的佈景都坍塌了之後，只有自己赤身擔當了，而他恰恰敢承當「聖人之道」，於是頓悟了「吾性自足」。陽明肯定是「上根之人」，說他澄心精慮，以求諸靜一之中也好；說他恍惚神悟，天則自見也好；都是形容他脫落了俗念、所知障，「赤身裸體，走向上帝」！自肯承當「無善無惡心之體」，一下子徹上徹下地開了悟，一悟本體即見工夫！說白了就是個「空生明」。

束景南《王陽明散佚語錄輯補》有一則講開悟的，具體時間不詳，但可以證明他完全接受並運用禪宗法門：

「君子之學，貴於得悟。悟門不開，無以徵學。入悟有三：有從言而得者，有從靜而得者，有從人情事變鍊習而得者。得於言者，謂之解悟，擬議觸發，未離言詮，譬之門外寶，非己家珍；得於靜坐者，謂之澄悟，收攝保聚，猶有待於境，譬之濁水初澄，濁根尚在，才遇風波，易於淆動；得之於鍊習者，謂之徹悟，磨礱洗滌，到處逢源，愈震動愈凝寂，不可得而澄清也。根有大小，故蔽有淺深，而動有難易，善學者之所至，以漸而入，及其成功一也。夫悟與迷對，不迷所以為悟也。」

他寫《志士仁人》的時候是從言而得解悟，從廷杖、監獄、龍場絕境，他從人情事變獲得「鍊習」，再加上他在石頭棺材前靜坐要解決包括如何面對死亡等一切問題。他的意念往心本體處聚集，逐漸過濾掉了日常思維的一切內容，「心」獲得了無掛無礙的自由，由澄悟而徹悟。日後，愈震動愈凝寂，到處逢源，終成一代宗師。

他開悟後的第一感覺就是：我完全能夠憑著我的自性走上成聖的道路，不需要依靠任何「吾性」以外的東西。「吾性」就是我的自性，「自足」是夠了的意思。由覺知所返，親見本來，親證實相。自性之中具足一切法，與他當年寫《志士仁人》說心體光明，可以貞天下之大節一念相續，那時是「引機」，現在是「啓機」了，承當了自性自度的慧命，不再向朱熹討生活了（「向之求理於事物者誤也」）。這個「聖人之道，吾性自足」，顯然是慧能「何期自性本自具足」的儒家說法。他後來是讓心腹學生秘密讀《壇經》的。陽明的「吾性自足」指向成聖，慧能自性具足指向成佛。

陽明的學生聶豹後來也驗證過這種狀態：（聶）在獄中閑久靜極，忽見心體光明瑩澈，萬物皆備，找到了「未發之中」。這個「未發之中」是理學術語，是心本體的澄明狀態，可以形容陽明此時的「吾性」。

十年後，陽明超越了這個境界，後悔地說：「往年區區謫官貴州，橫逆之加，無月無有。迄今思之，最是動心忍性，砥礪切磋之地。當時亦止搪塞排遣，竟成空地，甚可惜也。」（《全集》第159頁）他指的是：當時本來可以一鼓作氣地直接提出「致良知」！就是自己未達圓明大智、「搪塞排遣」瞎對付、白白地滑過去了。所以，完全可以說，他這場頓悟，就是在「閉關」狀態，找著了自己的良知，所謂「吾性」就是良知。陽明後來教人：良知人人天然自備——就是現在說的這個「吾性自足」。

但是人們很難覺解、並擁有自性——自己的「吾性」。因爲一入滾滾紅塵，童心變成了凡俗的利害心、是非心，就將良心「放逐」到蜚短流長的得失計較的人欲海，遂成爲自負其屍到處遊走的行屍走肉。志在成聖者的一生就須是「求其放心」的一生，求者，找也。找啊找，陽明在不惑之年到來之前總算找到了，他怎麼能不絕處逢生一般呼躍呢！老百姓說的「找著魂了」，可以形容此時陽明的精神狀態：聖人之道就是成聖之道！言功夫只是不忘本來，吾性就是自己的本來面目，敢於承當吾性自足，其實是無我之勇。

聖人之道原來是成聖之道（本體功夫一體），說實話，陽明此刻感悟到的聖人之道主要是「德性」眞理，還不是宇宙的眞理。

3·陽明學誕生

這場悟道何以成爲陽明學誕生的標誌呢？因爲，它改變了朱熹主義的格物致知路線。

陽明說的「格」其實是藝術直覺，朱熹的「格」是概念推導。朱熹是學者的工作方法，陽明是詩人的工作方法。陽明主張的是：眞正的思想是從感覺中來，用思想持續感覺。陽明堅持的是：哲學不在外面，一定要在內心裏、內在感覺中找到絕對。陽明是要用藝術的方式來把哲學變成掌握意義的藝術，把概念的「知」變成體驗化的「智」，用功夫論涵蓋認識論，恢復感性的本體地位。這個感性是生命本身，也是像生命本身一樣複雜化地存在著，找到根本感覺的方法不再是「主觀」對「客觀」做局外觀察，而是：心與物是一體，如同陰陽一樣是一體的、意義貫通（心物一元），不是二分的。胡塞爾現象學的意向性還是主體對客體的意向性。

陽明努力要找的是心與物下面的基礎，這個基礎才是「管總」的（心本體）。這個「管總」的，不是恍兮惚兮的「道」（老子），也不是窮物盡理的那個「理」（朱熹），而是「心」——吾性自足的心本體，到了後來，他才明確表述爲「無善無惡心之體」。找到心體，才找到了意識活動本源，運用反思前的我思，才能正確思維，到了這個境界就可與千聖一體，從而隨機萬變，譬如打仗的時候打仗，寫詩的時候寫詩，就可以知行合一地「日新日日新」了。

朱熹的理學是根據價値來建立意義。這樣就會從「意見」出發，就難免不以意爲之，心物二分就會乖離，從起念處錯了就會一誤再誤。朱熹的格物是「逐物」，跟著對象轉，是捨本逐末，由外及裏、必然心被境奪。要把顚倒了的大路子再顚倒過來，只有以「心」爲天淵，爲主宰。陽明此時悟通，後來再三申說的就是：所謂格物致知並非如朱子所說的用鏡子去照竹子，而是倒過來，以心爲本體，下功夫擦亮心鏡，眞正的思想對象是「心」，不是「物」，要「格」的不是物而是心。所謂的「格」就是「正」，所謂「物」就是「事」。延展到容易理解也容易誤解的倫理領域，可以這樣區以別之：朱熹主張的是「他律」，陽明主張的是「自律」。

舉一個不是此時發生的、但是很能說明他所大悟的「格物致知之旨」的原理的例子——「心中無花眼中無花」：「天下無心外之物。你未看此花時，此花與你的心同歸寂；你來看此花時，則此花的顏色一時明白起來，便知此花不在你的心外。」

花是獨立於人的意識之外的存在物，它不因人的意識活動而生滅，花存在的意義卻因人而異、因人立意。花的存在是所謂物質與意識的關係問題，花存在的意義是「心」賦予物意義的問題。王陽明說的是後者。王陽明從不否認物的獨立存在，他說過：「意未有懸空的，必著事物」，肯定事物的先在性。王陽明的心中無花眼中無花論的要旨在「心無外物」，在探究心物怎樣貫通、心物貫通出來的意義如何生成。「與花同寂」是說人與花未發生關係時，人與花各不相干，花對人不存在，人對花也不存在。這裏的「寂」是「寂靜」之意——意義不在場，並不是佛教說的「寂滅」、道教說的「無」。但是，如果人與花溝通（「看」）了，有了生命情感聯繫，那麼，花對人「在」了，人對花也「在」了，這意義的「發生」（「明白」）必須由「心」來承擔。是「心」賦予了「花」（客體對象）存在的意義。這種意義的發生不是反映論，是意義生成論。「心」與「物」形成了一種雙向互動的意向性結構，使自在之物成爲了審美對象，物（世界）向我（心）敞開，意義向人生成。這也就是王陽明說的「你來看此花時，則此花顏色一時明白起來，便知此花不在你的心之外」的眞義。也就是說意義不能根據「意見」預定，只能依據直覺生成。

儒道兩家說的「道」，其實是通道，是活性的，是需要體悟親證的。沒有親證體悟，道是道、你是你，同歸於寂；一旦悟道證道，道中的理便「明白」起來，便知「道」原不在你心外。這種體悟性的道、理一旦變成口號式的標舉，就變成套語，便「僞」者甚至反對者也可利用、濫用了。想成聖人，單「以學解道」遠遠不夠，必須心與道成爲一體（心物一元），用身心之學代替耳口之學，才能有「根本」，不會像八股儒生那樣「無本而事於外」了。

所謂「支離」就是把只能內在體驗意會的「道」變成了即使沒有體會也能言之有理的「學」。這相當於，把詩變成了詩歌作法，把倫理變成了倫理學，把宗教體驗變成了宗教學研究，把人生智慧變成了學院派的教科書，把微妙地運用著全副知覺感受的愛情變成了結婚指南。說食不飽，光在「說」上做文章，脫離了聖人之道的中心或本源性的意義，一切都變成了「話語」。既成話語，就可以變成語言遊戲、嘴裏不說心裏話的形式主義的語言操作。這種科場理學使「聖經」普及以致於出現了成熟的舉業「教會」，而事實上聖學的精義已經消亡。孔孟復出反而考不了這種「經義」「時文」，就是滑稽而嚴酷的證據。用陽明的話說，則是：

> 世之學者，章繪句琢以誇俗，詭心色取，相飾以僞，謂聖人之道勞苦無功，非復人之所可為，而徒取辯於言詞之間。……而聖人之學遂廢。（《別湛甘泉序》）

陽明心學的要義在於恢復儒學的親證性、啓明性，從「支離」的學術包裝中破壁而出，恢復聖學的神聖性——陽明後來深情地以悲壯的「承當精神」說「我此良知二字，實千古聖賢相傳一點骨血」。

但是，「述朱」的人們都認爲陽明的悟道，是外道的禪學，從而不承認他這種心路在儒學中的合法地位。這是嫉妒性的偏見。儒家從來就有心性修煉方法，顏回的守中庸、孟子的集義、養浩然正氣都是依靠「吾性自足」，那時地球上還沒有禪宗。周敦頤、程明道也是這樣靜中開悟的，王陽明贊佩的王信伯說：「非是於釋氏有見處，乃見處似釋氏。」算一語冰釋了。悟了後的陽明做夠了攻擊他的正儒也做不了親民濟世的事情。他覺悟的過程的確酷似禪宗之參公案之頓悟。「聖人至此，更有何道？」是他契入的心念，反復參究的結果是豁然開朗：一處透，千處萬處一時透；一機明，千機萬機一時明。陽明悟了之後曾默證六經，無不相合。這與禪宗之明心見性的頓悟後由二元世界透入一元世界的脫胎換骨的昇華境界若合符節。茲舉高峰和尚參究「萬法歸一，一歸何處」事例略見一斑：

山僧昔在雙徑，歸堂未及一月，忽於睡中疑著萬法歸一，一歸何處？自此疑情頓發，廢寢忘食，東西不辨，晝夜不開，開單展缽，屙屎放尿，至於一動一靜，一語一默，總只是個一歸何處，更無絲毫異念，亦要起絲毫異念了不可得。正如釘釘膠粘，搖撼不動，雖在稠人廣眾之中，如無一人相似。從朝至暮，從暮至朝，澄澄湛湛，卓卓巍巍。純清絕點，一念萬年，境寂人忘，如癡如兀，不覺至第六日，隨眾在三塔諷經次，抬頭忽睹五祖演和尚真贊，驀然觸發日前仰山老和尚問拖死屍句子，直得虛空粉碎，大地平沈，物我兩忘，如鏡照鏡，百丈野狐，狗子佛性，青州布衫，女子出定語，從頭密舉，驗之無不了了。般若妙用，信不誣矣。（《古尊宿語錄》）

陽明悟道的形式與此相近，獲得了通道的靈明感，有了大覺大悟，有了這種能力，然後幹成了濟世救時的事業。錢德洪怕有人說是禪，就趕緊點明：不離倫物感應，而是是非非，天則自見。

並且強扭到「大悟格物致知之旨」，其實要害在「聖人之道，吾性具足」。毫無疑問，他早年沉溺佛教、道教，尤其是在陽明洞天的靜坐功夫，此時給了他很大的幫助。儒、釋、道三教在最高的神秘的心體呈現境界同通無礙，都講究一個「歸寂以通感，執體以應用」。

4.早知燈是火，飯熟已多時

心學是這樣一種意術，它將世界聚焦於我心，遂將所有的問題變成一個問題，任何一個問題也就是所有的問題。沒有表裏、內外、上下、任何「一」都是具體而微、至大無外、至小無內的整體。這叫破除二元論，返回道本體；從而找回放逐於外物的我心。作這樣的性靈玄言詩是容易的，把它轉換成知行合一的心性能力，破除、代替析心物爲二、道器爲二、言行不一、知行歧出的學風、作風、文風，既要天天講、求做家常功課，又須付出做人的全部代價。因爲知行合一在一個假人言假事的世界是要倒楣的。

陽明的一生像一部動人的成長小說：一個外省青年四處尋求聖在哪里、道在何方，最後終於「懸崖撒手、自肯承當」。當在差近原始生活的天地中，悟出聖道就在我心後，他去種地去了——那邊會了，還得回這邊踐履。

有的中土人士被拋到此地，沒過了高山反應這一關，被瘴癘氣霧給送走了。一個也是貶過來的原主事，叫劉仁徵，就是這樣死的。陽明因「足疾」，不能親自去哭奠，便作了一篇祭文，發了一通哲學性的感慨：「仁者必壽」，而你卻「作善而降殃」，瘴癘蓋不正之氣，與邪人同類，你死於茲，亦理固宜然矣。人，總是要死的，死生如夜旦；生，不足喜；死，不足悲。——這，就理論而言，實在沒什麼稀奇。但真正融化成心志就彌足珍貴了，是滑舌利口的野狐禪、言行歧出的假道學辦不到的。陽明的心訣是「生死兩忘」，空諸所有，無念無執。

陽明的我性自足不假外求，是逼出來的。從大千世界，功名事業，直至生死存亡，退到無可再退，不得不「反身而誠」、「反手而治」——孟子的反手而治在政治上沒有看見成功的範例，在人格修養上，陽明算是最耀眼的得天下大名的顯例。聖學傳統拯救了他，他又轉過來拯救了聖學傳統。社會的壓力、理學內部的壓力，壓得他不得不來當「變壓器」。中國思想史證明，他是個天才的「變壓器」——從釋道那邊會了，回到儒家這邊來行履。

所謂天才就是有這樣一種反思能力：除了知道自己了不起之外，更知道自己沒有什麼了不起。更準確地說，是有這樣一種應變能力：就是在需要「了不起」的時候就可上九天攬月，在無可奈何時就混跡於魚鱉，而不更多地去想什麼委屈不委屈。大氣渾然，元氣淋漓，在儒家辭典中，這叫「通權達變」，唯聖人能之。陽明「悟」了之後，差不多能夠「幾於聖」了。

那麼，差多少呢？——不動心（情）時，差不多；一動心（情）

時，就差多了。

尤其是冬天來了，「陽明小洞天」只是洞而已，不見天日，又沒有多少禦寒的衣服，霜凝在洞口，是眞正的寒窯。他的健康大受摧挫，他日後東征西討時常病得東倒西歪，也有此時做下的病根，他後來屢屢給皇帝上書請病假，請致仕退休，也都提到是這段歲月把他搞成了病夫。

他來時帶著些盤纏，一路上車馬船費用去不少，他還得留著預後的花銷；再加上到達此地時，正是春荒季節，他遂屢有「絕糧」之虞（「謫居屢在陳，從者有慍見」）。他決心學農，將南山開墾出來，自己來個小「軍屯」。而且「夷俗多火耕，仿習亦頗便」。還沒有太過耕種的季節，能種出幾畝來。他馬上給這種生產活動找出「意義」來：不僅單爲了解決自己的吃飯問題，還可以讓周圍的鳥雀也有了吃的，餘糧就周濟了窮人和寡婦。

他遂開始一邊種地一邊作「修理地球贊」：

起草不厭頻，耘禾不厭密。

物理既可玩，化機還默識。

即是參贊功，毋為輕稼穡。

只要是自己幹的就能且要找出通天的意義來，這是中國詩人哲學家的慣用的「自我重要法」，從而給身處邊緣的角色和一點也不重要的活動找出參贊化育、通天徹地的重大意義，這又叫能夠於百姓日用中見道。用審美感覺來尋找價值，賦予價值，投射價值，反正「我」想叫它有多大價值它就有多大價值，這便是我們的人文精神的工作原理了。在身處危難之機，這種可愛的「精神勝利法」，是哲人超越許多苦難的秘密武器。這種精神勝利法實乃中國特色的實用形而上學。

但又畢竟只是精神勝利，當精神不想勝利，或勝利不起來時，就還是個當哭則哭，當苦則苦。悟透了格物致知的要義不在逐物而在正心，也依然不能必然保證「心」就刀槍不入，照樣「逐子望鄉國，淚下心如摧」。

他最焦急的是生命——這種時間性的存在——在白白浪費。有一次，他坐在石頭上弄溪水，開始時，還欣欣然，有興趣洗洗頭。溪水太清澈了，照出了他的白頭髮，37歲的人長白頭發已不算「早生華髮」，他卻著急了：

年華若流水，一去無回停。

悠悠百年內，吾道終何成！

是啊，過去感到「生有涯知無涯」，日日逐物，何時是了？自從悟道以後又出現了新問題，就是知「道」了，怎麼去做到？他差不多是首次用了「吾道」這一莊嚴又隆重的大字眼。他終於有了不同於漢儒宋儒的「道」，是完全有資格說「吾道」了。更嚴峻的問題是怎樣「行」？不行終不「成」。他在開始逼近「知行合一」之旨。

他現在爲「成道」能做的事情也只有講學。然而用正常眼光看，這是不現實的。客觀條件幾乎爲零。在這種時候最見心學的「過人」之處和主人翁精神，絕不會沒有現成飯就不吃。恰恰相反，首先是高度眞誠，然後是爲了「成道」，沒有條件創造條件也要上。凡人常常後悔：「早知燈是火，飯熟已多時」，心學家是心中有燈於是能到處看到燈、並且早就知道燈是火的人：他已經給當地的百姓講學了，龍場悟道的現實結果是重心轉移到覺世行道上來。

5·生活藝術化

話一說又遠了。心學以誠爲本，密切聯繫群衆，王陽明的性格又「和樂坦易，不事邊幅」（徐愛《傳習錄》敍），從他來了之後，幾乎是有意主動搞好與當地人的關係（化夷爲友是心學之「轉化訣」）。這樣做既合聖道，又有現實好處。再加上又跟當地人學農活，還有他那一套親融自然的可愛派頭，而且他從心裏覺得當地這些醇厚樸實的「夷人」比中土那些已被文化異化的虛僞的士夫更值得親近。他多次表示：跟這些野人講論「吾道」比跟中土士夫更容易相契。

人人心中都有一桿秤，這些沒上了名冊的「學生」漸漸敬愛他，他們是用行動來說話的實在人，他們見他開闢那塊地方，以爲他喜歡那裏，便在那裏給他蓋起房子來。山上可以用做棟樑之材的樹木有的是。很快大架勢成立，他則做了些情調性的佈置，四周佈置上竹子和花卉草藥，於是：「列堂階，辯室奧；琴編圖史，講誦遊適之道略具。」像個學堂樣了。

不到一個月，這個被他命名爲「何陋軒」的文化基地從無到有了。名，取自孔子「君子居之，何陋之有？」；實，則是爲了「信孔子之言」——信者，申也。弘揚孔子之道既是化俗工作也是對自己的精神安慰。通達的儒者就是隨時都能找到這種一體化的感覺。而且事實上，也的確不陋了。人們到了這裏，都覺得恍然置身於像樣的閣子樓了。

他自己也忘了是在偏僻的夷地。更重要的是，有了這個自成意趣的「小構」，「諸生聞之，亦皆來集」，有學生來求學問道了。

從任何具體事情中都能找到意義，是仁學萬物一體的精神能力。儘管夷人如未琢之璞，卻不可以「陋」視之；但夷俗崇巫而事鬼，瀆禮而任情，不能中和不懂節制，是必須用教化功來「移風易俗」的。在朝美政在野美俗也是儒生的使命。他們本質好，教化起來也容易。一篇《何陋軒記》以耍小聰明的話結尾，我固然不行，以待來者吧。用謙虛表達自信，有幾分童趣。

這個「何陋軒」就是名載史冊的「龍岡書院」的校址。陽明《龍岡新構》詩云：「開窗入遠峰，架扉出深樹。」「初心待風雨，落成還美觀」，並賦予它杜廈白裘廣庇寒士的「意義」：「來者亦得憩」，還補上了自己一向所缺的「農圃學」。

不拒絕實事、小事是心學人士能夠成就事功的一個奧秘。陽明在新軒前面又營構了一個小亭子，四周都是竹子。又動用「文化傳統」來緣情佈景借景抒情，叫它「君子亭」。暗連「君子居之，何陋之有？」倒在其次，更突出的是「竹有君子之道者四」，學生又說「我」像這竹子。

陽明不算謬托知己，他還真足以副之。他具備中虛而靜、通而有間的竹君子之「德」；更有外節而直，遇難而不懾，處困而能亨的竹君子之操；過去在朝是應蟄而出，現在在夷是遇伏而隱，都能做到「順應物而能當，雖守方而弗拘」，這是了不起的能夠通權達變的君子之「時中」（任何時候都恰到好處）；他還覺得自己具有竹子式的挺拔特立、不屈不撓、意態閒閒的竹子之「容」。他在文尾又照例謙虛：雖不能至，心嚮往之。

這種尋找意義的命名活動，是把生活藝術化的功課。人的一生是個不斷的自我定位的過程。是爭上游爲君子儒呢，還是趨下流當小人儒？關鍵看你立什麼志。自我命名也是鬥立志的功課。觀念，觀念，首先是自己「觀」自己的意念。每一意念出，都是對已有的感性經驗、情緒意欲的一種整理提煉。自小，是小；自大，也是小。如何恰到好處地提升自己則成了爲己之學的「意術」。

6.太極功夫

陽明的命很大，有時候運氣好，如他超過到貴州的期限，如果劉瑾追究要受很重的處罰，居然沒事。據說是主管此類事務的巡按監察御史吳祺保護了他。但運氣不好的時候多。用他後來追述的話說：「貴州三年，百難備嘗，橫逆之加，無月無有。」陽明並沒有招惹當地的官老爺。思州太守偏偏要在一個貶官頭上要威風，就好像牢頭非要收拾賊配軍一樣，居然無緣無故地派人到這個驛站來侮辱陽明。

陽明已練就了「動忍增益」的功夫，但周圍的夷人看不公了，他們奮起保衛敬愛的王先生。他們打跑了來耍賴的「官奴」。這自然擴大了事態，太守大怒，向上邊告陽明不但不服從當地政府的管教，還聚眾鬧事。這對陽明相當不利。

幸好，此前他的行誼吸引了思州的按察副使毛應奎，這位毛公也正好是浙江餘姚人，是陽明的老鄉。陽明還曾爲毛的「遠俗亭」寫過一篇「記」文。現在毛出面爲之斡旋，既在正印官面前爲王疏通，又勸王去陪個不是。王的回應特別見心學的藝術，也表現出陽明政治家的水準：

昨承遣人喻以禍福利害，且令勉赴太府請謝，此非進誼深情，決不至此，言無所容！但差人至龍場淩辱，此自差人扶勢擅威，非太府使之也。龍場諸夷與之爭鬥，此自諸夷憤慍不平，亦非某使之也。然則太府固未嘗辱某，某亦未嘗傲太府，何所得罪而講謝乎？跪拜之禮，亦小官常分，不足以為辱，然亦不當無故行之。不當行而行，與當行而不行，其為取辱一也。

因爲龍場打鬥是差人大敗輸虧，所以陽明故作高姿態，先給太府一個臺階下，再騰開自己的身子，我與太府之間沒有任何衝突，所以不存在我必須去謝罪的問題。眞弄得長官無話說。然後，陽明又柔中有剛地說：「某之居此，蓋瘴癘蠱毒之與處，魑魅魍魎之與遊，日有三死焉。」而我居之泰然，蓋在於我無動於心。太府要加害我，我也只當是瘴癘、蠱毒、魑魅魍魎而已爾，我豈能因此而動心？

這是陽明悟道以後的第一次牛刀小試。相當冷靜又口舌如劍，只有不動心才能用最合適的「心力」來與魑魅魍魎較量，有理有利有力，妙在讓對方挑不出進一步迫害的口實來。更有魅力的是他那安之若素的語氣，既有冷靜世故的分寸，相容陰陽柔裏透剛的尊嚴。眞見心學藝術，是柔中寓剛的太極功夫。

結果是「太守慚服」。這個勝利使陽明在貴州官場有了容身之地，這個小小官場對他卻是大環境。很快，視他爲高人的當地秀才、衛所官員，紛紛上門求益。

安宣慰先讓人送來米、肉，派工人來擔水劈柴等等；陽明一概婉拒。這位安大人，又派人送來金帛、鞍馬，「禮益隆，情益至」；他只好收下些生活必需品：「敬受米二石，柴炭雞鵝悉受如來數。其諸金帛鞍馬，使君所以交於卿士大夫者，施之於逐臣，殊駭觀聽，敢固以辭。」不難看出這個人自尊心多麼強，內心的戒律多麼嚴。這是一種自視甚高者的好自爲之，並不是「逐臣」的變態自尊心。

天下沒有白吃的東西，安宣慰是想向他討教是否把水西驛站去掉？王給安講了一通「天子亦不得逾禮法」的大道理，勸他不要做「拂心違義」的事情，也別再忙著要官了。安聽取了他的意見。不久，有土人造反，自揚言受安宣慰的支持。安想不管，坐待事大，以搞掉姓宋的土官。王趕緊馳書叫安快用兵平定叛亂，以盡守土之責。這眞是點化頑愚，不但救了這個官老爺，也使當地百姓免遭塗炭。

他一方面樂觀地估計自己用不了多久就會離開此地（「秋深得遂歸圖，嶽麓、五峰之間，倘能一會，甚善」《答文鳴提學》），另一方面又對此地起了眷戀，寫於此時的《棲霞山》情調溫婉：

宛宛南明水，迴旋抱此山。
解鞍夷曲磴，策杖列禪關。
海霧侵衣濕，孤雲入座閑。
少留心已寂，不信在夷蠻。

第六回　以行求知身心好

龍岡又名棲霞山，山勢不高，平岡逶迤。山上岩石嶙峋，古樹招風。岩壁上現存「陽明先生遺愛處」大字石刻。陽明洞內寬大可容百人。有一小洞通後山。洞頂鐘乳石累累下垂，有歷代文人的題刻。洞右側一小洞有一天然石床，傳說即是陽明悟道的那個石床。洞前有石桌石凳，兩株粗壯挺拔的古柏，據說是陽明手栽的有道之樹。當地人說，遠近居民絕不去龍岡山砍伐一草一木。

洞口左側，沿石徑而上，入一圓形山門，卽見君子亭。亭腳山岩上刻有蔣介石第三次遊陽明小洞天時所題「知行合一」四大字。君子亭對面卽王陽明首創的龍岡書院故址，嘉靖時改爲王文成公祠。祠門口有這樣兩副石刻楹聯：

三載棲遲，洞古山深含至樂；

一宵覺悟，文經武緯是全才。

十三郡人文，此為根本；

五百年道統，得所師承。

右側三樓三底的配殿，是抗戰時期少帥張學良幽禁三年的居室。配殿邊有一石碑，上刻《龍岡書院講堂題額後跋》：

黔中之有書院，自龍岡始也；

龍岡之有書院，自王陽明先生始也。

1.坐起詠歌俱實學

陽明是此地百年難遇的大儒了，他也不失時機地普度眾生，龍岡書院成了文化種子站。因有了陽明，「此地始知學」，不久，如陽明《寓貴詩》所期許的，「村村興社學，處處有書聲」了。所以當地人世代感謝他。他們更該感謝劉瑾的「下放政策」。這種「倒插式」地流放一人、普教一方是中國特色的文化傳播方式，也是大一統領土國家在和平時期局部整合文化的一種不自覺的方式。自古而然，幾乎愈演愈烈。

龍場，因有了陽明這棵梧桐樹而百鳥來翔。附近州縣的生員有來的，陽明的老學生也有來的，「風教大行，向道知方，人文益彬彬矣」（《嘉靖貴州通志》卷三）。有了他們，陽明的心情也大大好轉了。文化交流是人世間最美好最溫馨的一種情感生活。沒有它，人人都可能是孤苦的。就像沒有「敬」就沒有「愛」一樣，沒有文化的感情是低質量的感情。沒有交流的文化感情反而會鬱悶成「痞」。人是群居動物，再英才天縱也不能旱地拔蔥。有時恰恰相反，越是天才越需要地氣。

這眞是歪打正著，不幸中的幸事。用他自己的話說便是：自己到了這廢幽之地，反而避免了在朝中動輒得咎的麻煩。而且在這夷地能享受到原始的質樸的風土人情之美。原先還覺得缺少親情滿足與文化交流，現在有了學生，也就都過得去了。

關鍵是「講習性所樂」，他熱衷此道。他與學生一起喝酒，到林中河邊散步，邊走邊談，寓教於樂，也在月下彈琴。他高興地說「講習有眞樂，談笑無俗流」，他步入了「淡泊生道眞」（《諸生來》）的境界。這種境遇中，他仰慕的是顏回、閔子騫，子路式擔當作爲不重要了：「只今已在由（子路）求（冉有）下，顏閔高風安可望。」（《龍岡漫書》）當然，披卷講論也是必不可少的。因爲畢竟是書院而不是詩社，儘管陽明並不主張死背章句，但也不能離開經書而直接讓學生「明心見性」。再說來問學的人程度不等，總得有個接手入門的功夫——陽明便把《大學》作爲第一入門書。陽明後來最倚重的經典也是《大學》。

他在《諸生夜坐》詩中再次提到與學生一起騎馬，投壺，鳴琴，飲酒；晚上在一起神聊，清晨一起到林間散步繼續神聊。語句之間透露出極大的快樂。他覺得與孔子和學生在一起的味道差不多了。他尤其嚮往曾點說的暮春三月，在河裏洗了澡，迎風唱著歌往家裏走的瀟灑自由的境界。「豈必鹿門棲，自得乃高踐。」這「自得」二字，也是心學的教法、學法、活法，簡言之可謂心法。這種散步漫談式的教學法，與馬融、鄭玄只能設帳授課不一樣，卻像蘇格拉底在街頭漫談對話。陽明和蘇氏運用以及傳授的是智慧，而不是學究式的知識。教的是「大學」，不是「小學」。

他現在因覺「學得所悟，證諸《五經》」，莫不吻合，便開寫他的第一部「專著」——《五經臆說》。

他在《五經臆說序》中自述寫作緣起：官方的或流行注經解經的做法是求魚於魚網，求酒於酒糟。「我」是舍網來直接求魚的。但他也自知這種「意會法」難以盡合於先賢。他謙虛又無不自得地說，我這樣做只是自抒胸臆，用來「娛情養性」而已。言外之意是，我根本就不想加入你們的主流規範、支離事業，我拒絕你們那一套經院派做法。

這部《臆說》沒有完整地保存下來。據其大弟子錢德洪說，沒保存下來的原因是老師根本就不想讓世人知道它的內容。錢曾幾次想見見此書，王都婉言謝絕。有一次，王還笑著說：「付秦火久矣。」直到王死後，錢從廢稿中發現了13條。據錢說其師是由於感到「先儒訓釋未盡」才作這部解經著作的。錢說先生用了19個月的時間，才最後完成。也就是說，從他悟道後開始寫，直到差不多離開龍場時才完成。陽明在自序中說用了7個月。居然有 46 卷，也不止五經，而是讀十部經書的心得。他考進士選擇的《禮》這一科，此時寫下的心得只有 6 卷，他自言缺說處多多。

「臆說」自然是心得筆記體，成熟一條寫一條。心學的言說方法就是這種「原點發散」式的，用錢的話說就是：「吾師之學，於一處融徹，終日言之不離矣。即以此例全經（一通百通），可知矣。」我們也就僅舉一個例子以概其餘。

現存 13 條「臆說」的第一條是解《春秋》的第一句話，「元年春王正月」。這是公羊、穀梁兩家大作文章、建立其家法的發凡處。王天然地傾向公羊學（穀梁學與公羊學基本上相近）式的「微言大義」的聯想法，只是側重從「心本體」的邏輯起點加以發揮。如對這一句話的解釋：

天下之元在於王，一國之元在於君；君之元在於心。元也者，在天為生物之仁，而在人則為心。

元年者，人君為國之始也。當是時也，群臣百姓，悉意明目以觀維新之始。故曰年者，人君正心之始也。

改元年者，人君改過遷善之始也；端本澄源，三綱五常之始也；立政安民，休戚安危之始也。

將表示時間的「元」（年）「正」（月），講成了哲學倫理學的理論原點性的基本概念，與公羊學的理路一致，只是灌注的內容不再是「尊王攘夷大一統」，而變成了「君心正國」一元化。將儒家的倫理本質主義推導到一元化的極致，這是「美學」式的意會法，想到什麼就盡情地「賦予」它什麼。概念自由轉換，這當然可以保證其一通百通。這並不是公羊學、心學的獨傳之秘，而是我士我民自由心證的「通用公共走廊」。公羊學和心學就是從中走出來的，又爲之推波助瀾、體系化。

現存的《大學問》以及《教條示龍場諸生》是展現陽明在這一時期的哲學思想及教育思想的最好的樣品了。錢德洪說：「吾師接初見之士，必借《學》、《庸》首章以指示聖學全功，使知從入之路。」

錢是王的早期學生、後來的助教，現存的這篇《大學問》是錢在王最後的日子裏記下的，我們略見其意即可，不能完全算作現在的思想結晶。

陽明認爲「大學之道」的密鑰在「親民」二字。只有在親民的過程中才能體現出你是否知行合了一。做不到「親民」，所有的說教都會淪爲滑舌利口的惡談。有了親民的境界，才會老吾老以及人之老，才能有與天地萬物爲一體的心態，這樣才能「盡性」。「盡性」與「止於至善」不是兩張皮，既不能獨善也不能空談，必須在「親民」的過程中「實修」。這才能悟到的「吾性自足」才不會是膨脹的私心雜念。

《大學》設定的學生首先是國君。教國君的當然是至理眞言，因而也當之無愧地是教所有人成爲君子的教材，也是教士人「學爲君師」的第一教材。它言簡意賅，能把教學目的與修養方法一體化，的確能見聖學全功，是「大（動詞）人之學」。《大學》成爲陽明學的「教典」理固宜然。

他爲來龍場的學員定的「教條」，完整地體現了這一自我修養的基本理路。

第一條是「立志」。因爲倫理態度是一種准信仰的態度，關鍵看怎樣起信，起什麼樣的信。陽明從「親民」的路徑入：「便爲善而父母怒之，兄弟怨之，宗族鄉黨賤惡之，如此而不爲善可也；爲善則父母愛之，兄弟悅之，宗族鄉黨敬信之，何苦而不爲善君子？」這樣便接通了與傳統倫理的地氣，也接通了人人性善這一古老的信念。——「諸生念此，亦可以知所立志矣。」

第二條是「勤學」。陽明反對記誦辭章、沉溺於訓詁注疏的「支離之學」，並不反對學習（王陽明之所以是王陽明蓋因其有超強的學習能力）。人們或許會以爲，主張「悟」的陽明一定偏好伶俐之士，其實他卻「不以聰慧警捷爲高，而以勤確謙抑爲上」。爲什麼？因爲前者不容易「篤實」，而後者才肯眞學實修。更關鍵的是這個學不是記問之學，而是大人之學；是學做君子，而不是學做「講師」。陽明又從來不提意義深遠卻無法操作的口號，總是保持著可感可信的說服力、引誘力。他問同學們，你們當中是那些資質雖然超邁卻大言欺人、諱己之不能、忌人之有善、自以爲是的人受好評，還是那些雖然資質魯鈍卻謙默自持、無能自處、篤志力行、勤學好問、稱人之善而咎己之失、表裏一致的人受好評？

陽明的心學因高揚「吾性自足」，更堅決反對自恃自高，力斥任何奮其私智的輕傲之徒。這也是陽明與其後學中的末流的本質區別。王陽明一生與好高好名的習氣做不歇息的鬥爭，從而能得道。無論是儒家還是道家，都遵守著一個「敬道而修德以副之」的原則。儒講擴充善端以進德而合道；道講去私去欲以進德而合道。前者用「加法」，後者用「減法」。在偉大的道體面前必須卑以自牧則是其共同的「口徑」。

第三條是「改過」。改過是自行自度的核心，陽明叫學生試著做「內省」功課：「自思平日亦有缺於廉恥忠信之行者乎？亦有薄於孝友之道，陷於狡詐偸刻之習者乎？」如果萬一有，就「痛自悔咎」。人的一生是一個自我改造的過程，修行就是改習性、習氣。《壇經》單列《懺悔品》：念念不被愚迷染，念念不被憍狂染，念念不被嫉妒染。懺悔的關鍵在改過，「永不復起，是名爲懺」，「更不復做，是名爲悔」。無懺無悔的人是自我的囚徒，是永遠難見自心佛的。用陽明後來的話說卽：悔悟是去病的藥。

第四條是「責善」。責善是要求同學之間互相夾持。微妙處還在方法，要「善道忠告」，卽不要痛詆極毀、激之爲惡，更不能專罵別人以沽取正直的名聲。善道忠告的標準是「直而不至於犯，婉而不至於隱」。他提議「諸生責善，當自我始」。——這卽是感動法，也是心學家「赤身承當」的基本態度。心學的魅力正在於「從我做起，從現在做起」的踐行精神。

這樣的人在主持一個偏遠小書院，這是一幅什麼圖景？用荷爾德林的話說就是：「神需要此人。」因爲：

神聖的上帝自忖度：
倘若教區沒有吟唱的詩人，
在他生靈中再也不會自覺真。

這一年的紀年文還有一篇《龍場生答問》，足見他此時的「生存狀態和態度」。學生問他為什麼總想著離開這裏？他說，我又病了，所以想走。學生說，是否因為過去貴現在賤，過去在朝內現在放於外？孔子也當過小吏呀。他說，不是這麼說。君子出仕為行道，不以道而仕者，是「竊」。我家有田產，沒必要為了療貧而當官。我到這裏來，是被遣送來的，不是來當官的。但我要是不當官，也不可能來到這裏。所以，我現在還算是「仕」，而不是「役」。「役者以力，仕者以道；力可屈也，道不可屈也。」我之想走，是因為「不得其職」，再委屈下去只是「妾婦之順」，是悖道了。學生說，聖賢都離職而去，國君靠誰治理國家呢？而且賢人是但求有益於人，無論幹大事小事都一樣的。陽明的回答很悲涼無奈也有點真誠的賴氣：我並不是什麼聖賢，所以你的要求不對頭。

因為標準的「聖賢意識」作怪，一部「完整」得令古人妒忌今人慶倖的王氏全集及其年譜，幾乎沒有他與其大人們的任何細節性資料。他的學生以為這樣做，陽明先生就可以永遠「高大上」了，鑿鑿可見的永遠是他的「學」。而不展現他的「性情」，他的學難以「意義充滿」。

2.知是行的主意 行是知的功夫

就像「物理」與「吾心」演化到今天已是科學與道德的關係一樣，知與行演化到今天是個理智與意志的關係問題，並形成了唯理智主義傳奇和唯意志主義傳奇。王陽明找到了心與物的基礎，他把「意」作爲知行合一的合穴，他頓悟出來的格物致知簡言之就是個知行合一的「意術」：知，是建立意義；行，是實現意義。

在王陽明前的朱熹主張知先行後，在王陽明後的王夫之主張行先知後，王陽明的知行合一之旨主要記錄在《傳習錄》（上），是徐愛記錄的，所以從徐愛說起。

他素被視爲陽明第一大弟子，因其入門最早，是傳王學之道的第一代掌門人。王一直說徐是他的顏回，則既因徐最得其學之眞諦，也因徐不到 32 歲就死了。徐所創立的「浙中王學」一派，是王學嫡傳，雖影響不大，但原汁原味。

徐本是陽明的妹（與陽明同父異母）夫，是餘姚馬堰人。當初，他和他叔叔同時競選狀元公的女婿，王華感到徐愛的叔叔略有些放逸，後來果然以「蕩」敗，但是他沒有看出徐愛生命不永來。儒家只看道德，根據道德推測人的吉凶得失。這使得他女兒過早地成了「未亡人」。

陽明對徐愛的感情是相當深摯的，徐愛對這位內兄素有敬意，儘管是一家人，「納贄」還是必不可少的禮儀。「師」高於這種親戚關係——陽明有一個很知心的學生，在陽明死後，不敢以弟子禮祭祀先生，就因爲沒有走過「納贄」這種形式。陽明有個遠房爺爺叫王克彰，「聽講就弟子列，推坐私室，行家人禮」。天地君親師，既有一體化的一面，也有一碼歸一碼的時候。

徐等三人行過拜師禮後，就進京趕考去了。王還專寫一篇《示徐曰仁應試》（徐愛字曰仁，號橫山），教他如何以平常心從容應考。在婆婆媽媽的囑咐背後，流淌著對兒子才有的深細的關愛之情。這自然是他們之間的私事，但陽明說這只是以應試爲例來講人生哲學：首先，君子窮達，一聽於天，這針對的是瘋狂追求科名的流行病，太有得失之念，肯定做不好文章；其次，無論是下場作文還是平時做學問，都須攝養精神，總保持氣清心定、精明神澄的狀態。擾氣昏神，長傲召疾，心勞氣耗，都是既傷身亦敗事的壞毛病。他提出一個總的原則就是「淵默」，不能雜亂心目。忽然有所得時，不要氣輕意滿，而是要更加「含蓄醞釀」之。衆人囂囂，我獨默默。中心融融，自有眞樂。用「淵」養「默」，用「默」養「淵」。這樣，才能出乎塵垢之外而與造物者遊。

但，這次徐沒有考上。他失利後，陽明寫信安慰說：「吾子年方英妙，此亦未足深憾，惟宜修德積學，以求大成。尋常一第，固非僕之所望也。」他勉勵徐：「養心莫善於義理，爲學莫要於精專；毋爲習俗所移，毋爲物誘所引；求古聖賢而師法之，切莫以斯言爲迂闊也。」他勸徐千萬不要「去高明而就汙下」。還希望徐能來龍場讀書，又怕徐離不開老人。

徐愛收到王老師的信後，稍事料理，便不顧艱難，長途跋涉，來到龍場。徐弄不明白老師剛「發現」的知行合一之旨，而他意識到這是個眞正的問題，想在與老師的直接交談中找到具體可感的思路。儘管徐愛記下這段話的時間是正德七年（壬申）冬南下舟中論學時，但所錄並不全是舟中所論，肯定包含了來龍場問學的收穫。爲凸顯知行合一的綱領性，特意挪用於此。

王說：「試舉看。」

愛說：「如今人已知對父當孝，對兄當悌矣，仍不能孝悌，知與行分明是兩件事。」

王說：「此已被私欲隔斷，不是知行的本體了。未有知而不行的。知而不行，只是未知。聖賢教人知行，正是要人復那本體，不是著你只恁的便罷。故《大學》指個眞知行給人看，說：『如好好色，如惡惡臭。』夫見好色屬知，好好色屬行；只見那好色時已自好了，不是見了後又立個心去好。聞惡惡臭屬知，惡惡臭屬行。只聞那惡臭時已自惡了，不是聞了後別立個心去惡。如鼻塞人雖見惡臭在前，鼻中不曾聞得，便亦不甚惡，亦只是不曾知臭。就如稱讚某人知孝，某人知悌，必是其人已曾行孝行梯，方可稱他知孝知悌，不能只是曉得說些孝悌的話，便可稱爲知孝悌。

「又比如知痛，必已自痛了方知痛；知寒，必已自寒了；知饑，必已自饑了：知行如何分得開？此便是知行的本體，不曾有私意隔斷的。聖人教人，必要是如此，方可謂之知。不然，只是不曾知。此卻是何等緊切著實的工夫！如今苦苦定要說知行做兩個，是甚麼意？某要說做一個是甚麼意？若不知立言宗旨，只管說一個兩個，亦有甚用？」

愛說：「古人說知行做兩個，亦是要人見個分曉，一行做知的功夫，一行做行的功夫，即功夫始有下落。」

王說：「此失卻了古人宗旨也。某一再說知是行的主意，行是知的功夫。知是行之始，行是知之成。若領會得明白，只說一個知已有行在，只說一個行已有知在。古人所以既說一個知又說一個行，只爲世間有一種人，懵懵懂懂地任意去做，全不解思維省察，也只是個冥行妄作，所以必說個知，方才行得是；又有一種人，茫茫蕩蕩地懸空去思索，全不肯著實躬行，也只是個揣摩影響，所以必說一個行，方才知得真。此是古人不得已補偏救弊的說話，若見得這個意時，即一言而足。今人卻就是要將知行分做兩件去做，以爲必先知了然後能行，我如今且去講習討論做知的工夫，待知得真了方去做行的工夫，故遂終身不行，亦遂終身不知。

「此不是小病痛，其來已非一日矣。某今說個知行合一正是對病的藥。又不是某鑿空杜撰，知行本體原是如此。今若知得宗旨時，即說兩個亦不妨，亦只是一個。若不會宗旨，使說一個又濟得甚事？只是閑說話。」

徐愛把人們知行分裂當做知行是兩回事的證據，陽明一語破的：那是私欲隔斷了知行本體，就像惡人行惡是失掉了善良本性一樣。「我」教你們知行就是爲了恢復知行合一的本來面目，不是人們常常那樣就是對的，你更不能拿弊病來當證據。知行歧出、言行不一是必須糾正的，不是存在的就是合理的（不從誠意出發去格物壞就壞在壞了知行合一）。《大學》已經指出了「眞知行」——知行的眞相：「如好好色」「如惡惡臭」，你的感知和反應是瞬間完成高度一致的。感知就是知，反應就是行。合一合在「意之發動，一念發動卽知卽行。」這就是知行合一的根、本體。

《傳習錄》下卷第 226 條說明白了知行合一的宗旨是在一念發動處克倒私意：「今人學問，只因知行分作兩件，故有一念發動，雖有不善，然卻未曾行，便不去禁止。我今說個知行合一，正是要人曉得一念發動處，便是行了。發動處有不善，就將這個不善的念克倒了，需要徹根徹底，不使那不善的念潛伏在胸中，此是我立言的宗旨。」下卷是陽明晚年語錄，陽明知行合一的宗旨一以貫之。特別提示一句：陽明這個宗旨顯出了他與佛教、道教的根本區別，佛道要建立的是虛靈心，他要建立的是道德心，他在哲學層面借重虛靈，在倫理層面標舉道德。這是他的一個根本特點，讀者諸君頗可注意。

已經從思維原點上說清楚了知行合一是「自然如此」的，接下來便要對病發藥，正面確立應該怎麼辦的問題。徐愛想把問題引向深入，故意說古人分開說是爲了「見個分曉」，以便於「做功夫」（心學是把理論做成功夫的修養學）。陽明「行是知的功夫」這味藥，要治療的是「茫茫蕩蕩、懸空去思索」的那些空頭思想家「只是揣摸影響」地畫餅充饑的瞎糊弄。「知是行的主意」這味藥要治療的是「懵懵懂懂」「冥行妄作」，這種人全不知道「思維省察」、沒心沒肺。前一種人「終身不行，亦遂終身不知」，後一種人亂七八糟地活稀里糊塗地死。都不是小病痛。

這篇「說話」講透了知行合一的全部思路，完全是日常生活經驗的例證法，沒有深奧的思辨邏輯，都是在人情上「理論」——這也是中國哲學的根本特徵，尤其是心學的拿手好戲：人情上正了，事變上才能通，因爲事變都在人情中，天下事不出人情事變之範圍。他同意的一種更簡潔的說法，爲了完整顯示他的以「意」爲核心的知行合一論，也引述於此：

「身之主宰便是心，心之主宰便是意。意之本體便是知，意之所在便是物。」

這個「意」可以用黑格爾在《精神現象學》開頭說的「意識」來參看：「我們普通的認識只想到認識的對象，但沒有同時想到自己就是認識本身，於是在認識中存在的整個東西，不僅是對象，還有認識的自我和自我與對象之間的相互關係：就是意識。」（陳銓譯）陽明的「意」除了認識上的意識，更主要是行爲上的。「知是行的主意，行是知的功夫。知是行之始，行是知之成。」——這四句可以稱爲王學知行四句教。換成哲學大話是個理論和實踐交養互根的問題（與史達林的偉大的理論產生偉大的運動不是一回事，史達林介入了權力這一邪惡的力量，成爲鎮壓異己的意識形態）。知行合一還是知難行易、還是知易行難，更是眞假哲學工們熱心議論的話題。賀麟有感於徐愛死後陽明各派門徒絕少提到知行合一，而作《知行合一新論》。最不證自明的知行合一的顯例是各種體育專案，尤其是武術，武術中的內家拳更是一呼一吸、一招一式都是知行合一的。

知行如陰陽是一體之兩面，一分開就不是了。聞見之知、意見之知，不是眞知，不是本知。說它不是眞知，因為它沒有落實到你的心意裏，你沒有體驗內化了它、它就不屬於你，體驗內化本身就是個知行合一。這就是「意」的意義，意是著於物的，意到了就能把所有的問題拉回到「當下此即」，把所有的天文地理、郡國利病、天理人欲、治亂興衰，都變成了與你「當下」息息相關的問題。所謂知行合一就是知行「只是一個」。用他後來的話說就是「知之眞切篤實便是行，行之明覺精察便是知」。知行只是同一功夫過程的不同方面，或者說是從不同的方面描述同一過程。這，不但恢復眞理的知覺性，而且也在呼喚「直覺出眞知」。

陽明在貴州龍場悟道後，就開始講知行合一，到徐愛記錄這段話時，已經講了五年了。這篇現存陽明文獻中第一次正面談說知行合一問題的長話，可注意之要點：

1.知覺的當下性。私欲是劣質的知覺性，這種意念的發動隔斷了未發之中——知行的本體。聖賢教人知行，正是要人復那本體，是恢復眞理的知覺性。「如鼻塞人雖見惡臭在前，鼻中不曾聞得，便亦不甚惡，亦只是不曾知臭。」感應是知覺性的原點，陽明從一念起處證明知行是一、不是二。存在就是被感知，李約瑟讚歎王陽明比貝克萊、馬赫們早 200 多年發現了這個原理。牟宗三指出過陽明的立論不是於認識論，是整個的存有論。

2.語言雖然聯繫著思維與存在，但語言不能鑒定眞僞。說現成話容易用僞幣支付。「就如稱讚某人知孝，某人知悌，必是其人已曾行孝行悌，方可稱他知孝知悌，不能只是曉得說些孝悌的話，便可稱爲知孝悌。」眞知都是從心裏體驗、體貼出來的。障礙眞知的是「私意」（成見、邊見）。知行圓融的實踐論拒絕廣告巫術。

3.因了知覺的當下性，心學強調誠意優先，誠意是知行合一的起點。陽明改朱子《大學》宗旨把誠意放在首位，強調事有本末、知有先後，講的就是這個知行合一的道理：誠意了才能格物致知，倒過來、先格物致知再正心誠意就會知行脫節、終身不行、不知。知行脫節、知行歧出是二重道德的病灶之所在（王陽明、魯迅一生和二重道德作戰）。二重道德比沒有道德還壞、就好像沒有正義的愛比沒有愛還壞。

知行合一的眞正意義在於可以解決戴震說的「以理殺人」問題（以及胡塞爾認爲主客二分導致世界大戰之主客二分問題）。知行合一之所以比蜀道還難，是因爲利益驅動永遠比良知驅動強勁有力。人性複雜，天下的道理與欲望五彩繽紛，知行歧出、二重乃至多重道德導致了沒有標準，知行合一成本太高，可以讀讀北島的《結局或開始——獻給遇羅克》。知行合一是需要用「做人的全部代價」來支付的良知的選擇。而且每一代人都有自己的「結局與開始」。

3.易知則有親 易從則有功

貴州的提學副使席書（字元山）過去佩服陽明的文章，現在敬重陽明的道行，專到龍場來向他討教朱陸異同。具有「以無厚入有間」之智慧的陽明，不正面回答他的問題，也不談論朱陸各自的學理，直接開講：「說」不能落實到「行」上已造成了全體士林的表裏不一；像焦芳那樣的奸狡小人也居然能當閣臣，就因爲知行之間的縫隙大得可以讓任何壞人鑽入國家的任何崗位，竊取神聖名器。必須堅持知行合一的修養法門，每個人都能從我做起，恢復眞誠的信仰，用「行」來說話，用「行」（實踐）來做檢驗眞僞是非的標準，才有指望能刷新士林道德，恢復儒學的修己治人的教化眞功。

席書聽了半天，不明就裏，他已有的知識和思想不足以消化這些內容。「（席）書懷疑而去」。陽明自然是無可無不可，意態閑閑地送提學大人上馬回貴陽去了。

哪知，席書第二天就返回龍場。顯然，陽明的那一套，搔著了他的癢處，又沒有抓過癮。他懷疑王是在用異想天開的東西來故意標新立異。王說，我自己起初也怕有悖聖學，遂與經書相驗看，結果不但與經典相合，還正得聖人本意。比如說：《大學》講明德、親民、止於至善，其實，只要能盡其心之本體，就自然能做到這些；常說君子小人，其實君子小人之分，只是個能誠意不能誠意，一部《大學》反復講的修身功夫只是個誠意，修齊治平的起點是修身，格物致知的關鍵在於能否意無所欺、心無所放、正其不正以歸於正。

陽明深情地說：「人之心體惟不能廓然大公，便不得不隨其情之所發而破碎了本心。能廓然大公而隨物順應的人，幾乎沒有罷。」席書這次多少有點「入」，約略知道王先生這套新說的分量了。王的《五經臆說》算是給這位提學大人備課用了。

席書也不是頭腦簡單之輩，不可能輕於去就，還要再想想。他是弘治三年的進士，比王早九年登第，早在王出道之前已有名聲。如弘治十六年，雲南連明帶夜的地震，迷信的明王朝儘管玩忽，還是怕老天爺，就派遣官員去雲南考察，結果是要罷免 300 多名監司以下的人員，以謝天威。席書上書說：雲南只不過是四肢，應該治朝廷這個本。朝廷、大內供應數倍於往年，冗官數千，冒牌的校尉數萬，天天到寺院道觀去作佛事法事，浪費無算，織造頻繁，賞賜過度，皇親奪民田，大量增加宦官並增派到各地，大臣賢能的不起用，小臣因言貶官不平反，文武官員中活躍的是那些「傳奉官」，名器大濫。「豺狼當道，安問狐狸？」不治根本去大害，怎能保證老天不再發怒？這些見解，與陽明在弘治十七年主試山東時說的話如出一轍。

陽明潛心修道，比席進步快，現在席官階高，能夠屈身向王討教，算有眞水準。往返四次，一次比一次深入，終於，席書豁然大悟，說：聖人之學復睹於今日！朱陸異同，各有得失，沒必要辨析再糾纏下去，求之吾性本自可以明瞭。

他是個敢做敢爲說幹就幹的人，他回到貴陽，與按察副使毛應奎一起修復貴陽文明書院，正式禮聘王主持書院。席率領全體生員，向王行拜師大禮，從此終生以師禮待王。後來，在嘉靖朝席書以「議大禮」得貴，力薦陽明入閣。他說：「今諸大臣皆中材，無足以計大事。定亂濟時，非守仁不可。」儘管他迎合嘉靖被正人醜詆、舉薦王也沒有成功，但他這幾句話確實很中肯。

因爲我們和他們沒有生活在相同的思想背景中，根本無法領會陽明的新教旨的眞實力量，也無法領會席書何以感動到親自下拜爲徒的地步。就紙面的情況而言，陽明指責的是科場理學，科場理學異化了理學！

理學本是專講自身修養的內聖之學，宋初元氣淋漓的諸位大儒以先天下憂樂的承當精神開創了道學政事合一的新局面。若說，古代中國有過什麼「內聖外王」一體化的好時期，就是他們那一時期。什麼「爲政不法三代，終苟道也」，「綱紀世界，全要是非明白」是他們的共識。宋學的精神實質大端有二：革新政令，創通經義。其根據地則在書院。朱陸共鳴時期，外王的風頭已減，但內聖之勁頭正健。理學又稱作性理之學或性命之學，追求天人合一的理想人格，並強調用扎扎實實的修養功夫，在日用中不斷克盡人欲、體察天理、變化氣質，化血氣爲義理。而且朱子也說過「理具於心」之類的話。

被科場教育異化以後，那些至理名言成了「現成思路」、「現成詞語」之套話空話現成話，成了人口說而並不眞做的「說教」，哄老實人還可以，是絕對不能滿足充滿躁動的「戾氣」的明代士夫們的心理要求了。陽明就是覺得他們那一套玩不轉了，需要再「翻」一個身了。

人類思想史的演進都是如此，中國還算新陳代謝得最慢的國度，儒學又尤其慢。因爲儒家話語與大一統政權息息相關，極不利於形成個性化的學派。儒學的生存與發展是靠政權的維持與推動，儘管幾次大的轉變是由新的學派發起，但也就那麼幾次，漫長的歲月都撐著「官學」這個大架子。遠不像只有幾百年歷史的禪宗，那麼宗派林立，各自占山爲王，自說自話，總能不斷地有新奇的說法「哄」一撥又一撥的人。儒學沒有這個「自由」，聖學本身不允許，每個聖徒也不允許，來「翻」的人都說自己是眞正聖學，別的是僞學。今文經、古文經、理學，都是不成則已，成則必要取得「國家級」的官學地位。別看陽明很淡泊，好像專爲安頓自己的心而修煉道行，其實，其志也正在於此。

只是他很眞誠，覺悟到了必須自明誠才能實現這個理想。任何苟取的辦法都適足以自敗。即使能僥倖成功，也悖道害義，只是名教罪人而已。這從他對一個急於要「立言」的學生的批評中就能看得出來。他說：「此弊溺人，其來非一日矣。不求自信，而急於人知，正所謂『以己昏昏，使人昭昭』也。恥其名之無聞於世，而不知知道者視之，反自貽笑耳。宋之儒者，其制行磊犖，本足以取信於人。故其言雖未盡，人亦崇信之，非專以空言動人也。但一言之誤，至於誤人無窮，不可勝救，亦豈非汲汲於立言者之過耶？他還說：「言不可以僞爲。且如不見道之人，一片粗鄙心，安能說出和平話？縱然做得出來，後一兩句，露出病痛，便覺破此文原非充養得來。若養得此心中和，則其言自別。」（《傳習錄拾遺》）

於此，我們可以明白陽明哲學的一個根本路徑：抗拒口耳之學，堅持身心之學。這看似簡易，做到卻著實難。「知行合一」強調把知落實到行上針對的是整個官學體系及絕大部分讀書人的現行做法，挑戰了通行的借聖學來謀取高官厚祿的學風士氣，他在《書林司訓卷》中說：

逮其後世，功利之說日浸以甚，不復有明德親民之實，士皆巧文博詞以飾詐，相規以偽，相軋以利，外冠裳而內禽獸，而猶或自以為從事聖賢之學。如是而欲挽而復之三代，嗚呼其難哉！吾為此懼，揭知行合一之說，訂致知格物之謬，思有以正人心息邪說，以求明先聖之學。

陽明認爲功利世風之所以能相扇成習，蓋在於國家取士與士人讀書應試之科場理學，「將知行截然分做兩件事」，人成不了「眞切篤實」的人，國家也拔不出「眞切篤實」的人才。滿街頭頂聖賢大帽子的衣冠禽獸，逢場作戲，假人言假事。陽明雖爲「吃緊救弊而起」，但他自信「知行合一」之說，並非權宜之計，是把握了本來如此的「本體」之論。

對於席書的禮聘，陽明並沒有聞召即至（而且，龍場悟道後，對提拔性任命，除了去廬陵、他每次都先請辭請退），他已變得很沉著、「淵默」，已經有了「吾性自足」不動如山的鎮物雅量，更重要的是他對現行政府有了「賓賓」自處的分離意識，他給自己的居室起名「賓陽堂」，並在《賓陽堂記》中屢次提到「賓賓」。所謂「賓賓」是孟子呼籲士子要恪守「賓賓」之道，即甘心以客卿自居——只當家天下的「賓」，道相同則相與為謀，和則留，不和則去（輔佐唐太宗的魏征當良臣不當忠臣，就是這個意思）。朱元璋憎惡孟子也包括這一條，因為朱元璋要求士夫臣子像家奴一樣別無選擇地依附主子。受了王陽明許多啓發的龔自珍專門寫了一篇《賓賓》奇文，將個中道理及意義說得相當明白，正好做陽明這個「賓陽堂」及其《記》的上等注解。

席書的前任毛科曾聘請過陽明，陽明稱病謝絕了。他在《答毛拙庵見招書院》的詩中說自己疏懶學荒，不配做師範，讓學生跟著我肯定一無所獲。他現在還眞是又病得難以招架了，當地人和學生勸他用土巫為他作法祛病，他拒絕了。他用孔子的「我每天都在祈禱從而拒絕祈禱」的典故來回答那些迂闊的「衆議紛紛」。因為這場病，他在龍場自己的「玩易窩」中又住了些時日。

4.以《易》終吾身

玩易窩是與何陋軒同時建成的，他照例有篇《記》。在陽明的「名記」中，《玩易窩記》不顯眼，但又極重要，重要在它提示著陽明學的一個重要維度：易道貫始終徹內外。

陽明的高祖王與准精通《易》，傳《易》學於子孫。陽明在大牢裏打卦，在赴謫詩裏屢屢提到卦辭卦象，現在他「穴山麓之窩而讀《易》其間」。一開始沒有收穫，「仰而思焉，俯而疑焉」——開悟之後依然不能廢學廢思，他思，思個什麼？疑，又疑個什麼？肯定不是語詞問題，而是易道的奧秘何在、又怎樣貫通。一頭霧水，茫然抓不住路由器，覺得自己像根木頭。突然有所得，心思像決堤之水滔滔汩汩，眼根像探照燈通了電看啥都透透徹徹，精華在身上增長，但是，還不行，還不能掌握「其所以然」。怎麼辦？不能緊張，一緊張就會停滯在一個地方，他就「玩之也，優然其休焉，充然其喜焉，油然其春生焉」。在內化的過程中「勿忘勿助」，讓那種感覺油然自生，於是春暖花開、豁然貫通。

他悟得了：「精粗一，外內翕，視險若夷，而不知其夷之為阨也。」他沒有沉溺於翕辟成變的玄辨中，而是把精粗內外如陰陽一體轉換的原理落實到「視險若夷，而不知其夷之為阨也」的洞察上！落實到此心精明上！這是心學之實學——內修實德外辦實事：要舂米便舂米，要打仗便打仗。視險若夷需要「勇」，視夷若阨要的是「智」，透過表相看實相。有了這樣的慧眼，他激動地「撫几而歎曰：『嗟乎！此古君子之所以甘囚奴，忘拘幽，而不知老之將至也夫！吾知所以終吾身矣！』——我活明白了，我自己可以做自己的主了，我現在的生存狀態是「拘幽」，就是再讓我回到監獄裏我照樣欣欣然不知老之將至。他很難得地說了一句忘乎所以的話：吾知所以終吾身矣！他也的確用這聯動辯證的易道支配了自己一生的心思和行事。

他這樣概括《易》的功能和意義：

夫「易」，三才之道備焉。古之君子，居則觀其象而玩其辭，動則觀其變而玩其占。觀象玩辭，三才之體立矣。觀變玩占，三才之用行矣。體立，故存而神；用行，故動而化。神，故知周萬物而無方；化，故範圍天地而無跡。無方，則象辭基焉。無跡，則占變生焉。是故君子洗心而退藏於密，齋戒以神明其德。

他的著眼點扣在體用一元上，突出「易」貫通天、地、人三才「體立用行」的神奇用途。易道的本質是「三」，「三」是伏羲時代就形成的中國這個獨特的文明傳統，不斷變化，而且「無方」「無跡」，這個世界是像「心」一樣的「不斷變化的複雜共同體」，三才互動共生才是眞相實際，任何偏倚、執著都是愚蠢的、要栽跟頭的。心學的基本方法就是「明體啓用」、玩三方互動博弈，從不單線條地看待任何事情、從不粗心大意地對待任何細節。

《易傳》世界觀方法論一體化的易簡之理，是陽明終生服膺的，並啓發他把心學稱爲簡易之學：

乾以易知，坤以簡能。易則易知，簡則易從。易知則有親，易從則有功。有親則可久，有功則可大。可久，賢人之德；可大，賢人之業。易簡而天下之理得矣，天下之理得而成位乎其中矣。

這段話是陽明學總術綱，包括他講學風格、包括他用兵行政，是其用智慧成大功的「獨得之秘」。

但是，現在，他還在「潛龍勿用」的修煉期。

何時才能「飛龍在天」呢？他也不知道，他只知道不能多想這個問題。無法進取的現實逼著他去超越，去追尋那神聖又神秘的「道體」。用什麼去超呢？只有「心」，會玩《易》的心！

5.爲學著力處在出感覺

龍岡書院剛建成時，他有點「狂頭狂腦」地說，「野夫終不久龍場」。在《龍岡漫興》這首組詩裏，我們看到了他的詩人的天賦，他寫詩的水準在長足發展。既有老杜的沉鬱又有陶潛的似淡實腴的風致。你們讓我「投荒萬里入炎州」，我「卻喜官卑得自由」，這種不得不轉敗爲勝的苦情幽默，幾乎伴隨了他大半生。

任何人的頭等本事都是先哄轉自己，「地無醫藥憑書卷」，病也能靠精神療法頂過去。「身處蠻夷亦故山」——易道上身矣。只要這個世界不能限制他的思維，那麼，他想做帝王，便是秦皇漢武的後身；想娶美人，便是王嬙玉環的原配。陽明這顆心不是李漁式的心，他想當的是諸葛亮：

臥龍一去無消息，千古龍岡漫有名。

草屋何人方管樂，桑間無耳聽咸英。

孔明曾自比管仲、樂毅（方管樂），陽明因爲正在「臥」著便拈來「臥龍」起興，你劉瑾可以讓我臥，我就是要以龍自期，你劉瑾沒辦法了吧。

自宋以降，天壤之間多虧有書院，士子得以托庇其間以傳承文化命脈。歐洲有上千年的大學，我們有上千年的書院，人間才得以保持文化的靈秀。龍岡書院是陽明自己營造的避難所、還魂地，假如沒有這座書院，就難「喚」出後來的文明書院。世事之周流運轉因緣有自。

陽明是個將感覺轉化爲哲學的詩人哲學家，在玩易窩中沉潛地修證是養「體」，及時與外界發生能量和資訊轉化、點化學生的同時也是在提高自己，這是煉「用」。假若沒有那些學生跟著他，用各種問題激發他，他至少難以保持這麼好的心情和狀態，而心學就是狀態學、境界學——什麼樣的感受出什麼樣的學，倒過來則是：什麼學出什麼狀態和境界。

龍場成了許多壯健的中土亡命之士的死地，多病的王陽明卻居然沒死，還涅槃成了新鳳凰。這不是什麼神秘的天意，只是他的心學「現得利」了。

在這說不得苦樂得失的複雜處境與心境中，年關到了。「茆屋新開」也沒有帶來什麼了不起的喜悅。他 38 歲了，快到了孟子說的「年四十，不動心」的季節了。學生們都回家過年去了，就連專程而來的像徐愛那樣的學生也都回家盡孝去了。他只有寫詩遣懷：

故園今夕是元宵，獨向蠻村坐寂寥。

賴有遺經堪作伴，喜無車馬過相邀。

還有什麼，「遷客從來甘寂寞」，「石門遙鎖陽明鶴，應笑山人久不歸」。這個年關，他的詩歌大豐收了。詩人不幸詩興——準確地說，應該是從不幸中剛剛緩過來的時候，詩興。對於陽明來說，寫詩差不多是他的吐納術養心法，調節心情的一種方式。所以，他的「居夷詩」都是相當恬淡超然的，單看這部分詩篇，可以毫不猶豫地給他加一頂田園詩人的桂冠。

他在龍岡書院工作了不到一年，當地的生源自然都是些郡邑之士，他離別龍場，行抵貴陽東面的鎮遠時寫給龍場友人的親筆信中，提及 22 人姓名，其中 20 人不見其他資料，大約是因爲沒有成爲「國士」的緣故。但他那套「隨地指點」、即景生情，既聯想且象徵的思維方法，指教了他們可以在山水之中體道盡性、樂山樂水的法門。這，對那些萬山叢中與外界絕少聯繫的有志青年來說，是福音。

他是在正德四年（己巳，1509 年）春末，從修文縣的龍場驛遷居貴陽文明書院的。陽明過天生橋時說了兩句隱喻自己的心情的話：「移放長江還濟險，可憐虛卻萬山中。」不難看出其用世之情依然灼熱。《過南霽雲祠》則浩歎「賀蘭未滅空遺恨」，「英魂千載知何處？」，但大環境依然如故，他還必須守雌守默，他這樣自嘲，「漸慣省言因病齒，屢因多難解安心」。

文明書院，坐落在貴陽忠烈橋西，是元代順元路儒學故址，毛科（字應奎，號拙庵）重新修建。正德元年建成，前有大門，門內有習禮堂，爲師生習禮講解之地。堂後有顏樂、曾唯、思憂、孟辨四齋。可容納 200 名學生，有五六個儒學教員。

正德四年四月，毛科退休，席書來主持，因他特別誠懇，陽明應邀而來。現存各種記載都說他在貴陽大講「知行合一」，使當地人始知向學。席書公餘常來文明書院與陽明論學，常常討論到深夜，諸生環而觀聽者以百數。從此貴州人士始知有心性之學。從給學生的幾封信，可以略知他現在的主要教法。

首先，在知己難求的孤獨時節，要卓然不變，每日靜坐，「補小學收放心一段功夫」，找到修「實德」的著力處。其次，要與朋友砥礪夾持。但切忌實德未成而先行標榜，標榜，即使有點實學也變成虛浮閒話。總之，必須刊落聲華，務於切己處著實用力。

怎麼樣才算著實用力修實德呢？他讓學生把程明道的語錄，貼在牆上，時時溫習：

才學便須知有著力處，既學便須知有著力處。

學要鞭辟近裡著己。

為名與為利，雖清濁不同，然其利心則一。

不求異於人，而求同於理。

第一條是個「綱」，所謂著力處就是日新日日新地更新自己的感覺，出了感覺才算知學、才是功夫上了身，因爲這新感覺能夠改變心性、能夠精義入神、能夠提高自己的知覺能力。爲名爲利爲標新立異都是誤入歧途的行爲。與「知」沒合了一的「行」終是外殼、衣服，終是不知。相反，若知行合一，就是去應舉當官也「不患妨功」。他認爲舉業的眞正危害在「奪志」。若立得正志，日常生活中的「灑掃應對，便是精義入神」。王學尤其是左派王學的核心教旨之一就是「百姓日用就是道」。就像冀元亨的妻子李氏所說的，「我夫之學，不出閫幃衽席間」，因爲學的是感覺、用的是感覺、出的是感覺。

6.建立新感性的意術

龍場悟道是紀念碑，也是陽明一生心路歷程的界碑，從學程朱，出入於佛、老，到現在「悟格物致知之旨」、大講知行合一，經歷了「三變」，陽明學宣告誕生。因此，有必要再歸納一下這場頓悟所解決的問題及其意義。

它就是解決了意義怎樣生成的問題，貢獻在於把意義同意義的實踐結合起來了，就是把本體功夫一體化了。以「吾性自足」的根本自信，去找意義的意義——心本體。意義在於生成，意義的意義是個生生不息的過程，只有接通「心體之光明」、才能像千手千眼觀音那樣無施不可——有了聞聲辨器的本事才能聞聲救苦。能夠聞聲救苦才有意義。這如同先站好樁、出了功夫再去走江湖一樣，是非常實在的路子。他經常這樣發問：「以有滯之心而欲應無窮之變，能事皆當理乎？」他的要求很直接：開了心體光明這大圓鏡智就能夠妙觀察、成所作，從而找到萬物一體的平等性智。

表面上看，把心物關係從「逐物」變成「正心誠意」，好像是回縮到心了、內捲了，其實恰恰相反，正心誠意之「正念頭」功夫，是不間斷地挖掘自家寶藏——向自我意識的深層發掘，把本能變成良能，把麻木不仁變成同感同應，從而用思想的感覺（形而中者謂之心）打通形而上的道、形而下的器。他的工作方法是用禪宗的思維藝術建立儒學的價值立場，把「意義」的基地建築在人人具有的心本體，就等於從外界找回了自我。這，理論上結束了科場理學鎮日逐物、心隨物轉的歷史。把「放（逐於外的）心」從形形色色的現象界拉回到本體界。王常說的「心體」就是說心是本體（基督哲學中上帝是本體），是「元」（根本），是先於每個人而存在的深遠的統一體（相當於美學上的「共同人性」）。人們之所以把心「放」了，是受外界影響迷了路，純粹意識被破碎爲雞零狗碎的私心雜念。全部的修養功夫就是「去蔽」，減去這些後天加在人心上的「欲障」「理障」。

如果說慧能在東山悟了「何期自性，能生萬法」開闢了佛心宗，那陽明在龍場悟了「聖人之道，吾性自足」開闢了儒心宗。儒心宗的目標是給道德找根據，對於沒有宗教的中國人來說這是確立存在家園的問題，所有的價值感、安全感、歸屬感等等都要從這個根上「出」。人們信奉聖人之道就是在維護這個存在家園。孔子從人情上確立了這個根據（孝親原則），孟子從惻隱、廉恥等四端上確立這個根據。從荀子開始關注點跑偏了，陽明覺得朱子從心外面找理（這個理既是根據也是規則）正好把這個根據給失掉了。如小和尚眼一直看著遠飛的大雁心也就跟著雁走了，應該把心收回來。道德的根據就在吾心、吾性，包含著自由就是責任，譬如你不做志士仁人是你自私、怯懦、沒有勇氣。只有自己對自己負責，沒有任何可以推諉的藉口，只有確立了這一點才能從事實中「做」出價值來。

陽明追求的是心理和物理判分之前的「純粹意識」（誠意精一）狀態。陽明認爲找到它，直接培養它，才是在本原上做功夫。陽明幾乎沒有認識論維度，他都是從本體、功夫上著眼著手。朱子學只能尋找到間接知識、間接經驗，而這是沒有積極意義的，更不會有終極意義。在人處於深淵絕境時（譬如他初到龍場時）、在人情事變中，出不來意義感覺。所謂「向之求理於事物者誤也」，是大方向錯了，南轅北轍。只有回到心本體之根本知覺性、直接培養這「良田」，才能在有生之涯「成聖」，否則都只是錯用功夫。

「吾性自足」的方法論意義是：自我是生成自我的力量；因爲，每個人的天性都是可以通「天」的（孟子說「人人皆可爲堯舜」。王艮說「滿街都是聖人」，都是從性上說的，聖人才力高貢獻大，所以「分量」重，平凡中的偉大人物的「成色」卻與聖人同），孔子說上智下愚是不可改變的，陽明說不是不可變是不肯變。心體一旦眞空了，便與天地相似，人與天地萬物不是「形」通，而是「性」通。這個「性」既是先驗的又是知覺的，只要立定了志氣，就會在復性的迴圈訓練中完成從舊感性到新感性（這個感性不是認識論的、是本體論的）的飛躍，所謂悟道就是完成了這危險的飛躍。

知行合一的標準的哲學運算式，就是「存在就是行動」；只有通過行動，人的感性才能獲得更新，感性的更新才是眞正的日新日日新。這不同於膚淺的「世界的一切都是自己的觀念」的唯我論、觀念論，毋寧說王陽明最恨這兩樣，因爲前者傻、後者假。他要建立的是一種類似宗教覺悟的實踐性、生成性極強的「行爲理論」，知情意行高度統一的意術——易術。

陽明比朱熹、陸九淵都更強調「意」，因爲他是個要把意義做出來、做成功的實幹家。陽明後來在《傳習錄》中說：「意之所在便是物」，「物是意之用」，「應感而動謂之意」「意之所用，必有其物，物卽事也。」「心外無事」——現在引這些話就是提示：王陽明是個「及物動詞」，是帶賓語的，能幹成事的，心學是動詞體系，不是名詞、形容詞的。

意術是種思維、意志一體化的「質的直觀」（胡塞爾：可以進行本質還原的直觀），永遠不會有固定的結論（意者，易也）。他後來說：「今日良知見在如此，只隨今日所知擴充到底；明日良知又有開悟，便從明日所知擴充到底。如此方是精一功夫。」而且自家吃飯自家飽，父不能替子，師不能代徒，必須親身修煉。

這套意術是用心體的知覺性去統一知情意行，並形成人一生的根本情緒。日常功課就是時時保持「誠意」，誠意誠到虛靈不昧的時候，良知就成了本知，良能就成了本能。儘管本來如此，但是人們的私意隔斷了這個本來如此，不得不在實處做功夫來「復性」。格物致知也好、知行合一也好，都是爲了完成這種復性訓練：良知成爲本知，良能成爲本能。

1551 年，即陽明離開龍場 48 年後，陽明的學生趙錦以巡按貴州的御史的身份在龍岡書院的北邊造了一座比當年書院堂皇得多的「陽明祠」。一彪王學弟子、當朝的大員，一起共舉祠祀。後成名儒的羅洪先的那篇《祠碑記》是難得的大文章，精闢地闡明了陽明學得於患難的「道理」：「藏不深則化不速，蓄不固則致不遠」，先生於「屈伸剝復之際」，「情迫於中，忘之有不能，勢限於外，去之有不可……蓋吾之一身已非吾有，而又何有於吾身之外。至於是，而後如大夢之醒，強者柔，浮者實，凡平日所挾以自快者，不惟不可以常恃，而實足以增吾之機械，盜吾之聰明。其塊然而生，塊然而死，與吾獨存而未始加損者，則固有之良知也」。

也就是說，只有當生命臨界零點時，套在生命上的觀念枷鎖才趨於零（有人至死不覺，生命也等於零），才成了「敞開者」，從而能夠直面生命的存在本身，體驗到了人生的眞實的深淵境遇，穿透了已是異化了的文化的濃煙濁霧，誕生了能對生命直接審視的「本質直觀」、根本直覺。

羅氏接著說，今日之言良知者，都說「固有固有」，卻絕不做這種置於死地而後生的致知工夫。陽明建立起感性直接的心學，一落入以學解道的理障，又變成了可以口說心違的僞道學。

這叫什麼呢？叫良知固有，而工夫並不固有。沒有工夫，現成的良知會沉沉地死睡著，像寶藏睡在地下，不開發出來，對你還是不存在。怎樣去開發呢？只有不欺心地去做知行合一的實功夫。意術的意義在開發「意」的能量。

光緒三十年日本侍講文學博士三島毅造訪陽明小洞天，這樣概括陽明的這個臥龍岡：

憶昔陽明講學堂，
震天動地活機藏。
龍岡山上一輪月，
仰見良知千古光。

第七回 聖學卽心學

1.毫釐須遣認教眞

當劉瑾的殘酷鬥爭無情打擊穩定住局面以後，他便稍微緩和一下殺伐之氣，化解一下矛盾，這是起碼的政治技巧。也許再加上李東陽的轉圜、王陽明教化邊民的貢獻，1509 年，正德四年閏九月，陽明的身份變了，朝廷下旨，任命他爲廬陵知縣。

他一點也沒有「白日放歌須縱酒，青春作伴好還鄉」的「暢」，也沒有「兩岸猿聲啼不住，輕舟已過萬重山」的「快」，自然也沒有「天子呼來不上船」的「傲」。已經知行合了一的人，其情既不「放」，也不「矯」，我們有必要細讀他一封極其不重要的信，寫於剛離開龍岡書院未離開貴州時：

「行時聞范希夷有恙，不及一問，諸友皆不及相別。（人情味十足，行色也足夠匆忙。）出城時，遇二三人於道旁，亦匆匆不暇詳細，皆可為致情也。（心中微微有些疚欠，致情是代為解釋的意思。心細情重、生怕傷人情意。）所買錫，可令王祥（跟他來龍場的家僕，年齡很小，他初來病倒陽明還得調笑唱曲逗他開心。）打大碗四個，每個重二斤，須要厚實大樸些方可，其餘以為蔬楪。（這些碗碟如果陽明自用可見其儉樸，如果是留給書院用，可見其情重心細。觀下文當是後者。）粗瓷碗買十餘，（讓人想到魯迅給獄中柔石的粗瓷碗）水銀擺錫筯買一二把。（不捐細務一至於此）觀上內房門，亦須為之寄上鹽四斤半（還「半」），為之醬料。朱氏昆季亦為道意。閆真士甚憐，其客方臥病，今遣馬去迎他，可勉強來此調理。（陽明居高臨下時的悲憫如果還難感人的話，此刻則沒得說也。）」

下面還有梨木版勿散失，某某學生該吃枳術丸等等。我們從中終於明白他的學生爲什麼對他那麼死心塌地——都是他感動的——這可以看到古代人格教育的一個側面，陽明教育學的核心內容在這不能條文化的地方！陳宗魯，後來中了舉，此時的留別詩應該有代表性：

陽明翁此居三年，覆載吾土天地大。
受恩不報如禽獸，春秋俯伏祀靈座。
安得重來化諸夷，盡使秕糠為揚簸。

在另一封信中說：「別時不勝淒惘，夢寐中尚在西麓（指書院），醒來卻在數百里外也。相見未期，努力進修，以俟後會。」情眞意切，宛若明傳奇中的臺詞。他對學生的臨別贈言是：

坐起詠歌俱實學，毫釐須遣認教真。

陽明教育學突出「樂」，他認爲聖人的教化工程可以用一個「樂」一言以蔽之。因爲坐起詠歌是讓心性通天的精神體操，是在直接改變著感性、可以直接建立新感性，所以是「實學」。而且在一坐一起、舉手投足的動作中要自覺地滋養心性，是生活藝術化的涵養功夫，不能差之毫釐，一不認眞就滑過了，架空度日了。心學是以教養論爲中心的教育學。坐起詠歌是「美育」，「毫釐須遣認教眞」是料理「我心」的思維修功夫。修煉心體是不能絲毫馬虎的，因爲心體至爲精密，往往在體上差之毫釐，在用上就會失之千里。心誠、心細是心學意術的基本要求，也是王學和陸學的區別。「知行合一」就是要在日用中做功夫。「改課講題非我事」，他的教學中心任務和方法就是「研幾悟道」（心學尤重這個「幾」字）：具體問題具體分析、把細節做到極致（精一精微）、見微知著、找到微妙中的恰好。

他勸尚未脫離厄運的「同志」：「蹇以反身，困以遂志。今日患難，正閣下受用處也。」他這樣說絕不是唱高調，他本人是從中得過大利益的，到目前爲止他所悟到的境界都是從患難中反風滅火之「逆覺」獲受用的。練成這一手後就可以「隨處風波只宴然」了——泰然原則是禪學與心學共同標舉的最佳心理原則。

兩年多年時間不算長也不算短，更何況是這麼惡劣的生存環境，他再會苦中作樂，也是苦大於樂。現實有可以超越的部分，也有不可以超越的部分，再加上他常常鬧病，其艱難苦痛，不「在場」的任何人都難以體驗。若全信他那些曠達語，便盡信書不如無書了。如他在辰州說：「謫居兩年，無可與語者。」精神上是相當孤寂的。他若眞心如止水，也就沒有心學了。好在，這一切都暫時告一段落了：「三年謫官沮蠻氛，天放扁舟下楚雲。歸信應先春雁到，閒心期於白鶴同。」（《過江門崖》）

他知道劉瑾的時代並沒有過去，從龍場驛丞「提拔」爲廬陵縣令，並不等於世道變了。再說「逢苦不戚，得樂不欣」才是心體如如不動的高境界。陽明在現實問題中，又始終是冷靜務實的，他自然去上任，但是：

也知世上風波滿，還戀山中木石居。（《舟中除夕二首》）

也知世事終無補，亦復心存出處間。（《僧齋》）

從他離開貴陽的大量贈別詩來看，他此時最究心的問題就是「好將吾道從吾黨」。他此時體悟出來的道，就是靜下來「心存氣節」，他剛在書院爲學生作了八股範文《士窮見節義論》（入選明代《批選六大家論》，陽明以此篇及《君心惟在修養》《田橫論》《四皓論》成爲明代六大論家之一）：「處順而達，則正氣舒，而爲功爲業；處逆而窮，則正氣激，而爲節爲義。」正氣不奪，而後有烈火之眞金。保存正氣的日常修爲是側重「靜」。悟道以後，他一直側重「靜」，「靜」訓「整」，能養浩然正氣、護持人格完整，從而能生「明」。靜的下限是不會隨波逐流了，上限則是可以「體道」。他所謂「從吾黨」，就是在師友之間「研幾悟道」相互勉勵，抵抗習俗，另辟一人文景觀。

2.靜生明

古代是慢生活，他以「孤帆隨處亦吾廬」的心態在船上過了除夕夜，然後沿著沅水東下，經漵浦大江口、辰溪，到達沅陵。沅陵是當時辰州府治所在地。《沅陵縣誌》卷 13 載：陽明喜郡人樸茂，留虎溪講學，久之乃去（其實久不過十天半月）。虎溪山在沅陵城西，山上有龍興寺院。此時當地無書院，陽明便在寺院講學。環境很好，正德九年，他還有詩回憶當時的情景：

記得春眠寺閣雲，松林水鶴日為群。
諸生問業沖星入，稚子拈香靜夜焚。

（《與沅陵郭掌教》）

他在這裏教的主要是「靜坐」，讓人收放心。這是王學中的一段公案，是王學近禪的證據之一。禪法的靜坐追求入定狀態。陽明則認爲人不可能無念，他只追求正念，不求神通，息息去私意、存天理，是《孟子》說的「收其放心」，是儒家的「愼獨」功夫。在辰州，他教的冀元亨、蔣信，都沒有流於禪。嘉靖二十年，蔣信任貴州提學副使，重修文明書院，大講陽明心學，史稱：貴州人文風教爲之一振。

陽明離開辰州後，在《與辰中諸生》的信中，再次強調：「前在寺中所云靜坐事，非欲坐禪入定。蓋因吾輩平日爲事務紛拏，未知爲己，欲以此補小學一段放心功夫耳。」

陽明堅持不離世間覺。他固然熱愛山林清幽，悅目賞心，無市塵之紛擾，撲鼻無濁氣，入耳無噪音，就他的私心而言，他喜歡這種「境」。但他內心的意境不止於此，他心中想的是普法於世間，與衆生一起超凡入聖,不當自了漢。這其中有高尙的弘道精神，也有「君子疾沒世而名不稱」的功名心。這個功名心使他區別於禪門，近禪的那一面又使他區別於沒有超越意識的功利派。

他教人靜坐的具體功法是單看記載絕對弄不清楚的了，而且也沒有留下多少記載。推測應該是吸收了佛道的靜坐技巧，來做儒學「處心有道」的功課；應該是孟子、韓愈一條線上的知言養氣那一套，爲了「集義」，找心無虧欠的沛然狀態，與聖賢進行精神交流，像韓愈說的「迎而拒之，平心而察之」，達到純熟的境界，以期隨心所欲不逾矩。陽明這套功課，首先是將「心卽理」哲學落實到了功夫上；其次可以驗證知行合一到了什麼程度；最後也是致良知必不可少的克己省察的功夫。

陽明的精一於靜的直接導師是周濂溪。周濂溪學於北周山鶴林寺壽涯禪師。陽明學習了濂溪的誠、神、幾的思路。濂溪在《通書·聖第四》中說：「寂然不動者誠也；感而遂通者神也；動而未形，有無之間者，幾也。」「寂」是靜，「感」是動。周發揮《易傳·繫辭》靜專動直的說法，改爲「無欲則靜虛動直。靜虛則明，明則通；動直則公，公則溥」，以「無欲」爲功夫起點。陽明後來在贛州抄錄周子《通書》「聖可學乎」，末下按語：「《通書》云無欲則靜虛動直，是主靜之說，實兼動靜。」靜兼動靜，才誠、神、幾。陽明則是靜生動一路的。

陽明曾手書程明道、李延平講守內主靜的語錄爲座右銘。明人張詡用高價買了陽明的手跡，下面的原文過錄於張的《戒庵老人漫筆》卷七：「明道先生曰：『人於外場奉身者，事事要好，上有自家一個身與心卻不要好，苟得外物好時，卻不知道自家身與心已自先不好了也。』延平先生曰：『默坐澄心。體認天理，若於此有得，思過半矣。』右程、李二先生之言，予嘗書之座右，南濠都君每過輒誦其言之善，持此紙索予書。予不能書，然有志身心之學，此爲朋友者所大願也，敢不承命？陽明山人餘姚士守仁書。」

還是在《與辰中諸生》說：「悔昔在貴陽舉知行合一之教，紛紛異同，罔知所入。茲來乃與諸生靜坐僧寺，使自悟性體，顧恍惚若有可即者。」只有靜下來才能找到萬緒歸宗的性海，找到「我」的本來面目，才能出「整勁」。

在他諸多的「到此一遊」的詩中，不能忽略《再過濂溪祠用前韻》這首標誌著其思想獨立成型的詩：

曾向圖書識道真，半生良自愧儒巾。

斯文久已無先覺，聖世今應有逸民。

一自支離乖學術，競將雕刻費精神。

瞻依多少高山意，水漫蓮池長綠蘋。

從書本來尋證我心自性的眞面目使他半生錯用工夫（愧儒巾），現在他差不多覺得自己是先覺了——「逸民」在這裏是「先覺」的謙稱。凡向圖書識道眞的做法都是強調了「學」，因爲不能落實到「行」，從對心體的建設這個終極意義而言，那便只是「僞學」。現在「我」覺悟了，因爲我悟到了知行合一直抵聖域的門徑，不再走那條紙上求聖的鋪滿鮮花的歧路了——「一自」兩句是心學叛逆理學的宣言，儘管王還是「接著」陸九淵講，但因王學廣爲流傳，這兩句詩遂成了口號。關鍵在於，將學行分離之，學才是「支離」「雕刻」。然而王學門徒不經再傳便忘了乃師半生在學上下過死工夫，忘記了「點傳師」錢德洪「學問之功不可廢」的諄諄教誨，也忘了陽明本人多次說過的「讀書宜先」「學問之功何可緩」「政事雖劇，亦皆學問之地」之類的教誨。他們是故意忘記，他們用下等「拿來」法，專取合口味的，不管祖師的完整體系。理解一個主義，難在不肯誠實地對治自己。

誠實的辦法是在亂的時候，拿不定主意的時候，先靜下來，「萬物靜觀皆自得」。在誠靜之中，發正信，立正志。「立志」是個信仰問題，是個准宗教問題。陽明從悟道之後就一直強調首在立志，將立志問題提煉爲「一個即所有」的問題。立聖賢之志，就是愚夫婦也可以悟道，若不立聖賢之志，則再飽學亦無濟於事，因爲沒有實處用功。

所謂「實處」的功夫，陽明在《書汪進之卷》中說：就是「爲己謹獨之功」，能實行這種修養功夫，就會辨別天理人欲，就能分清怎樣做是支離、是空疏、是似是而非、是似誠而僞。有了正確的標準，就能修到實處了。否則，只會忘己逐物，把精力消耗在捕風捉影的事情上。至少，也會把指月之指當成月本身。支離的最大的危害就在於「辨析愈多，而去道愈遠矣」。「夫志，猶木之根也；講學者，猶栽培灌溉之也。」——只要立了志，灑掃應對，當官爲宦，讀書講學，都可以找到天下一體的感覺。

3.政事皆學問

走著走著，傳來了劉瑾垮臺的消息。他是沿著當年去龍場的路線一站一站地返回的，當年每有吟詠，如今舊地重遊，又換了人間，路過沅水畔丹山崖下之鐘鼓洞時，他發出了「頌聖」之聲：「今須參雅樂，同奏泰階平。」（《遊鐘鼓洞》）去的時候，儘管風波險惡、前途未卜，他依然自壯其心：「年來夷險還忘卻，始信羊腸路亦平。」（《鐘鼓洞》）回來路過安福縣，他想起了陶淵明：「清風彭澤令，千載是知音。」他此時認陶淵明爲同道，側重的是直道正道當好縣令，當然也有大不了掛冠而去的潛臺詞。

廬陵縣衙在府城南門的歐（歐陽修）家祠路。出南門稍東，有白鷺洲，處贛江中心，洲上白鷺洲書院，是江南四大書院之一，文天祥曾就讀於此。陽明在裏面開闢了一個自己講學的場所。講學成了他生命的根本、生活的核心。

在城南 25 里有青原山靜居寺，今天還有陽明手書的「曹溪宗派」，落款居然是「樂山居士王守仁書」，表達了對慧能的禮拜情懷。只有他最清楚自己從慧能那裏學通了多少救命的東西。青原寺是慧能高足行思禪師開創，寺院內右側屋曾是朱子的講壇，稱青原書院。陽明也在青原書院講學。後來他的學生在寺的對面又建了一所陽明書院。他的學生鄒守益、聶豹、歐陽德、王時槐後續在此講學，書院後院建了「五賢祠」以紀念他們，文化慧命薪火相傳——心燈在民間。

他就職時，縣衙已經破敝，他本著「修敝補隙，無改作之勞」的原則「葺而新之」，最顯眼的是矗立起戒石亭、旌善亭、申明亭（《重修廬陵縣署記》），治理社會還得靠儒家那一套。不過，工程完了（十月），他也調走了。對於這個「健訟之區」，他在衙門前放兩個櫃子，分別標著「願聞己過」「願聞民隱」，晚上擺出來，早上收回去。說自己的過錯得有則改之無則加勉，對民間隱情詳察慎重處理。

他「臥治廬陵」用的是黃老派儒家「風流而治」的辦法，張貼告示，起用三老，將行動規範廣而告之，做到的獎，做不到的罰。在這個縣工作了 7 個月發佈了 16 個告示，不但使該縣由亂而治，還留下了許多歷時不衰的善政。其高超得力之處，在於以無厚入有間，用那把兩刃劍，既克治官府的擾民行為，也整治刁民的亂法勾當。「親民」，是為大多數人謀求最大的利益，而且是想辦法從根本上謀求長遠的利益。但陽明的身體不堪繁勞，不可能也沒想事必躬親。「依靠誰」的問題是中國人治社會行政的根本問題，他依靠由他慎重選擇的知禮有德的三老（老吏、老幕、老胥），這也是儒家的老人政治的最佳體現了罷。後來，他在江西和兩廣推行了鄉約治村社。

廬陵雖是小縣，卻是四省交通之區，俗話說是碼頭口子，儘管曾是「文獻之地」，卻因世風不正，苛捐雜稅太多，民風大壞，盜匪繁衍，正不壓邪。官府有官府的問題，百姓有百姓的問題。他剛到縣衙，突然有上千鄉民擁入縣門，號天呼地。他也一時難以搞清他們到底要幹什麼，但很平靜，用孔子叩其兩端的方法聽懂了他們的要求，是要寬免一項徵收葛布的攤派。理由是本地不出產此物（織葛布的原料）。他想，既然不出此物，上邊要的也沒道理，不能激起民變，就同意了鄉民的請求。

但他想此風不可長。為對付這個有名的「健訟」之區，他下的第一道「告諭廬陵父老子弟書」的主題就是息訟。他說因為我糊塗，不能聽斷，且氣弱多疾，你們非重大事情不要來打官司。來告狀的只許訴一事，不得牽連，狀子不能超過兩行，每行不能超過 30 字。超過者不予受理，故意違反者罰。號召謹厚知禮法的老者「以我言歸告子弟，務在息訟興讓」。

告示發出，並不能立竿見影。這個健訟之區輿論譁然，但他就是不「放告」——不開門受理官司。他卻發了另外一個告示：現在，瘟疫流行，人們怕傳染，至有骨肉不相療顧，病人反而死於饑餓者，反而又歸咎於瘟疫，擴大恐慌。療救之道，唯在諸父老勸告子弟，敦行孝悌，別再背棄骨肉，將房屋打掃乾淨，按時喂粥藥。有這樣的能行孝義者，本官將親至其家，以示嘉獎。我現在正鬧病，請各位父老先代我慰問存恤。

不講醫學講仁學，不講科學講義氣，這是心學的感動法。但他也知道，這是沒有辦法的辦法。因爲雖然已派了醫生老人分行鄉井，「恐亦虛文無實」。他認爲根本的辦法還是喚起道義的力量，用精神去戰勝瘟疫。

這種道德感動法大約見了效果，瘟疫也不可能總流行。不見再有類似的告示。這期間，他用更大的精力去解決行政問題。他搞了調查研究，訪實了各鄉的貧富奸良，用朱元璋定的老辦法，愼重選定里正三老，讓他們坐申明亭，進行勸導。同時他又發了一個告示，說，我之所以不放告，並不是因病不能任事，而是因爲現在正是播種季節，放告之後，你們牽連而出，誤了農時，終歲無望，必將借貸度日。而且一打官司，四處請托送禮，助長刁風，爲害更大。你們當中若果有大冤枉事情，我自能訪出，我不能盡知者有鄉老具實呈報。他們若呈報不實，治他們的罪。我爲政日淺，你們還不相信我。未有德治先有法治，我不忍心。但你們要是不聽我的，則我也不能保護你們了。你們不要自找後悔。

這回，震動了他們。來告狀的有涕泣而歸者，在鄉下的有後悔勝氣囂訟者。監獄日見清靜。他還施行誣告反坐法，效果很好。亂渾渾的局面結束了，「使民明其明德」的親民治理法大見成效。

他調過頭來，治理驛道，杜絕任何橫徵暴斂的行爲。遍告鄉民，誰以政府的名義去鄉村私行索取，你們只把他們領到縣裏來即可，我自會處置。還移風易俗，杜絕任何神會活動，告訴百姓只要行孝悌，就會感動天地，四時風調雨順。他上任的這一年，亢旱無雨，火災流行。陽明像皇帝下罪己詔一樣，說是由於他不稱職，才獲怒神人。並齋戒省咎，停止徵稅工作，釋放輕罪的犯人。同時告誡全縣百姓「解訟罷爭，息心火，勿助烈焰」。他還告誡鄉民不要宰殺牲口喝大酒，觸怒火神。

他下令嚴防奸民因火爲盜，勒令軍民清出火道來。居民夾道者，各退地五尺，軍民互爭火巷，他親去現場拍板。有人說他偏袒軍方，他說你們太小瞧我了，軍士亦我民也，他們比駐紮邊疆的吃苦少一些，但也半年沒口糧了。本官「平心一視」，對誰也不偏向。他還恢復了保甲制度以有效地控制盜匪的滋生和作亂。

最難對付的是上邊。上邊一味追加攤派的名目和數額，搞得民情洶洶，他這個縣官實在是兩頭爲難。他剛上任就碰到的那個麻煩事並沒完，因爲此地從來不出產這種原料，鄉民怕成爲「永派」才聚會請願的。上上次就是幾個主管的吏員賠了幾十兩銀子了事，現在跟百姓要，要不出來；再賠又賠不出了。不交，吉安府派人下來捉拿管理徵收的小吏。這成何事體？他給府裏打了報告，請求減免。他說單是歲辦各種木材、炭、牲口，舊額不到4000 兩，現在增加到萬餘兩，成爲過去的三倍。其他公差往來，騷擾刻剝，日甚一日。再加上旱災，瘟疫大作，比巷連村，多有全家而死者，倖存者又爲徵求所迫，弱者逃竄流離，強者群聚爲盜，攻劫鄉村，日無虛夕。上級若不寬免，將有可能激起大變。他很動感情地說：不但於心不忍，而且勢有難行。我無法稱職地完成任務，「坐視民困而不能救，心切時弊而不敢言」，「既不能善事上官，又何以安處下位」？他懇求當道垂憐小民之窮苦，俯念時事之難爲，寬免此專案。要抓人，就立即將我罷免，以爲不職之戒。我「中心所甘，死且不朽」。

什麼叫「親民」？這才叫親民！這個坐而說起而行的俠儒的風骨的確充盈著良知的力量。上下千載，像這樣做官的著實不多。他總是這樣來「自覺」自己：「身可益民寧論屈，志存經國未全灰。」這樣的人才能創立「知行合一」的精神體系。王陽明加入國家權力體系不是升官發財來的，是當志士仁人來的，讓我們再重溫一下他考入仕版的中式文《志士仁人》：

> 所謂志士者，以身負綱常之重，而志慮之高潔，每思有以植天下之大閑；所謂仁人，以身會天德之全，而心體之光明，必欲貞天下之大節。

晚明以降，人們盛讚陽明的功業、氣節和文章並世無兩，這志士仁人的心胸膽氣是其根基、樞機之所在。

他卻不是個工作狂，基本上是足不出戶，四兩撥千斤，抓住扼要問題，以點帶面，攻心爲上，感化優先，風流而治。但他還是覺得不堪繁巨。有人嘲笑他像大姑娘。最後，他解嘲式地出來走走，也只是到本地的風光區遊覽、寺院中小憩一下。這跟他的身體狀況有關（給他父親的信說：「背脊骨作疼已四五年」），也跟心態有關。他對塵世的繁華毫無興趣，也沒有一般當官即美的知覺系統。

他總是焦慮，總難忘懷責任：「憂時有志懷先進，作縣無能愧舊交。」——他就是這樣，每天都在追求日新日日新，卻因此而總覺得沒有長進。相反，那些固步自封的人卻總覺得自己天下第一——對自己不滿意的心學家才是眞正的心學家。這也是他與其沾沾自喜的後學門徒的根本區別之一。

4.破蔽解纏 實處用功

這一年 10 月，他調到南京，恢復到貶謫前的階級，仍然是個主事，還是南京的虛職，但《年譜》特書「升南京刑部四川淸吏司主事」。因爲這個差使比知縣略高，算地方官變成了副京官。他夫人總算等到他重返了人間。「跋涉」而來，他又回了老家，然後從老家到南京上任，然後 11 月進京「入覲」。在《寓都下上大人書》說：「媳婦輩能遂不來極好，倘必不可沮，只可帶家人、媳婦一人，衣箱一二隻，輕身而行。此間必不能久住。」他好像在跟他媳婦捉迷藏，當年回老家養病，還在會稽山築個陽明洞呢。而這次他在北京待了將近兩年。

陽明於辛未年（1510 年）正月調任北京吏部驗封清吏司主事。個中原因是，黃綰成了王這一時期論道的密友，黃是後軍都督府都事，能與上峰說上話，他和湛說服了宰相楊一清，把陽明改派到北京吏部的。王、湛、黃三人傾心相談，三人定「終身相與共學」。一向重視師友之道的陽明，現在找到了品質對等的朋友，他們可以早晚切磋、隨時交流了。湛在翰林院，清閒，王也是閑差。上班沒事時，下班以後，公休日，他們便相聚講論。黃宗羲在《明儒學案》「甘泉學案」中說：時陽明在吏部講學，（甘）先生和之。黃綰後來至嘉靖壬午（1522）年春才拜王爲師，被李卓吾贊爲「倔強之舉」。再後來獨立一派，並轉而批評其他門派的王學。湛當時的名氣比王大，在縉紳圈中口碑比王好。因爲湛純粹且超然，儘管被人譏爲「禪」，但還是贊其高明者多。最主要的原因是不像王那麼「狂」，那麼熱衷於現實政治事務，從而顯得境界高遠。湛對王那一套也始終有微辭。王骨子裏有湛那內傾的一面，但湛沒有王這外化的一面。在追求心體明誠這一點上二人是難得的好同志。

黃綰（字宗賢）是個很有主意的人，換句話說是個習染深厚、機深心深的人，易墮「悟後迷」。王跟他談道，用「減法」，所謂減法就是去蔽。王在《答黃宗賢應原忠》說：昨晚因激動講得太多了，因爲跟你們說話想不多也不行。他又自謙其中有許多造詣未熟、言之未瑩的地方。他介紹經驗：「思之未合，請勿空放過，當有豁然處也。」這是心學修行功法，類似禪宗的「起疑情」。

他借用佛教的「鏡喻」，開導黃宗賢、應原忠（名良，陽明入室弟子)。佛教用鏡子講性空,王卻用它講儒家的性有。王用佛說儒,大凡如此,如:「常人之心,如斑垢駁雜之鏡,須痛加刮磨一番,盡去其駁蝕,然後才纖塵卽見,才拂便去,亦自不消費力。到此已是識得仁體矣。」若好易惡難、好逸惡勞,便流入禪釋去了。

人都活在「纏蔽」中,主要是私意習氣將「仁體」遮蔽了。去蔽,也不能像朱子說的「格物」一樣,今日格一件,明日格一件。那樣生也有涯,蔽也無窮,活到老格到老,也難說能否自見仁本體。王陽明說,去蔽的關鍵是找到人心的一點靈明,找到「發竅處」、這個發竅處猶如鑿開引進陽光的空隙,陽光得以照進來,從而使自身得以顯現、澄明。這樣就可以獲得「敞開」,找到萬物一體的相通處,從而獲至澄明之境。黃宗賢後來說:他之所以拜師,就是因爲陽明讓他找到了「覺性」。

王陽明認爲,人心就是天地萬物本身得以顯現其意義的那個「發竅處」、那個引進光明的「空隙」,沒有它天地萬物也是蒙昧混沌的,從而毫無意義(海德格爾的「林中路」也有此意)。心學功夫論的核心是從茫茫蕩蕩甚至渾渾噩噩的存有中剝出一點「空隙」來,找到了這個「發竅處」,卽可從中識得仁本體,獲至澄明之境。陽明常用的提法是:識破纏蔽。平日爲事物紛拏,找不到自己。這種時候最好是先靜下來,收心守志,「減去」聞見習氣加給的纏蔽,把放逐於外的自己的本心打撈回來。

這個打撈的功夫叫「精一」:「一,是天下之大本;精,是天下之大用。」而且「能通於道,則一通百通矣」。能通才有用,有用才有意義。他說：「性，心體也；情，心用也。」本來應該是體用一源的，但活在纏蔽中的人，卻因體用分離而深深地自相矛盾著。而且世風墮落，「古人戒從惡，今人戒從善；從惡乃同汙，從善翻滋怨；紛紛疾媢興，指責相非訕」（《贈別黃宗賢》）。正不壓邪，歪情遮掩了正性，自家找不到自家門。黑白本來不難分辨，只因人們著了私心己意，不肯廓然大公，遂是非顛倒，烏七八糟起來。

用釋家的話頭說，就是不論何種掛礙，都是由心不平等，分別得失而起，即不知轉、不知化，遂不能轉不能化矣。他的《別方叔賢四首》詩證明，他此時又恢復了對仙釋二氏之學的濃厚興趣（大約在廬陵他重刻了《藥王菩薩化珠保命眞經》，流傳此經治小孩痘症非常靈驗的神話，他表示要家藏之，並爲之序），爲體證本心而借他山之石：

休論寂寂與惺惺，不妄由來即性情。
笑卻殷勤諸老子，翻從知見覓虛靈。（其三）
道本無為只在人，自行自住豈須鄰？
坐中便是天台路，不用漁郎更問津。（其四）

混用二氏的語言典故，追求心體的通脫無礙，這是他從「久落塵泥惹世情」中掙脫出來的見識，從染障中超拔出來的心境。還只是辦到「養眞無力常懷靜」的份上，他堅持練習靜坐，所以有「坐中便是天台路」之句。冠蓋滿京華，他獨熱爱山水林泉，道觀寺院，「每逢山水地，便有卜居心」。他在《別湛甘泉序》中翻過正儒對楊朱、墨子、釋、老的偏見:「其能有若墨氏之兼愛者乎?其能有若楊氏之爲我者乎?其能有若老氏之清淨自守、釋氏之究心性命者乎?」陽明從「自得」的角度公開肯定他們。

王此時的心性論,從形式上看與禪宗的心性論殊無二致,都講心的空無的本性。就像他的龍場論道酷似禪宗的頓悟一樣,現在他的思維技巧超不過禪宗那套「明心見性」的路數。他講的心鏡明瑩,不可昏蔽,心體本空,不可添加一物,對任何東西都應該過而化之,一塵不染,一絲不掛,無形無相,了然如空,都是佛門常說的話頭。若不能過而化之,便叫有執、有染、有相、有住,便是被纏蔽遮障了,從此迷頭認影,執相造業,墮入塵勞妄念之中,到處流浪。

但是,他說道家太自私止於養生,釋家「高明」但悟了以後一事不理、不能開花結果,從而不見實功眞效——他那來自儒學的價值觀念所產生的意識形態追求,使他還要沿著「正心誠意修身齊家治國平天下」的路子走下去。他講心應當澄清如明鏡,就是爲了對治流行的精神污染(他年輕時成立過「掃塵社」,晚年給人寫信還提要「掃塵」),將這個心變成合乎天理的心才是他的目的。只是功夫路數與理學家不同,他強調天理不在外邊,就在心本體中,不但「心卽理」,而且「本體卽功夫」。

他更怕學生們「好易惡難,便流入禪釋去也」。所以,他既要對治機深心深的遮蔽病,又要對治一空百了的蹈虛病。前者妨礙成聖,後者也同樣妨礙成聖。對治前者的辦法是:廓淸心體,絲翳不留,使眞性呈現,找到操持涵養之地。對治後者的辦法是:

無中生有，再向裏邊用功，突破空虛，若放開太早、求樂太早，都會流爲異端。他後來著重提出必須在事上磨煉也是爲此。

陽明已然「大中至正」矣！而且努力貫徹落實到大小事情上，不管多少頭緒，用的「只是一個真誠惻怛」，本體功夫一體化了。

5.打通朱陸　合和而三

如果認爲心學是單面的，那就錯了。聚焦於「一」不是簡單化，而是獲得「大全」。陽明悟通「吾性具足」後就漸漸滋長了「得中而三」的智量，還在分別心中生活的人則是「無中而二」。三，是《易》道真髓，是孔子「叩其兩端」真法門，這是反排中律的邏輯，是鼎足而三從而有容乃大的「中道」真經。王陽明既不是二貨，也不是單線條笨伯。他的心學是要求「像心那樣靈明地活著」，而不是無明地活著、或像物那樣以一種簡單性的方式來存在。

陽明 40 歲這一年，就現在能見到的文字而言，他終於正式對陸九淵的學說表態了。這次表態，起因於他的兩個學生爭論，王輿庵讀陸的書，頗爲相契，頗有先得我心、深得我心之感。徐成之則不以爲然，以爲陸是禪，朱子才是儒之正宗。兩人都是操持著社會平均水準的流行說法，也因此而相持不下，徐寫信請陽明定奪。

陽明先肯定他們這種辨明學術的熱情，說：學術不明於世久矣，原因在於缺乏自由討論，而辨明學術正是我輩的責任。但是，你們的態度和論旨都只是在求勝（意必固我），而非志在明理（非此卽彼）。求勝，則動氣；而動氣會與義理之正失之千裏，怎麼能探討出眞正的是非？論古人的得失尤其不能臆斷。你們各執一端，不肯全面完整地領會朱子和陸子的本意，耽於口號之爭一點也不能解決已有的問題。

王陽明認爲眞正的聖學是「尊德性而道問學」一體化的，將聖學分成側重修養與側重學問，是「後儒」們根據自己的特長形成的一種分疏（分別心），絕非聖學的本相。向來分判朱陸的，總說陸偏於「尊德性」，而朱偏於「道問學」。這種說法出自朱子自己，而陸當時就反駁：「既不知尊德性，焉有所謂道問學？」朱子把「道問學」與」尊德性」平列起來，是二元的；陸子把「道問學」統屬於「尊德性」之下，是一元的。

陽明說：現在的問題是「是朱非陸，天下論定久矣。久則難變也」。就是沒有你徐成之的爭辯，王輿庵也不能讓陸學大行天下。你們這種爭論是無聊的，你們要聽我的就趕快「養心息辯」。

徐成之不滿意，說先生漫爲含糊兩解，好像是暗中幫助王輿庵，爲他的說法留下發展的餘地。陽明讀信，啞然失笑。他勸告徐：君子論事應該先去掉有我之私，一動於有我、處有我之境，則此心已陷於邪僻，卽使全說對了，也是「失本」之論（本在中）。

他用極大的耐心、誨人不倦的佈道精神、平靜的哲人語氣，深入闡發了朱陸學說的精義：陸未嘗不讓學生讀書窮理，他所標舉的基本信條都是孔、孟的原話，絕無墮入空虛的東西。唯獨「易簡覺悟」的說法讓人生疑，其實「易簡」之說，出自《易》的「繫辭」，也是儒家經典；「覺悟」之說，有同於佛教，釋家本與我儒有一致之處，只要無害，又何必諱莫如深、如履如臨呢？朱也講「居敬窮理」，也是以「尊德性」（敬是尊德性的功夫）爲事的。只是他天天搞注釋訓解，連韓愈文、《楚辭》《陰符經》《參同契》這樣的東西也去注解，遂被議論爲「玩物」。其實，他是怕人們在這些領域瞎說八道，便用正確的說法去佔領之。世人、學者挂一漏萬，求之愈繁而失之愈遠，越折騰越麻煩（「二」的必然過程和結果），便掉過頭來反說朱子「支離」。現在，陽明已有了「拉」朱子入夥的意向，埋下了爲朱子作「晚年定論」的伏筆。

他覺得朱陸之別只是像子路、子貢一樣同門殊科而已，若必欲分敵我、舉一個打一個（「二」），就太愚蠢了（這種強調對立的敵我意識、黨同伐異的門閥作風其實是種專制病，凋敝學術誤盡蒼生）。我對朱子有無限的敬仰深情，決不會再重複過去那種同室操戈的把戲，來故意抬高陸子，這有我平素對朱子的尊敬爲證。但是朱學已大明於天下，普及於學童，已用不著我來特表尊崇。而陸學被俗儒誣陷爲禪學、蒙不實之冤情已 400 年了。沒有一個人站起來爲他洗冤，若朱子有知，也不安心在孔廟受人供養矣。他深情地說：

夫晦庵折中群儒之說，以發明《六經》《語》《孟》之旨於天下，其嘉惠後學之心，真有不可得而議者。而象山辨義利之分，立大本，求放心，以示後學篤實為己之道，其功亦寧可得而盡誣之！

世道迴圈，螺旋式重複，朱子本爲扭轉王安石的《三經新義》而私下著《四書集注》，朱子所尊的程伊川之洛學，在當時也不是朝廷科舉所尊的官學正說。伊川在北宋、朱子在南宋都是曾被朝廷當作僞學而加以禁止。朱子當年樹異於漢唐儒學的「家法」、樹異於宋朝的官方儒學，也是絕大的勇氣與改革。只是由元而明，他又成了話語霸權。陽明樹異於朱，返本於陸，只是糾偏治弊，主張在實踐中眞去落實那些義理，反對紙上空談義理，針對性極強，而且功不可沒。

調停朱陸之辯，陽明的選擇的路徑是「通」，而不是舉一廢一。「通」表現爲敢於與諸派求同。他敢於說佛教、道教均與聖道無大異，均於大道無妨。並且不管別人怎麼反對，他都一直堅持到底。敢於去統一別的主義是他成大氣候的原因之一。在晚年他多次打比方說，世上的儒者不見聖學之全，不知把三間房都爲我用，見佛教割左邊一間，見道教割右邊一間，是舉一廢百。他又說：「聖人與天地萬物同體，儒、佛、老、莊皆我所用，是之謂大道。二氏自私其身，是之謂小道。」

與同一儒門的理學，過去的矛盾不亞於與釋道二氏，現在，他也將他們調和到一條跑道上了：窮理是盡性的功夫，道問學是尊德性的功夫，博文是約禮的功夫。這樣，和而兩美，同生共長。這是陽明能「中」產生得智慧，這種智慧最見心學的力量：不是一分爲二，而是合和而三，這一點是直通孔子的眞骨血。等到他 49 歲爲陸九淵的文集作序時重申了這一套主張，並凝煉成一個口號：「聖人之學，心學也。」

50歲時，他以江西最高行政長官的權力，「牌行撫州府金溪縣官吏，將陸氏嫡派子孫，仿各處聖賢子孫事例，免其差役。有俊秀子弟，具名提學道送學肄業」。他覺得象山得孔、孟正傳，其學術卻久抑而不彰，既不得享配聖廟之典，子孫也沾不上褒崇之澤，太不公平了。當年在龍場請陽明主持文明書院的席書，也憾恨陸學不顯，作《鳴冤錄》寄給陽明，表示要以弘揚陸學爲己任，就是天下都非議自己也在所不顧。在收到他的信和《鳴冤錄》後，陽明很激動地給他寫了封熱情洋溢的信，讚美他這種卓然特立的風格、以斯道自任的氣度，「與世之附和雷同從人非笑者相去萬萬」。

6.或語或默　無我方能自得

羊年二月，他當了一次會試同考官，沒有了當年主試山東的豪興，不復有「假如我是宰相」的幻想了。他直接錄取了萬潮、毛憲，錄取的理由是「詞氣不順」「平正」；參與錄取了鄒守益、南大吉，因爲鄒守益是會試第一名，不是他一個「同考官」說了算的。沒有看到他給南大吉的評語，可能南的卷子沒有分到他名下。鄒守益是公認的延續了陽明學正脈的第一傳人——王畿趨左、錢德洪趨右，唯鄒守益居中。

陽明一生最大的癖好就是講學與優遊山水，北京沒有什麼佳麗山水，他就一而再地上香山，或住在香山的寺院中，寫點「頓息塵寰念」之類的高蹈詩。但這只是一種休息方式而已。不想白活一場的心氣，使他有成聖成雄的雙重壓力。如今鬢已星星也，卻還看不見現實的成功之路，自嘲「竊祿」而已。

十月，他升爲文選司員外郎。次年，即猴年，他又升了半格，成了考功司郎中。更大的收穫是門人大進：他的門人編的《同志考》中，這一年入門弟子有十七八個。他教他們什麼呢？教他們如何眞切爲性命、實修「自得」之學。既自得於心又絕非小小的自以爲是，不然，就是把自身變成儒學辭典，也未必能擁有儒學的眞精神、眞骨血。

他這個業餘講師卻覺得唯有講學是不浪擲心力的事情。明人雖然講學成風，但在京城、在官場中，像陽明、甘泉這樣近於癡迷的以講學爲事業的，是「創造的少數」。就連清臞淡雅的湛甘泉還被「病」爲多言人，湛還批評王太多言。

沒辦法，不講學，聖學不明；講學，就是多言。至少表面上不太在意別人臧否的陽明，也不得不找適當的方式順便爲自己辯解幾句了。他的朋友王堯卿當了三個月的諫官，便以病爲由，辭職回家了。有交誼的紛紛贈言，但堯卿還是要陽明寫一篇。陽明說，言日茂而行日荒，我早就想沉默了。自學術不明以來，人們以名爲實。所謂務實者，只是在務名罷了。我討厭多言。多言，必氣浮外誇。據陽明的觀察：氣浮者，其志不確；心粗者，其造不深；外誇者，其中日陋。

人們都誇獎堯卿及他這種選擇，但陽明不以爲然。他認爲，自喜於一節者，不足進全德之地；求免於常人的議論，難進於聖賢之途。是的，單求無言免禍，結局必然是一事無成。這個王堯卿就不見經傳。

責備陽明多言的湛甘泉，最後官做到南京禮、吏、兵部尚書，活的年齡幾乎比王大一倍，95 歲壽終正寢；儘管他的理論有的地方比王學純正，然而他的影響和貢獻都不如陽明大。

王純甫到南京當學道，陽明的贈言是：因材施教是不一，同歸於善是一，「不一，所以一之也」。多言，是曲致之法。但太多了，則失之於支離。太少了，又會流於狹隘。從無定中找出定來，在不一中建立一，才是本事。

陽明的口才超人，能一言中的，也能曲折言說。但他反對、憎惡滑舌利口，一貫認爲：言辭辯論，無益於養育自身心體。爲求勝而爭論是不善與人合作，那是好高不能忘己的毛病。眞正善於養心的人，是要讓心保持其本然的、未受蔽累的一物不著的狀態。這就是「以無爲本」，這樣才能建立起「自得」意識，不要爲外在的東西狼奔豕突，把所有的營養都用來培養心體這個大樹之根。

在《別張常甫序》的開頭他問張：文詞亮麗、論辯滔滔、博覽群書，自以爲博，算眞正的好學麼？張說，不算。

他又問：形象打扮得挺拔，言必信、動必果，談說仁義，以爲是在實踐聖學，算數麼？張說：不算。

他接著逼問：恬淡其心，專一其氣，廓然而虛，湛然而定，以爲是在靜修聖學，這樣做對麼？

張沉吟良久，按說應該說對了；但王的意思顯然還是不對、不夠。

張說，我知道了。

這是高僧接機點化人的方法。王說，那好，知道了就好。事實上，道有本而學有要，是非之間、義利之間的界線是既精確又微妙的。我上面說的那些是爲了引發你深入思考。

他的朋友梁仲用本是個志在征服世界的英豪，仕途也相當順利，但他忽然說自己太躁進了，於是轉向爲己之學，反省自己氣質上的偏頗，爲防止隨意說些現成話，給自己起了一個「默齋」的室號。陽明爲此作了一篇《梁仲用默齋說》，分析了多言的病根：一是氣浮，一是志輕。氣浮的人熱衷於外在的炫耀，志輕的人容易自滿松心。但是，沉默包含著四種危險。如果疑而不知問，蔽而不知辨，只是自己哄自己的傻悶著，那是種愚蠢的沉默。如果用不說話討好別人，那就是狡猾的沉默。如果怕人家看清底細，故作高深掩蓋自已的無知無能，那是捉弄人的沉默。如果深知內情，裝糊塗，佈置陷阱，默售其奸，那是「默之賊」。

看來，多言與寡言不能定高下，這只是個外表，內在的誠僞才是根本。就像有的人因不變而僵化，有的人因善變而有始無終。關鍵看你往哪里變，關鍵是要有「無我之勇」，才能入道如箭。無我才能成「自得」之學，修聖學須無我、自得！

方獻夫，先熱衷文學、喜歡詞章之道。那時，他與陽明沒什麼關系。後來，熱衷於講會，講學論道、辨析義理，與陽明是「違合者半」。

再後來超越了口給舌辯的表面化愛好階段，進入了眞信誠服的內在化階段，沛然與陽明同趣，並能超越世俗觀念（他官大），在陽明面前自稱門生，恭恭敬敬，並因找到了聖人之道，毅然辭職，退隱於西樵山中以成其志。

陽明說獻夫之所以能脫出世俗之見，是因爲他能做到「超然於無我」！我們可以從這眞人實例中理解王的「無我」是個什麼意思。王的思路是「大無大有」，類似釋家那個「眞空妙有」。先無我才能眞有我。「無」的境界只能通過去蔽、減去習得的經驗界的雜質才能得到。方獻夫用兩年的時間完成了三次「飛躍」，靠的是「無我之勇」。對於這種善變而非惡變、從而有了入道如箭的氣勢美的學生，陽明發自內心地爲之廣而告之：

聖人之學，以無為本，而勇以成之。

陽明在爲湛甘泉赴安南送行的《序》中憤激地指出人難「自得」，自顏回死而聖人之學亡！楊朱、墨子、佛、道還能講究「自得」，有內在的修持，能養育內在的境界，而那些號稱聖學正宗的人卻只是在做混飯吃的學問！他們的「成功」告訴世人仁義不可學、性命不必修行。他們做外緣功夫，本是緣木求魚的活計，卻攫取了現實榮華，自然覺得內緣的自得之學是徒勞無益的了。用孟子的話說，他們要的是「人爵」，自得之學修的是「天爵」。

7.心外無善

猴年（1512 年，正德七年），黃綰告別京華，歸隱天台山，專門修煉自得之學，以期明心見性。陽明的《別黃宗賢歸天台序》寫得「哲」情並茂：心本體是光瑩明澈的，欲望把它擋黑了，經驗把它污染了，要想去掉遮蔽清除毒害，使之重放光明，從外邊著手是不管用的。心像水，有了污染就流濁。心像鏡子，蒙了塵埃就不亮。若從清理外物入手、逐個對付，是不現實的。最主要的是，那樣就得先下水，就等於入汙以求清、積累塵垢以求明。黃開始就是遵循著這種流行文化方式去做的，結果是越勤奮越艱難，幾近途窮。

王則教他從「克己」做起，從我心做起，「反身而誠」，明心見性，這樣就可以不依賴外界就能改善自己的德性水準。心體高大了，外界就渺小了。黃深以為是，總如饑似渴地聽他的教誨，每每喜出望外。

那位到南京當學道的王純甫與上上下下的關係都相當緊張，陽明剛聽到這個情況，一開始心裏很不是滋味，後來卻高興起來。他寫信告訴純甫：我感覺不好，是世俗私情；感覺高興，是說明你正在像要出爐的金子一樣，經受最後的冶煉。現在的難受事小，要成就的重大。這正是變化氣質的要緊關頭，平時要發怒的現在不能發怒，平時憂惶失措的現在也不要驚恐不安。「能有得力處，亦便是用力處。」他說，天下事雖萬變，我們的反應不外乎喜怒哀樂這四種心態，煉出好的心態是我們學習的總目的，爲政的藝術也在其中。

自得，自得，就是在境遇千變萬化中，在矛盾錯綜複雜時，自己能聽從靈明的指令，保持虛靈不昧的狀態，近事遠看，從而運用自我的力量完善自我。這是自家吃飯自家飽的事情，誰也不能給誰、誰也替不了誰，自己也不能從外頭弄進來，必須從自己的心本體中領取能得到的那一份。你自修到什麼程度就得什麼果位。

王純甫收到陽明的信，琢磨了好長時間，給陽明寫了封回信，辭句非常謙虛，但語意之間其實是很自以爲是的。陽明很反感自以爲是，因爲這事實上是沒有求益的誠意，無論你說什麼，對方也聽不進去，本想不予理睬了。後來，想了想，生命不永，聚散無常，他自以爲是是他犯糊塗，並非明知其非來故意折騰我，我怎能任性只顧自己？

自得之學的天敵是自以爲是。後來心學門徒卻有把自以爲是當成自得之學的，所謂「良知現成」就是這種口號。王陽明深知個中差之毫釐謬之千里的界線在「誠」之眞僞深淺。自以爲是者都認爲自己是眞誠的，弄不好還認爲唯我「明善誠身」，別人倒是在裝蒜。自以爲是往往是自得的頭一項「碩果」，誰的自以爲是都是自得出來的。但此自得非彼自得，此自得是鼴鼠飲河不過滿腹，這種自得是沾沾自喜、自滿自閉，這其實是人類的絕症，更是東方主體哲學的「天花」——不自信其心就不會嚮往那絕對的善，太自信其心必自以爲是。而自以爲是就是孔子堅決反對的「意必固我」，是什麼也得不到的。

怎麼克服自以爲是呢？只有更眞誠深入地信仰心中的天理。用人人心中本有的無條件存在著的、無限綿延的大「是」——他後來管它叫良知——來對治每個人的那點自以爲是。盲目自以爲是的人，「認氣作理，冥悍自信」。其實就是瞎牛。突破自以爲是的思維定勢，須明白：

「心外無物，心外無事，心外無理，心外無義，心外無善。」

但此「心」不是自以爲是者的私心，是我心卽宇宙、宇宙卽我心的那個大心、精神的大我。而這個大心、大我不是天然現成的屬於你我的，克服自以爲是的良方是「必有事焉」，在實踐中矯正自以爲是。「心外無理」是說理不在心外，幹事卽是在煉心。這種思辨智慧形成了陽明學絕對形而上又絕對實用的那種實用形而上學的能力，既非邏輯的也非經驗的，而是既先驗又管用的：「明善之極，則身誠矣。」誠則成物矣，而不誠則無物。大量者用之卽同，小機者執之卽異。

明代首倡自得之學的是湛的老師陳白沙。白沙初年，由書本尋找入道門徑，累年無所得。他說：我心與此理總不接茬、不搭界。他開始轉向，轉變到從心中自求的道兒上來，總結出「道也者，自我得之」，遂成了明代從朱轉陸的第一人、心學運動的先驅。從大方向上說，陽明與湛、上至白沙是一條道兒上的。而陽明的「心外無善」給白沙之學點了睛。

現在方獻夫已去西樵山修自得之學去了，黃宗賢也到雁蕩山、天台山之間修自得之學去了，湛甘泉則在蕭山和湖湘之間蓋起了別墅，離王的陽明洞才幾十里，書屋也將落成，陽明「聞之喜極」。他曾與黃、湛有約，他們要繼續在一起聚講身心之學、自得之學，還將像在京城一樣——幾個人一起切磋，共進聖學之道。黃則聲稱是爲他二人打前站的，王信以爲眞。他覺得人活著樂趣莫大於此，跟孔子最欣賞的曾點的活法差不太多了（陽明隱逸情懷的重心是這種活法）。他別湛甘泉的詩充滿了生離死別的憂傷，緊迫感躍然紙上：「世艱變倏忽，人命非可常。斯文天未墜，別短會日長。」因此咱們應該趕緊幽居林泉講學論道、共輔斯文不墜。

第八回 正意功夫《傳習錄》

1.《傳習錄》的第一篇導讀

他終於時來運轉，正德七年（猴年）年底，他轉升南京太僕寺少卿，用他自己的話說也算「資位稍崇」了，因爲他入了國家九卿系列，在明朝是十八卿之列，若是正卿就是響噹噹的十八卿之一了。沒有楊一淸的鼎力提攜，他不可能轉得這麼快。他父親做個鋪墊、在監獄裏建立了交誼，他轉到北京吏部是楊一淸的部下，楊一淸對他加深了了解。

徐愛由祁州知州調升爲南京工部員外郎，跟他同船南下，他倆都要在上任前回山陰，徐則是看望他的老丈人。王華退休之後，便把希望都寄託在了「孩子」們身上。他過去是陽明面前的一座山，他的成功給陽明壓力，他本人也給陽明壓力，劉瑾那四十大板把父子倆打成了一個戰壕的戰友。

陽明身體不好，徐愛則更差，倆人乘船走水路，這條姚江夜航船走上了大運河。路途漫長，又隔開了與俗世俗務的聯繫，空前從容寧靜地深入再深入地講論了個把月，徐愛集中記錄整理，於是天壤之間有了《傳習錄》上卷。《傳習錄》買盡千秋兒女心，徐愛厥功至偉。後人眼中的王陽明，作爲百世之師的王陽明，主要是《傳習錄》中的王陽明。譬如蔣介石說：我早年留學日本的時候，不論在火車上、電車上或輪渡上，凡是旅行的時候，總看到許多日本人都在閱讀王陽明的《傳習錄》，許多人讀了之後，就閉目靜坐，似乎在聚精會神、思索精義。

「溫恭」的徐愛是陽明的助教，回答同學的疑問、接引剛入門的新生，同學們說他性機敏、悟性高，能很好地講述先生的意旨。同門弟子相互切磋的時候比請教先生的時候多，同門是一個圈子，有著共同的情感場。心學重血脈骨髓上的功大體認，不重解釋字詞文句，徐愛隨侍陽明十餘年才留下這麼幾則語錄，完全是爲了讓後學有個進門的抓手。他說「私以示夫同志」，表示是他私下裏做的，因爲陽明怕脫離了語境的話被誤解。徐愛在《傳習錄序》的開頭說：

「門人有私錄陽明先生之言者。先生聞之，謂之曰：「聖人教人如醫用藥，皆因病立方，酌其虛實溫涼陰陽內外而時時加減之，要在去病，初無定說。若拘執一方，鮮不殺人矣。今某與諸君不過各就偏蔽箴切砥礪，但能改化，即吾言已為贅疣。若遂守為成訓，他日誤己誤人，某之罪過可復追贖乎？」

學生一旦改化，老師的話就成了「贅疣」，沒有統編教材（初無定說），沒有普適的萬能散，是一對一的現場調教，當機指點、因病立方，如果拘執一方，跡近殺人。這是修身之學的本質特徵，也是教主不事著述的原因。不注重知識的增長，而注重心身在明善、反身而誠上的意識水準的提高。學生的進步在「改化」，心學是改化自我的、將學習落實到身心的內聖之學。心學教育重提升心靈，像教唱歌、武術似的，必須現場調教，任何格式化的「成訓」都會滑向標準答案教育、變成格式化的教條主義。只有用心學方法才能學到心學。

徐愛記錄的這一部分主要是王陽明對《大學》的講解。陽明講《大學》是爲了糾正朱熹格物優先論，以破科場理學積弊。陽明選擇的《大學》是漢鄭玄整理的，徐愛沒用修辭說是「舊本」，陽明用了修辭說是「古本」。說古本就有權威性，似能建立信任感。徐愛《傳習錄》引言全文如下：

先生於《大學》格物諸說，悉以舊本為正，蓋先儒（指朱熹）所謂誤本者也。愛始聞而駭，既而疑，已而殫精竭思。參互錯綜（比對朱注）以質（求教）於先生，然後知先生之說，若水之寒，若火之熱，斷斷乎「百世以俟聖人而不惑」（語出《中庸》）者也。先生明睿天授，然和樂坦易，不事邊幅。人見其少時豪邁不羈，又嘗氾濫於詞章（一度熱衷文學創作），出入二氏（道教、佛教）之學。驟聞是說，皆目以為立異好奇，漫不省究。不知先生居夷三載（正德三年至正德五年），處困養靜（龍場悟道），精一之功（明心見性），固已超入聖域，粹然大中至正（中庸境界）之歸矣。

愛朝夕炙門下，但見先生之道，即之若易而仰之愈高，見之若粗而探之愈精，就之若近而造之愈益無窮。十餘年來，竟未能窺其藩籬。世之君子，或與先生僅交一面，或猶未聞其謦欬，或先懷忽易忿激之心，而遽欲於立談之間，傳聞之說，臆斷懸度。如之何其可得也！從遊之士，聞先生之教，往往得一而遺二。見其牝牡驪黃（只關注馬的性別和毛色），而棄其所謂千里（馬）者。故愛備錄平日之所聞，私以示夫同志，相與考正之。庶無負先生之教云。

這則引言是《傳習錄》的第一篇導讀，是第一手的權威資料，徐愛現身說法，用自己的始駭、中疑、終信先生爲聖學嫡傳，先生的學說已臻達「大中至正」的化境。大，才周遍不失；中，是天理本身；大中了當然是至善正心的境界了。化，是境界也是方法：不但能夠物來順應，而且能夠「大而化之」——順著對象讓它擴充善性而變化。而這一切都須從「正意」開始，才能達到最正確（至正）的效果。

作爲現身說法的一部分，徐愛報告了王學遭受誤解、妄評、不求甚解的狀況和原因：因爲陽明太平易近人、沒有道學家的大架子，「人們」便不覺得他的學說會多麼了不起，此其一；其二，陽明少好武俠，又是個入了文人圈子的文學家，又修道教養生又修習佛法，不是個標準道學先生，所以，人們以爲他對《大學》的解釋及其心學不過是標新立異的瞎折騰，沒有當回事的必要；第三，對陽明基本不了解的人卻臆斷瞎猜；第四，即使想跟從先生學習的人也往往「得一而遺二」，得了表面的皮毛印象而丟棄了學說的精華、實質。徐愛爲了光大正學糾正誤解才刊載這眞聲正音的。

徐愛對陽明道行的感受就像顏回對孔子的體悟：仰之彌高，鑽之彌堅，越深入學習越覺得意趣無窮。徐愛覺得自己還沒有看到陽明學的門檻，他希望他記錄下來的「平日之所聞」能夠讓「同學們」進入陽明學門裏來。有人說薛侃、有人說徐愛首以《傳習錄》爲書名。朱子這樣解釋「傳習」二字：「傳，謂受之於師。習，謂熟之於己。」（《論語集注》卷 1）

《明儒學案》卷 11 徐愛本傳載：「先生雖死，陽明每在講席，未嘗不念之。酬答之頃，機緣未契，則曰：『是意也，吾嘗與曰仁言之，年來未易及也。』一日講畢，環柱而走，歎曰：『安得起曰仁於泉下，而聞斯言乎！』乃率諸弟子之（往）其（徐愛）墓所，酹酒而告之。」陽明講學是藝術化的、反射性的，有些意思，也許一閃之後好幾年再出現，是否再出現也取決於學生找得深不深、狀態契合不契合；陽明講學是性情化的，會突然出現令自己也興奮的意外的意思。他完全是跟著感覺走、悟到什麼就講什麼。

徐愛在自己記錄的那一部分結束時寫了一個小《跋》，這樣總結老師的思想和教誨的魔力：

愛因舊說汩沒，始聞先生之教，實是驚愕不定，無入頭處。其後聞之既久，漸知反身實踐，然後始知先生之學為孔門嫡傳，舍是皆旁蹊小徑、斷港絕河矣！如說格物是誠意的功夫，明善是誠身的功夫，窮理是盡性的功夫，道問學是尊德性的功夫，博文是約禮的功夫，惟精是惟一的功夫：諸如此類，始皆落落難合，其後思之既久，不覺手舞足蹈。

這些合起來就是個「正意」的功夫，一切的修爲是爲了能夠正知正見正思維。心學對今人的價値主要在功夫。《稽山承語》載陽明語錄：「合著本體方是工夫，做得工夫方是本體。」「做得工夫方見本體。」「做工夫的便是本體」。這是說，後天的訓練合上了先天的心性才是功夫。如果合不著先天的心性，鎮日窮忙叨，那就不是功夫，是戕害本體的瞎糟踐。同理，有先天之本，無後天的功夫培養，不能全其體。格物如果不落實到「誠意」上便是逐物。明善沒有落實到「誠身」上就是表演給別人看的善，「諸如此類」。徐愛講的這幾個功夫把老師的功法細化了，說白了就是所有的外在的努力都得化成內在的進步：這才叫知行合一、功夫上身了。

上了身的才是功夫，否則只是紙上談兵。功夫是「實踐」出來的，不是說出來的，做工夫是修行中的行話，其中的關鍵是體驗、體會、體悟等「反身實踐」。陽明常問學生「體驗如何？」常說「體來與聽講不同」。從工夫入手才能把陽明心學變成我們每個人自己的心學。在心學看來，如果不能返回自身，鎮日追逐聞見之知就是玩物喪志，就是捨本逐末，就是放心於外物而遺失了眞我。

2.心卽理

在《傳習錄（上）》中，徐愛接著問：您講只求之於本心就可以達到至善境界，恐怕不能窮盡天下之理。王說：心卽理也，天下哪里有心外之事，心外之理？

愛說：如事父之孝，事君之忠，交友之信，治民之仁，其間有許多理在，不可不察。

王說：這種錯誤說法流行已經很久了，一兩句話點不醒你。且按你說的往下說：如事父不成，去父上求個孝的理；事君不成，去君上求個忠的理，交友治民不成，去交友治民上求個信和仁的理——這怎麼能成？其實理就在這一個「心」上。心卽理也。此心無私欲的遮蔽，卽是天理，不須外頭添一分。以此純乎天理之心，運用在對待老人上便是孝，用在君上便是忠，用於朋友和百姓便是信和仁。只在此心去人欲、存天理便是。

愛說：您說的我有些明白、開竅了，但舊說纏於胸中，一時難以脫盡。譬如孝敬老人，其中許多細節還要講求麼？王說：怎麼不講究？只是有個頭腦，只要此心去人欲、存天理，便自然在冬涼夏熱之際要爲老人去求個冬溫夏涼的道理。這都是那誠孝的心發出來的條件。有此心才有這條件發出來。好比樹木，這誠孝的心便是根，許多條件便是枝葉，須先有根才有枝葉，不是先尋了枝葉再去種根。《禮記》說：「孝子之有深愛者，必有和氣。有和氣者，必有愉色；有愉色者，必有婉容。」總而言之，須是以深愛爲根，有深愛做根，便自然如此。

徐愛問得好：天下事理不是只求之於心就能夠用的！

這一點是陽明學被誤解的靶心。劉師培說陽明學立意至單、難以自圓其說。張君勱在《儒家哲學之基本範疇》一文中很誠摯地說：「陽明所謂理，指忠孝慈愛之道德言之，是可求之於一心，無疑義矣。更以爲規矩尺度，自可視之爲標準之唯一者矣。自字面言之，似乎陽明已駁倒了朱子矣。然吾人舉自然界之一二端，便可知陽明之說不能用於一切事物之理。試問天文地質之理，可求之一心否？」

就此刻的語境而言，心卽理主要指涉的是倫理。作爲心學整個體系而言，心卽理之「理」主要是天理，這個天理包括了物理，自然也包括「天文地質之理」。當然，它肯定不是天文學、地質學本身，心學原理也不能直接推導出質能比公式。問題的要點在於：心學否定物理嗎？不，恰恰相反，心學堅持實踐立場、堅持實踐檢驗，這也並不重要，重要的是，心學強調體悟，包括體悟物之理，包括把按照花草的「性」把花草栽培好，按照原子彈的「性」把原子彈造好。沒有這個思維能力、思維維度陽明學就不會在東亞有這麼大的影響力度。

徐愛很實在，問得很具體：既然去心上用功，還講究「溫凊定省」這些節目麼？陽明的回答很誠懇，因爲陽明強調的是「誠意」，陽明說的是口語，不用解譯，陽明的邏輯是只要孝心純粹了自然能夠做到讓老人冬溫夏涼——有個舊聯可資助解：「百善孝爲先，論心不論跡，論跡貧家無孝道；萬惡淫爲首，論跡不論心，論心世上少完人。」這個動機決定論也許不能全部對應效果問題，但是可以強化道德自律的自覺性。

徐愛的著眼點在「他律」：事父、事君、交友、治民，應該各按對象的理，應該一一去符合「他律」的要求。陽明說這種誤人不淺的歪理遮蔽了許多人、而且流傳久遠、弊病深重，不是能夠一語破除的。陽明的辦法是回到「自律」上來，「你」只能料理你自己的心，不能從君主那裏求君的理，如陳寅恪所說的君王是李煜你也可以期之以劉秀（《王觀堂挽詞序》，再如正德不像話王陽明照樣堅持忠君大倫），只要你的心是純乎天理之心了，那用到事父上就是孝，用到事君上就是忠，用於交友治民就是信與仁。陽明告訴徐愛和天下人：「只在此心去人欲存天理上用功便是。」人情事變都由心而發，萬法歸心，強化內心的自律精神才是根本。

倫理之理的根直接在心，無論是仁義還是禮智信，其根本均在一心。如果去父身上求孝的理，那死了父母的人就該毀了孝的心腸？孝是根本道德，忠義是孝的擴充、推衍。沒了父母的人不能沒有了這個愛力、不能違背了愛之理。陳寅恪講王國維自殺是忠於「忠的理型」，不關乎一家一姓之存亡，也是這個道理。王國維的心與那個理型之理是相通的，以此可以助解陽明說的「天理之心」：如果王國維有私欲則不必自沉矣。

物理之根的心也直接在心，陽明的心性論是互聯論，小而言之人體的經絡是互聯的，養身、養心、養德只是一事（不但互聯還得聯成一體），日月星辰、山河大地更是互聯的——心學要的是萬物一體之仁！心卽理的哲學理據是萬物一體之宇宙觀，儒釋道三家都爲此宇宙觀貢獻過很好的意見。陽明的貢獻在功夫論上，本體論上主要是堅持：心體是理的天淵。用功的方法，《傳習錄》下卷中說得多一些，主要是：1.念頭一起，就克己審察；2.事上磨煉；3.誠意與格物致知交相支撐；4.時時處處致良知。——道德必須成爲科學的前提，不然人類就得自我毀滅。

心學功法主要是內感覺的精細修煉，從而提高直覺的品質。這種感悟式的參究又是在「親證」義理，輔以學理支撐。陽明的點撥藝術可以抽象而得者，一是求根本，「既知至善，卽知格物矣」（邏輯上只能說：卽知「格心」）。二是求心安、求是當，戒「苟從」，不能狃於舊聞，不管是誰說的，朱子尊信程子也不苟從程子，我們就學習朱子之不苟從精神從而不苟從朱子。苟從則難以見眞、難以心安是當。要學曾子反求諸己，別學子夏篤信聖人。篤信聖人如果不苟從，沒有什麼不對，只是不如反求諸己更能從心裏長功夫。三是要「善看」「善思」，這個「善」是種能力，相當於佛禪之巧善方便之「巧善」。

陽明的心卽理的邏輯大致上是：心本體只是一個明明亮亮的智慧（有時用明鏡、有時候用天淵比方），它照亮事事物物，心體光明、無事不辨。事親、事君、辨差等等都是「物」，但都由心主宰，所以不在心外。「心卽理」更有心產生理（天淵）的意思。

20世紀從德國集中營生還的法國哲學家楊克勒維奇可能並

不知道地球上有過王陽明，卻堅持著比王陽明更徹底的道德主義，首先道德哲學是第一哲學、是哲學本身。其次善惡不是實體，而是有待主體去實施的事。第三，善的意向確定善，愛的不間斷義務才是道德行爲的源泉。就是陽明說的「須是有個深愛做根，便自然如此」。作爲原則，深愛爲根永遠有效。沒有愛就沒有仁，沒有大愛就沒有義。

3.意識形態純潔法

正意功夫要求思想純潔、意念純粹、直到化人欲爲天理，其本質是宗教修爲，因此必然絕對、排他，沒有權力混雜時是一種情感專一性的專制，有了權力運作的加入便是政治上的專制主義矣。陽明在「使天下純潔」的意義上說：秦始皇焚書也沒有什麼不對，正「暗合（孔聖人）刪述之意」（孔子因春秋以後，繁文益盛，天下益亂而刪述「六經」）。秦始皇的過錯在於是爲了維護其家天下的私意，又不該連《六經》也燒！——王陽明何其「可愛」！既讚美秦始皇燒了「反經叛理」之書是暗合孔子刪述之意，又說「不合焚《六經》」，太顢頇自是了，人家秦始皇就是把孔聖人刪述而成的《六經》當作反經叛理之書的！只要是當權者以己意定標準，任何書都可以是反經叛理的，任何學說都可以是歪理邪說。你王陽明屍骨未寒、陽明學不是就被官方宣佈爲僞學了？依王陽明的邏輯如果他執掌文化大權也會頒佈禁書令的。正是這個「大道理」導致了明清兩朝焚毀、刪禁了那麼多書院、書籍罷。陽明贊同始皇焚書，邏輯上也當贊同文化大革命「破四舊」了？

陽明說秦始皇焚書暗合刪述原理是種「使用—提及謬誤推理」：使用刪述原理，提及焚書合理。其實，刪述是刪述、焚書是焚書，陽明卻要將二者串通，除了表達出陽明的專制傾向，沒有任何「道理」。就是孔子「刪述家法」也是後儒「發明」出來的，這是典型的文化原教旨主義，是民粹派的思想武庫。

陽明是個用減法的極簡主義者，除了良知和兒子，什麼都寧少勿多（爲了要兒子而娶六個老婆也是「使用—提及」）。他堅定地認爲繁文亂天下，必須「去其文，以求其實」、返樸還淳。（他會怎樣面對現代、後現代之資訊爆炸、娛樂至死、廣告無孔不入呢？）他能和反對在日內瓦建劇院的盧梭說到一起，兩個人都認爲只有美德共和國才是最宜人類居住的。他的「刪述有理」論與柏拉圖城邦淨化論更是若合符節。柏拉圖有一套關於文藝審查的制度設計，包括把詩人趕出去。陽明要在柏拉圖的理想國也會被趕出去，因爲他是直到晚年還寫詩的。

維特根斯坦說「信念系統就是證據的本質」。陽明從信念出發一味論證刪述合理：孔子筆削《春秋》就是筆其舊、削其繁，孔子於《詩》《書》《禮》《樂》何嘗添過一句話？他的核心論點：「天下之大亂，由於虛文勝而實行衰！」所以只要是刪除虛文的都是有益的。世世代代都應該與時俱進地刪述下去。孔子把《連山》《歸藏》刪了，只剩下了《周易》，於是易道撥亂反正；孔子把魯史舊文刪了，就有了《春秋》；把「淫哇逸蕩之詞」刪了，就有了《詩經》。陽明認爲孔子「非以文教之也」，他是刪的，後儒是添的，孔子是明道的，後儒是求名利的。「天下之所以不治，只因文盛實衰。」這些都是陽明標舉的「文化規律」，頗有唯我是「達天德者」的霸道氣。章太炎說陽明會極權和獨裁，真是大師的見地。

後來，王陽明形成了「拔本塞源」論（《傳習錄》中《答顧東橋書》，青年毛澤東高度贊成此論）。他痛恨孔孟之後聖學晦而邪說橫行，他們竊取近似聖學的話頭裝扮成先王之學，以遂其私心己欲，日求富強之說、傾詐之謀、攻伐之計，用獵取聲利之術來欺天罔人，天下靡然而宗之，聖人之道被「霸術」深深遮蔽。後世儒者想用訓詁考證「追憶」恢復聖學，卻讓人入了百戲之場，看見的是各種讓人精神恍惚的雜耍。聖人之學日遠日晦，功利之習愈趨愈下。相軋以勢、相爭以利、相高以技能、相取以聲譽——於是出現這個意義上的「知識越多越反動」：

「知識之多，適以行其惡也；見聞之博，適以肆其辯也；辭章之富，適以飾其僞也。」（《傳習錄》中）

陽明爲了讓人人都成爲君子，讓國家成爲君子國，爲了正人心、美風俗，提議有《六經》就夠了，注解經的傳疏都是多餘的。

徐愛說：許多經沒有傳疏就難明瞭，《春秋》若無《左傳》就難知道原委。

陽明說：《春秋》若須《左傳》的解釋才能明白，那《春秋》經就成了歇後謎語了。孔子又何必刪削它？如書「弒君」，即弒君便是罪，何必再說那個過程。聖人述《六經》只為正人心，為了存天理、去人欲。對於那些縱人欲、滅天理的事，又怎宜詳細廣而告之，那會助長暴亂引導奸邪的。孔門家法不講齊桓、晉文之事，抹去那種歷史。後儒只傾心講得一個「霸術」，所以要研究許多陰謀詭計，純是一片功利心，與聖人作經的意思正相反。

陽明的意思很明確：三代以前的可略，三代以後的該削。只有三代之治可行，應該大書特書。但是「世儒」又沒有抓住根本，只在糾結些細枝末節，從而未能復興三代之治。

三代是夏、商、周。其「本」是什麼呢？就是美德共和國，或者叫道德理想主義。唐虞之治就是堯舜之道，後世不可復的原因，一是不肯復，一是其因時致治，「時」已自不同，要想復也不可能。寫史書時可以略而不談。三代以下是弱肉強食的霸術，不宜提倡、不可效法，寫史書時應該刪削。只有三代之治可以弘揚，然而流行即流俗之論述三代的，又抓不住根本、或者不肯抓根本、不宣揚三代之道德理想主義，只說些雞零狗碎的東西，還是個復不了。

他痛恨世儒不肯復興三代之治。不是一時即興的泛論，不是輕率的牢騷話，是對儒學真傳統衰落的悲呼！他沒有對三代之治失去信仰，他對世儒關於三代的論說深感絕望。他本人到最後一直保持著良知治世的政治理想、社會理想。在《答聶豹書》中說一旦良知周行便回到堯舜禹時代了。心學是內聖外王之學，三代之治是其外王的型範。外王不是做事情的時候稱王稱霸，而是在做事情的時候只施行王道不施行霸道。

陽明對徐愛講：「以事言謂之史，以道言謂之經。事卽道，道卽事。《春秋》亦經，《五經》亦史。《易》是包羲氏之史，《書》是堯、舜以下史，《禮》《樂》是三代史。他還說「五經只是史，用史來明善惡，示訓戒」。這就是王陽明的「五經皆史」論。按照自己一元化的主張，來了個經史一體，理由是「事卽道，道卽事」。記事是爲了弘道，道不抽象存在，而存在於事情中。陽明這種打並爲一的提法是哲學的（用「道」統經史），不是史學的，別看他提高了史學的地位，其實，還是爲了攝史入經，因爲「經」是直接體「道」的。這是陽明一貫主張的道統一元論、理事不二論：歷史書不是記錄史實的，只是用來明道的，事實和價值是同一的！這其實是把主觀事實和客觀事實混同爲一了，要用這種精神或原理來寫史書，很容易把歷史書弄成意識形態宣傳品，很難寫出信史。

中國人尊經是封閉社會的教條主義的做法。讀經是通過教育實現思想一統的重要舉措。讀書人安身立命須治經，科舉考試須通經，官方要統一天下人思想須頒佈經，於是有五經、六經、九經、十三經之沿革增益。陽明「五經皆史」論是個悍論，顯出了心學家的斬截，對章學誠的「六經皆史」論有貌同神異的影響。

意識形態是將思想轉化爲行動的精神形式，有時是體現部分人利益的巫術、咒語，有時是爲全人類著想的烏托邦、啓明燈。

「純潔」是個好詞，但不一定都有好作用。

4.主一提住心

陽明和徐愛走了一個多月，次年卽雞年（癸酉）二月回到山陰老家。自然見過祖母、父親還有他後娘。據馮夢龍說，他小時候後娘對他不好，他買通巫婆用巫術教訓好了她。因了《智囊》的流傳而有了陽明小時候就會「霸術」的說法。

他一回來就想去遊天台山、雁蕩山，去找黃綰，他曾讓黃在那裏替他「結廬」。陽明還揚言：一去不回了。家裏人當然都反對，肯定他夫人尤其反對。這個「心」能勝物的哲學家過不了親情關。當年在陽明洞想出家，因過不了這一關而只是「想了想」，現在上不了雁蕩山，就在家裏坐而論道。

學生陸澄問：「主一之功，如讀書則一心在讀書上，接客則一心在接客上，可以算主一之功麼？」

王說：「好色一心在好色上，好貨一心在好貨上，能算主一之功麼？那只是逐物，不是主一。主一是專主一個天理。」

主一是什麼功夫？好像禪宗參話頭、提住疑情（一個念頭）不放，好在一聲鳥叫、或一聲棒喝的助緣下開悟。但是天理怎麼主呢？天理不碰見具體事是沒有具體內容的（天理是不排斥物理的，排斥了物理的天理就自小爲倫理了），天理是未發之中的中和，所以，主一只是一個主中和，就是顏回的「守中庸」(回也,其心三月不違仁,其余则日月至焉而已矣），入中和之象，出中和之功。念念守住未發之中那股心氣，不如此不是功夫。「靜」「敬」「空」都是守住「中和」的方法。

守住中和，就守住了「複雜共同體」，就能物來順應、虛己應物、物各賦物，把任何事情幹好，而不會強持強行、意必固我、非此即彼，更不會蠻幹任性、冥行妄作，從而成爲一個具體問題具體分析的辯證法大師。

爲什麼要主一呢？爲了不被境奪、不被物牽、不被欲蔽。主一是「格心」的方法。格住了心，就不逐物了。一逐物，心就放出去了，心放出去了，就會散亂、昏沉或掉舉。心散了神就亂了，連廢話也說不好，因爲心不「在」了。心跟著零散出現的外物東飄西蕩，自我放逐，逐物而被物化，最後成爲所追逐對象的犧牲品。追逐什麼被什麼吃了。那，主一會不會被「一」吃了呢？也會被「一」吃了：入了「一」的象，化了自己的腦子。但是，這個一是中和，被中和吃了，就成了聖人了。

但要說被天理吃了，就有了禮教吃人的意思。戴震的名言不就是後儒以理殺人麼？因爲，天理一旦具體化爲倫理，便會成爲對某些人有利、對某些人有害的一套規範，天理本來是內在的，這套規範卻是外在的了，就有吃人、殺人的可能性了。所以陽明後期只提良知、致良知，致良知含有「被良知化了腦子」的意思，被良心吃了比良心讓狗吃了高尚多了。

學生問：「靜時感覺心存天理了，一遇事就又亂了。怎麼辦？」

陽明答：「這是只知靜養而不用克己工夫的原故。因此事到臨頭就顛倒糊塗。所以，人須在事上磨煉，才立得住。才能靜亦定，動亦定。」

靜時入了定，覺得沖漠無朕、萬象森然，覺得獨與天地精神相往來，一旦碰上事就丟盔卸甲、冥然一無修煉之人了，這是許多沒有經過考驗的紙上談兵的人的常態。日本人說陽明學有兩種，一爲枯禪的，一爲事業的。徒知養靜必然會走向枯禪。

陽明一針見血：病根在不用克己工夫！入靜也是縱容自己的性子，並沒有完成「根本轉變」。所以入靜不入靜不是關鍵，克己才是關鍵。強調入靜，是因爲人們習慣了滾滾紅塵的浮囂，放縱自己去追逐外物。劉宗周說，克己卽存理去欲之別名。養靜是爲了接通天、接通理。

強調知行合一實踐論的王學，高度重視「事上磨」，陽明生言及履及，僅《傳習錄》就三致意焉（第147、204、262條）。

學生問：「聖人應變不窮，莫亦是預先講求否？」

陽明答：「如何講求得許多？聖人之心如明鏡。只是一個明，則隨感而應，無物不照（這是禪宗明心見性的路子）。未有已往之形尚在，未照之形先具者。若後世所講，卻是如此，是以與聖人之學大背。周公制禮作樂以文天下，皆聖人所能爲，堯舜何不盡爲之而待於周公？孔子刪述《六經》以詔萬世，亦聖人所能爲，周公何不先爲之，而有待於孔子？是知聖人遇此時，方有此事。只怕鏡不明，不怕物來不能照。講求事變亦是照時事。然學者卻須先有個明的工夫（開悟）。學者惟患此心之未能明，不患事變之不能盡。」

由此看到了他主張誠意優先的「用處」了:天下事無窮無盡,誰能預先講求完?只能誠意自明誠,把心鏡擦亮(開了大圓鏡智),心如明鏡了就能「隨感而應,無物不照」了。所以「學者須先有個明的功夫」。這「明的功夫」就是明心的功夫。心明瞭,胡來胡現漢來漢現,並氣一力無事不辦。

堯舜吃堯舜的飯,幹堯舜的事;周公吃周公的飯,幹周公的事;堯舜不能預先替周公制禮作樂。同樣,周公制禮作樂以「文」化天下是明道、明明德於天下,孔子刪述《六經》去繁文也是明道、明明德於天下。孟子說孔子是「聖之時者」,這個「時」是這裏說的「聖人遇此時,方有此事」之感應時代必然要求的意思(不是魯迅說孔子很摩登的意思),換過來說,只有聖人能夠與時俱進、因時施治,不守株待免、不刻舟求劍、不夏天還穿棉襖。以「時」爲基本前提的學說就圓活,刻板的教條主義則會刻舟求劍。

陽明說,講求事變也是事變出來後的事,「未有未照之形先具者」。爲「照」做準備的工作也就是個把心鏡擦亮,「只怕鏡不明,不怕物來不能照」。怎樣才能擦亮呢?陽明本人是儒釋道兼修的,他教導學生有時候強調靜坐收放心,有時候強調事上磨煉。內心放鬆到徹底空靜的狀態,反而能夠萬象森然於胸了。陽明說這個方法本來是動靜一體的,如果跑偏了便有「病痛」(如喜靜厭動、坐枯禪)。因此還要自覺地訓練自己「善思」「善看」。鏡是一,無窮的物是不一,以一統萬的道行在打通「一與不一」,動靜一體、知行合一是打通的辦法。

喜靜厭動是讀書人成爲聰明的廢物的一大病因。王說：「以循理爲主，處事中亦可寧靜。但只以寧靜爲主未必就是在循理。」他後來說：「志立得時，良知千事萬事只是一事。」志立得了，就是「意志有能」了——西方的主體哲學旨在建立這個意志有能。

主一功夫與佛教之戒定慧三學相通，但不相同。心學不講五戒、十戒、菩薩戒，但是講究戒懼愼獨、有所不爲，沒有戒懼人就會無所不爲。主一於天理，就不會逐物縱欲，可名之曰「良心戒」。同樣，心學不明著提禪定，但是要求心定、要求存養「未發」前的「中」，要求靜坐收放心。陽明在官衙無事時就靜坐。靜爲本體，動爲作用。入靜，才能回歸本體。陽明的主一功夫意在開根本智慧：智的直覺。這些內容是陽明所說的天理的含義，與朱熹的天理內涵不盡相同。

陸澄問：「怎樣立志？」

王說：「只念念不忘天理，久則自然心中凝聚，好像道家所謂結聖胎。然後可以進入美大神聖之境。」

劉宗周說陽明的貢獻是昭示了天理可以提住心，以保證心不墜落。這是與陽明心心相印的話。所謂立志是確立意識的方向，無志之人的精神狀態是低級的，因爲他的意識沒有方向。立志是心體的發動，也是心體圓成的奠基。心性是受自我內驅力支配的追求體系。立志就是給這個體系定個方向。

問題的精微處在於：怎樣念念存天理？劉宗周的辦法是愼獨，陽明也說過謹獨、愼獨。陽明現在打的比方是道家所謂結聖胎。一念不息地提住心，就是「凝聚」。民國時的但衡今說：「陽明此意，猶是主一之義也。凝聚二字，則是功夫。與（禪）宗門之一心參話頭，淨土門一心念佛，道家之一心注守丹田，一也。」這是平實之論。陽明在養心功夫上就是直接運用了釋道兩家的成功經驗。劉宗周這樣感佩陽明：「萬善在吾心，賴先生恢復。」

萬善從心，主一就是拿住本心煉功夫，煉得動靜皆定、廓然大公、物來順應，就可以做好各種本職工作，並在這個過程中成就偉大的人格。

朱熹講到性即理，陽明引申到心即理，這裏一句「心之體，性也」就接通了天理，天理其實是規律的意思，「存天理，滅人欲」是克服主觀唯心主義、堅持按客觀規律辦事的意思。譬如陽明剿匪平叛，從出發點上爲天下蒼生，如果爲自己就不幹了，就回陽明洞修煉去了，一旦打仗就得怎麼打贏怎麼來，不能我想咋樣就咋樣。陽明能打贏用他的話說是「不動心」，不動心就是沒有人欲干擾了，沒有意必固我了，從而按著戰爭的「性」來謀劃安排，符合了規律、獲得了自由。

5.立志如種樹

學生問：「孔門言志，由（子路）求（冉有）任政事，公西赤任禮樂，多少實用！及曾皙說來，卻似耍的事。聖人卻許他，是意何如?」

陽明答:「三子是有意必,有意必便偏著一邊,能此未必能彼。

曾點這意思卻無意必,便是『素其位而行,不願乎其外。素夷狄行乎夷狄,素患難行乎患難。無入而不自得』矣。三子所謂『汝器也』。

曾點便有『不器』意。然三子之才,各卓然成章,非若世之空言無實者,故夫子亦皆許之。」

子路的理想是用三年的時間,武化一個不大的城邦,讓百姓得到軍事訓練、知道禮義,從而抗衡周邊大的諸侯。冉有的理想是用三年的時間,讓一個方圓五七十里的小邦富足起來,進行禮樂教化。公西赤的理想是當個司儀,主持祭祀、外交活動。這些實用的作爲不是比曾點那「耍的事」有意義得多麼,聖人偏偏贊同曾點,是什麼道理?

陽明解釋說,那三個的選擇太具體、有限了,偏了一邊,幹了這個就幹不了那個了,只是「器」,而曾點的志向符合「君子不器」的聖訓。強調君子不器的孔夫子是以主義干預現實的,不想成爲某個軍事政治寡頭的工具。曾點「似耍」有著自由自在的意蘊神采。陽明引用《中庸》「無入而不自得」來強化自己的觀點,凸顯了陽明內心深處嚮往自得的心意。

有必要單獨解釋一下「意、必」。《論語》:「子絕四:毋意、毋必、毋固、毋我。」朱熹解釋意、必、固、我是「私意、期必、執滯、私己」,四者的關係是「起於意,遂於必,留於固,成於我」。意必常在事前,固我常在事後,「我」又生「意」,迴圈無窮。朱熹的解釋很精彩。私意具體化便是許多人的「我以爲」——人都活在「我以爲」中，檢驗對錯、有效與否的標準又不是一個「我以爲」，於是誤解舛錯叢生。意必固我合成「意諦牢結」級別的自私，自私是所有道德的天敵。去人欲主要是去自私。所有的修行都要狠鬥私字一閃念。

想有出息的人千萬警惕自己的意必。有意必就有固我。張載說，這四樣有一個，就與天地不相似了。西方人講人是上帝的肖像，中國人講人與天地一體，如果你固執僵化、自我中心，就不能與天地相似了。

學生問：「知識不長進，如何？」

陽明答：「爲學須有本原，須從本原上用力，漸漸盈科而進。仙家說嬰兒亦善。譬嬰兒在母腹時只是純氣，有何知識？出胎後，方始能啼，既而後能笑。又既而後能認識其父母兄弟，又既而後能立，能行，能持，能負。卒乃天下之事無不可能。皆是精氣日足，則筋力日強，聰明日開，不是出胎日便講求推尋得來，故須有個本原。聖人到『位天地、育萬物』，也只從『喜怒哀樂未發之中』上養來。後儒不明格物之說，見聖人無不知，無不能，便欲於初下手時講求得盡，豈有此理！」

陽明接著說：「立志用功，如種樹然。方其根芽猶未有榦。及其有榦尚未有枝，枝而後葉，葉而後花實。初種根時，只管栽培灌溉，勿作枝想，勿作葉想，勿作花想，勿作實想。懸想何益？但不忘栽培之功，怕沒有枝葉花實！」

讀者諸君應該永遠記住這兩個比喻：未發之中如嬰兒在胎，

立志如種樹。

嬰兒在胎中只是純氣，有何知識？長大以後自然一步步該幹啥幹啥，乃至於無不可能。如果讓嬰兒窮盡天下之理是荒謬的，那麼讓初學的人一下子窮盡天下之理也是荒謬的。怎麼辦？從喜怒哀樂未發之中上「養」善根、「養」根本智慧是唯一正確而且最有效的辦法。要想知識長進就得找到根源。注意：陽明說的「爲學」是學爲聖人，「本原」是在未發之中上養誠意的功夫。「科」是坎，盈科而進是過了一個臺階再過一個臺階，都是指內聖之學的進步。如果要增長八股知識、擴充聞見之知則不需如此。在陽明學譜系裏，這後一種不是知識，而是所知障，是遮蔽靈根的浮游物。

立志不要有功利目的，如果有功利目的就是和自己做買賣。一個和自己都做買賣的人，肯定是個俗透了的人。用心學的話說叫欺心。一個一種下樹苗就想結果子賣錢的人，就像拿著一個雞蛋想孵出一群小雞、再用小雞換成牛、牛換成地、地多了娶個小老婆的那個民間笑話裏的秀才。佛教爲什麼反對執著，就是因爲執著於假相就找不到眞相了。陽明四個「勿想」是讓學生放鬆，解放出精神的自由滋味來，「懸想何益」？老老實實地做栽培之功，枝葉花果都是自然結果，如同立志之後的精神進步。立志如種樹就是立志如審美的意思，這叫做無目的的合目的性。

聖人是怎麼煉成的？是從喜怒哀樂未發之中上煉成的，這是原點、是起點、是根本，這也是萬分強調人的修養的王陽明主張「《大學》必須從誠意開始」的道理。陽明說後儒（指朱熹）見聖人無所不知、無所不能，便要求初下手時就講求得盡、把格物當成起點，是倒做了。

立志是孟子、陸九淵一再強調的「先立乎其大者」。爲學是爲了見性，立志是爲了反身而誠、自明誠，這樣開啓的是根本慧命，不是雞零狗碎的聞見之知，這樣才能有實質性的進步，因爲這樣才能找到自我的本質。同時，必須無所執：無所執，故無所成名；無所成名，故大。

艾揚格《瑜伽之樹·回歸種子》：「人的靈性發展也可以比喻爲樹的成長，從種子到完全成熟。你無法在種子裏看見樹成長的品質，但它就藏在裏面。人的種子是靈魂，我們存在的本質藏在裏面。個人的靈魂就是引發個人成長的因，就如種子引發樹的成長。

「種子撒到土裏，一兩天就會蹦出芽來，這個芽就是良心。心是器官，良是德行，或存在的本質；所以德行的器官稱爲良心。這個從靈魂蹦出來的芽給了我們第一個知覺——德性的知覺，一扇門。

「種子打開以後，長出莖來，就是心，或稱爲意識。從種子出來的那一根莖分出不同的枝—— 一枝是眞我，一枝是自我。眞我是個體存在的覺知，它還不是自我，而是眞我的覺知，是『我存在』的覺知。自我從眞我而來，進入行動；只要不行動就是眞我狀態，眞我一旦用行動表達自身，就成了自我。」

這算現代心學原理的一個提綱，可與陽明心學相襯映。

陽明說，大抵吾人爲學緊要大頭腦處，只是立志，所謂困忘之病，亦只是志欠眞切。你看那好色之人未嘗有困忘之病，只是一眞切耳。自家痛癢，自家須會搔摩得。既自知得痛癢，自家須不得不搔摩得。

他當年在龍場給諸生立「教條」時，首要的就是立志：「志不立，天下無可成之事。立志而聖，則聖矣；立志而賢，則賢矣。志不立，如無舵之舟、無銜之馬，漂泊奔逸，何處是個頭？」

學生問志至氣次。

先生答：「志之所至，氣亦至焉之謂。非極至（首先）、次貳（其次）之謂。『持其志』則養氣在其中，『無暴其氣』則亦持其志矣。孟子救告子之偏，故如此夾持說。」

至是到達，次是停留。陽明凡事都主張一體化，做工夫更是要求一體化，他的解釋是：意念到了哪里氣就到了哪里（如同氣功行氣一般）。志說白了就是意念的方向，持其志是堅持這個意念、意向，這時氣自然在其中了。暴是過度使用的意思，控制氣的過程其實就是個持其志的過程。持志也是養氣。這是講解孟子的理論，針對的還是朱子，朱子把「至」解成極，把「次」解成第二的意思。朱子不做工夫，說了外行話。「夾持」是兩邊扶住不偏倚，是禪宗術語。

陽明說「種樹者必培其根，種德者必養其心。欲樹之長，必於始生時刪其繁枝；欲德之盛，必於始學時去夫外好。如外好詩文，則精神日漸漏泄在詩文上去，凡百外好皆然。」又說：「我此論學，是無中生有的工夫。諸公須要信得及，只是立志。學者一念爲善之志如樹之種，但勿助勿忘，只管培植將去，自然日夜滋長，生氣日完，枝葉日茂。樹初生時便抽繁枝，亦須刊落，然後根幹能大。初學時亦然，故立志貴專一。」

刪其繁枝就是克己省察，就是去夫外好。因爲嗜好什麼就被其控制了去（福柯說這叫「生物權力」）。製造欲望的各行各業都是通過滿足你的欲望控制你，而不是簡單的壓制或直接的鎮壓。國家主要以「名器」（頭銜、職位、榮譽）誘導控制人。中國沒有俄國式的智識階級（魯迅語）蓋在於讀書人外好心重，日日逐物，被名韁利鎖牢牢掌控。「凡百外好皆然」，只要是務外就會遺（失）內。這個內的核心是德。被德控制而遺失道是另外的問題，譬如一些正派的道學家就是不能悟道，因其失去了活潑潑的自然生機。

陽明強調養心、種德、立志是自己救自己的唯一法子。他很少徑直說我論學是什麼功夫，這裏徑直說「是無中生有的功夫」，「無」是免去各種外好，「有」是立志，立一念爲善之志。一念爲善之志是孟子說的「集義」，是操存舍亡之存養，就是時時刻刻都保持這一念（勿忘），還不能揠苗助長（勿助）。「立志貴專一」與他一直強調的「精一」相通。《老子》主張「抱一」，佛教主張「以一頂萬」，與陽明說的專一的內涵不同，功夫相通。

陽明說的志之所向，就是心意之所向，從內容上就是要人們擇善棄惡，立志是個由知善走向行善的過程；從意術上說是個意向的取樣、變樣問題。

6.心體虛靈不昧

陸澄問：「看書不能明如何？」

陽明答：「此只是在文義上穿求，故不明。如此，又不如爲舊時學問。他到看得多，解得去，只是他爲學雖極解得明曉，亦終身無得。

須於心體上用功，凡明不得，行不去，須反在自心上體當。卽可通。

蓋四書五經，不過說這心體，這心體卽所謂道，心體明卽是道明，更無二。此是爲學頭腦處。」

「心體」，是個意義生成結構，是給意義世界奠基的原初的基礎，是能見能知的那個「能」。在「能」上用功，猶如擦亮鏡子。如果只是在語言文字上穿求，則是在「所見」上耗費心力。這就顚倒了本末，到老也難「明」了。

心體上用功就是在「喜怒哀樂未發之中」上養浩然之氣，養良知、良能，往淺處說是用心去體會、體認、體證義理——「正念頭」。心靈之學不同於「舊時學問」（指傳統的漢學、考據學），那種學問看得多、解得去就算能「明」了。當然，與心體無關的知識、考證學問是外在的，不養心不上身。淸代的樸學大師當官的多是貪官，可替陽明做一補證。

心學的一個根本要求是反求諸心，就是這裏提出的「反在自心上體當」。在自心上體察通不通，「當」有二義，一是對不對，二是承擔（承當、擔當），覺得不對就繼續體察，覺得對了就誠意承當。

儘管陽明有時反對區分道心、人心，但有時也分開單用，此時說心體就是道心，就是未雜人欲之私的本心，這個心之本體「明」了，「道」就「明」了，就與天地相似了——「聖人到位天地，育萬物，也只從喜怒哀樂未發之中上養來」。這是心學的通道，當然是為學頭腦處。

心體和心顯然是不同的範疇，「心體」是「能視聽言動的」，視聽言動之「事」不外於「心」。心體是靈明的生發結構，心體是比心更加內在化的，陽明認為「這心之本體原只是個天理」，因此他所反對的是在心體之外求理。陽明常說的心外無理主要是指心體外無理。

誰在心體上用功呢？心在心體是用功。心怎麼在心體上用功呢？主要是「意」回到心體去正心，使得心體更加精一從而保證所發之意更加合乎天理之極。

陽明的好朋友湛甘泉也主張「人心與天地萬物同體，心體物不遺，認得心體廣大，則物不能外矣」（《與陽明鴻臚》，《甘泉文集》卷之七）。這也是在強調心能夠「體物不遺」（這個「體」是體現、反映的意思）。但他倆依然有分歧，一生都在爭論。在陽明看來，甘泉雖然認為物不能外於心，但還是在心體外求理，這仍然是向外求。陽明比甘泉多了一個心與心體的區分，比甘泉更精微更深入。他進一步要求：「若解向裏尋求，見得自己心」（《傳習錄》66 條），向裏尋求，就是找能見的根據，見得自己的心不是泛泛的心，而是心之本體，他後來把心本體叫做良知，現在還是籠統地說「知是心之本體」，換成大白話，心體卽：在心內更加裏的地方。

陽明對學生說：「『虛靈不昧，衆理具而萬事出』。心外無理。心外無事。」

靈都是虛的，一旦實了就昧了，昧的基本意是昏蔽。所有的修行就是個讓靈不昧。一昧了就無明瞭。虛靈不昧、靈知、不昧等辭彙遍佈佛學典籍（不同於三昧之昧）。它，當然是漢語翻譯的，「灌注」了漢語的語義，但被佛典強勢使用，自然充滿佛學意味。儒家不得不借句於佛學以講通「明德」等虛靈、虛知的義理，但又要負起社會責任，便來個批評性拿來。朱熹在《朱子語類》卷十四中說：「明德者，人之所以得乎天，而虛靈不昧，以具衆理而應萬事者也。禪家則但以虛靈不昧者爲性，而無以具衆理以下之事。」

陽明這裏先引朱子注解《大學》「明明德」的話，然後又將其納入「心外無理，心外無事」，因爲朱子都承認了虛靈不昧是可以具衆理出萬事的，人能虛靈不昧的就是心。其內在的理路如下：理是先驗的，事是經驗的，心是意向的。沒有「我」的意向的發動、加入，先驗的理對於「我」不存在；沒有「我」的意向發動、加入，經驗的事對於我也不存在。

虛靈不昧的要義在於隨念隨機的返觀自身，沒有這個返觀，人與別的動物就沒有實質性的區別。這個返觀也叫「逆覺」，是人的主體性的建基，衆理都是從此出來的，良知就是這個知覺性。《壇經·悟法傳衣》：「汝若返照，密在汝邊。」

學生問：「晦庵先生曰，『人之所以爲學者，心與理而已』。此語如何？」

陽明答：「心卽性，性卽理。下一『與』字，恐未免爲二。此在學者善觀之。」

朱子的意思是每個眞心向學的人都應該盡心窮理。當然有內盡己心、外窮物理兩個方面的意思。陽明覺得這就把一個東西掰成兩半了，心一破碎便百病叢生，心不但不能盡理也無從窮之了。一個「與」字就把「一」掰成了「二」，「二」就進入了經驗界，就花花草草地沒完沒了了，不是「根」，不究竟了。

心從性來，性從理來，所以心卽性卽理。這是《孟子·盡心》已經揭示過的理路。性在作用，理也在作用。性和理是無形無相的、能夠通過作用表現出任何形相。在人主要表現爲心的作用。陽明的貢獻是變「與」爲「卽」，性和理是心之體，心是其用。陽明強調「心」在道德踐履中的當下呈現。他認爲這樣一來，朱子「心理爲二」的問題就被克服了。

「性」在陽明這裏雖是天之稟賦，卻不能理解成爲靜態的本質，它是由「能」生的天理在人心中呈現的某種生成性結構，陽明也是在這個意義上說「心卽性，性卽理」。陽明將「心體」和「性」都理解爲生成性結構，強調其能動性，故指點人時常常以「根」設喻，而所謂「良知卽是天植靈根，自生生不息」（《傳習錄》244 條)，也只有從生成性結構的角度出發才得的解。

學生問:「人皆有是心，心卽理，何以有爲善有爲不善?」陽明答:「惡人之心失其本體。」

這個同學的問題是:老師常說仁善是天理、是沒有人欲之雜的心本體，既然是理、天理，就應該人人具有，那爲什麼還有不善呢?魯直地說:世上不善之人如滾滾紅塵，何以證明善就是心本體?陽明不會動搖「心卽理」這個根本信念，如果這個信念動搖了心學大廈就坍塌了，他四兩撥千斤地說「惡人之心失其本體」，本體如日月千古不廢，惡人自己背棄了光明自己驅使自己進入黑暗的深淵，何傷日月?心之本體，不是指個人的心靈，而是指整個人類人性上的共性，無以名之，名曰理，就是形而上的意思，就是超乎具體時空而普遍存在的意思:東海西海其理攸同，人同此心心通此理，爲了顯示它無所不在名之曰天理。陽明常說念念存天理其實是念念守住心本體的意思。

學生問:「身之主爲心，心之靈明是知，知之發動是意，意之所著爲物，是如此否?」

陽明說:「亦是。」

所謂「亦是」是「就算是」、「也算對」的意思。那，完全對的該是什麼呢?有一則舊評點這樣推測:「蓋先生之意，謂心之發爲意，意之本體爲知，意之所著爲物也。」這樣調過來，突出了「意」的核心地位。學生的說法突出了「知」。大方向一致。你意識到了，你已經開始行了，行包括意念發動。但是你必須做出來，你的知才是眞實的知，才是變成了實在的知。就像每個人都有一腦門子想像，只有藝術家能夠把心中想變成人人可以得而觀之的藝術品。做不出來的念頭不是「知之成」。把知行分做兩件事，從純理論的層面說是不可能的。但是在歷史、現實中能夠知行合一的人卻是鳳毛麟角，這個層面的知行合一是價值形態的，是你敢不敢在所有問題上一任良知而行！奧妙在於知和行都是意志能量，知行分做兩件事首先是意志無能。

陽明心學雖然不是心理學，但是具有心理學的技術含量，尤其可以與布倫塔諾的意向心理學（也叫意動心理學）參觀。意向心理學以意向性或意動爲對象，重視心理的「過程」而不是「內容」。譬如，說「中」是過程，說「天理」便是內容，再用無偏倚解釋天理，就又回到了過程。心理的問題，不在於是什麼，而在於它做了什麼（執行了什麼功能）。所謂意向性，就是人的心理能夠主動地積極地將外部事物納入自身，並賦予外部事物意義。這就是「意之所著爲物」的道理和含義。最容易引出歧義的「心外無物」是在強調物是意之所著。心學不是認知心理學，而是意義建構學。

胡塞爾《純粹邏輯學導引》：「一個東西是不是眞的」和「這個東西是不是被人們認爲是眞的」，這是完全不同的兩回事。邏輯學家應該探討前者，卽眞理自身的問題；後者則是心理學家所致力的工作，卽人們如何認識眞理。王陽明則把這兩回事「一勺燴」了。

7.省察是有事時存養

就像人的生命是一呼一吸一樣，人的生活無非是有事無事。存養是存心養性的省稱，省察是反省克己檢察的略語。存養是靜中修煉，省察是動中修煉。陽明強調的是無論動靜都要修煉，尤其注意存養保證省察。因爲有事的時候是考驗，這時省察不得力就會壞事，而這時只能針對性地省察了，不能做內功了。儘管字面上陽明沒有區別輕重緩急，事實上，有事時重、急。陽明一貫強調事上練就是因爲在人情事變中的省察是吃緊的。

這是一個良性的迴圈互動。在事上的省察自然也是存養的積累。

陽明晚年反省處理寧王事變時「有揮霍意」。這是陽明後來存養上有了提高後的省察。

曾國藩的經驗是：「凡將舉事，必先平意清神。清神意平，物乃可正。」「胸襟必能自養其淡定之天，而後發於外者有一段和平虛明之味。」「一日強恕（克己），日日強恕；一事強恕，事事強恕，久之漸近自然。以之修身，則順而安；以之涉世，則諧而祥。」都是陽明學上好注腳。

同門弟子議論，某人在涵養上用功，某人在識見上用功。陽明說：「專涵養者日見其不足。專識見者日見其有餘。日不足者日有餘矣，日有餘者日不足矣。」

涵養上用功爲什麼會日見不足呢？因爲對自己要求越來越高，所以最後是每天都會有實質性進步。識見上用功是擴大見聞之知，每天都能多知道一些資訊，耽誤了內心道德的修爲，在集義上會日見不足。陽明一以貫之地反對務外好，暗含著「知識越多越反動」邏輯。其實，孔子是主張多聞乃至於多識草木鳥獸之名的。沒有居里夫人說的神聖的好奇心，就沒有科學藝術的發展。

陸澄問象山在人情事變上做工夫之說。

陽明說：「除了人情事變則無事矣。喜怒哀樂非人情乎？自視聽言動，以至富貴貧賤患難死生，皆事變也。事變亦只在人情裏。其要只在致中和。致中和只在謹獨。」

人情事變上做工夫是有事省察，慎獨是無事時存養。有事時不得力根源於無事時存養不夠。強調事變亦只在人情中的心學，對誰都有用。帝王事業要從心頭做，帶孩子也要從心頭做，面對死亡更是別人幫不上只是自己心頭上的事情，每分鐘的喜怒哀樂、視聽言動都是心動念起的表現。所以「其要只在致中和」。中和是小到心念微啓，大到社會和諧、世界永久和平都一致的根本理則。社會由人組成，人由心控制，讓心致中和的關鍵「只在謹獨」。謹獨與慎獨同義。慎獨，籠統地說是自己煉心。在靜坐中克己省察、一個人自己面對自己，不對自己撒謊，心裏沒有一個觀衆、沒有一個領導、沒有一個客戶，因爲有一個對象就會媚俗、自欺欺人、就會欺心（欺，從欠，失去中和平整）。古人訓靜有二義，一爲審，一爲整。頗得慎獨之精義。心不整就會百亂叢生。劉宗周終身以慎獨爲根本宗旨根本功夫，巍然晚明大儒，他自己檢討：本以爲自己可以泰山崩於前而心不驚了，可是當聽到錦衣衛來抓他的馬蹄聲還是心跳加快了。劉宗周絕食月餘，一意追隨先朝以成全自己的大義。不如此，心裏虧欠得難受。

劉宗周說：「千聖相傳，只慎獨二字爲要訣。先生言致良知，正指此。但此『獨』字換成『良』字，覺於學者好易下手耳。」（《陽明傳信錄》三）鄒守益問陽明：「子思受學曾子者，《大學》先格致，《中庸》首揭慎獨。何也？」陽明答：「獨卽所謂良知也。慎獨者，所以致其良知也。戒慎恐懼，所以慎其獨也。《大學》《中庸》之旨一也。」（《南畇集》）

曾國藩成就戡亂事功也因其有心性功夫：「人該省事，不該怕事。人該脫俗，不該矯俗。人該順時，不該趨時。」「定、靜、安、慮、得，此五字時時有，事事有。離了此五字，便是孟浪做。」「才下手，便想到究竟處。」

陸澄問「操存舍亡」章。

陽明說：「『出入無時，莫知其鄉』，此雖就常人心說，學者亦須是知得心之本體亦元是如此，則操存功夫始沒病痛。不可便謂出爲亡入爲存，若論本體，元是無出無入的。若論出入，則其思慮運用是出，然主宰常昭昭在此，何出之有？既無所出，何入之有？程子所謂『腔子』，亦只是天理而已。雖終日應酬而不出天理，卽是在腔子裏；若出天理，斯謂之放，斯謂之亡。」又曰：「出入亦只是動靜。動靜無端，豈有鄉邪？」

孟子在講夜氣的同時講到操存舍亡:「苟得其養,無物不長;苟失其養,無物不消。孔子曰:『操則存,舍則亡;出入無時,莫知其鄉。』惟心之謂與?」夜氣是滋養之氣,良心善念與身體、樹木一樣如果養得多用得少就能存能長,用得多養得少就會消亡。心之靈明如果抓住它,就存在,放棄它,就亡失。它出出進進沒有一定時候,也不知道它何去何從。鄉,同「向」。

陽明將孔子說的心引到心體,是心學對孔學的推進,孔子是就常人的心說的,陽明推到「心之本體本來就是如此」,陽明還明確地把操存命名爲功夫,而且做操存工夫要明白心體出入無時、莫知其向的本色。不能認爲出是亡失,入是操存。因爲心之本體是沒有出入的,本體是靜的定的,如果把思慮運用理解成出,思慮運用的時候分明是心這個主宰昭昭照耀、心在指揮著思慮運用,何出之有?既然沒有出又哪來入呢?

陽明用「天理」解腔子意思沒錯,就是有點頭巾氣。終日應酬不僅指社交,是泛指一切人事、與環境的周旋。動靜沒有開始也沒有指向。程伊川說得好,「動靜無端,陰陽無始」(《近思錄》卷一)。

陸澄問:「有人夜怕鬼者,奈何?」

陽明說:「只是平日不能集義而心有所慊,故怕。若素行合於神明,何怕之有?」

子莘曰:「正直之鬼不須怕。恐邪鬼不管人善惡,故未免怕。」

陽明說:「豈有邪鬼能迷正人乎!只此一怕即是心邪。故有迷之者,非鬼迷也,心自迷耳。如人好色即是色鬼迷。好貨即是貨鬼迷。怒所不當怒是怒鬼迷。懼所不當懼是懼鬼迷也。」

集義是孟子教導的養浩然之氣的根本方法。簡單地說就是積善，積累正義的情愫。平時不能集義就正氣不夠，就會害怕。《孟子·公孫丑》說浩然之氣：「其爲氣也，配義與道；無是，餒也。是集義所生者，非義襲而取之也。行有不慊於心，則餒矣。」慊，有滿足不滿足兩個意思，孟子用的是滿足，陽明用的是不滿足。孟子說做了虧心事心氣就疲軟。陽明說不集義心氣就不足。心氣不足就怕。同樣的道理，不積累正義是心邪，「一怕即是心邪」。心自迷是佛教的話頭，說的是迷悟由己的道理。

怕鬼是存養不夠。陽明只說了鬼迷人方面的事，這些固然是自己可以負起責任，不過，學生的問題是：邪鬼不管你心眼好壞，都一樣收拾你，如同歹徒不管你惹不惹他，他都可能害你一樣，這個該怎麼對付呢？王老師沒有教他，也就沒有教會我們。還有二百五混不吝任何時候都不餒，又怎麼說？更有甚者，神鬼怕惡人，是否惡人集惡集到滿滿的程度就也啥都不怕了？

8.未發之中

學生問：「寧靜存心時，可爲『未發之中』否？」

陽明答：「今人存心，只定得氣。當其寧靜時亦只是氣寧靜。不可以爲未發之中。」

問:「未便是中。莫亦是求中功夫?」

答:「只要去人欲,存天理,方是功夫。靜時念念去人欲存天理,動時念念去人欲存天理。不管寧靜不寧靜。若靠那寧靜,不惟漸有喜靜厭動之弊。中間許多病痛,只是潛伏在,終不能絕去,遇事依舊滋長。以循理爲生,何嘗不寧靜?以寧靜爲主,未必能循理。」

這個「未發之中」在整個宋明儒學中都非常重要,在陽明學中則尤其重要,因爲心學訓練「內感覺」,所以學生覺得存心定得氣就是功夫了,陽明說不夠,還要再推進到循理上,因爲「以寧靜爲主,未必能循理。」未發之中是內感覺的「體」,內感覺是未發之中的「用」。體用一元,同時修同時煉。陽明龍場悟道時「撒手懸崖」用的就是內感覺,自肯承當的就是未發之中——就是它了,夠了,不再往別處轉悠了(「吾性自足」)。

未發之中和發而中節也是人們整天說的中庸之道的核心。發而中節叫和,和諧的和。最高境界是卽中卽和、中和一體。陽明現在還沒有提出良知,就還得用舊的說法,他後來就簡截了:這個未發之中就是良知。

氣定,只是表面功夫,體現不出深處的義理。猶如性剛的人也能不動心,但不是昭靈明覺那個不動心。氣定是寧靜,還有待於找到未發之中那個內感覺的本體。陽明怕學生跑偏所以不「許」(印可)他。陽明強調:只有去人欲存天理才是建立未發之中那種內感覺的眞功夫。在動時靜時都念念存天理,就不會喜靜厭動、就能遇事循理了。

「念念」是關鍵，人只要呼吸就念念不息。在念頭一起時就去欲存理，是要求人們把自然活動昇華爲有意義的活動，猶如法國哲學家伊里加蕾籲請的：「從自然的生命呼吸到更加細膩的呼吸，爲了心，爲了傾聽和言說，也爲了思考。」倒過來說則是：「對精神的追求將把至關重要的基本呼吸轉化成更細膩的呼吸，服務於愛、言說、傾聽，以及思考。」（《世界哲學》2012 年 3 期）

徐愛問：「『道心常爲一心之主，而人心每聽命』，以先生精一之訓推之，此語似有弊。」

陽明答：「然。心一也，未雜於人謂之道心，雜以人僞謂之人心。人心之得其正者卽道心，道心之失其正者卽人心，初非有二心也。程子謂：『人心卽人欲，道心卽天理。』語若分析，而意實得之。今曰『道心爲主，而人心聽』，是二心也。天理人欲不並立，安有天理爲主，人欲又從而聽命者？」

徐愛說有毛病的這句話還是朱熹說的，語出《中庸章句序》，朱熹是承認心之虛靈知覺是一不是二的，但他太面對現實了，很「老實」地給流雜的人品找理由，認爲表現出人心的是因爲「形氣之私」占了上風，表現出道心的是保持著「性命之正」，而且也認爲上智有人心、下愚有道心，更努力呼籲人們「守其本心之正而不離」，辦法就是這個讓人心聽命於道心。

陽明雖然反對二分法，也不能否認道心人心的差別，但是他借助於佛教聖凡不二——覺卽聖、迷卽凡之不二法門，將道心與人心提爲一心：人心得其正卽是道心，道心失其正卽是人心。得則是道（心）、失則是人（心），只是一心，沒有兩個心。而得失由己，覺是你覺，迷是你迷。這樣的確把焦點往深處找了許多，越深越可以超越「分析」。陽明承認程子（伊川）說的「人心卽人欲，道心卽天理」，雖然也是分析著說的，但是意思是準確的，因爲天理人欲不並立，也是說一心而具理欲的兩面，它們之間不是誰命令誰的關係，人欲無從聽命天理。陽明認爲朱熹的「道心爲主，人心聽命」是「二心」：兩個心了，又犯了支離之病。從王陽明開始駁難朱熹的二分法，到了清代戴震來了個徹底翻轉（參見《孟子字義疏證》），陽明嫌朱熹太「右」，戴震嫌朱熹太「左」。

學生問：孟子言「執中無權猶執一」怎麼理解？

陽明說：「中只有天理，只是易，隨時變易，如何執得？須是因時制宜，難預先定一個規矩在。如後世儒者要將道理一一說得無罅漏。立定個格式。此正是執一。」

孟子原話的大意是：楊子主張爲我，墨子主張兼愛。魯國的賢人子莫主張中道。主張中道便接近正確了。但是主張中道如果沒有靈活性、不懂變通便是執著於一偏（執中無權猶執一）。爲什麼反對執著於一偏呢？因爲那樣有害於仁義之道，「舉一而廢百也」。

有人說問這個問題的是冀元亨。冀元亨心誠主一，可能覺得主一和執一怎麼區分是個問題。主一和執一外在表現都是一根筋。寧王和宦官覺得冀元亨執一，陽明覺得他主一。關鍵看他堅持的是什麼了。陽明強調「中只有天理，只是易（道）」。天理是不能僵化的，一僵化就成了殺人機器——「以理殺人」。

陽明從本體功夫一體化的層面承認天理是易道，非常了不起，這是陽明與那些腐儒、僵化之儒的根本區別。易道的核心是生生不息、變動不居，抗拒任何格式化的東西，永遠強調「點對點」的恰好。陽明一生吃夠了那些「將道理一一說得無罅漏」的正統大儒的虧，他們總嫌陽明舉動不合「格式」，因爲陽明「出格」，所以王學是僞學。

通權達變是孔孟的一貫要求。《論語》把「權」放在最高層次：「可與共學，未可與適道；可與適道，未可與立；可與立，未可與權。」因爲即使守道卓然，知常而不知變者，也是精義未深、沒有全乎聖智。《孟子》：「嫂溺援之以手者，權也。」權的本意是秤砣。《孟子》：「權，然後知輕重；度，然後知長短。」

陽明說：「喜怒哀樂本體自是中和的，才自家著些意思，便過不及，便是私。」

本體，是性體，性是無形無相的，不能著相，自家著些意思至少是「我相」，當然也可能是「人相」，不管是什麼相，著相就失了無相之性體，「本體」是未發的，因而是中和的。自家添加的意思當然是私意了，肯定不是過就是不及。這裏的本體是心體，心體本身是中和的，恢復心本體的就是心學，破壞心體的就是心學的敵人。無論是從刻板拘牵的方面破壞，還是從放縱隨性的方面破壞，都是心學的敵人。

「克己須要掃除廓清，一毫不存方是；有一毫在，則衆惡相引而來。」

掃除廓清是清除心體上的自家意思，克己是恢復心體的純潔性。別說逐物的名利心思，就是閑思慮也要不得，因爲「有一毫在，則衆惡相引而來」。這與佛教要求的「打妄想」相似。掃除廓清才能得到「清淨心」。所有的修養功夫都要求不能刻意，一旦刻意，即使是好意也就都「拐」了。無意之意方爲眞意！

學生問：「名物度數。亦須先講求否？」

陽明說：「人只要成就自家心體，則用在其中。如養得心體果有未發之中，自然有發而中節之和，自然無施不可。苟無是心，雖預先講得世上許多名物度數，與己原不相干，只是裝綴，臨時自行不去。亦不是將名物度數全然不理，只要『知所先後，則近道』。」又說：「人要隨才成就，才是其所能爲，如夔之樂、稷之種，是他資性合下便如此。成就之者，亦只是要他心體純乎天理，其運用處皆從天理上發來，然後謂之才。到得純乎天理處，亦能不器。使夔稷易藝而爲，當亦能之。」又說：「如『素富貴行乎富貴，素患難行乎患難』，皆是不器（不偏的意思）。此惟養得心體正者能之。」

自家心體成就了，大千世界即能從心裏把握；自家心體未能成就，無論你幹什麼，都是個庸人、傭人。有體才有用。無體之用猶如沒有源頭的水。陳寅恪批評中國道德追求有用、不究虛理。追求成全心體的陽明跳出了這個泥淖，他究虛理，先「成就自家心體」，並錘煉出成就自家心體之心學。這個成就的標誌是「不動心」，陽明說用兵無他術就是個「不動心」指的就是這個，他的朋友說他去江西剿匪必成功、因爲其心「觸之不動矣」指的也是這個。人們常常從「有用」的角度讚美陽明，中了齊澤克的嘲弄：二流人物即使多麼恭敬地讚美一流人物，也是喜劇性的。

其實，陽明心學大有用的地方在可以「通文化生命之源」（牟宗三），能撥陳跡而通慧命，能開拓變化、爲民族文化生命立道路。杜維明說陽明學是「源頭活水」即有此意。

陽明在塘邊坐，傍有井，故以之喻學：「與其爲數頃無源之塘水，不若爲數尺有源之井水，生意不窮。」

陽明的意思很明顯：心體是爲學之源，他後來稱良知爲「天淵」。陽明把心上體認親證比喻爲井，池塘這語詞的「海洋」，沒有了心體的親證支援，就沒有了「生意」，沒有源頭活水就不會「不窮」。智者樂水，陽明非常喜歡水，絕大多數詩篇裏都有水。水的流逝性顯現了生命一息不停的眞相，水是「存在與時間」的本眞意象。

陸澄問：「喜怒哀樂之中和。其全體常人固不能有，如一件小事當喜怒者，平時無喜怒之心，至其臨時，亦能中節，亦可謂之中和乎？」

陽明說：「在一時一事，固亦可謂之中和，然未可謂之大本達道。人性皆善，中和是人人原有的，豈可謂無？但常人之心既有所昏蔽，則其本體雖亦時時發見，終是暫明暫滅，非其全體大用矣。無所不中，然後謂之大本；無所不和，然後謂之達道。惟天下之至誠，然後能立天下之大本。」

陸說：「澄於中字之義尚未明。」

王說：「此須自心體認出來，非言語所能喻。中只是天理。」

陸問：「何者爲天理？」

王答：「去得人欲，便識天理。」

陸問:「天理何以謂之中?」

王答:「無所偏倚。」

陸問:「無所偏倚,是何等氣象?」

王答:「如明鏡然,全體瑩徹,略無纖塵染著。」

陸說:「偏倚是有所染著。如著在好色、好利、好名等項上,方見得偏倚。若未發時,美色名利皆未相著。何以便知其有所偏倚?」王說:「雖未相著,然平日好色好利好名之心原未嘗無,既未嘗無,即謂之有,既謂之有,則亦不可謂無偏倚。譬之病瘧之人,雖有時不發,而病根原不曾除,則亦不得謂之無病之人矣。須是平日好色好利好名等項一應私心,掃除蕩滌,無復纖毫留滯,而此心全體廓然,純是天理,方可謂之喜怒哀樂未發之中,方是天下之大本。」

陸澄問的是,一個人在一件事面前保持中和狀態算不算中和?因爲那種哲學級別的中和的確不是人人能夠具備的。

陽明說算。然而不是那種天下之大本的中、天下之達道的和。《中庸》:「中也者,天下之大本也。和也者,天下之達道也。」這個「全體大用」的中和是人類及人與自然的法則,是天道與人道通爲一的「心即理」之天理。相對這個大中庸之道,一個人在一件事上的喜怒得當是小中庸之道。有個大的中庸之道作爲理想懸在頭上,與燦爛星空一起感召人們努力向善。

陽明說「人性皆善,中和是人人原有的」。這是儒學教化之基,不相信這一點就會像新老秦始皇那樣直接用暴政來掃蕩一切了。但是,原有不等於就有、現成有。常人之心常常被昏蔽,中和之心體有時候發動表現、有時候又不發動不表現了。這心光「暫明暫滅」。所以，必須立大志，用大中庸之道來提升小的中庸之道。達到「無所不中」之大本境界、「無所不和」之達道境界。每個人都努力誠意達到「天下之至誠，然後能立天下之大本」。——這顯然是大同盛世才有的人文奇觀。

陸澄並沒有被老師的豪邁感染，還是關心一個人的中庸：「我對中字的含義還是不明白啊，老師。」陽明說這是必須你自己掏心窩子地體悟親證，不是任何語言能夠表達的。因爲它不是知識，靈明的境界是靠概念推理等間接途徑無法獲得的。如果硬要用概念來限定，那只好說「中只是天理」。

陸澄問何爲天理——天理是什麼？陽明倒果爲因地說「去得人欲，便識天理」。陸澄下一個問題很有品質：爲什麼天理是中？天理是有倫理含義的，中是沒有倫理含義的，這等於把倫理問題引向哲學問題。陽明的回答也是哲學級別的：因爲無所偏倚，是天道之理。

陸澄問無所偏倚是什麼境界？什麼狀態？陽明答：就像乾乾淨淨的沒有半點塵埃的明鏡一樣全體晶瑩剔透。這樣說，中相當於佛教的空了。陽明是經常這樣借用佛教的思維技巧和語詞的。

陸澄便沿著淨染往下問：偏倚是有所染著，染上好色好名好利等已經著了相，自然是偏倚了，但是未發出來的美色美名尚未著相，怎麼能判定就是偏倚？這就深入到未發之中的內裏去了。陽明的回答也隨著深入、深入到潛意識了：即使現時沒有表現出來，算沒有著相，但平時好色好名好利之心卻未嘗無，既然未嘗無，就是有。既然有，就不能說沒有偏倚。就好像瘧疾病人，即使不打擺子的時候，也不能說他沒有病。

最後陽明的結論是：我們必須立弘規大願，平時把好色好名好利等等所有的私心雜念一個都不少地打掃乾淨，絲毫不留，此心廓然大公，純是天理，才是喜怒哀樂未發之中，這才是天下之大本達道。

再概括一遍：1.中是天理，與講無善無惡是一個邏輯；2.這西方沒有的修養功夫，是比基督教複雜精微的誘導人的思想方法；3.未發之中是潛意識合天理；4.內感覺的修煉需要往意識深處做功夫。

9.悔悟是去病的藥

正德六年的時候，日本派來一個使者，吏部尚書楊一清熱情接待，一幫子文人墨客作詩相贈，陽明作爲楊一清的下屬也拜訪了這位日本使者。正德八年這位使者又來了，陽明在老家周圍優遊山水的時候，去寧波阿育寺看望了這位年近九十的高僧，寫了《送日東正使了庵和尚歸國序》。在陽明是尋常事，卻被日本人認爲不可輕易放過的陽明學進入日本的象徵。這個了庵可能是一休的師傅之一。陽明讚美了庵展示了陽明的著眼點，他緊緊扣住「清」「潔」來傳了庵之神韻：「其心日益清，志日益淨，偶不期離而自異，塵不待浣而已絕。」序的落款是正德八年五月。

在陽明寫這篇序之前，去不成雁蕩山，便約黃綰來山陰相會。但等到五月，黃還是沒來。黃綰不來，他很沒情緒，儘管身邊也有幾個資質不錯的學生，但都不足以討論精微的問題，王說因爲他們「習氣已深」，不能撩撥我進入忘我之境，難得有什麼大發明。他熱愛山川形勝，認爲它們比人還有靈氣，便領著幾個學生後輩，就近作逍遙遊。先到了上虞。上虞在錢塘江口，相傳是虞舜後代的封地，名虞賓。

都是越語地名，意義不明。上虞與餘姚相鄰，曹娥江縱貫全境。此地有晉太傅謝安等待再起的歸隱處——「東山再起」的那個東山。烏石山有東漢大哲學家王充的墓。陽明對王充不感興趣，對謝安則還曾提起。這次從上虞到四明山觀白水後，有詩：

野性從來山水僻，直躬更覺世道難。
卜居斷擬如周叔，高臥無勞比謝安。

——我想在這裏隱居，別把我當成想東山再起的謝安。——看來仕途不得志的苦悶還壓著他。

四明山古稱勾餘山，系仙霞嶺分支，連接著餘姚和上虞，是曹娥江與甬江的分水嶺。相傳山中有石室，中間三石分四罅，通日月星辰之光，好像樓有窗戶，故曰四明，山以此名，主峰又叫四窗岩。這是浙東丘陵中的高山了，與會稽山一樣高，比餘姚的那個龍泉山高將近10倍，很值得遠足一趟。

他自己也說早想來，但十年了才完成這個心願。《四明觀白水二首》披露了他與現實還是難以和諧的悲音，「擇幽雖得所，避時時尚難」。也有著急的意思：「逝者諒如斯，哀此歲月殘。」

王對那幫學生說：你們近來很少提問，爲什麼？人不用功，莫不自以爲已知，以爲只要這麼做下去就可以了。其實，私欲日生，如地上塵，一日不掃，便又有一層。著實用功，就能體驗到道無終窮，愈探愈深，必使至精至白無一毫雜質方可。若不用克己工夫，終日只是說話而已。天理終不自呈現，如人走路一般，走得一段方認得一段；走到歧路處，有疑便問，問了又走，才漸漸能到欲到之處。今人於已知之天理不肯存，於已知之人欲不肯去，且只管愁不能盡知那些外在的學問。只管閑講，何益之有？且待克得自己無私可克，再愁不能盡知，也不遲。

他問坐在旁邊的學友：「近來工夫怎樣？」那個人描繪了一番虛明狀態。王說：「此是說光景。」

他問另一個，這個敍述一番今昔異同。王說：「此是說效驗。」兩個人本來都挺有體會的，滿以爲會得到老師稱讚，老師卻說他們沒入門，在門外講故事，感到很茫然，便向先生「請是」。

王說：「吾輩今日用功，只是要爲善之心真切。此心真切，見善即遷，有過即改，方是真切工夫。如此則人欲日消，天理日明。若只管求光景，說效驗，卻是助長外馳病痛，不是工夫。」

這似乎是個文學感覺與道德境界的差別。講光景與說效驗是外在的，跡近說評書，真正的道德體驗、義理感悟是「忘我」的。王常說：「精神道德言動，大率收斂爲主，發散是不得已，天地人物皆然。」

有個學生言語混亂，王說他：「言語無序，足見你心之不存。」信口開河的人是根本沒有把心用到言述對象上的人。語無倫次的人是根本沒有想清楚。從做工夫的角度說：通過訓練語言表達，可以達到訓練心思入微的目的。

陸澄問：「好色、好利、好名等心，固然是私欲。如閑思雜慮，爲什麼也算私欲？」

陽明答：「畢竟從好色、好利、好名等根上起，自尋其根便見。如汝心中決知是無有做劫盜的思慮，何也？以汝元無是心也。汝若於貨色名利等心，一切皆如不做劫盜之心一般都消滅了，光光只是心之本體，看有甚閑思慮？此便是『寂然不動』，便是『未發之中』，便是『廓然大公』，自然『感而遂通』，自然『發而中節』，自然『物來順應』。」

在整個宋明儒學中有個通用邏輯：未發之中的心是廓然大公的，一動了不合天理的念頭就失去了中和公。陽明心學更徹底：把未發之中的心叫做心體，一動念就離開了心體。心體和天道相通、廓然大公，順著心體的是善、逆著心體的是惡。「閑思雜慮」不一定惡，但肯定已是來自經驗界的東西了，爲什麼是私欲呢？私是相對廓然大公而言的，「著了相」、有了掛礙，不再是性相如如，已經離開了未發之中，已經出離了心體，不再是心之本體那寂然不動的狀態了，是胡思亂想、顛倒夢想了，在貪婪和恐懼之間搖擺了，是柴米油鹽醬醋茶了，所以也必須克服。克己省察的大部分精力是克服這些，眞正的好色、好利、好名的念頭不如閑思雜慮家常。陽明很幽默，說這個學生沒有做強盜的思慮，因爲你壓根就沒有這個心，所以大腦走思也走不到那裏。所以要是把好貨好色好名好利的心思克服乾淨，就像沒有做強盜的心一樣，同樣，把柴米油鹽醬醋茶這類閑思雜慮也做強盜的心一樣去掉，便「光光只是心之本體」了，哪里還有什麼閑思雜慮？光光只是心之本體了，就達到了《中庸》所要求的中和境界，這個中和境界又可分成兩層，一個未發之中，這是中，發而中節是和。光光只是心之本體，是說心處在沒有人欲之雜的澄明、誠明的狀態，這個狀態是「廓然大公」的，因此是能夠「感而遂通」的，這樣就由第一層「中」進入到了第二層「和」，發而中節就是怎麼做都對頭了，因此也就能「物來順應」了。

這是「正意」功夫。一個人的生命品質、思維品質很大一部分取決於閑思慮的內容，愚夫愚婦之所以是愚夫愚婦就是因爲他們只有閑思雜慮。《楞伽經》卷三：「凡愚妄想，如蠶作繭，以妄想絲自纏纏他，有無有相續相計著。」海德格爾說「閒談是沉淪的途徑」也是這個道理。

薛侃本是在重複老師的話：「持志如心痛，一心在痛上，安有工夫說閒話，管閒事？」卻也得到糾正，王說：「初學工夫，如此用亦好。但要使知『出入無時，莫知其鄉』。心之神明，原是如此工夫，方有著落。若只死守著，恐於工夫上又發病。」

初學時「念念不忘」是個抓手，心無旁騖、主一、凝聚，不說閒話不管閒事，這樣功夫才有著落，感覺到了一種超拔的精神力量，自然會有不同凡常的精氣神。但如果死死守著，就又著了相，執著於念頭，精神就不能空靈，心就失去了神明，這是練功卻練出毛病來了。因藥發病，叫藥源性疾病。功夫上發的病叫跑偏。

「出入無時，莫知其鄉」是《孟子》引述孔子的話，描述「心」的功能：「操則存，舍則亡。出入無時，莫知其鄉（『鄉』同『嚮』）。」禪宗比這徹底，禪宗追問：出入到什麼地方？怎麼出、怎麼入？陽明說「心之神明，原是如此」，並主張不能「死死守著」，跡近「無所住而生其心」（《金剛經》）了。持志，如果心細得妙是可以同時修戒定慧的。

薛侃常愛後悔，王說，「悔悟是去病的藥，然以改之爲貴。若滯留於中，則又因藥發病」。王針對薛說：「爲學大病在好名。」

薛說，先前以爲這個好名的毛病已經輕了，現在深入審視，才知道並沒有，就是太以別人的看法爲重了。只要聞譽而喜，聞毀而悶就是這種病又發了吧？

王說：「很是。名與實對，務實之心重一分，則務名之心輕一分；全是務實之心，卽全無務名之心。若務實之心如饑之求食，渴之求飲，安得更有工夫好名?」

一學生說：「己私難克，奈何？」

王說：「將你的私拿來，替你克。」（以上均見《傳習錄》上）這顯然是禪宗「將心來，替你安心」的翻版。不同之處在於，他認爲「人須有爲己之心，方能克己；能克己，方能成己。」所謂成己就是個克己向裏、德上用心的努力過程。這樣才能悔而知改，實地用功。

10.不動於氣 不著意思

明太僕寺由元之兵部的群牧所演變而來。太僕，古代掌馬政之官。洪武六年，置太僕寺，是從三品的衙門，地點在滁洲。洪武三十年，爲加大軍備力度，在北平、遼東、山西、陝西、甘肅等處設立行太僕寺。主要職責是給國家養馬。與北邊遊牧族作戰時，馬是首要軍需品。楊一清就是從督陝西馬政走向顯赫的閣臣生涯的。王陽明來滁州當太僕寺少卿，是副職。

他一閒下來，就又憂傷思隱逸，在《滁州詩三十六首》之第一《梧桐江用韻》中說：他無法像歐陽修那樣樂起來，他壓抑得心苦音悲。這首詩的眞正重點卻是最後兩聯：顏回本人也沒有忘世，孔子還周遊列國想方設法地出來行道呢！然而沒辦法，我道難行，只有當滄浪濯纓的隱士了。正因爲有這種心態，他在另外的作品中懷疑號稱大隱隱於朝的東方朔並非眞隱，惋惜最後屈從王莽新政的揚雄誤解了《太玄》，當然「混世也能隨地轉」，他是既不願意同流合污，也不願意沒世而名不稱。他讚賞但未能修證出：「若人識得心，大地無寸土」（禪宗語錄）的境界。

他到達滁州是陰曆十月，雖進入冬季，但那種偏北的南方還正是好季節，他從山陰領來不少學生，又來了不少新同學。天高皇帝遠，他又無須研究「馬尾巴的功能」,正是吃官糧講私學的好時節，滁州又是四通八達的交通地段。王陽明在京師講學如甘泉說已然「有聲」，滁州比山陰「辦學」條件要好多了。總而言之：「從遊之衆自滁始」，據《年譜》載已達數百人。

今天，人們給孔夫子安有七八個「家」的頭銜，都根源於他開門辦學這個基業。陽明也是如此，他一生功業根據也在開門辦學。王陽明因講學而走上覺世行道的致良知之路。

在京城與山陰都還是小範圍的講論，現在他身邊聚集了上百學生，與貴州的龍岡書院、文明書院情況也已大不相同。那裏還是借船出海，現在是獨立自主的了。他的氣質、秉性決定了他的教學風格一以貫之。既不照本宣科地死摳經義，也不像朱子那樣用注解經書的方式建立自己的哲學體系，更不爲了科舉考試而想辦法外結學官內搞管制。他搞的是以「樂」爲本的意術教育，據陽明的學生回憶，他「點化同志，多得之登遊山水之間」。領著學生白天去遊琅琊山、去玩釀泉之水。每逢月夜，就與學生牽臂上山，環龍潭而坐，徹夜歡歌，飲酒賦詩。百十人「歌聲振山谷」（《年譜》）。

陽明的教法是詩化、審美式的，注重改變性情、改變氣質，隨地指點，想起什麼說什麼。

薛侃拔花兒中間的草時說：「天地之間爲什麼善難培育，惡難除去？」

王說：「未培未去爾。」過了一會兒，他又說，「像你這樣看善惡，是從軀殼起念，肯定是誤解。」

薛侃不理解。王說：「天地生意，花草一般，何曾有善惡之分?你要看花,便以花爲善,以草爲惡;如果要用草,便以草爲善了。此等善惡,都是因你的好惡而生,所以是錯誤的。」

薛侃是善於深思的,他追問:「那就沒有善惡了?萬物都是無善無惡的了?」

王說:「無善無惡者理之靜,有善有惡者氣之動。不動於氣,卽無善無惡,這就是所謂的至善。」

薛問:「這與佛教的無善無惡有什麼差別?」

王說:「佛一意在無善無惡上,便一切都不管,不可以治天下。聖人的無善無惡,是要求人不動於氣,不要故意去作好、作惡。」

薛說:「草既非惡,卽草不宜去掉了?」

王說:「你這便是佛、老的意見了。草若有礙,何妨去掉!」

薛說:「這樣便又是作好作惡了。」

王說:「不作好惡,不是全無好惡,像那些無知無覺的人似的。所說『不作』,只是好惡一循於理,不去又著一分意思。如此,就是不曾好惡一般。」

薛問:「去草,怎麼做就一循於理,不著意思了?」

王答:「草有妨礙,理亦宜去,去之而已。偶爾沒拔,也不累心。

若著了一分意思,心體便有拖累負擔,便有許多動氣處。」薛問,「按您這麼說,善惡全不在物了?」

王答:「只在你心循理便是善,動氣便是惡。」

薛說:「說到底物無善惡。」

王說:「在心如此,在物亦然。那些俗儒就是不知道這個道理，才舍心逐物，將格物之學看錯了，終日馳求於外，終身糊塗。」

薛問：「那又怎樣理解『如好好色，如惡惡臭』呢？」

王答：「這正是一循於理。是天理合如此，本無私意作好惡。」

薛說：「如好好色，如惡惡臭，難道沒有著個人意思？」

王說：「那是誠意，不是私意。誠意只是循天理。雖是循天理，也著不得一分意，故有所好惡則不得其正，須是廓然大公，才是心之本體。」

另一個學生問：「您說『草有妨礙，理亦宜去』，爲什麼又是軀殼起念呢？」

王有些不耐煩了：「這須你自己去體會。你要去除草，是什麼心？周濂溪窗前草不除，是什麼心？」

這時，周圍已經攏來許多學生，王對他們說，「若見得大道，橫說豎說都能說通。若此處通，彼處不通，只是未見得大道。」

這一段說話，是《傳習錄》的精華，點透了良知是虛靈通道的工作原理，不可著私意，不可動於氣。他這種思想後來發展爲「天泉證道」之四句教，核心便是「無善無惡心之體」。

11.動靜一機　體用一源

在滁州六個月，最大的一件事，就是與湛甘泉相會。湛從安南出使回來，返京復命，在滁州特意住了幾天。當年他們在北京長安灰廠特意卜鄰而居，早晚隨時切磋，結下深厚情誼。在別人眼裏他們是一派，講心性近禪。但他們又只是和而不同，直到最後也沒有統一起來。這次，在滁州他們連夜辯論的問題，是王主張禪與道都和儒沒有多大區別（「道德高博，焉與聖異」），湛主張儒門高廣，可以包容佛道，但有「大小公私」的差別，佛道在我儒範圍之中而已。

湛進京後兩年又扶持著他母親的靈柩南下。這時陽明已到了南京，他特意迎接湛的喪隊到龍江湖。湛是有名的大孝子，王是性情中人，信真禮教。湛在《奠王陽明先生文》中這樣追述這兩件事：

一晤滁陽，斯理究極。兄言迦、聃，道德高博。
焉與聖異，子言莫錯。我謂高廣，在聖範圍；
佛無我有，《中庸》精微；同體異根，大小公私；
斁敘彝倫，一夏一夷。夜分就寢，晨興兄嘻。
夜談子是，吾亦一疑。分呼南北，我還京圻。
遭母大故，扶柩南歸。迓弔金陵，我感兄悲。

與王並駕齊驅又幾十年交好如一的朋友首推湛，與王進行真正的學術論戰而並不黨同伐異的也首推湛。就是在王去弔唁之際，兩人依然就格物問題展開辯論。湛持舊說，王說那就求之於外了，格物就是「正念頭」，正念頭就是「誠意」「正心」。湛說：

「若以格物理爲外，那就自小其心了」，「格物卽至理」，「格者至也，物者天理也」。「格卽造詣之義，格物者卽造道也。」（《甘泉集》卷七《答陽明》）。陽明批評甘泉的「至理」說爲「是外非內」，甘泉批評陽明的「正念頭」說爲「是內非外」，並提出有趣有新意的對「支離病」的界定：「非徒逐外而忘內謂之支離也；是內而非外者，亦謂之支離也。」（同上）

《明史》卷 282 說：「時天下言學者，不歸王守仁，則歸湛甘泉」。王龍溪說：「時海內主盟道術，惟吾夫子與甘泉翁。」（《龍溪集》卷 20）有筆記說：陽明覺得自己的學生靈性不夠了，就推薦給甘泉；發現甘泉某個學生有出息就挖過來。

陽明在滁州待了不到七個月，正德九年甲戌升南京鴻臚寺卿。這個衙門，在北京的還有點事兒幹，朝會之時當當司儀，有外賓來時擔負禮賓的工作，經常性的工作是管皇室人員的婚喪嫁娶的周邊禮節。在南京則基本上連這類事情也沒得管，純粹是奉旨休閒。沒事找事的人便兩眼盯著北京，找秉政者的茬兒，以便取而代之。王陽明超然物外，這種只爭一世之短長的事情他現在沒有興趣做了，不屑於跟那些俗也俗不透、雅也雅不高的「二癔子」一起浪費生命了。

他之所以要強調屏去一切外道工夫，直奔那絕對存在又不依賴任何外緣的心本體，就是爲了把經驗世界懸擱起來，從而把這棵樹上掛著的所有那些辭章講誦之學一把甩開，像禪宗那「截斷衆流」法，一意去明心見性——然後再以見了性聞了道的身姿回到治國平天下的正道上來。雅，雅得可上九天攬月；俗，俗得可下五洋捉鱉。眞能明心見性了，就可雅可俗，通而無礙了。

他用禪師接機應化的方法提高學生，學生怎麼說都會得到他的糾正性的指點。而凡是直接承接感受過其春風雨露的人還眞從心眼裏受感化，那種教主的魅力是難以用語言表達的。他離開滁州時，衆徒兒依依不捨，一直送到烏衣，尙「不能別」，留居江浦，等先生過江，眞是柔情似水。陽明歌詩敦促學生回去：「相思若潮水，往來何時休？」

他過了長江後，就到了南京，當鴻臚寺正卿去了。在他上的《給事由》中說，他是正德七年十二月升爲南京太僕寺少卿的，次年十月二十二日到任。這次，只用了四天就走馬上任畢，他還是很滿意這次升遷的。不管崗位多麼不重要，他畢竟成了正卿了，進入了最高層的眼簾，若國家有事就可以特擢要職，一顯身手了。他在這個位置上等了 29 個月零 12 天，開始領兵打仗。

在南京這兩年半，是他韜光養晦的時期，客觀上對他把功夫養得更「老」是大有好處的。思想高峰的攀登需要沉潛，官位的進步更需要「老其才」的打磨。在只許成功不許失敗的專制體制中，這種修煉絕對必要。驟起旋敗的例子太多了，而且一旦失敗便前功盡棄。

極可玩味者：他當了半年多正卿之後，在京察大考之際，他偏偏上了《自劾乞休疏》。在滁州時，他就浩歎「匡時已無術」，想回陽明洞尋找舊棲處。人的心態總是變動不居的，不能幹點實事，不如回家得自由。這有他爺爺的隱逸之氣在他早期經驗中烙下的烙印。這種隱逸乃「最是文人不自由」之消極自由了。

他的乞休書寫得絕無故作姿態的虛僞氣，儘管他並不想就此退出歷史舞臺，但還是眞給自己找罪過：什麼曠工呀、身體不好呀、才不勝任、不休了我就會讓別人也生僥倖之心呀等等。每當它與上級叫板時都說，若休了我，我就「死且不朽」了。他自信不朽的地方在於他可以自由講學，從而覺世行道也。

有個御史舉薦陽明改任祭酒，這個活兒倒與他這個講學家的形象般配——但人家膩歪的就是他的講學，怎麼會讓他成爲「奉旨講學」的祭酒！內閣沒有上報。這年八月，他想見風使舵到彼岸，配合閣臣楊廷和的諫議，寫了一篇《諫迎佛疏》，很長，2000多字。正德是個自命爲「佛」的人（《明鑒》卷八：「帝於佛經梵語無不通曉，自稱大慶法王西天覺道圓明自在大定慧佛。命所司鑄金印以進。」），他不管勞民傷財與否，他要的是建立他的「佛國」。陽明奏疏的大意是：皇上在東宮時已有好佛道的名聲，現在大搞這一套，對聖譽有損。這幾年來在這方面已勞民傷財得過了分，弄得民情洶洶。你若眞信佛，是用不著搞這一套的，等等。寫完，舒解了內心的焦慮，對得起了自己的「良知」，就不再做逆拂龍鱗的事情了——沒有上奏。

等到十月，他又上了一道《乞養病疏》，說他正月上疏後，就等著開銷呢，當時就病了，現在病得更厲害了。陛下應該把我休了以彰明國法。我也想爲國盡忠，但自往歲投竄荒夷，蟲毒瘴霧已侵肌入骨，日以深積，又不適應南京的氣候，病遂大作。而且我自幼失母，是跟奶奶長大，她現在九十有六，日夜盼望我回去，死前能見上一面。假如我復爲完人，一定再回來報效君國。又白寫了。朝廷也許以爲他在要更重要的工作，玩以退爲進的把戲。

這兩年，他除了養心、使心體更加純粹、明澈，就是寫信，與朋友、學生深入討論本體、工夫的精微、玄妙的理致。陽明「以書喪心」，一生不事著述，「超悟獨得」唯有筆之於論學的書信中。陽明的傳世之作《傳習錄》中卷就是他寫的書信。書信有感染力、能展現理路下面的感性思路。

到了南京以後，許多老學生都聚攏過來。其中一個很重要的原因是徐愛也在這兒當工部員外郎。徐像康有爲辦萬木草堂時的梁啓超，給同學們當「學長」，負責一般性的事務及基本教學工作。陽明是不屑於管雜事的，他指點學生是即興式的，當然出手就高，讓他們跟著慢慢地佩服、消化去。《年譜》拉了一個很長的名單，有的在後來給老師出過死力氣，如周積，最後是他安葬了陽明。

在滁州的那幫學生大部分還在那裏。有從那邊來的人說，他們熱衷於放言高論，有的漸漸背離了老師的教誨。陽明後悔不已，他說：「我年來欲懲戒末俗之卑污，以拔除偏重辭章外馳心智的陋習，接引學者多就高明一路。今見學者漸有流入空虛、故意標新立異的。我已悔之矣。故來南畿論學，只教學者存天理，去人欲，做省察克己的實際工夫。」

陸澄住在鴻臚寺的倉房裏——許多來求學的人都吃、住艱苦。陸澄接到家信，說他的兒子病危。他自然心中悲苦，憂悶不堪。陽明對他說：「此時正宜用功。若此時放過，平時講學何用？人正要在此等時刻磨煉。父子之愛，自是至情。然天理亦自有個中和處，過即是私意。人於此處一般都認爲天理當憂，但憂苦太過，便不得其正了。大抵人情在這種時候，受七情所感，多只是過，少有不及的。才過便非心之本體，必須調停適中才能得其正。就如父母之喪，人子豈不欲一哭便死，方快於心。然而聖人說『毀不滅性』，這不是聖人強制，而是天理本體自有分限，不可過也。人但要識得心體，自然增減分毫不得。」這，倒不是陽明在唱高調，他本人正是這樣用功的。平完寧王，天下謗議紛紛，他的一個學生也居然寫東西參與揭發批判，陽明看到以後勃然大怒，迅即控制，緩緩平靜。他提醒自己此時正是用功時。

有一個學生得了眼病，憂心如焚。陽明說：「你這是貴目賤心。」

陽明說：「人心一刻存乎天理，便是一刻的聖人；終身存乎天理，便是終身的聖人。此理自是實。人要有個不得已的心，如財貨不得已才取，女色不得已才近，如此取財貨女色乃得其正，必不至於太過矣。」

有人問：怎樣克己省察？

王答：關鍵是守以謙虛，恢復上天給的正念，持此正念，久之自然能定靜。遇事之來，件件與它理會，無非是養心之功。謙虛之功與勝心正相反。人有勝心，則難當孝子忠臣，爲父難慈，爲友難信。人之惡行雖有大小，皆由勝心生出。勝心一堅，就再難改過遷善了。

問：有事忙，無事亦忙，奈何？

答：天地氣機，原無一息之停。要有個主宰，若主宰定時，與天地一般不息。若無主宰，便只是這氣奔放，如何不忙？

又說:去了計較分量的心,便去了功利心。只在此心純天理上用功,便能大以大成,小以小成。

問:上智下愚如何不可移?

答:不是不可移,只是不肯移。

王陽明說:「無事時固是獨知,有事時亦是獨知。人若不知於此獨知之地用力,只是在人所共知處用功,便是詐僞。此獨知處便是誠的萌芽,此處不論是善念惡念,更無虛假,一是百是,一錯百錯。」——他後來多次重申:良知正是獨知時。這個「獨知」比「愼獨」要深刻、主動,是敢於擔當的心印。「只是在人所共知處用功,便是詐僞。」——譬如,今日之作秀、媚俗、形象工程。

王說:你終日向外馳求,爲名爲利,這都是爲著軀殼外面的物事。其實視聽言動,皆由你心。你心之視,發竅於目;你心之聽,發竅於耳;你心之言,發竅於口;你心之動,發竅於四肢。心並不專是那一團血肉。若是那一團血肉,你看那已死之人,那團血肉還在,但他的視聽言動在哪里?

第九回 文人用兵的意術

1.踏上征途

正德以他那種荒誕的方式當皇帝，居然不倒臺，得感謝儒家給他教育出了那麼好的官僚隊伍，更得感謝那種除了皇帝誰也炸不起翅兒來的極權制度（明代沒有權臣造反的）。但是民不聊生，民自生變。老百姓一般情況下是遵守祖宗規矩和聖人教誨的，但肚子不飽了，靈魂就不再饑餓。明朝以民變開局以民變結尾，終明之世，民變無日無之。正德朝也忒亂乎，譬如，這位嬉皮皇帝有一次聽見百姓喊殺豬——豬者朱也，趕緊下詔：禁止民間殺豬。過後客觀地看，這亂世才出心學，心學在亂世才顯示出奪目的光彩。不能想像陽明在洪武、永樂朝會咋樣，締造不出心學來是肯定的。正（德）嘉（靖）之際是天賜良機。到了所謂的「康乾盛世」又是理學的一統天下了。如果說理學像小吏多念律，心學則像老將不論兵。

由於明朝有軍功、恩賜、貢舉、科考幾大管道出產官吏，官多崗位少，南京六部是板凳隊員，還有大量的隱蔽性失業的官員，造成官場競爭上崗空前地激烈。陽明等到 45 歲才得授去剿匪的實職，還是因了兵部尚書王瓊的特別推薦。

王瓊是太原人，常出入正德的「豹房」、密切聯繫掌權太監、以敏練獲寵（因爲正德聰明），正德十年當兵部尚書，次年就舉薦了陽明。他喜讀陽明給他的信，常常抱著孫子反復地看。他反對大兵剿匪的辦法，才特拔陽明這樣的人才。王陽明自稱正在尸位素餐、因循歲月，卻於九月十四日忽然接到吏部任命他當南贛僉都御史的諮文。他思考了半個月，給皇帝上了一道《辭新任乞以舊職致仕疏》。致仕就是退休。他是個語言大師，疏文寫得極好，短短的篇幅一波三折，橫說豎說，無非是身體不好、才能低下、不敢誤國敗政。中間有些插曲性的話頗可玩味：「因才器使，朝廷之大政也；量力受任，人臣之大分也。」得顯官怎麼會不歡喜？只是怕幹不好云云——這是陽，眞實的意思是你們從來也沒想著要用我，這是陰。陽虛陰實：我這裏都過了景了，你們才起勁了，眞讓我啼笑皆非，如手持雞肋。

突然讓一個白面書生去當剿匪司令，他若朝發夕至地去上任有點發賤，若說死不幹，就再也沒機會建功立業了，就成了徹頭徹尾的空頭思想家——這絕非他本心、本性所能甘心的。活著啃死人書、死了能在廟裏啃冷豬頭，這是多少書蟲的願景，卻不是他的定位和使命。他遞上含義複雜的辭呈，就從南京往老家方向走。《年譜》說十月回到了老家山陰。

十月二十四日聖諭下：

爾前去巡撫江西南安、贛州，福建汀州、漳州，廣東南雄、韶州、惠州、潮州各府及湖廣郴州地方。撫安軍民，修理城池，禁革奸弊。一應地方賊情、軍馬、錢糧事宜，小則逕自區畫，大則奏請定奪。欽此。

他依然號稱在杭州，其實往返於「山陰道上」。十一月十四日兵部又續下一道批文，內有皇帝切責語：

乃敢托疾避難，奏回養病。見今盜賊劫掠，民遭荼毒。萬一王陽明因見地方有事，假託辭免，不無愈加誤事？

兵部奉聖旨，命令：

既地方有事，王守仁著上緊去，不許辭避遲誤，欽此。

但是，他還繼續等，等到十二月初二吏部又下文，正面回答了他的請按原官退休的上疏：「奉聖旨：王守仁不准休致。南、贛地方見今多事，著上緊前去，用心巡撫。欽此。」

原先半真半假、半推半就，等皇帝的申斥其實是在等皇帝的再三誠聘。他身體不好是事實，剿匪這種活兒容易失敗而難見功效，也是明擺著的事兒。他前面的御史就是畏難而以病辭職。再前，也有招撫土匪而土匪又反戈、從而落職入獄的，也有不屑於爲流氓皇帝賣命的。現在一切都不用再說了。初二下文，初三他就告別美麗的杭州城，走向積年匪患叢生的深山老林。這一走就是五年，而且是百死千難的五年。能得以生還，還建了平叛的功立了心學的業，豈止是聰明立世？根據全在心體光明。

2.連續出其不意

江西南臨百粵，北枕大江，東連閩峭，西接荊蠻，地延千里，址交五省。現在這幾省交界處暴動頻起，新起的流民與山裏的慣匪連成了一片。各省畫地爲牢，對邊界地區的事情都推諉，又有崇山峻嶺、洞穴叢林，只有鳥道與外界溝通。車馬不得長驅，糧草不能及時供給。官軍撲來，暴民如鳥散入深林，大軍日耗累萬，卻如高射炮打蚊子。暴民在山中進行著如魚得水的反抗，大軍在山中則是涸轍之魚，難以維持。大軍一走，他們舊態復萌。他們狡兔三窟，勾連成片。官逼民反，他們兵源連綿不斷。總而言之贛南閩西那脈山麓千里皆亂。

正德十二年丁丑正月十六，他到達贛州，正式開府。

他來時，在萬安就先跟數百名流賊遭遇上了。他根據王朝官員調動的規矩，基本上是隻身一人，領著家人，沒什麼官軍護衛，而且他的舊衙門是王朝最冷清的部門，他也無從帶錢、帶人。那幫流賊沿途肆劫，商船不敢前進。他把商船組織起來，讓他們結成陣勢，揚旗鳴鼓，擺出趨戰的架勢。這夥流賊皆由流民臨時組成，並非慣匪。明朝是不允許人口隨便流動的，就怕他們變成流賊。但他們的溫飽無著，又不能等死，政府又不提供基本保障，他們不流又如何？這夥人見船上有了官，便像找著了娘，一起跪下來，請求救濟，說我們只是饑荒流民，只求官府發放救濟。

王讓人上岸宣佈：你們趕快回家，我一到贛州就派人落實安排。以後各安生理，不要再胡作非爲，自取殺戮。他最後是否落實此事，或促使地方採取了什麼措施，不得而知。他後來平定了巨寇，確實興辦了一系列富民教民的實事。

擺在他面前的首要目標是謝志珊、詹師富等部，他們剛剛攻掠大庾嶺，進攻南康、贛州，守城官員有的被殺。暴動的怒潮以樟南群山中的積年匪巢爲重鎮，所以，須先把它們搞掉，再說其他的。他是個一旦承當便奮不顧身的人，廢寢忘食，將自己的身體、病痛置之度外。

治民先治官，他認爲這一帶暴民得不到肅清的原因在於各省都推託觀望、不肯協力合作，致使凶情蔓延。他首先照會各省必須聽他的指揮，做好戰前準備，鞏固城池，選拔嚮導，組織大戶，開墾邊地興屯足食——戰略遠大戰術精細，既治標又治本，下手就想到究竟處，而不是拉完網就走。

治民，最好的辦法是有效地讓民自治。他推行了十家牌法。讓每戶每天彙報當天的行爲、來往人員的情況，一戶出問題十家連坐——讓他們互相檢舉揭發。那個牌相當於「良民證」。他發牌時告諭各府父老子弟的告示寫得極溫情脈脈，我豈忍心以狡詐待爾等良民，只是爲了革弊除奸，防止通匪，不得不然。也是爲了確保你們的安全。並提出了一系列讓他們當好良民的道德要求。

在將後院佈置停當的同時，他著手選練民兵。民兵，最晚在宋代已有常制，在禁兵、廂兵、役兵之外，就是民兵。選拔健壯的農民列入兵籍，平時從事農業生產，有事則應召入伍。只是明中葉以來連衛所正規軍都基本廢置，遑論其他。他在《選揀民兵》的告示中說，我到任十天，未能走遍所屬各處，僅就贛州一府的情況來看，財用枯竭，兵力脆寡，衛所的軍丁，止存故籍，府縣機快，半應虛文。根本就沒有抵禦強寇的力量，用他們去剿匪就像驅羊攻虎。所以，以往動輒奏請調兵，不是征湖廣的土軍，就是調廣東的狼達。往返之際，經年累月。集兵舉事，土匪魍魎潛形，無可剿之賊。大軍一走，他們又狐鼠聚黨，便又到處是不規之群。群盜已因此而肆無忌憚，百姓覺得官軍根本靠不住，便競相從匪。

他那些操作簡便、眼下見效的長遠之策,實難一一縷述，眞是既現場發揮得好又不是權宜之計。且說這選拔民兵之事。他發令江西、福建、廣東、湖廣四省的兵備，從各縣選七、八個驍勇超群、膽力出衆的魁傑異材，組成精幹的小分隊。召募獎賞他們的費用都從各屬商稅和平時沒收的贓款罰款中支出。各縣舊有的機快的編制不動。會剿時不要出動大軍，每省出兵不得超過

500，這 500 人分成兩撥，三分之二的留守訓練，既爲安撫民心、做預備隊，還可以節省軍需，以提高給投入作戰的那三分之一精銳人員的獎賞。

與此同時，他廣布間諜。原先，官軍在明處，因爲贛州的百姓多有爲藏在山洞中的強人當眼線耳目的，官軍尚未行動，那邊早有了準備。陽明發現一個老衙役尤爲奸詐，是洞賊的密探，便把他叫到臥室裏，問他要死還是要活？若要活，就交代聯絡圖、聯絡點。老役如實坦白。陽明遂在推行十家牌法的同時，將計就計，故意讓密探傳回去錯誤消息：能而示之不能，打而示以不打。

《明鑒》卷八載，「守仁親率銳卒」，「先討大帽山賊，復討大庾、橫水左溪諸賊，皆平之」，「出其不意搗之，連破四十餘寨」。初戰長富村，斬首 432 顆，俘獲 146 口，燒毀房屋 400 餘間，奪馬牛無數，都是戰功。官方死了「打手」6 名。暴動部隊退回象湖山拒守。在蓮花石，兩軍對壘。廣東的兵在大傘地方，遭暴動部隊阻擊，不能按計畫到達。福建兵也去大傘會戰，卻被大傘暴動部隊突然襲擊，敗退、四散於水竹、大重坑等地。

官軍受挫，又不敢不打，又不想送死，這時便有幾個軍官提議調廣東狼兵前來。陽明立即下令訓斥，要按「失律罪」處分他們，但又並不眞處分，只是激勵他們去立功贖罪。這是一種巧善，下面的決策顯出直覺的功力，他說：「兵宜隨時，變在呼吸。怎能各持成說？貌似持重，卻坐失時機。福建軍有立功心，利於速戰。敵以爲我必等土軍狼達，不會出擊，卻正是出擊的好時機。」

他駐紮上杭「前線」，命令假裝撤軍，揚言秋季等大軍來會剿，卻分兵三路，佔據險要，於二月十九半夜，全線突襲，各路並進，直搗象湖山，拿下了主要的隘口。對手畢竟是水準不高的民間武裝，他們以爲官軍還會像往常一樣，受挫之後，或走或來召降，沒想到這次官軍說不打卻來眞打，而且半夜來打，他們猝不及防、只有逃竄，想攀登到懸崖絕壁上去，沒想到上面早有陽明佈置的從小道上去的伏兵。上面滾下圓木石頭，他們只好四處逃奔，但依然邊跑邊打，官軍人數不是很多，但有「勢」，尤其是三股鼓噪穿插，遂喊聲遍山野。暴動部隊既離開了老巢又失去了地利，便大勢已去。

官軍乘勝追剿，攻破長富村、水竹、大重坑等 43 處據點，殺了暴亂首領詹師富、溫火燒等共 7000 餘人，把遍佈在山中的「賊洞」都搗平了。用正史上的話說，這一次僅用了三個月，漳南數十年賊寇悉平。

陽明原先做了兩套準備：賊若據險相鬥，就學鄧艾破蜀——間道以出；賊若盤踞山洞不出，就學充國破羌——用小部隊困住他們。這個方案有陰有陽，萬無一失。廣東兵不走間道，打亂了部署，一度受挫，諸將灰心，請調大軍，陽明赤身擔當的勇氣使能透過一層，不肯自懈失機，親自督師，卒獲成功。

他出發前，在山陰，兩友人說：「陽明此行，必立事功。」問：「何以知之？」答：「吾觸之不動矣。」——這個觸之不動，就是「心」有了定力，靜能生明瞭，果然。

3.百戰自知非舊學

皇帝因他平樟南匪患之功，賞銀 20 兩、獎狀一張，升官一級。他又上疏謝恩，說不是我的功勞，全是下級的功勞——把「無我」落到實處了。儘管這點賞賜還不如皇帝一次賞給某個和尚、道士、優伶、太監的那個零頭呢，但朝廷還只是先賞他一個人，別人經勘驗明白後再說。

陽明不在乎那點獎勵，他要的是能夠行使賞罰的權力。這時他又得用兵法家那一套了。道德教化解決不了燃眉之急。他接二連三地給皇帝上「賞不逾時，罰不後事」的常識課。那種體制眞夠厲害的，能把地方大員弄得像個要飯的叫花子。不過，大思想家即使談雞毛問題亦言近旨遠——只要是他在談，而不是跟皇帝報殺人的帳單，就還可看，而且可以看出官軍無能到什麼程度。

他說近年來，嶺北一帶謝志珊、高快馬、黃秀魁、池大鬢之屬，不時攻城掠鄉，過去督兵追剿，不過遙爲聲勢，等著匪散圍自解，而終不去決一死戰，原因蓋在於無賞罰以激勵人心。南安、贛州之用兵，不過文移調遣，以免坐視之罰；應名追捕，聊爲招撫之媒。南安、贛州之兵本有數千，卻是不見敵就跑、不等打就敗。原因在於進而效死，無爵賞之勸；退而奔逃，無誅戮之罰。最後，他請求朝廷讓他用已練出來的這 2000 兵便宜行事，不做期限，再給他提督軍務的全權，再借給他朝廷的旗牌，給他直接賞罰下屬的權力。他保證能取得比大軍會剿費省半而功加倍的效果。他等於向朝廷立了軍令狀：給了我令旗令牌，得以行大軍誅賞之法，便宜行事的自由，而兵不精、賊不滅，臣亦無以逃其死矣。——他剿匪的主要精力用在向朝廷乞求權力上了。

朝廷一幹文官反對這樣做，就一直拖著——行政影響了政治，大明朝後來不得不亡也以此。而搞「團練」這一套，陽明教會了曾國藩，曾國藩又成了民國許多人的榜樣。

王陽明在民衆那裏獲得了肯定。在班師途中，他受到了良民百姓的焚香頂禮的跪拜。回師上杭，正趕上那裏久旱不雨，他就祈雨，還正好下了雨。百姓一面歡呼，一面覺得不滿足，讓他再求雨。他就又求，並向上天保證馬上班師，不再起刀兵。還正好又下了雨。百姓以爲他是神仙，說他的軍隊和求來的雨都是及時雨。他就作了篇《時雨堂記》——因爲人們要把他求雨的那個臺子叫做「時雨堂」。

他初來時還爲「瘡痍到處曾無補」而說氣話——還不如回南京舊草堂過清燈苜蓿生涯。今天看見了自己的「作品」，又高興得喜氣洋洋了：南氛平定，遍地農蓑下夕煙，人們又過上了太平日子。爲了這場雨，他一下作了三首詩。他從心裏「親民」。

爲了讓百姓長治久安，享受政教合一的陽光雨露，尤其是要教育好後代，他熱情地回應了下層的請求——奏請朝廷在樟南河頭地方建立一個平和縣。他將下級官員、民衆的一致要求轉達了之後，加以深度論證：我實地考察了一番，詢問父老，衆口一辭，都盼望著建縣，有地的出地，有山的自動奉獻木料和石頭，他們自發地來義務勞動，但不敢擅自蓋縣衙門。他們最怕的就是上邊不同意。王陽明「教導」皇帝：河頭形勢，系江西、福建兩省賊寨咽喉。今象湖、可塘、大傘、箭灌諸巢雖已破蕩，但難保有餘黨不再嘯聚。過去，亂亂相承，皆因縣治不立。若於此地開設縣治，正可以撫其背而扼其喉，盜將不解自散，化爲良民。除了可以安置新撫（招降來的）之民2000餘口，更重要的是設立學校，通過教育永久解決問題。他提醒皇帝：「若失今不圖，衆心一散，不可以復合；事機一去，不可以復追。」

俯順民情，是陽明的基本指導思想。現在，地圖上的平和縣就是這麼出來的。

另外，他還在橫水建立了崇義縣。規劃土地建築民房，鼓勵山民修建梯田，以解決山多田少的矛盾。還鑿山辟路，以通險阻，擴大交通以開化民俗。他的確是誠心讓百姓好起來，不是單單鎮壓了事。

何良俊在《四友齋叢說》中這樣評說陽明：「當桶岡橫水用兵時，敵偵知其講學，不甚爲備，而我兵已深入其巢穴矣。蓋用兵則因講學而用計，行政則講學兼施於政術。若陽明者其所謂天人，三代以後豈能多見！」

更讓他高興的是徐愛在霅上買了塊地，和幾位同學在等著他同去過臥龍躬耕壟上的日子。他用喜情幽默的筆調寫道：新地收穫少，那麼收稅也少，咱們再學學釣魚，——但是我現在卻須向千山萬壑夜發奇兵。「百戰自知非舊學」，我多麼想跟你們在一起，然而，然而……。

他雖然知道徐愛病了，也甚爲關切，幾次寫信垂問。但他沒想到他的這位「顏回」，不久卽到了別一世界。

而薛侃、陸澄等學生這一年都中了進士。陽明卻說：「入仕之始，意況未免搖動，如絮在風中，若不粘泥貼網，亦自主張不得。」他知道官場是個銷魂窟，心志不「老」很難不受其斫傷。他怕他們經不起這種害人的「進步」的考驗，現在又不能面談，只能讓他們從「平時功夫」，找「得力處」了。

他給別的同學寫信時說，他們考上，我眞正高興的是可以日後一起隱居田間了。這不是不當幾天官就沒有經濟能力去隱居的意思，而是指示其他同學莫以當官爲終焉之志。

4.制度養育心中賊

他在戎馬倥傯中給他的學生楊仕德寫信說：「破山中賊易，破心中賊難。」這兩句話本來是他慣用的「仿詞」運算式，後來——在新中國卻名聲大噪，成了他反動透頂的鐵證。其實他的本意只是：讓我來平定民間暴動，是殺雞用宰牛刀；眞正難辦的是掃蕩心中的邪惡。

心中的邪惡之所以難除，是因爲人們不以爲那是賊。國事如此不振，人心如此不古，就是因爲心中賊在作祟。本來人性是善良的，卻因賊（貪嗔癡）的盤踞而變了態。這個心中賊是指所有人都可能具有的道德缺陷，能破除之就是孟子說的大丈夫。他這是在激勵學生去進行艱苦的思想改造。人人都剷除了心中賊，則人人都是聖賢，社會就回到了羲皇上古、三代聖世。

相比之下，還眞是屬「山中賊」易破，「心中賊」只要你願意也可以破，最難破的是「制度賊」，制度中的「賊」不是你願意就能破得了的。心中賊會變成制度鬼，這個「鬼打牆」控扼了陽明一生。國家本來只是社會的工具、吏治也只是管理社會的手段，但是運作起來，國家和政治都成了目的，官成了「本體」。制度問題又大於官僚之間的虛與委蛇。眞正的賊還是在制度之中，制度中有賊性才使賊與制度同生共長。「盜賊蜂起」就說明不但制度的性質有問題，而且狀況也每況愈下了。缺乏社會公正與有效的教育，是產生民變的基本原因。「亂自上作」，是集權國家的普遍事實。至少，這個國家的狀況該由壟斷了所有政治、經濟、文化資源的「肉食者」負責。

他再三哀懇皇上，又給王瓊等大佬寫信，請求把巡撫改爲提督，賞罰以軍法行事，遲遲沒有回音。

他參劾一批失事官員，也獎勵了一批官員。中間齟齬頗多、糾葛難纏。難辦的還有財政，打仗是打錢呢。他想辦法疏通鹽法，讓南安等三個地方直接賣廣州的鹽，以保證軍餉。最難的是，害群之馬——太監見打仗就以爲來了發財的機會，浙江鎮守太監畢眞走內線，讓皇帝旁邊的太監說服皇帝派他去當剿匪部隊的監軍。這也是明朝的慣例。自然，太監監軍並不從明朝始，但在明代是登峰造極了，也是明軍在對外族作戰時屢屢失利的原因之一。陽明這種最怕受羈絡的英才，若頂上一個外行婆婆，便須帶上鐐銬跳舞了。朝裏有人好做官，又是王瓊保護了他，王瓊說：「兵法最忌遙制，若是南、贛用兵而必待謀於省城的鎮守，斷乎不可！」但還得給太監一點面子——若省城有警，南、贛軍隊必須救應。王瓊打了個太極拳，算圓了這個場。要無王尚書如此知人善任，而且不避嫌疑地一而再再而三地扶持他，他再有心學功夫也營造不出順利的官場環境，從而即使是龍，也得變成蟲。而王瓊也知道他陽明成功也是兵部尚書的功勞，瓊也是個別有奇情的幹材，才能英雄相惜，他憤慨地說：「國家有此等人，不予以權柄，還將有誰可用？」

現在有了「勢」，就可以作法使術了。他先改造部隊編制，以提高快速反應能力。他當年下過正經功夫，關鍵的時候只有心裏熟的東西能用上，沒有那時的紙上談兵現在很難如此行師，治兵又是用兵的基礎。他說：「習戰之方，莫要於行伍；治衆之法，莫先於分數。」這是兵法實相，眞正的戰爭不是《三國演義》式的「陣前苦鬥貔貅將，旗下旁觀草木兵」的那種街頭打鬥。

他的「治衆之法」就是強化等級之間的權力和責任，即所謂「分數」，也是建立制度。他的新編制如下：二十五人爲伍，伍有小甲；二伍爲隊，隊有總甲；四隊爲哨，二哨爲營；三營爲陣，二陣爲軍，軍有副將。副將以下，層層管制。儘管《明史》陽明本傳中赫然錄入，並說是「更兵制」之舉。其實，只是將古代編伍的單位的數目做了調整。

編伍完畢，發放兵符。每五個人給一牌，上寫本伍二十五人的姓名，使之聯絡習熟，謂之伍符。每隊各置兩牌，編文字號，一付總甲，一留陽明的總部，叫隊符。相遞有哨符、營符。凡有行動，發符徵調，比號而行，以防奸弊。平時訓練，戰時進退都集體行動，有效地改變了明朝地方部隊一盤散沙、死了跑了都沒人管的疲軟局面。現在他可以治衆如治寡，綱舉目張了。

5.像情書的檄文

磨到九月，才下達了至爲金貴的上諭，給了他得以放手工作的權力。聖旨出於王瓊手筆，自然要論證一番，在幾省交界的山嶺地區，盗賊不時生發，東追則西竄，南撲則北奔。地方各省相互推託，因循苟且，不能申明賞罰，以勵人心。——這些都是把陽明奏疏裏的話變成了再傳達下來的指令——下學上達，下級教上級，能教會了還得謝天謝地。權力資源的壟斷者授予他提督軍務、調配錢糧、處理下級、殺死被捕賊人的全權。可以便宜行事，只是不要像過去的官員那樣濫用招撫的辦法。欽給旗牌八面。他有了調動軍隊的自主權，爲平寧王預留了先著。

有了權力，陽明就有了能力。而一些庸才有了權力以後更顯出沒有能力。

樟南平了，他將重點轉到南康、贛州。這裏西接湖南的桂陽、南接廣東的樂昌，王認爲這一帶的桶岡、橫水、左溪的暴動部隊荼毒三省，威脅極大，若竄入廣東，形勢更難平定。另外，浰頭上、中、下三個山頭都是池大鬢（仲容）的勢力範圍。他們與橫水的謝志珊部同是南贛最大的暴動部隊。王想攻打橫、桶，又怕浰頭的人過來夾擊。遂想辦法穩住浰頭這一邊，只能用「撫」的辦法，這是不符合上諭要求的。

當時，有人主張三省會剿。陽明不以爲然。他跟皇帝說：廣東狼兵所過如剃，毒害民衆超過土匪，會激起更大的民變。

與過去哄騙朝廷和民衆的假招撫不同，他想和平解決而且是真正地永久解決。妥善安置樟南「新民」就足見他是從利國利民的根本利益出發。現在，他的第一個舉措便是派人去招撫樂昌、龍川的浰頭人衆。他眞正的拿手好戲是攻心術。上次平樟南時，領著家屬投降的人差不多都經陽明安置而復業了。他不願意多事殺戮。他講過，殺是爲了不殺。——歷史上的淸官最高也就是這樣了。

他給山洞裏的暴民們送去牛、酒、銀子和布匹，讓暴民們的家屬先暫時食、用。並寫了封可入歷代名劄選的《告諭浰頭巢賊》：本院以弭盜安民爲職，一到任就有百姓天天來告你們，所以決心征討你們。可是平完樟寇，斬獲七千六百餘，審理時得知，首惡不過四五十人，黨惡之徒不過四千餘，其餘的都是一時被脅迫，於是慘然於心，因想到你們當中豈無被脅迫的？訪知你們多大家子弟，其中肯定有明大理的。我從來沒有派一人去撫諭，就興師圍剿，近乎不教而殺，日後我必後悔。所以，特派人向你們說明，不要以爲有險可憑，不要覺得眼前人也不少,比你們強大的都被消滅了。

然後開始運用心學理論：若罵你們是強盜，你們必然發怒，這說明你們也以此爲恥，那麼又何必心惡其名而身蹈實？若有人搶奪你們的財物妻子，你們也必憤恨報復，但是你們爲什麼又強加於人呢？我也知道，你們或爲官府所逼，或爲大戶所侵，一時錯起念頭，誤入歧途。此等苦情，甚是可憫。但是你們悔悟不切，不能毅然改邪歸正。你們當初是生人尋死路，尙且要去便去；現在改行從善，死人尋生路，反而不敢。爲什麼？你們久習惡毒，忍於殺人，心多猜疑，無法理解我的誠意，我無故殺一雞犬尙且不忍，若輕易殺人，必有報應，殃及子孫。

但是，若是你們頑固不化，逼我興兵去剿，便不是我殺你們，而是天殺你們。現在若說我全無殺你們的心思，那也是誑你們。若說我必欲殺你們，也決非我之本心。你們還是朝廷赤子，譬如一父母同生十子，二人背逆，要害那八個。父母須得除去那兩個，讓那八個安生。我與你們也正是如此。若這兩個悔悟向善，爲父母者必哀憐收之。爲什麼？不忍殺其子，乃父母本心也。

你們辛苦爲賊，所得亦不多，你們當中也有衣食不充者。何不用爲賊的勤苦精力，來用之於農耕、商賈，過正常的舒坦日子。何必像現在這樣擔驚受怕，出則畏官避仇，入則防誅懼剿，像鬼一樣潛形遁跡，憂苦終身，最後還是身滅家破。有什麼好？

我對新撫之民，如對良民，讓他們安居樂業，既往不咎，你們已經聽說。你們若是不出來，我就南調兩廣之狼達，西調湖、湘之土兵，親率大軍圍剿你們，一年不盡剿兩年，兩年不盡三年，你們財力有限，誰也不能飛出天地之外。

不是我非要殺你們不可，是你們使我良民寒無衣、饑無食、居無廬、耕無牛。想讓他們躲避你們，他們就失去了田業，已無可避之地；讓他們賄賂你們，家資已被你們掠奪，已無行賄之財。就是你們爲我謀劃，也必須殺盡你們而後可。現在我送去的東西不夠你們大家分，你們都看看我這篇告示吧。我言已無不盡，心已無不盡。如果你們還不聽，那就是你們辜負了我，而不是我對不起你們，我興兵可以無憾矣。民吾同胞，你們皆是我之赤子，我不能撫恤你們，而至於殺你們，痛哉痛哉！走筆至此，不覺淚下。

這簡直像情書。情真意切、情到理到，根在陽明「意誠」，才能這麼酣暢淋漓得仁至義盡。只有堅持人性本善的思想家才能如此，寫出這樣的信，也是善良出來的能力。

這顆精神炮彈，很有作用。一是直接感動了住在山洞裏的瑤族酋長，如金巢、盧珂，他們率本部來投誠，參加了後來的圍剿戰，尤其是盧珂，破池大鬢時立了功，後來陽明保舉他做了官。二是對暴動部隊起了心理破壞作用，使他們思想動搖、精神渙散，且疑且懼，鬥志瓦解。他們不知道陽明正在反對用土兵狼達來會剿。首領藍廷鳳準備投降，而這時王的部下如伍文定等已率部隊突飛猛進，到達了他們的洞口，是冒雨而至，他們猝不及防，遂倉促敗逃。官兵搗平幾個大的洞巢，陽明也落下「多詐」的名聲。

那一帶的巢穴已是漫山遍野，就是沒有統一的領導核心，從而沒有協同作戰的能力，幾乎是等著官軍各個擊破。像自然經濟一樣，他們的政治形態也得等待自然發育——假若官軍不來圍剿，他們靠互相兼併來形成統一的武裝。往往不等大軍來剿，他們已經互相殺得元氣大傷，幫了官軍的忙。他們受地域、種族等自然因素的制約，不大容易聯合，而且每一粒沙都要自成皇帝，不到萬不得已不肯附屬於別的山頭。相互之間還難免因有些小矛盾而彼此幸災樂禍，觀望不救。根本想不到這回是你，下回就是我。他們最大的願望就是多活幾天，而且是活了今天不管明天，街死街埋路死路埋，完全是挣命式的活法。

例外的是號稱「征南王」的謝志珊，在大敵當前時，能夠聯合陳曰能、廣東樂昌的高快馬，大修戰具，還製造呂公（姜子牙）戰車——登高望敵、發連弩、拋石。他們不但組織起來，還定了聯合攻防計畫，想趁廣東兵在府江時，打破南康，然後乘虛入廣。

那些知府一級的官員主張先打桶岡，那裏是暴動的重鎮，還可以與湖南的兵一起夾擊，大形勢有利。陽明又站高望遠，謀勝一籌。他說：諸賊爲害三省，其患雖同，而事勢各異。就湖南言之，桶岡是賊之咽喉，横水是腹心；就江西言之，則横水是腹心，而桶岡是羽翼。若不就腹心著刀，而去羽翼拔毛，是舍大取小。而且進兵兩寇之間，腹背受敵，勢必不利。現在横水之敵，見我尚未集合兵力，以爲戰期還遠，又以爲我必先去桶岡，而心存觀望，乘敵不備，急速出擊，必可得志。拔除横水之敵，揮師桶岡，則成破竹之勢，桶岡之賊則爲甕中物矣。

他的指揮部設在南康，離橫水只有 30 里，先派遣 400 餘人潛上制高點，埋伏在暴動部隊的據點前後。雖然已是十月中旬，但山上還在下雨。洞中的人以爲下雨，官軍必不來，官軍偏偏來了，從山谷吶喊鼓噪推進，暴動部隊出來迎戰，山頭的官軍，舉旗大喊：「我們已打下老巢！」暴動部隊見到處都是官軍，真以爲山洞都被佔領，各以爲只剩下自己這一夥了，再無鬥志，潰亂不成氣候，或降或逃，所有的準備都沒用上，糊里糊塗地失敗了。

這一仗，破除 50 多個巢穴，斬首級 2168 顆，擒斬首領 56 人，俘虜了暴動隊員及其家屬 2324 人。橫水首領謝志珊（也是這一帶的聯動司令）被活捉。

王問謝：「你何以能網羅這麼多同黨？」

謝說：「也不容易。」

王問：「怎麼不易？」

謝答：「平生見世上好漢，斷不輕易放過；多方勾致之，或縱之以酒，或幫他解救急難，等到相好後，再吐露實情，無不應矣。」

陽明感慨系之，讓帶走謝，就地正法。然後對跟著他的學生說：「我儒一生求朋友之益，不也該這樣麼？」

高攀龍語錄中有這樣一則，有人問錢德洪：「陽明先生擇才，始終得其用，何術而能然？」德洪說：「吾師用人，不專取其才，而先信其心。其心可托，其才自爲我用。世人喜用人之才，而不察其心，其才止足以自利其自己矣，故無成功。」高攀龍的結論是「此言是用才之訣也。然人心地不明，如何察得人心術？人不患無才，識進則才進，不患無量，見大則量大，皆得之於學也」（《明儒學案》卷五十八）。

高攀龍沒有說到究竟處。關鍵在於「意」，「識」從意來，有「意」才有識，意高了才「識進」、才「見大」，所謂得之於學，能提高「意」的才是學。

6.上善若水

徐愛，早就跟陽明說自己活不了多大歲數。陽明問他爲什麼這麼說。他說，他曾夢遊衡山，夢見一個老和尚撫著他的背，對他說：「你與顏回同德。」過了一會兒，又說：「也與顏回同壽。」陽明說：夢而已，何必當眞，你也太敏感了。

徐說：這是無可奈何之事。但願能夠早日退休，希望能夠專門修證先生的學說，朝有所聞，夕死可矣。

他是個心中賊盡除的大善人，是王學門徒中最爲明誠的第一賢人。在陽明眼裏，徐愛是心學的活樣板，最能體現他教學效果的好學生。在南京時，徐是兵部郎中，主要精力用於組織王學門徒的學習。他曾勸陽明：「道之不明，幾百年矣。今幸有所見，而又終無所成，不是最痛心的事情麼？願先生早歸陽明之麓，與二三子講明心學之道，以誠己身又教後人。」陽明說：這也是我的志向。

當陽明接到南、贛巡撫的任命，再三辭職，在杭州、山陰泡蘑菇時，曾打算堅臥不出。徐愛卻說：「不好。現在，外面物議方馳，先生還是就任走一遭。我與二三子先支撐著，等著先生了事回來。」現在，聽到徐的噩耗，陽明大放悲聲：「今天，就是我回到陽明之麓，又有誰與我同志！二三子均已離群索居，我再說話，還有誰聽？我再倡議，還有誰回應？還有誰來向我問道？我有疑惑，還有誰和我一起思考？嗚呼，徐愛一死，我餘生無樂矣。我已經無所進，而徐愛的境界正進而不可限量。天喪我！就讓我死算了，又何必喪知我最深、信我最篤的學生！我現在無復有意於人世矣。」

陽明哭得哽噎不能食，持續了兩天多。人們都勸他進食，但無效。他原先想的是萬一他先死了，讓徐愛實現他的「無窮之志」。現在倒過來了，我替他活著。他決心等這個冬天結束兵戈，在明年夏天之前，「拂袖而歸陽明洞」。二三子若再跟從我，就再回到有徐愛主持的時代。即使舉世不以我爲然，我也不改其志，等百世之後有理解我的人出來，徐愛泉下有知，一定會糾正我的昏聵、改變我的懶惰，使我們的事業終有所成。

他入贛以後，他的學生分了幾夥。有的在陽明之麓，卽山陰老家；有的在南京，守著他的舊攤子，並教導他過繼來的兒子，如薛尚謙；還有被他評價爲「通道之篤，臨死不二，眼前曾有幾人」的楊仕德，等等；還有一彪學生一直跟著他轉戰羅霄山脈、大庾嶺南北。

按一般的標準，打仗是成雄，講學是成聖。但陽明從來不把它們分作兩件事。他是在用他的學去打仗、體驗知行合一，打仗也正是進學的好機會，是「在事上磨煉」的教學實習。不管多麼忙，也堅持「正常教學」，用他的學生的話說，就是出入賊壘，未暇寧居，亦講聚不輟。在事上煉的關鍵是煉意──「意」是心學的核心穴位，「意」是內外交匯的點。「意」至少包括感受力、理解力、判斷力、想像力。意是人格和能力的最為直接的構成元素和表現。

面對民變，他的「意」不同於一般的官僚的「意」。他反對單純軍事觀點，他認為治本的辦法是昌明政教，他強調綜合治理，反對不教而殺。每平定一方，他就奏請建立巡司或縣級政權，一共建立了三個縣：平和、崇義、和平。命名體現著儒家的作「意」。為加強基層的權力密度、強度，以延展皇權的長度，以保證百姓生活在國家的懷抱裏，他恢復了久廢的洪武爺的「鄉約」制度，用他們擔負起日常管理鄉民的工作，保持基本的社會公正與禮儀生活秩序，教化子弟改惡從善。有條件的地方，他就建立社學。他認為「民風不善，由於教化未明」。移易風俗，建立社學是最為實際易行的。他的各路學生也在鄉村政教建設方面做出持久的努力和貢獻。西方學者對他這套鄉村自治的成績相當重視，並由此推論：過去說王陽明是唯心主義，是犯了多麼大的錯誤。

7.眞誠的權術

陽明先打橫水、桶岡時，給浰頭的池大鬢打了一招太極拳——就是去招撫他們，他們若聽招固然上好，若不聽也穩住他們暫時別動。現在，陽明騰出手來了，可以調頭專意對付這股最大的暴動隊伍了。

池大鬍子見到陽明的招降書，說：「我等爲賊非一年，官府來招非一次，告諭何足憑？先看金巢等受撫後無事，再降不晚。」

金巢投降後，受到陽明的禮遇和「重用」——讓他帶領 400「新民」一起去攻打橫水。橫水既破，池大鬍子緊張了，讓他的弟弟池仲安投降，意在緩兵，刺探虛實。他不怕陽明這幾個文官領的鄉勇、捕快，也知道調廣東狼兵，來不能速，留不能久，調來須半年，我不用一個月就跑了。他沒想到這回剿是實剿，撫是眞撫，不再是虛應故事、敷衍了事。

桶岡破後，他知道這回該輪到他了。便玩假和眞打的伎倆，一方面示意投降，一方面加緊戰備。陽明何等人也，察覺他的戰備，派人送去牛、酒，問他想幹什麼？他說，龍川「新民」盧珂等要來偸襲他，是爲了對付盧珂他們。

王假裝相信了他的話，飛檄怒責盧珂擅兵仇殺，並讓人伐木開道，表示大兵將去討伐。暗中卻調集各府的兵力，準備收拾池大鬍子。池對於王這一套動作是且信且怕，又派弟弟做特使來致謝，意在刺探眞假。恰好盧珂來報告池的反意。

陽明跟盧說：「我對著池的人將故意毀你，你再重來一回，受杖三十，關押幾天。」盧受此特別信賴，無比高興。果然招搖而來，王故意讓池的特使看著，將盧拿下杖打，又怒數其罪狀。池聽說後，稍安。他哪知道王已讓盧珂的弟弟回去集兵。而打盧的衙役都經王密囑，貌似死打其實並不著力。王心細如髮。

王通知這個在地圖上叫做「小溪驛」的地方要大事張燈結綵，慶祝和平豐收。池已鬆弛下來。王又派人給他們送去大明的曆法，表示讓他們像常人一樣耕種生活，並邀請他們來觀燈，因爲正是臘月根子了，希望他們一起來過年。並傳諭：因爲盧珂在押，池還是不要撤銷佈防，以防珂黨掩襲。池這回相信了王的誠意。爲了回應恩典，他領著 93 個小頭目，皆兇悍之徒，來到教場，但只派幾個人來見王。若一旦有詐，他們就從外邊跑了。王佯怒以示眞誠：「你們都是我的新民，現在不入見，是不相信我。」並買通池的親信，讓他告訴池：「官意良厚，何不親自去謝，也讓盧珂無話可說。」池相信了，他說：「欲伸先屈，贛州（指陽明）伎倆，須自往觀之。」

王派人將他們領到早已佈置好的祥符宮，土匪們見屋宇整潔、堂皇，喜出望外，王給他們青衣油靴，教他們演習禮樂，確實察看他們的意向。察覺到他們終是貪婪殘忍的歹徒，難以教化。又聽到百姓痛恨他們，且罵他這樣做是「養寇貽害」「養虎貽患」。他才下定最後殺他們的決心，並派回盧珂等偷襲池寨。

池等請歸。王說，從這裏到浰頭八九日的路程，怎麼走也回去過不成年了。而且一回去還得來拜正節，白跑什麼！他還想盡最後的努力軟化他們。他們做賊心虛，不敢久留，更不肯真投降，就又請求走。王說：「大年節還沒賞你們呢。」

拖到正月初二，王讓人在祥符宮大擺宴席，晚上潛入甲士，讓他們喝到天亮，把他們送上了西天。

王大傷其心，到了近中午時，還不吃早飯，心中悲痛，爲自己不能感化他們而難耐煩惱，直到頭痛大眩暈，嘔吐一場。他顯然是個感情豐富的人，他強調心體不動，首先是一種自救——勞人苦命才嚮往皈依一種超驗的絕對本體來超度自己。

但這不妨礙他早已做好了進剿三浰的戰鬥準備，並寫好了發兵的告示《進剿尊賊方略》《刻期進剿牌》。這也許就叫做感情不能代替政策罷。而且這次是他親自帶兵直搗大巢。諸路兵均按王的部署，如期而至。

池的營寨既無首領、又無防備，突然從天上掉下來這麼多官軍，自然驚恐，但畢竟是老練的居多，他們有 1000 精銳，在龍子嶺據險伏擊，挫敗幾輪進攻，終於寡不敵衆，有 800 多人奔聚九連山。

九連山四面險絕，只有一面可上。他們從上面滾大石頭、木頭，官軍不敢靠近。陽明讓官軍穿上暴動人員的衣服，黃昏時，詐稱也是失敗而來的同夥。山上果然熱情地將官軍招呼上來，等到發覺不對，爲時已晚，大軍隨之闌入。他們支持不住，退走潰出。下面能走的地方都是官軍的伏擊點，連殺帶捉，很快就只有

200 來人了，他們乞降。陽明當然願意少殺，並很快作爲新民把他們安置了。

五月還沒過完，他便大功告成，這一帶長年暴動不已的地方，被他用最低的成本平定了。他領導著文官和地方兵、鄉勇完成了以往大部隊完不成的任務，而且他還長久地解決了防止暴動再發的問題，給新民們土地，讓這一帶的人用廣東的鹽，省得受徽州鹽商的盤剝，建立鄉約、新的縣城、社學等等。用《明史》本傳上的話說：「守仁所將皆文吏及偏裨小校，平十年巨寇，遠近以爲神。」

他自以爲活兒幹完了，便又向朝廷遞了情真意切的辭呈——他祖母病危，他父親也有病，他還想著繼承徐愛的遺志，在陽明之麓修證聖道。

等到十月，聖旨才下：所辭不允。此前，六月份朝廷提他爲右都御史，賞賜讓他的兒子爲錦衣衛，世襲百戶。他立即上疏辭免，十二月下旨不允。但真正落到他兒子正憲頭上，是幾年以後的事情了。

更爲滑稽的是，他打完桶岡，湖南的大兵才到，他還得勞師辭謝；他已平定浰頭，廣東還不知道呢。實踐證明他反對三省會剿是正確的，興大兵只能給百姓帶來更沉重的負擔。

百姓心中有桿秤。

他班師回贛州，一路上，百姓沿途頂香迎拜。所經州、縣、衛所都給他立生祠。偏遠的鄉民，把陽明的畫像列入祖堂，按節令禮拜。——就這點來說，他真成功了，他希望活在人們的心中。但他眞誠地說：「未能干羽苗頑格，深愧壺漿父老迎。」這份愧是包含著幾分欣悅的，是沒有最好、只有更好的意思。

他更希望民衆過上好日子，能夠太平和諧地生活。武力不能解決根本問題：「莫倚謀攻為上策，還須內治是先聲。」所以他稍事修整之後，即重建鄉約制度，讓德行好的「老人」教化那些性情不穩定的青少年，以貫徹「內治」為先的原則。知行合一還貴在持之以恆。

至於他本人，毫無居功自得之意。他說：「微功不願封侯賞，但乞蠲輸絕橫征。」他知道，橫徵暴斂是民不聊生的原因，民不聊生是民變迭起的原因。他向朝廷建議過幾項減免租稅的方案，但效果甚微。在龐大的帝國及其成法慣例面前，他這點微功、這個小官，等若輕塵，微不足道。

8.學用一體

給皇帝上了告捷書以後，陽明居然設酒犒勞跟著他的學生。學生們大惑不解，問老師這是為什麼？王說感謝你們呀。學生們更納悶了，我們並沒有做什麼啊！

王說：「剛開始時，我登堂處理問題，尤其是有所賞罰時，不敢有絲毫的大意率性，生怕對不起你們，怕與我平時給你們講的不一樣。處理完那些事情，還不安，跟你們在一起時，還想著那些事，反省賞罰分明公正否，想著如何改過。直到登堂與跟你們在一起時一樣自然隨心，不用加減，這才心安理得。這就是你們給我的幫助，不用事事都得用嘴說。」

陽明從心眼裏要將學與政、思與事統一起來，才肯把學生當成自己是否知行合一的監督者。沒有這份「誠」，便一切都無從談起。學生們聽了這番話，都只能更嚴格要求自己。

打完仗，才只是恢復到正常情況，如何安置「新民」，並把他們教化成良民，就成了新的中心工作。新民成分複雜，有的心懷反復之計，面從心異，假裝驚恐，暗中準備東山再起。對這種人一味仁慈，也是既害了他們，又毀了別人。所以他繼續戰備，殺企圖再作亂者。他跟孔明一樣，事無巨細，都認眞對待，生怕有一絲紕漏從而前功盡棄。這種活法本是好累好累的。但他還能從容講學，不管多麼忙亂，他都能一派從容。他的確主一提住了心。

治衆須用「法」。他讓贛州官署多用紙張大量印刷他的《告諭》，發給各縣，查照十家牌甲，每家給予一道。鄉村山落也家喻戶曉。他認爲亂生於風俗不美，風俗難以一下盡變，先易後難，先就其淺近易行的開導訓誨：居喪不得用鼓樂、做佛事，將資財用於無用之地，等於從親人身上斂了財物，然後把它們投入水火之中；有病求醫，不要聽信邪術，專事巫禱；嫁娶不得講究財禮，不得大會賓客，酒食連朝；不得迎神賽會，百千成群；不得以送節等爲名奢侈相尚等等。誰若違反，十家牌鄰互相糾察，容隱不舉者十家同罪。

他還發佈了許多正面的告諭，建孝順坊，讓大家孝敬親長，守身奉法，講信修義，息訟罷爭。旨在作興良善，改善民俗。

應該特別一提的是，他保護商人的合法權益。他有一道《禁約榷商官吏》的文告，禁止官吏藉故敲詐商人。當時爲籌集軍餉，又不願加重貧民負擔，對商人實行了三分抽一的高稅辦法。他知道商人終歲離家，辛苦道途，以營什一之利，相當不容易。而一些衙役們肆意敲剝客商，違反了他的本意。「求以寬民，反以困商，商獨非吾民乎？」他放寬稅法，對小本經營的賣柴炭雞鴨的一概免抽，衙役不得擅登商船以盤查爲名，侵犯騷擾。商人可以赴軍門告發，照軍法拿問衙役。不打仗了，他便讓地方官重新規定應抽、免抽的例則。

在他衆多的公移文告中，有一道「優獎致仕縣丞龍韜牌」。他愛實地訪察，問百姓對某事某官的看法、對某項政策的態度，這回是訪得贛縣退休縣丞龍韜，平素居官清謹，不肯貪污，所以老了退休後，居然不能自保生活。人們還都笑話他。這讓陽明大爲憤慨：「夫貪污者乘肥馬衣輕裘，揚揚自以爲得志，而愚民競相歆羨；淸謹之士，至無以爲生，鄉黨鄰里，不知周恤，反而譏笑。風俗惡薄如此，有司豈能辭其責？」遂馬上下令給他錢糧若干，並以此爲例「廣而告之」：「務洗貪鄙之俗，共敦廉讓之風。」

9.大學中的小

這些，都是零零碎碎的事情，可以見陽明不足以盡陽明。他做的大事是在這年（正德十三年）七月刻印了古本《大學》和《朱子晚年定論》。他覺得這是比平匪戡亂要意義更大的「破心中賊」的實事，那一時的事情無法與這永久的事情相比。

與陸九淵重視《孟子》不同，陽明首重《大學》次重《論語》。一開始還是在講學中、書信中，言及道及地按自己的思想來解釋，現在，他也要運用教材的力量來普及自己的思想、在更大的範圍內春風化雨了。

他在《大學古本序》（這篇千字文，他修改了五遍）中說：「大學之要，誠意而已矣。」而朱子的新本弄成了以「格物」爲主題，所以是支離。但是也不能單講誠意而不格物，那是蹈虛；不追求致本體之知，那就是誤妄。陽明要弘揚的理路是這樣的：心體一旦發動，不能無善，於善念上用功，才是誠意。這與淨土宗念佛法門若合符節——訣竅在一起念頭就念阿彌陀佛。這叫做：「不怕念起，就怕覺遲。」他在別處說過：「欲正其心在誠意，始有著落處。」（《傳習錄》下）正心是誠意功夫所達到的境界，即意達到「未發之中」的境界（《傳習錄》卷上「正心是未發邊，心正則中」）。那麼，如何「誠意」呢？陽明認爲需「致知」（不久明確提出「致良知」），知一念善便「去好善」，知一念惡便「去惡惡」，致知功夫落在「爲善去惡」上，他又說過「爲善去惡」就是格物。這個本是一貫的正心、誠意、致知、格物，就是本來的「大學之道」。

他去掉了朱子的分章補傳，在旁邊加上了自己的解釋，以指引學者正道。這就是他的《大學古本旁釋》，儘管這本書不如他的《大學問》影響大，但是他動員當時一些著名學者如湛甘泉、方獻夫都改信了古本《大學》，他還爲此著實激動了一些時候。因爲這樣就是在誠意的主導下來格物了，也等於把格物這個理學的基石性概念納入了心學的體系。

他不僅弄出了兩個《大學》，還要弄出兩個朱子：中年未定之朱子，晚年定論之朱子。所謂《朱子晚年定論》，是把朱與心學題旨一致的書信言論收集起來，稱爲朱的最後結論，與此相矛盾的話都是朱子也後悔了的錯誤言論。這是一招很「損」的以子之矛攻子之盾的「術」。陽明運用打仗的戰術來解決學術分歧，不是一般學院派學者能想出來的做法。很多話簡直就像王陽明說的——儘管都是朱的原話。

世界哲學史上雖充滿了早年、晚年主旨大異的哲學家，但朱子絕對沒有必要「大悟舊說之非」，以致於「痛悔極艾，至以爲自誑誑人之罪不可勝贖」。陽明是讓朱說王自己想說的話，以杜天下之口。然後把自己說成是與眞朱子心理攸同的戰友。而世間流傳的朱子學，如《集注》《或問》之類，乃其中年未定之說，後來「思改正而未及」，而《語類》乃是其弟子挾勝心以附己見的東西，與朱平日之說亦大相乖戾。世人學了朱子「悔」的，不學朱子「悟」的，不知已入了異端，還日日競相喧囂以亂正學。

朱子一生說了千百萬言，王不想完整全面地理解朱子，只是想唯我所用，所以找出萬把字的自我批評、悔其少作的話，當做向心學投降的懺悔錄。其主題有二：一是覺得過去只是講論文義，誠是太涉支離，後悔病目來得太遲了；二是因不能再看書，卻得收拾放心，正心誠意，直下便是聖賢。陽明很得意他編輯出這樣的「定論」——聲稱「無意中得此一助！」，其實，他早在南京時，便開始摘錄，等到他在剿匪實踐中證明自己悟通的大道是可以在日用中驗證了，正好也有了些名頭，就差來自權威的支持了，便讓這部經他「邏輯重組」的《朱子晚年定論》適時出臺，不惜委屈自己——讓朱子得發明權——「予既自幸其說之不謬於朱子，又喜朱子先得我心之同然」。「先得我心之同然」是孟子論證人我之心直接相通之謂仁的基本原理，也是心學的看家功夫。

然而，陽明這事做得不良心，他的勝心變成了私欲就遮蔽了廓然大公，他完全知道他摘錄的並不全是朱子晚年的說法，他心中清楚沒有《朱子晚年定論》這麼回事，完全是他出於自己的需要斷章取義、獨提所好造出來的，他對自己也一向尊敬的朱子用了心術，就算他完全得手，他也該心中有愧，事實上他這麼故意地作案，對他的爲人和學術都帶來巨大的負面影響，譬如對他非常尊崇的劉宗周在這件事上就力辯陽明之非。述朱的和立場中正的駁難更是理據洶洶。桂萼上揭帖「罷封爵、禁僞學」，理由之一就是他搞這個《朱了晚年定論》。明清之際批王學的一個焦點也是這個《朱子晚年定論》。

朱子至少跟 430 人通過信，保存下來的有 1600 多封，陽明只從 34 封中做了摘錄，有的一封信只摘幾行，這 34 封信，可以確定爲早年寫的 5 封，確定爲晚年的 10 封，還有疑似晚年的 8 封，不確定的 11 封，就憑有 5 封早年的就足以推翻晚年定論之說，更何況如果 10 封信中的幾句話就是晚年定論，那可以編出許多《朱子晚年定論》。關鍵是去此取彼完全是以意爲之，完全是爲了「證成高論」（羅欽順）。如果，有人故意找了許多陽明說朱子好的、把良知等同朱子天理意思的話，是否可以說這是陽明子的晚年定論呢？

王陽明把善說成是人的自然本質，只要有個向善的態度、去掉來自經驗界的外加的東西，就可以實現人性的復歸，明心見性就是至善了。只做誠意的功夫簡易直接又自然得道！王陽明的事功又正好證明了他的學說是相當有用的。既有用又合道義的學說不是天下最好的學說麼？不再劃分兩個世界，讓人從此岸（事實世界）努力到彼岸（意義世界），而是一腳踏在意義世界上，只要能「明明德」就自然無施不可了——要講學就講學，要打仗就打仗。後生小子怎麼能不趨之若鶩呢。

物極必反。陽明死後不久，王學內部就出現了「承領本體太易」「隨情流轉」的現成派。生於嘉靖元年，死於萬曆三十三年的王時槐，這樣概括其流弊：

學者以任情為率性，以媚世為與物同體，以破戒為不好名，以不

事檢束為孔顏樂地，以虛見為超悟，以無所用恥為不動心，以放其心而不求為未嘗致纖毫之力者多矣，可歎哉！（《三益軒會話》）

10.教典問世

與此大好形勢相配合，這年八月，他的學生薛侃在贛州刊行了老師的語錄——《傳習錄》。這個《傳習錄》只是今天的《傳習錄》上，包括徐愛記錄的一卷及序二篇、和薛侃與陸澄記錄的一卷。而《傳習錄》中，是嘉靖初南大吉刊行的陽明論學的書信。《傳習錄》下，則是陽明死後，錢德洪等纂輯許多學生保留的記錄而成，未經陽明審定，所以顯得有些亂。

薛侃所刻的這個《傳習錄》的主題若要一口說盡，就是：「《大學》工夫即是明明德；明明德只是個誠意；誠意的工夫只是個格物致知。……誠意之極便是至善。」它針對的是朱子「新本」《大學》先去窮格事物之理，莽莽蕩蕩，無著落處，還要添加個「敬」字才能牽扯到身心上來。這是朱子新本先格物後誠意的大弱點。而聖人的古本原定的次序就是誠意在格物前，不須添一敬字，以誠意爲起點，就返本復原了。

這倒眞不是什麼文字遊戲，而是一個基本立場問題，也是一個體系的邏輯原點的設定問題。何者爲先，關係到全部努力的方向和結局。按心學說法，格物爲先，就會追逐外物，步入支離之境，生有涯而知無涯，心勞力拙，越努力離大道越遠，因爲起腳就走上了旁竇邪路（科學主義、工具理性正是這條路）。而王陽明的以誠意爲起點，則一上道就在意義軌道上，每活一天都是在爲自己的「心」的意義最大化而做工夫，當然可以在誠意的率領下去格物致知，並不反對一般的格物，只是給格物一個明確的爲善去惡的方向。而所謂的誠意也就是爲善去惡。

這叫做「德有本而學有要」。不得其本不得其要，高者虛無、卑者支離，而本要都在求本心。心外無事，心外無理，故心外無學。陽明的這些思想也不是空穴來風，只是他此前的諸如此類的傾向的一個極簡的總結。

早在英宗正統年間，理學家薛瑄、吳與弼等就開始反對「述朱」式的思想牢籠，強調從「整理心下」入手，重振儒學躬行實踐的傳統。至成化、弘治年間，爲「救治」士林及整個社會的道德淪喪，胡居仁提出「以主忠信爲先，以求放心爲要」的「心與理一」的學說，目的在於「正人心」，反對朱子的「卽物窮理」論。他的基本觀點是「心理不相離，心存則理自在，心放則理亦失」（《明史》卷二八二）。陳獻章主張輕書重思，「學貴自得」，以爲靠書本找心是永遠也找不到的。只有找到了我心之後，再博之以典籍，那時則典籍之言，我之言也。否則典籍自典籍，我自我。這是王陽明、湛若水的先聲。

陽明推倒了朱子的「知先行後」，強調「格心」而非「格物」的道德修養工夫，主張教育的目的不在學習之後，而在學習過程之中，目的和過程均在「知行合一」中有機完成。德行和知識是內在統一的。不誠無物，誠則能成己成物。

《傳習錄》的刊刻流通，以及陽明完成的事功，都爲陽明學做了「廣告」，一時形成四方學者雲集的局面。這些遠來求道者，一開始住宿於「射圃」——教練射箭的體育場，很快就容納不下了，又趕緊修繕老濂溪書院，讓莘莘學子「安居樂業」。陽明也暫時無戰事，得以專心與同學講論「明明德」的功夫，指導他們以誠意、自信我心爲本要的修養方法，把爲善去惡的思想改造變成日常的自然行爲——這也就自然而然地把道德修養准宗教化了，它極形而上又極實用，既神秘又實際，能內向之極又外化之極，眞誠至極又機變至極，高度恪守道德又相當心智自由。而離開感覺的表達無法再現心學的魅力。

陽明學酷像 19 世紀末 20 世紀初在德、法相當流行的生命哲學，但既像柏格森，也像狄爾泰，更像魯道夫·奧伊肯（RudolfEucken舊譯倭鏗）。奧伊肯認爲，人是自然與精神的會合點，人的義務和特權便是以積極的態度不斷地追求精神生活。精神生活是內在的，它不是植根於外部世界，而是植根於人的心靈；但它又是獨立的，它超越主觀的個體，可以接觸到宇宙的廣袤和眞理（良知）。人應該以行動追求絕對的眞、善、美，追求自由自主的人格（知行合一）；只有當人格發展時，才能達到獨立的精神生活。精神生活決不會是最終的成就，因爲它始終是個隨歷史而發展的過程。歷史的發展就是精神生活的具體化，是它由分散孤立到內在統一的發展史。精神生活的本質就是超越自身，超出自然與理智的對立，達到二者的統一，達到與大全的一致（致良知）。精神生活是最眞實的實在。它既是主體自我的生活，又是客體宇宙的生活。精神生活乃是眞理本身（心卽理），它在個體身上展現是有層次的，不同的層次便是不同的境界。人應該以自己的全部機能，不僅以理智、更需要以意志和直覺的努力，能動地追求更高的精神水準（做工夫），如此才能擁有生活的眞正意義與價值（《生活的意義與價值》1997 年 1 月上海譯文出版社，萬以序）。就用這段話做《傳習錄》的提要吧。

第十回 智的直覺

1.寧王起事

正德年間，親王 30 位，郡王 250 位，文官 2 萬，武官 10 萬，衛所 772，旗軍 89.6 萬,廩膳生員 3.58 萬,吏 5.5 萬。當時國家夏季秋稅糧的總數是 2668 萬石，幾乎不夠支付一半的祿俸。所以王府久缺祿米，衛所缺月糧，各邊缺軍餉，各省缺俸廩。文武官益冗，兵益竄名投占，名數日增，實用日減，冗費更多，天下財物幾乎耗竭，百姓日益貧困。劉瑾幫助武宗斂財的所謂財政改革，隨著劉的滅亡而煙消雲散，局面更加混亂。寧王本是交通劉瑾的，給了劉兩萬金，劉爲其恢復了護衛編制。就像劉瑾搞改革時是確實需要改革了，但劉那一套不行一樣，寧王造反時是確實應該有人出來重整乾坤了，但寧王不行！

因爲寧王與正德一樣荒淫無恥，他無非是覺得那把龍椅朱厚照能坐，我宸濠便能坐。他爲了坐上那把龍椅，走的是「謀略」之路，因爲正德不與后妃同床，后宮那麼多女人沒有一個懷孕的，寧王想讓自己的兒子過繼給正德，十年來重賄掌權宦官和大臣，以實現軟著陸。但是正德太年輕，過繼或讓位都難確定，寧王準備的第二手是武裝奪權，網羅江湖死士，拉攏藩鎮軍官和占山爲王的峒酋。他們奪權的第一步是製造輿論，讓諸生、文官向皇帝上書稱讚寧王賢孝，「以彰聲譽」，反而成了愚蠢的自我揭發。武宗見奏吃驚：「保官好升，保寧王賢孝，欲何爲耶？」大宦官中的一派爲了排擠另一派，就起奏寧王與另一派有勾結圖謀不軌。寧王巴結武宗寵倖的一個優伶，行賄萬金還有金絲寶壺，武宗驚奇：「這麼好的東西，寧叔怎麼不獻我？」因沒得到寧王好處而不滿的小宦官說：「爺爺尚思寧王物，寧王不思爺爺物就罷了！不記得薦書了？」

武宗於是抄檢了那個優伶家，發現了許多深不可測的東西，武宗決定削除寧王護蕃的衛所，還沒想一下子就殺了寧王。因爲此前正德已同意讓寧王的兒子和自己一同參加一個祭祀大典，寧王覺得兒子過繼有望，有些放鬆。寧王派的密探得不到皇上密旨的意思，只知將派駙馬前來宣旨。慣例是全夥捉拿時，才派駙馬親王出來宣旨的。這種「誤會」激起了寧王提前舉事。本來，寧王是想在八月十五日，全國舉行秋試，大小官僚都忙那個時，舉大事。現在，事急，提前舉行。時在正德十四年六月十四日。

六月十三日寧王過生日，在南昌的所有的官員禮應、例應往賀。事實上正經官都去了。恰巧此前福建有軍官叛亂，兵部尚書王瓊讓陽明去戡亂。陽明六月初九自贛州出發。幸好他剛離開，否則他也得去爲王爺賀壽（因爲寧王是主子，他們不管官多大也是奴才），也得像其他官員一樣被寧王當場扣押。

寧王脅迫所有官員服從他，他聲稱是奉太后密旨，讓他起兵監國。他立即殺掉不服從的都御史等大官，把其餘的巡撫三司府縣大小官員或監禁或押著去衙門辦公，各衙門印信盡數收起，重新任命了一批官員，庫藏搬搶一空，在押的犯人一律釋放。他早已儲養的死士有兩萬，招誘的四方歹徒萬餘人，舉事之日，他的寧藩衛所的軍士正式出動，總共六七萬人，號稱十萬大軍，「舟楫蔽江而下」。聲言以迅雷不及掩耳之勢直取南京。

2.行間用詐

陽明十五日走到豐城縣界，典史先報告、接著知縣又報告：寧王反了。陽明覺得自己現在「單旅倉促」難以作爲，必須逆流北上。船家聽說寧王發千餘人來劫持陽明，不敢開船，謊稱逆流無風。一個參謀舉著香在船頭測試，煙的走向果如船家所說。陽明在船裏焚香祈禱老天爺給他刮北風，不一會兒，居然北風大作（王陽明跟皇上說「偶然北風作」），船家還是不肯開船。他的學生黃綰在《陽明先生行狀》中說王陽明居然拔出劍來親自削了船家兩個耳朵，船家被逼開船。——這是爲顯示他的耿耿忠心，其實需要削自有他帶的參謀削。船開到了黃昏時分，陽明也怕被寧王的人截獲，脫掉官服，潛入漁船中，還留下一個人穿著他的官服，迷惑寧王派來追捕他的人，這一招又見效了，在寧王的人盤查替身、並差點殺了替身的時候，陽明趕到了臨江府，知府出來說臨江離南昌太近，江面太開闊，不如去吉安府。

所有的資料都顯示：平宸濠的關鍵是攻心奇謀，王陽明一系列行間、用詐、布疑、伏擊、襲擊的先發制人之謀使他雖處絕對劣勢卻以出人意料的速度建立了不世之功，從而成爲世人和後人嘆服的「儒者之用」的奇觀、典範。《明史》說：「終明之世，文臣用兵制勝，未有如守仁者。」

他讓豐城縣官員大造進攻南昌的聲勢，讓知縣找親信戲子入省城，先給他們百金足以安置其家人，然後把陽明寫的「兩廣機密火牌」縫入他們的衣服中，仔細囑咐他們被宸濠捉住後怎麼說，還怕寧王不尋找這幾個間諜，「捉、放」了寧王第一軍師李士實的家眷，讓她「見證」了陽明與各路勤王部隊的聯絡過程後，假意要把她押上岸斬首，又故意留出空檔讓其逃走。李的家屬火急逃到南昌報告寧王。陽明讓豐城知縣搞了一個迎接「兩廣火牌」的入城式，生怕寧王不知道。

火牌的大意是：朝廷已派遣兩廣軍務都御史密於兩廣各地起調兵馬，「帶領狼達官兵四十八萬齊往江西公幹」，「仰沿途軍衛有司等衙門，卽便照數預備糧草，伺候官軍到達日支應。若臨期缺乏誤事，定行照依軍法斬首」。寧王下力氣搜查捉住了間諜，仔細審問，「果生疑懼」，不敢輕出。

陽明的船走了三天三夜（一說四天）到了吉安，每天假寫各種報帖，派乖覺人役，「日逐飛報府城，打入省下」。主要有《迎京軍文書》《兵部公移》：朝廷有密旨，讓兩廣、湖廣都御史暗伏要害地方，以待寧藩兵至。准令許泰領邊軍四萬，從鳳陽陸路進；劉暉領京邊官軍四萬，從徐淮水陸並進；王守仁領兵兩萬，楊旦領兵八萬，陳金領兵六萬，分道並進，刻期夾攻南昌。必須一舉並擧，不能打草驚蛇。因爲陽明手裏沒多少兵所以「分」在他名下的最少。其實他當時能調度的兵只有幾百人。這些東西想方設法投遞專送，有的徑送「賊壘」，還派「乖覺曉事之人」「差慣能走之家人」於交通要道張貼「順逆禍福之理」的告示、招降旗號等等。這些，果然「動搖省城人心」、鼓勵了「效義之士」。

還有隱蔽的反間計：他僞造了寧王部下的投降書、尤其是寧王倚重的大賊閔念四、淩十一的投降書，一時附順了寧王的其他土匪「人心動搖」。最漂亮的一筆是他專門給李士實、國師劉養正寫回信，感謝他們「精忠報國之心」，「然機事不密則害成，務須乘時待機有發乃可」。派他們家鄉的人送過去，這兩個謀士互相猜忌、拆臺，宸濠懷疑了他們，不肯用他們的謀略，最致命的如，陽明攻南昌，李士實堅決主張直撲南京，決不能回援南昌，寧王不聽。如果像當初迎國師那樣言聽計從，王陽明就不會得手了。

王陽明還分別給被寧王控制的官員寫信，讓他們隨機應變策應大軍攻城，給已經附逆了的官員寫信，表示只要反戈既往不咎，等等等等，陸陸續續、紛紛揚揚的各種消息、密報、告示，弄得寧王六神難安，覺得似乎已經衆叛親離。有接受王陽明的號召開始反水的。陽明用一支筆迤逗寧王錯失了初機。

王陽明十八日入吉安府的第一件事，是立即給皇帝上書言寧王反事，彙報自己牽制寧王以待大軍的辦法，還請示支用某部軍糧，懇請皇上立即破格提拔現在跟著自己幹的這幾個人的官職，並乘機嚴重地教導皇上：您在位十四年，屢經變難，民心騷動，還巡遊不已！當今想奪權的豈止一個寧王？「伏望皇上痛自克責，易轍改弦。罷出奸諛，以回天下豪傑之心；絕跡巡遊，以杜天下奸雄之望。」王陽明怕京城看不到，又派專人再送一道《飛報寧王謀反書》。然後怕寧王派人去把自己的老父抓起來，也趕緊派專人去通知家人躲避。

3.不動心才能神機運變

王陽明在臨江對前來回應他的下僚說：「宸濠若出上策，直趨京師，出其不意，則宗社危矣。若出中策，趨南京，則大江南北亦被其害。但據江西省城，則出下策，勤王易爲也。」所以，他頒發那麼多詔書、密旨、敕令就是爲了把寧王「留」在江西。有人問：這樣管用否？陽明說：不論管用不管用，且說他懷疑不懷疑？答：難免不疑。陽明說：只要他一懷疑，就成了。

寧王以爲朝廷這樣嚴陣以待，出擊會不利，遂留兵南昌以觀變化。等到七月三日，才看出都是假的。這才開始出兵，想一路打到南京去。留下一些人守南昌。這個呆王已失去了寶貴的戰機。而陽明卻贏得了充分的調集人馬糧草的應戰時間。朝廷接到了陽明的飛報，也在兵部尚書王瓊的主持下，下了許多詔書，先消除寧王的合法地位，後調兵勤王。都是些遠水不解近渴的措施。

朝廷沒有態度，許多人怕寧王成了第二個永樂皇帝，人情洶洶、人心危疑，而且各種戰前準備紛繁囂攘，陽明先生居然在兵發吉安的前夕，拜謁了螺山文天祥忠義祠。面對著文天祥的遺像，回味著丹心照汗青那選擇的重量，他今天舉義兵勤王與文天祥當年一樣——「孤忠今古與誰侔？」因爲天地有正氣，咱們就肩負起確立綱常的重擔吧。咱們挺立萬世綱常的意義，會像那「千山高峙贛江流」一樣永存。

意態閒閒的王陽明，心鏡明亮。就我一支力量直面寧王，那我就獨戰。有人主張在江上與寧王會戰，以爲寧王經營十餘日始出，南昌必難攻打。陽明認爲江上會戰必敗，應該打南昌。因爲寧王攻安慶精銳已出，南昌必虛。我攻南昌，「戀巢」的寧王必回兵來救，那時我已克南昌，敵聞之氣奪，無家可歸，成擒必矣。

陽明的決策眞得了「運用之妙，存乎一心」（岳飛語）的兵法眞諦，心有了發竅處就能找到問題的「竅」。當時，叛軍已佔據南康、九江，正在攻打安慶。他若越南康、九江直趨安慶去會戰宸濠，貌似堂堂正正，然而只能敗事有餘，因爲兵力不及對手的十分之一，敵人必然回軍死鬥，就腹背受敵，且是與敵精銳作戰，凶多吉少。而直接攻打南昌，在兵法上是避實就虛，在心法上是先奪其大，對叛軍和附逆的人造成極大心理打擊，在政治上對穩定大局的作用更大。

陽明料定敵人必然分幾路回援南昌，相應地布下埋伏，圍點打援把叛軍「切割包裝」。寧王幾乎是完全按陽明的安排行動，他剛剛留萬餘人守南昌，大軍出動，得知南昌吃緊，立即抽兵兩萬回救。

4.心法氣機

陽明十九日大誓各軍，申布朝廷之威，再暴寧王之惡，尤其是用封官許願激勵士氣，他說我沒有寧王那麼多錢，動輒賞賜千萬，我只會給你們美好前程。王陽明的可用之兵的基幹是各縣以百爲單位來回應的衙役捕快，然後是回應勤王號召的義勇，眞刀眞槍的打過仗的是他前些時招安過來的「新民」，他倚重的知府、通判、知縣、典史各領三四百人，分頭去拔除周邊據點、打伏擊等等，這幾哨人馬紛紛得手，寧王的潰軍回到南昌，南昌守軍人心潰散，眼前的軍事狀況驗證了此前的一系列政治廣告，這座圍城沒了衆志成城的氣概就是一座浮橋了。二十日淩晨各路攻城人馬到達指定地點。陽明下令：「一鼓附城，二鼓而登，三鼓不登誅伍，四鼓不登斬其隊將。」此前，他早已派人潛入城中，告諭百姓，勿助亂，勿恐畏逃匿，無論有罪無罪只要棄惡從善，皆我良民。早先接到他信件的附逆官員都已準備投誠。寧王準備好的滾木、灰瓶、火炮、機械都因人心「震駭奪氣」而無所用之。寧王還曾給省城之人「銀二兩米一石」，希望他們與守軍一起保衛城池呢。

所以，攻城容易得有點讓「說書人」掃興，守城的基本上是聞風而降，有的城門不閉，「倒戈退奔」，官軍幾乎是長驅直入。寧藩府邸一片火起，那是寧王的眷屬聞變縱火自焚。陽明令各官分道救火，解散脅從，封存府庫，重新查核各衙門的官印、信牌。最突出的舉動就是撫慰安民。安民的難點在管住進城的隊伍，攻城的主力多是贛州「新民」，即當年的土匪，他們驍勇善戰，但殺人成性，這回可以合法地過一把殺人癮，也是搶劫的好時機。他們不遵守紀律，民被殺傷者甚重。陽明將幾個囂張的立即斬首，才將這股邪風遏止住。這一切，後來被那些京官和宦官們說成「縱兵焚掠」。

陽明打開糧倉，救濟城中軍民，安慰宗室人員。張貼告示：所有脅從人員只要自首，一律不問；雖受僞官爵能逃歸者，一律免死；斬賊歸降者給賞。並且讓內外居民鄉道人等四路傳播。這個攻心戰又發揮了巨大作用。對於有可能成爲寧王反攻內應的王爺，陽明親自上門撫慰。南昌城已經不再是寧王的「家」了。

陽明在緊急徵調、部署糧草兵力、呼籲四處興勤王之師，包括從兩廣請狼兵的忙碌中，卻讓人寫數萬餘免死木牌。學生問他：寫這些幹啥？陽明笑而不答。

5.這邊講學 那邊寧王被擒

二十二日，寧王本來正在督兵塡安慶城前的壕塹，但轉而親自領兵到了沅子巷。陽明問部下，計將安出？多數人主張賊勢強盛，宜堅守不出，徐圖緩進。陽明獨以爲不然：「賊勢雖盛，但只是劫衆以威，只是用事成之後封官許願來刺激他們玩命。現在進不得逞，退無所歸，衆已消沮。若出奇擊惰，不戰自潰：所謂先人有奪人之氣也。」

在戰術上，他又是相當謹愼的。因爲手底下沒有正規的京軍或邊軍，只是些偏裨小校，他只有到處設疑，顯得官軍廣大無數，那些知縣一級的官員正好領著百兒八十人去「張疑設伏」。知府一級的領著五百便是「大軍」了。

吉安知府伍文定正面迎敵，採取調虎離群之計，二十四日，敵兵鼓噪乘風進逼黃家渡，伍文定按照陽明的指令，順水漂下早已寫好的免死牌，免死牌上書一行小字：「宸濠叛逆，罪不容誅；脅從人等，有手持此板，棄暗投明者，既往不咎。」伍文定於是裝作敗逃，水上漂滿了這種免死牌。因爲寧王的獎賞相當誘人，寧王軍還是有來追趕官軍的，更有去「爭取」免死牌的。結果他們的船隊前後脫節，有了可乘之機。伏兵橫擊，伍文定反攻。敵船潰亂，退到八字腦。寧王恐懼，厚賞勇者，又調集守九江、南康的兵過來助戰。

思維虛靈的王陽明，又「隨機運變」，決定乘九江、南康空虛，分兵取之。這可以叫「圍援打點」了，這樣大縱深反穿插，進可以使寧王成爲孤旅，退可以與寧王相持打持久戰，關鍵是讓寧王出不了江西。

二十五日，寧王並力挑戰，官軍敗死者數百人，飛報陽明，陽明傳令「立斬先卻者頭」，伍文定立在火炮之間，鬍子被炮火燒著，不動半步，士兵又轉而死戰。士氣復振，戰況轉變。終於一炮打中寧王的副舟，寧王兵亂，跳水溺死者無數，官軍反擊，殺、拿叛軍兩千多。這一仗決定了勝負。

當伍文定等人鏖戰時，王坐在都察院中，開中門，令可見前後，與學生、朋友只管講心論性，講如何既順性又合大道之類。每有報至，當堂發落，包括像「立斬先卻者頭」這樣的「指令」，然後神色不變地接著講學。

寧王退到八字腦，問停舟何地？部下對「黃石磯」。南方人的「黃」讀作「王」。寧王惡恨其音爲「王失機」，殺了對話的人。他在名叫「樵舍」的地方，將所有的船連成方陣，把所有的金銀拿出來大事賞賜將士。當先者，千金；受傷者，百金。但有人還是逃跑了。

王陽明準備了火攻的應需之物，令隊伍從兩翼放火，然後火起兵合，圍而殲之。

二十六日早晨，寧王接受群臣朝拜，要把那些不肯盡力的拉出去斬首。人們還爭論該不該殺。陽明的大軍已經四面圍定，火、炮齊發，寧王的方陣七零八落，潰不成軍。寧王與諸嬪妃抱頭痛哭，根據中國的不成文法，女人不能被活捉，她們與寧王灑淚而別，然後頭朝下，跳入水中。寧王和他的世子、宰相、元帥數百人被活活捉住。

《明史紀事本末·宸濠之叛》載：「斬擒賊黨三千餘級，溺水死者約三萬。棄其衣甲器仗財物，與浮屍積聚，橫亙若洲。」

此時，陽明還在都察院講學，講《大學》的主腦就是「誠意」。忽有人來報：宸濠已被擒。衆皆驚喜。陽明顏色無稍變，還是那麼平靜地說：「此信可靠，但死傷太衆。」說完，又接著講他的《大學》，誠意才能心存，心之不存常見的毛病是：「躁於其心者，其動妄；蕩於其心者，其視浮；歉於其心者，其氣餒；忽於其心者，其貌惰；傲於其心者，其色矜。」旁觀者無不嘆服：其心存如海，其心不動如山。

6.聖賢功夫 俗世智慧

王陽明能夠不動心，是先下定了決心。所謂「首義」最難，第一難在萬一寧王成了永樂，他就給整個家族帶來滅頂之災，第二是自己兵敗被辱，因爲當時的形勢是舉國觀望，除了他召集的各州縣的幾百、幾百的兵快，外省沒來一支勤王之師。他與鄒守益正說話時傳來寧王給葉芳送重禮的內部消息，他沉吟片刻、神色不變地說：舉世皆反，咱也是這樣做！鄒守益自言：心中「惕然」。他出贛州的時候是帶著家屬的，在豐城與他們淒然分別，在吉安又安下個臨時的家，王陽明讓環家架上柴火，一旦兵敗，就舉家自焚以免遭辱。有了這「自反而縮」，才有了「雖千萬人吾往矣」的不動心。

錢德洪在《征宸濠反間遺事》中記錄了王陽明關於不動心的現身說法，可見聖賢功夫的緊要處，故不避繁瑣詳加引述：有人問陽明：用兵有術否？陽明說：「用兵何術？但學問純篤，養得此心不動乃術爾。凡人智能相去不甚遠，勝負之決，不待人諸臨陣，只在此心動與不動之間。」那個人說那我也可以領兵打仗了。王問：此話怎講？那個人說：我能不動心。王說：「不動心可易言耶？」那個人說：「某得制動之方。」王笑了：「此心當對敵時，且要制動，又誰與發謀出慮耶？」陽明的意思是怎麼會兩個心，一個「制動」，「發謀出慮」？

那個人又問：「今人有不知學問者，盡能履險不懼，是亦可與行師否？」陽明說：

「人之氣性剛者，亦能履險不懼，但其心必恃強持而後能。即強持便是本體之蔽，便不能宰割庶事。孟子之所謂守氣者也。昔人真肯在良知上用工，時時精明，不蔽於欲，自能聞事不動。不動真體，自能應變無言。此曾子之所謂守約，自反而縮，雖千萬人吾往者也。」

「強持」是心學以外的其他修養論的基本要求，所謂的意志堅強、理性克服感情，都是「強持制欲（動）」。陽明一語破的：「強持便是本體之蔽。」理解了這一點就可以理解心學的基本邏輯：「心之本體原自不動」，「心體上著不得一念留滯，就如眼著不得些子塵沙」。陽明說的不動心是契合了心體運行之道（或曰工作原理）：心體就是個通道、靈明的通道——既不需要「制動」還能「發慮出謀」。我就是用這種方式工作而已，打仗、講學只是「事」換了、意義的附著體不同了，我的心的工作原理、方式不變——我一任良知而行：我靈明的通道暢通無阻。

另一個人問：「人能養得此心不動，即可與行師否？」陽明針對這個行師的門外漢說：「也須學過。此時對刀殺人事，豈意想可得？必須身習其事，節節漸明，智慧漸周，方可信行天下。未有不履其事而能造其理者，此後世格物之學所以爲謬也。」——陽明是一點也不排斥「技術」的，恰恰要求身習其事、節節漸明，智慧漸周，方可信行天下。這也是他終身要求事上練的含義。不履其事而能造其理，才是主觀唯心主義呢。而且節節漸明，明的是過程當中的「理」——「知是理之靈處。就其主宰說，便謂之心。」他還說過：「人不可一時不精明，如舉動言語，應事接物，當疾而徐，當徐而疾，皆不精明之過也。」

王陽明在豐城換乘小漁船後，令隨行參謀備好米、魚、肉，然後笑著說還差一樣東西，參謀想不出來，陽明指著船頭羅蓋說：「到地方無此，何以示信？」到了吉安城下，城門戒嚴，舟不得泊岸，參謀舉起羅蓋，城中才歡呼迎入。參謀感歎不已：那般危迫之時，還能如此「暇裕」。暇者，意態閑閑；裕者，從容不迫也。蓋因其不動心，才不忙失，才如此智慮周全、心存精明。

陽明現身說法講了身邊的事情：與寧王湖上決戰，南風轉急，陽明讓準備火攻器物，湖上作戰部隊受挫，「某某（陽明隱匿了他們的名字）對立覷視，三四申告，耳如弗聞（愣愣地失去了反應），此輩皆有大名於時者，平時智術豈有不足？臨事忙失若此，智術將安所施？」。

俗世的智慧如果失去了聖賢功夫這個根本，就經受不住嚴峻的考驗。陽明說：「後世論治，根源上全不說及，每事只在半中截做起，故犯手腳。若在根源上講求，豈有必事殺人而後安人之理？某自征贛以來，朝廷使我日以殺人爲事，心豈割忍？」是啊，他不得不充當殺人工具，他覺得像是在實施外科手術，先割去外邪，才能扶回元氣，聊勝過看著人死。他也爲自己惋惜：「平生精神俱用此等沒要緊事上去了。」（《征宸濠反間遺事》）

他哪里料到還有更沒要緊卻要命的事在等著他。

7.江山如戲院

知縣王冕押著前寧王一幹人回到南昌。軍民聚觀，歡呼之聲震動天地。前寧王一說騎在馬上，一說押在囚車裏，後者近實。但依然不改王爺的脾氣，望見遠近街道行伍整肅，笑著說：「此我家事，何勞費心如此！」這話說得讓人不禁廢書而歎！雖顯得有些無賴，但眞是對王陽明的致命嘲弄，一句說盡了家天下的特色：你們眞是狗拿耗子。他見到陽明後說：「王先生，我欲盡削護衛，請降爲庶民可乎？」陽明說：「有國法在。」

前寧王低下頭。過了一會兒，似自言自語：「紂用婦人言而亡天下，我不用婦人言而亡國。悔恨何及。」然後抬頭對陽明說：「婁妃，賢妃也，投水死，請安葬她。」陽明立即派人去找，見周身用繩子捆了個密匝匝，怕亂中蒙辱，自我保全。這位大儒婁一諒（曾告訴陽明聖人可以學而至者）之女就這樣結束了自己的生命。

在《鄱陽戰捷》一詩中，他有些躊躇滿志，以平定了安史之亂的郭子儀自比，還堅信群犬不足以吠日，大明朝還是一條飛龍。這次成功，朝廷給他提了一格，升爲副都御史。

這麼多人賣命保江山，江山之主卻視江山如戲院。這回可有了南巡的大由頭：這不叫巡遊，這叫親征！正德在豹房之中，與受他寵愛的邊將江彬、許泰，宦官張忠、張永擬定好了親征方案。正德自命「奉天征討威武大將軍鎮國公」，許多人爲諫止這位大將軍南巡而被打了屁股。這支比寧王合法但讓百姓遭殃的皇軍，浩浩蕩蕩出了北京城。剛到良鄉，不長眼的王陽明報上奏凱的捷報。朱大將軍，再三禁止發表捷報。因爲已經奏凱，便師出無名了。多麼好玩的事情，半途而廢了，憋氣死了。眞是寧叔玩得，我就玩不得！

王陽明聲淚俱下請正德爺爺趕快回鑾：當初賊舉事時就料到大駕必親征，早已預伏亡命徒，想再來一回博浪擊秦車、荊軻刺秦王。按正理也應該把反賊押到奉天之門前正法，哪有皇上來迎接他的道理?

那些想立功、想南巡遊玩、發財的邊將、宦官說:這不正說明餘黨未盡麼。不除後患無窮。陽明的部分學生說:他們是想在路上害死正德。還有一說:他們拿了寧王的大錢不得不回報陽明以「泄毒」。

八月小陽春,皇上想我也是機會難得——於是皇軍繼續浩蕩前進。

寧王這種賊好平,正德以及包圍著他的那些宦官和思想上的宦官——他們的心中賊是永遠也平不了的,即使推翻了他們、消滅了他們的肉體,那種型號的心中賊照樣生長在一代又一代的皇帝和宦官心中。而皇帝和宦官的特權是他們不可能接受任何思想改造的,陽明的心學再是靈丹妙藥也對治不了這一號特權人士的心中賊。——任何理論都有他的限度,陽明誠意萬能論也只是能誠予人、而不能使人誠。他每次奏疏都在「教」皇帝,然而徒增反諷。

現在,他除了處理許多具體事務,就是給皇上寫了一系列奏疏——《留用官員疏》《旱災疏》《恤軍刑以實軍伍疏》《處置官員署印疏》《處置從逆官員疏》等等,上疏求免除今年的江西稅收,因爲寧王曾經下「僞詔」免除百姓的稅以爭取民心,王陽明也不得不在張貼各種告示時向民衆許諾免除今年的稅,並立即申報於朝廷,但是朝廷就是不予答復。夾得王陽明裏外不是人。他提拔、安置官民的種種諾言都得不到落實。他四處下書,朝廷也號召勤王,等到已經平完叛軍,只有一支福建的勤王之師出動，王陽明還得趕緊回謝人家「別再跑了」，同時還惦記著本來要他去平的那股叛軍的事情。眞可謂苦心孤詣，事實上統統是熱臉貼到了冷屁股上。他必須全力「善後」，對方方面面都妥當安排，他只任良知而行，良知就是這種責任感、正義感。

8.忠而被謗最窩囊

九月十一日，他不管朱大將軍的鈞旨，從南昌起身向朝廷獻俘。此前，皇上曾以威武大將軍的鈞牌派錦衣衛找陽明追取宸濠，陽明不肯出迎。他的部下苦勸，他說：「人子對於父母的錯亂命令，若可說話就涕泣相勸。我不能做阿諛之人。」部下問他給錦衣衛多少酬勞，他說：「只給五兩銀子。」錦衣衛怒而不要。次日辭行，王拉著他的手說：「我曾下錦衣衛獄甚久，未見像您這樣輕財重義的。昨天那點薄禮是我的意思，只是個禮節而已。您不要，令我惶愧。我別無長處，只會作文字。他日當表彰，讓人知道錦衣衛中還有像您這樣的。」弄了那個人一個乾瞪眼。

張忠、許泰想把寧王再放回鄱陽湖，等著正德親自捉拿他，然後奏凱論功。連著派人追趕陽明，追到廣信，陽明乘夜過玉山、草萍驛。他在《書草萍驛二首》中說：「一戰功成未足奇，親征消息尚堪危。邊烽西北方傳警，民力東南已盡疲。」新矛盾壓倒了舊問題，碰到皇權他就深感無能爲力，「自嗟力盡螳螂臂」，眞正能夠回天的還是「廟堂」，而廟堂又在哪兒呢？他與在杭州等著他的張永接上了頭。

張永本是劉瑾、谷大用一夥的，後來除劉瑾立了大功，是「後劉瑾時代」的核心人物。他知道張忠、江彬、許泰等人都曾得過寧王的大好處，現在又想奪陽明平亂之功，陽明不與他們配合，他們便反過來誣陷陽明初附寧王，見事敗，才轉而擒之以表功——把他們的實情轉成了陽明的實事——若無良心，更無施不可。

王對張說：「江西的百姓，久遭宸濠的毒害，現在又經歷這麼大的禍亂，又趕上罕見的旱災，還要供奉京軍、邊軍的軍餉，困苦已極。再有大軍入境，承受不住，必逃聚山谷爲亂。過去助濠還是脅從，現在若爲窮迫所激，天下便成土崩之勢。那時再興兵定亂就難了。」

張深以爲然，默然良久，然後對王說：「吾這次出來，是因群小在君側，須調護左右，默默地保衛聖上，不是爲掩功而來。但順著皇上的意兒，還可以挽回一些，若逆其意，只能激發群小的過分行爲，無救於天下之人計矣。」

陽明看出張是忠心體國的，便把宸濠交給了他。然後，說自己病了，住到西湖旁邊的淨慈寺，靜以觀變。

張對家人說：「王都御史忠臣爲國，現在他們這樣害他，將來朝廷再有事，還怎麼教臣子盡忠。」他趕緊回到南京，先見皇上，全面深入地講了事情的眞相，並以一家的性命擔保王陽明是忠君的，並反映了張忠等人欲加害他的陰謀。要沒張永的暗中保護，前寧王的囚車隊裏還會多一輛裝王陽明的。

忌恨陽明的還有大學士楊廷和。他基本上是個好官，但恨陽明在歷次上疏中，把功勞全歸功於兵部王瓊尚書，沒把他這個宰相放在「英明領導」的位置上，生怕王瓊、王陽明因功提撥，成了他的掘墓人。他從自己的角度參與了排擠陽明的大合唱。還有一個大學士費宏，對陽明平寧王一案百般苛察。

張忠又對皇帝說：「王守仁在杭州，竟敢不來南京，陛下試召之，必不來，他眼中就根本沒有皇帝。」

張忠爲什麼這麼有把握呢？因爲他屢次以皇上的名義召喚陽明，陽明就是不理睬他，所以他覺得這樣能坐實陽明目中無君的罪名。他沒想到張永派人告訴了陽明實情。所以皇上一召，陽明立即奔命，走到龍江，將進見。張忠自打了嘴巴，便從中阻撓：來了，偏偏不讓你見。

一個叱吒風雲的英雄受這種窩囊氣，是個什麼滋味？他此時的《太息》詩影射群小像亂藤纏樹一樣、要將樹的根脈徹底憋死，而自己呢，「丈夫貴剛腸，光陰勿虛擲」。言外之意是後悔自己把心力、精力都徒然擲於虛牝之中了。

陽明的祖母已經死了，沒能爲奶奶送別是他的「終天之痛」。現在，他父親也快讓他再抱一次「終天之痛」了。他已經前後九次乞求回家看看，現在賊已平，皇上也忘了當初「賊平之日來說」的話頭了。家天下的要義就是只有一個人活得像個人，別人活得都得像條狗。心學大師碰上這狗邏輯，也只能恨不得肋下生雙翼、飛回古越老墳地。

他在上新河，半夜裏坐在河邊，見水波拍岸，汩汩有聲，深愧白做了一世人，活得這麼窩囊，比屈原還冤枉，他也有了死的心思，想回歸到大自然之中，獲永久的平靜。人生最難受的是蒙受誣陷，忠而被謗、信而見疑，他從正德這裏領受這種命運是花開兩度了。上次廷杖下獄，他微不足道，這次，他是剛立過滔天大功的地方大員，還是這麼微不足道，像喪家的乏走狗一樣摸門不著，苦情無處訴。他對自己說：「以一身蒙謗，死即死耳，只是老父怎麼辦？」他對學生說：「此時若有一孔可以背上老父逃跑，我就永無怨悔地一去不復返了。」這是一時氣話，假若當時可以有出國一條道的話，他也不會像後來的朱舜水、康有爲那樣出國的。

9.心血凝冰六月寒

他哪里也去不了，回到了江西，因爲張忠、許泰他們以清查寧王餘黨的名義，領大兵進駐南昌，搜羅百出，軍馬屯聚，日耗鉅資。他們好像是爲寧王來報仇的，對眞正的跑了的寧王餘黨，他們並沒有多少興趣，他們是專門來清查陽明「通濠之罪」「焚掠實情」來了。當地的官員有的望風附會，幫助他們打擊陽明。

他們當著陽明的面抓走了冀元亨。他們派兵坐在衙門前肆意謾罵，公然在大街上尋釁。陽明絲毫不爲所動，務待之以禮。張忠、許泰領來的北兵是來發財的，不是來保護百姓的。陽明讓城區百姓避難，只留下老年人看門。還拿出東西慰勞北軍，說北軍離家，不容易，要善待之。他碰見北軍有喪故的，就主持厚葬，還哀悼不已。到了冬至，陽明暗地裏通知所有居民：「此節氣各宜致齋祀亡者，興盡哀，否則以不孝論。」還讓各齋官大搞學奠活動，陽明寫了一篇《罷兵濟幽榜文》，既嘲笑「寧王做場說話」「陷若干良善紅樓富家女」，又感慨「浮生若大夢，看來何用苦奔忙；世事如浮雲，得過何須盡計較」，用的是俚曲格調，什麼「三年兩不收」「十去九不回」「幾個黃昏幾個夜」，可能是生怕百姓、北兵聽不懂。最後是「神邏輯」：「即請朝我佛，便是神仙境，何須更問妙嚴宮。一段因緣，無邊光景。」

因爲剛經宸濠之難，哭亡招魂之聲不絕，北軍無不思家，流淚求歸。陽明通過「濟幽」，促進了「罷兵」。王陽明的這支筆眞是神出鬼沒！

陽明在氣勢上絕不示弱，每會議，必居正坐，像不經意似的。張忠、許泰總想壓下他去，便找了個強項，要與陽明比射箭。陽明若不應，丟臉；比輸了，丟人。他們只有侮辱了不認輸的人才能找回尊嚴，而儒者陽明是視尊嚴高於生命的。他答應了他們，在靶場，陽明定心平氣，三射三中，每一射都贏得北軍的歡呼。除了早年耽於騎射練就的功夫，他剛剛興建社學時常常教學生射箭，還總結了一套靶子在心中、射箭即射心的方法。沒有平時的身習其事，節節漸明，哪有現在三箭三中！張、許二人沒撈到任何虛榮，灰溜溜地班師了。

但事情不算完，他們回到南京正德皇帝的身邊，繼續詆毀陽明，他們在南昌也調查出「不少」陽明與寧王相勾結的證據：一，寧王曾私書「王守仁亦好」，證人是湖口一知縣；二，派冀元亨往見宸濠。在日後持續糾彈王陽明的奏章中又加上；三，王也因賀寧王生日而來；四，王起兵是因伍文定等人的激勵；五，破城之時縱兵焚掠，殺人太多；六，捉宸濠有一知縣即可，王的功勞沒那麼大，他的捷報過於誇大。

這眞是人無良知則無所不用其極，想說什麼就能說出什麼來，奸臣當道，忠臣被害，庸人執政，精英淘汰的樁樁慘劇就是這麼搬演出來的。屈原的悲鳴、岳飛「天理昭昭」的浩歎再一次奏響。王陽明又來塡空練習。

忠、泰的淸查只是開了個頭，後來，「讒口嗷嗷」、交章彈劾居然達三年多。主要問題有兩個：一是「始與寧府交通，後知事不可成，因人之力從而剪之，以成厥功」；一是「寧府財富山積，兵入其宮，悉取以歸」。

要說有交往，那是必然必須的。皇室的地位高於任何地方官，寧王要宴請江西官員沒有敢不去的。但是被人舉了證的下面的談話就又曖昧了：一日，在寧府的宴席上，寧王談皇上政事缺失，一臉憂國憂民相。一人說：「世豈無湯、武耶？」意思是希望一人像商湯、周武王那樣來個內部革命。王陽明說：「湯、武須有伊、呂。」伊尹佐商湯，呂望（姜子牙）佐周武王。寧王說：「有湯、武就有伊、呂。」王陽明說「須有伊、呂」是他要給寧王做「伊、呂」——想排斥陽明的人指使言官如此這般地推求著。

第二條，蔡文在事情過去多年後，訪得「故老尙有存者」，發現了實情：寧王和陽明都拉攏「峒酋葉芳」，葉芳有萬餘能征善戰的「慣匪」，葉芳是被陽明「招撫」過的，感激陽明的不殺之恩。陽明給葉芳蓋了萬間房屋，以期他戀基業不再鋌而走險。鄱陽湖會戰時，寧王指望葉芳來支援，沒想到葉芳的人馬乘勢沖亂了寧王的陣腳。葉芳成了決定勝負的預備隊。陽明跟葉芳說向朝廷保奏你做官吧。他說「芳土人，不樂拘束，願得金帛做富家翁耳」。陽明遂把寧府中需要獻入宮廷的造冊，剩下的都給了葉芳（《平寧藩事略》）。而王陽明在三番五次的《捷音書》中保舉正式官員還來不及，不可能提及葉芳。

王陽明其實是一直在與寧王打太極拳，他不能不與寧王周旋，因爲寧王一日不反就一日是正經主子，他與寧王交往時說的話有迎合的成分。被當成通反的「鐵證」也不稀奇，蘇東坡的詩都能當成謗訕朝廷的鐵證，岳飛說太祖三十六建節我也三十六建節（當了節度使）成了岳飛有造反野心的鐵證。王陽明不敢大規模練兵以對付有異志的寧王，只能籠絡「峒酋」以應變，因爲他知道單靠府縣那幾個衙役對付不了寧王的軍隊。要說他與寧王「交通」謀反，那是欲加之罪何患無辭。不說啥忠不忠的，只說王陽明沒有那麼蠢。別說王陽明這樣的政治家，就連唐伯虎一介書生進入寧藩發現不對，還裝瘋賣傻地逃脫了呢。說陽明發現事不成才倒過來剪除寧王，是邏輯不通的，因爲寧王剛剛起事，還沒有開打沒有暴露出成不成，陽明就「首義」了。

陽明最失策的不是派冀元亨去寧藩「探其誠」，而是將查獲的寧王交賄大小臣僚的各類證據都一把火燒了。這種勝利者的大度並沒有給他轉換出什麼寬廣的道路，反而讓他失去了與奸黨較量的鐵證和優勢。——還有一種說法，陽明沒有全燒，張忠他們就是來找、要這部分證據的，因爲陽明不給，才百般折辱陽明。這，也是有可能的。

錢德洪說他在先生身邊八年，許多同學問「兵事」，先生皆「默而不答」。陽明痛心而難言的太多、太多了。葉芳的事當初沒說、後來說不清了，但沒有辜負葉芳。最初與他一起布疑行間的參謀、幕友、下僚，當初不宜不便說，後來便說出來也沒人信了。抓走冀元亨以後這些人隱姓埋名四處流亡，他派遣的間諜當時被寧王殺死，死後也得不到撫恤。他在悼念寧王一起事就殺了的都御史孫燧、按察副使許逵的詩（佚詩《哭孫許二公詩》）中說：

天翻地覆片時間，取義成仁死不難。……忠心貫日三台見，心血凝冰六月寒。

10.我仍愛山亦戀官

正德十五年正月，陽明想去面君，既想爲自己剖白，更想勸皇上返回大內。他怕皇帝在外遇刺，也怕京城內發生政變，事情既出就有一必有二，寧王如同萬物不孤生。皇上可以不在乎他王陽明，他王陽明是必須忠君體國的。

這回，是在家賦閒的前大學士楊一淸把他阻止在蕪湖，不准他晉見。皇帝南巡在楊家住過之後，楊就隨著皇帝一起活動。楊一淸的能力和品質都是官僚隊伍中的上乘人物，他與王華有交誼，王華死後他寫了《海日先生墓誌銘》，此前接連提拔陽明，後來他覺得陽明站到王瓊那一夥去了，陽明每次上疏都將功勞歸兵部，他抵制王瓊，便參與到排擠陽明的大合唱中。當素稱正直的人與本來就邪惡的人連起手來對付高超的人時，高超的人便無法招架了。三個大學士與那些宦官、邊將聯合起來打壓他，他的大功，便被「瓦盆」蓋起來了，一蓋就是六年。而且還有人要把他打成叛黨、奸黨，把他的學說定爲邪說。

皇帝繼續在南京瀟灑，陽明則懸著、吊著，品嘗效忠皇上的罪過，終日憂心忡忡，還怕皇上有個三長兩短，總想找辦法感動皇上早日回京。向皇上進言，皇上看不到。跟皇上談談，見不著。他眞覺得人若沒有了良知，便還不如狗。那些權力中人被權力奪了「善根」個個人情似鬼！

政治中只有力量的制衡沒有公正。這次構陷陽明的罪名有一項成立，就得滿門抄斬：「暗結宸濠」「目無君上」「必反」。事實上他已處在最危險的「君疑」境地。他當然知道個中利害，才空前地悲觀絕望。他的《江西詩一百二十首》透露了他眞實的處境和心情。

他無可奈何，上了九華山：「五旬三過九華山，一度晴寒一度雨。」（《江上望九華不見》）他性本愛山水，常說「生平山水是課程」，與山水親融是他的內心生活（心學一個重要維度是聯通自然以落實心物一元）。這次，不管前提怎樣，他一旦重返大自然，便又恢復了早期經驗中養成的「道家」調門的生命意識，他真後悔誤入歧途——當什麼鳥官！儘管前不久，他聽說湛甘泉等幾個人在閉關修道，還說他們在浪費大好時光，是嫌他們那樣隔斷意義結構、生存尺度太單一了。現在，他受了捉弄，又後悔自己步入了昏濁狹隘的仕途。——這是另一種意義結構的中斷，他不願意自斷意義生成之路，但是人家就是要你斷啊：「莫謂中丞喜忘世，前途風浪苦難行。」

這次上九華山留詩很多，但詩心不靜，詩藝難高。一些拐彎抹角的牢騷，顯得既無聊又可憐。這個報國無門的「豪傑」除了一再表示「初心終不負靈均（屈原）」外，就是大喊：「平生忠赤有天知，便欲欺人肯自欺？」把意義的落點放到皇權那邊，當然必受作弄。明朝的皇權是空前專制的，已經全然沒有了漢唐天下國家的意蘊。

他上九華山最大的收穫是得遇周經和尚，他的《贈周經偈》原刻在東崖禪寺的岩壁上，現在寺毀而刻石尚存：「不向少林面壁，卻來九華看山。錫杖打翻龍虎，隻履踏破巉岩。這個潑皮和尚，如何容在世間。呵呵！會得時與你一棒，會不得，且放在黑漆筒裏偷閒。正德庚辰三月八日，陽明山人王守仁書。」不難看出他玩禪宗那一套是多麼嫺熟。還有一首《送周經和尚》：（前略）「任重致遠香象力，餐霜坐雪金剛身。夜寒猛虎常溫足，雨後毒龍來伴宿。手握頑磚鏡未成，舌底流泉梅漸熟。」最後是：「同來問我安心法，還解將心與汝安。」表露出他對佛禪的巨大親和力，他在佛禪方面已經是大內行了。

此番上山是否本身就是一種政治藝術呢？大約是，又未必全是。據《年譜》說，他此舉是爲了向皇上和搶功的人證明他不是要造反的人，只是個學道之人。皇帝派人來暗中監視他，見他「每日宴坐草庵中」，才對他放了心。這種說法有點過於政治化的「玄」。從時間上緊接著的是：朝廷讓他巡撫江西。算白忙乎，他原地不動，既沒有提拔上去也沒有貶黜下來——還得感謝皇上聖明。

九華山哪樣都好，就是沒有政治舞臺，陽明生命中更強的指向是政治，他有隱逸氣，但更有功業心，他還得去安頓江西百姓呢。

他在九華山上住過的地方都成了「文物」，別的地方不必說了，化城寺是九華山的開山寺，其西在嘉靖初年由青原縣令祝增按老師的意圖建成了陽明書院，入清後改爲陽明祠，祠前有「高山仰止」石牌坊。祠與牌坊均毀於文革時期。止存一陽明石刻像，高 70 公分，寬35公分，像爲便服方巾，端坐太師椅上。

他從山上下來，就到了九江。他要加強武備，以防再度變亂。他認定一條：天下不能亂，一亂百姓就遭殃。哪里亂哪里的百姓遭殃。他在九江檢閱了軍隊。別看在皇帝和閣臣面前，他像喪家的乏走狗，但在下僚和士兵面前，他神氣著呢。這也是他公開說「尙爲妻孥守俸錢，至今未得休官去」（《重遊開先寺戲題》）的原因之一罷。

軍歌過後是文化。他登上廬山，遊東林寺。東林是我國淨土宗的發源地，東晉慧遠在此建寺。他自比學佛卻援儒的遠公、嗜酒不入社的陶淵明，自己的兩栖性是「我亦愛山仍戀官」，在「同是乾坤避人者」這一點上咱們精神相通（《廬山東林寺此韻》）。在遠公講經臺，感歎「臺上久無獅子吼」——300 年後，龔自珍喊「我勸天公重抖擻」，可謂同聲一慨啊。

他是個極有悲劇敏感性的人，他說九華是奇觀，廬山更耐看，但「風塵已覺再來難」。在一維性的時間裏、在一次性中的生命中，任何活動都充滿了「難再」的悲涼。他身體一直不好，還功成受謗，實在有點心灰意冷了。

「人生得休且復休」（《遊通天岩示鄒陳二子》）這樣的話過去是不說的。他遊廬山開先寺時說：「斷擬罷官來住此。」在《送邵文實力方伯致仕》中說：你沒見那些雞兒們麼，它們高興地吃完了唱，但長胖了被拔光了毛送入廚房。你不見那些籠中鶴嗎，它們在籠中「斂翼垂顧困牢落」，恰是高人在官場的那個「德行」，還不如那些快樂的雞，但是，一旦鶴沖出牢籠，便「萬里翱翔從寥廓」了。這是他此時的眞實心聲——得休且休的含義。但是他身在牢籠不自由，他現在想走也走不了。而且他若眞辭職，便徹底失勢，那幫群小說他是寧王餘黨，他就是餘黨了。這是人生最難受的一種況味：已經對它失去了興趣，還不能放棄，放棄了禍患更大。人的一生似乎永遠在兩害相權中取其輕。

他多次表示「癡兒公事眞難了」「中丞不解了公事」，表面的理由是在爲妻子守俸錢，其實他豈能拿生命來開這種玩笑？他有一篇在藝術上不值一提的《賈胡行》，痛說了這種不得已的狀態：當官就像把肚子剖開放珠子進去的商人，鑽求富貴未能得，竟日惶惶憂毀譽，「一日僅得五升米，半級仍甘九族誅」。——這種話是他坐監獄時都沒說過的。他現在是後悔出心來了。他不得不在牢籠圈套中，因爲「人人有個圓圈在」，他的圓圈就是對朝廷的「忠赤」——初心終不負靈均，「屈原情結」害苦了他，使他「殘雪依然戀舊枝」。

他的良知也讓他別無選擇，超越絕望的高招是「萬物一體」——陽明說過，「仁者以天地萬物爲一體，使有一物失所，便是我仁有未盡處」（《傳習錄》卷二），他惦記著經歷了兵燹天災的江西百姓。這個時期，用他自己的話說：良知二字已含在他舌下，快要迸出來了。而且過了沒多久果然就迸出來。他後來自己說一直是靠著良知度過這次空前的災難的。所以，也可以說，良知是他內在的圓圈——太極。

陽明自己總結：「權豎如許勢炎，疑謗禍在目前，吾亦帖然處之。此何足憂？我已解兵，謝事乞去，只與朋友講學論道，教童生習禮歌詩，烏足爲疑？縱有禍患，亦畏避不得，雷要打便隨他打來，何故憂懼？所以不駭動。亦有深慮焉爾。」他的學生說他不動聲色、處之泰然，又能出危去險，眞見先生學問之眞功夫（錢德洪《刻文錄序說》）。當圓圈變得圓如太極時便本體與功夫一體了。

他在廬山開先寺的讀書臺刻了一個石碑，寫得莊重卻滑稽：七月辛亥，臣守仁以列郡之兵復南昌，擒宸濠。當此時天子親統六師臨討，遂俘宸濠以歸。他總結意義時，警告群小：「神器有歸，孰敢窺竊？」結語是：「嘉靖我邦國。」他的學生說這是預言了下個皇帝的年號。

那些包圍著皇帝的佞臣，居然想愚弄天下，說是他們平定的叛亂。張永說：「不可，昔未出京，宸濠已擒，獻俘北上，過玉山，渡錢塘，經人耳目，不可襲（掩）也。」於是以大將軍鈞帖令陽明重上捷音——戰役總結報告。陽明只得加上江彬、張忠這些人的大名，讓他們也「流芳百世」，這才通過了、批准了。宸濠已就擒一年多了，才名正言順地成了俘虜。冬十月，皇上從南京班師回朝，十二月，到了通州，賜宸濠死，焚其屍。勾結寧王的宦官錢寧、吏部尚書陸完等都被清除——這場清洗與歷次清洗一樣，也有冤枉的，也有真有事反而沒事的。

過了兩個多月，即正德十六年三月，這位瀟灑的皇帝瀟灑玩完了。

鐵打的朝廷流水的皇帝，陽明還得繼續效忠下一個。

有一次，他問學生們，去年，太夫人訃告至，家大人病重，我四次上書請假不見應允，我想棄職逃回時，你們爲什麼沒一個贊成我？學生說：「先生思歸一念，亦是著相。」

陽明沉思良久，說：「此相安得不著。」他對皇帝也是「此相安得不著」。

著相就是著相，是人拘泥於表面形式、認幻爲眞的一種常見的錯誤。《金剛經》云：「凡有所相，皆是虛妄。」

11.兩個眞學做聖人的學生

經歷了兵亂之後，繼以水災，猾民又有起而爲盜者，良民則嗷嗷待救濟，國家重臣跟著皇帝在南京玩，根本沒人來管善後事宜。陽明在他的管轄區到處視察，及時解決各種問題。就大端而言，一個是政，一個是學。陽明會同其他官員，將寧王的逆產、土地，改造變賣，救濟窮苦，代交稅務，境內平靜，民生稍稍復蘇。他的治本方略還是教化爲重，繼續貫徹他的爲政以興教爲本的治國之道，到處辦義學、社學、講會、書院，極大地推動了江西教育、學術事業的發展，也使得江西成了王學的重鎭。

這期間，他給北京的大佬、同鄉、同學寫信，請求減免江西的稅負，請求讓自己退休或探親等等。讓他衷心感激的是周期雍、林俊、冀元亨。在寧王起事前，周來贛州公幹時拜訪陽明，陽明覺得他爲人忠烈又是福建的官員，便跟他在院子裏商談如何對付可能的叛亂（因爲寧王對陽明監視周密），周回去卽訓練驍勇，最後是唯一一支趕赴南昌的勤王之師。林聽聞寧王起事後，立刻讓人打造佛郎機銃（火槍），記錄火藥配方，命兩個僕人躲避著寧王軍隊日夜兼程送到陽明軍營。還有一個隻身赴難的冀元亨。陽明在《書佛郎機遺事》的跋語中感慨：「（林）見素公在莆陽，周官上杭，冀在常德（元亨老家），去南昌各三千里，乃皆同日而至，事若有不偶然者。」

陽明隱忍到自己出來爲冀元亨辯誣不會「反致激成其罪」的時候，才公開《咨六部伸理冀元亨》，時是正德十五年八月，文章是絕頂的辯狀：本職封疆連屬，欲爲曲突徙薪之舉，則既無其由；將爲發奸擿伏之圖，則又無其實。本職派本生前去或沮其邪謀，或知其叛逆遲速之機（當間諜）。宸濠與本生「議論大相矛盾」，「陰使惡黨，四出訪緝，欲加陷害，本職風聞後即加保護，以避其禍。宸濠既敗，痛恨本職，遂反噬詆誣，謂與同謀，這種挾仇妄指，居然被當事所信，替叛賊洩憤報仇，此本職痛心刻骨，日夜冤憤不能自已者也」，「本職後雖繼之以死，將亦無以贖其痛恨！」。

別人的記述可以補充陽明的辯狀：冀去寧王府，寧王啓發冀加入他的事業，冀裝糊塗，不回答，寧王以爲他傻。他給寧王講張載的《西銘》，講民乃我同胞的道理。寧王笑他太呆，給了他豐厚的禮物，放他出來了。他將禮物交給了官府，告訴老師寧王必反，要早有準備。

張忠、許泰他們啓發寧王反咬陽明。寧王始終說沒有，被逼問不已，忽又想起來了：「獨嘗派遣冀元亨論學。」忠、泰大喜，專門捉拿冀，終於在陽明的眼皮底下抓走了他。抓冀是爲了陷害王。冀在獄中備受拷打，然而一句軟話也沒有，坦然自若如在學堂一般。一般人會遺憾陽明派錯人了：寧王怎麼會被他說動？他又能探出什麼虛實來？到了這個地步才看出陽明派對人了，如果派一個見風使舵的人，迎合欽差，王陽明就真成了寧王餘黨了。

湖南省的官員接到上級指示到武陵縣去抓冀的妻子李氏。李與她的兩個女兒都不害怕，李說：「我丈夫尊師樂善，豈有他哉？」在獄中與女兒照常織布紡麻。最後換了皇帝後，冀的冤枉得以昭雪，獄守放李出來，李說不見我的丈夫，我哪里也不去。司法官員知道她賢明，不紡織時，就念《尚書》、唱《詩經》，意態安祥，以爲奇，要求見見她。她毅然謝絕了。司法官員便來看她，她還是照樣穿著囚服、紡織不輟。官員問她丈夫的學術，她說：「我夫之學不出閨門衽席間。」

聞者驚歎且慚愧。堂堂《明史》專錄了這句婦道人家的家常話。這句話的確很好地概括了陽明學在日常生活中煉心的特徵。冀也誠實地體現了這一特徵，他平時以務實不欺爲主，謹於一念之間：絕不苟從！

那些宦官把他押到京城錦衣衛的監獄。加以炮烙酷刑，但他寧死不屈，屈打成招的事情不會發生在眞正的心學信徒身上，他不能窩囊自己，更不能誣陷老師。心學講究在事上煉，越是在生死存亡之際越要主一提住心——重良心、輕身累。

王陽明在抓冀元亨的時候一聲沒吭，或許還簽字配合抓捕。這時「官體」大於良心了。他有想證明自己清白的私心。心中有此一物，便失去了「智的直覺」。他要拍案而起：你們別抓他了，抓我吧！會怎麼樣呢？其實並不會怎麼樣，沒有朝廷的旨意，宦官並不敢把他怎麼樣，要是能怎麼樣早就直接抓了，還會這麼費周章？當然，陽明暫時保住了自己的官位。後來，陽明終身不提平寧王事，當然有很多的難以言說的隱情，自然包含著對冀元亨的愧疚。

陽明公開《咨六部伸理冀元亨》，他的學生分佈在各部，起而附議、爲冀鳴冤。但無濟於事。直到換了皇帝，冀才出來，出來後五天，就告別了這個他以極大的善心來面對的世界。這個學做聖人的學生，從主體意志實現的角度說，學成了。

有人跟隨陽明進了大牢，有人風塵僕僕趕赴王門。王艮穿著自己特製的衣服，吸引著圍觀的人群來到南昌王陽明的宅邸，拿著「海濱生」的名片請把門的爲他通報。把門的不理他，他高聲誦詩：「（前略）誰知日月加新力，不覺腔中渾是春。……歸仁不憚三千里，立志惟希一等人。（後略）」陽明聽見了，請他進來。他進來，拜亭下，見陽明及其左右，宛如夢過此情景，對陽明說：「昨來時，夢拜先生於此亭。」陽明說：「眞人無夢。」王艮說：「孔子何由夢見周公？」陽明說：「此是他眞處。」王艮心動。（束景南《王陽明散佚語錄輯補》）

還有一個王艮初見陽明的版本：陽明在江西講學，大江之南，學者風聞感佩，但是艮與世隔絕，並不知道。偶然有人告訴他，你這一套特別像王巡撫講的。艮大喜，卽日起身，前來進見，走到中門便持笏而立，獻詩兩首進去。陽明覺得這個人不凡，特意走下門臺來迎接他，問他：「戴的什麼帽子？」艮答：「有虞氏的帽子。」問：「穿的什麼衣服？」答：「老萊子衣服。」問：「學老萊子嗎？」答：「是的。」陽明說：「只學穿他的衣服，怎麼沒學他像小孩子那樣又哭又打滾？」艮粹然色動。

接下來的情節就一致了：過了幾招之後，艮稍心折，移坐於陽明側。接著論「格物致知」，艮嘆服：「簡易直截，吾不及也。吾人之學，飾情抗節，矯諸外；先生之學，精深極微，得之心者也。」下拜自稱弟子。辭去，反芻陽明的話，又發現了與己不合的地方，後悔地說：「我太輕易了。」明日入見，告訴陽明自己的悔意。陽明大爲讚賞：「善。有疑便疑，可信便信，不爲苟從，予所甚樂也。」然後，反復論難，最後艮大服，再下拜爲弟子。居七日，因爲家有老父，堅持要走。陽明對旁邊的學生說：「此眞學聖人者。疑卽疑，信卽信，一毫不苟。諸君莫及也。」

陽明對別的學生說，「前些時打宸濠，我的心一無所動，現在卻爲這個人動了。」沒有這個動就不會說出：「舍斯人，吾將誰友？」他看重王艮的也是一個「一毫不苟」！其含義就是個：誠意，誠到了極致。

王艮，原叫王銀，陽明將「銀」改爲「艮」，字汝止，是泰州安豐場人，家貧不能入學，跟著他父親在山東經商，拿著《孝經》《論語》《大學》逢人就問，下來自己琢磨，以經證悟，以悟解經，幾年如一日地堅持不懈，久而能信口談解，像得過神秘的天啓似的。他父親服勞役，大冬天用冷水洗臉，他哭著說：「爲人子而令親如此，尙得爲人乎？」再有勞役，他便代替父親。眞實地踐履了「堯舜之道，孝弟而已」。後來，他跟著老師回到越城。再後來以爲天下人知道老師這絕學的人太少了，就做了個古怪的高車，招搖道路，到處宣講，一直講到北京的崇文門前，給陽明幫了倒忙，京城的上層人物正非議心學呢，正好來了個活廣告——怪物。陽明寫信痛責他，他回到越城，「及門三日不得見」，陽明送客，艮長跪於路旁，陽明看也不看，艮追到庭下，厲聲說：「仲尼不爲已甚。」陽明才把他拉起來。他在陽明死後發展出泰州學派，主張「百姓日用卽是道」，高呼「出必爲帝者師，處則爲萬世師」，因強調「救時濟世」而被稱爲左派王學，最有名的傳人如何心隱、李贄，成爲晚明浪漫洪流的近因、「五四」新文化運動的遠源。

文化「在」傳播，「文化心」的傳播尤其靠親證親演的直接傳授，王學輝煌，靠滾雪球滾成了地毯式覆蓋的門生後人群體。有人說王艮的水準比陽明高，有人說王畿瓦解了王學。黃宗羲在《明儒學案》中說：陽明一生精神獨寄江右，將「江右王門」分爲九支，成了一方領袖的有33人。後人不滿足於黃的劃分，又補充了許多，包括那些私淑王學而成爲傳播王學中堅的人、並非江西籍但在江西生活過又成了王學飛將的人物，還有心契王學後來另立一格的人物。重要的王門高徒有：陳九川、魏良弼、良政、良器、夏良勝、歐陽德等等，最重要的是鄒守益，字謙之，號東廓；他們後來都成了一度籠罩一方的王學大員。還有許多只遙遙地望見過陽明一面，就開悟信服了心學……

王學到了大放光芒的時候了。陽明學因了一語「致良知」而更加誘人、更能號召天下了。

第十一回　工夫不能斷　良知成良能

1.致良知工夫的訣竅

陽明的感覺就是有過人之處：「吾講致良知原自有味，卻被諸君敷衍，今日講良知，明日講良知，就無味了，且起人厭。諸君今後務求體認，勿煩辭說。」（東景南《王陽明散佚語錄輯補》）良知是體認出來的，不是說出來的。體認的核心要求是：良知成良能。

關於陽明何時提出「致良知」可謂眾說紛紜，一旦再發現了新的佚文又會微調提出的時間。其實，陽明學的主旨是一致的，某個說法具體提出的時間不太重要。他後來曾多次激動地描述他一口道盡這千古聖學之秘的心情：「吾良知二字，自龍場以後，便已不出此意，只是點此二字不出，與學者言，費卻多少辭說，今幸見此意，一語之下，洞見全體，真是痛快！」（錢德洪《刻文錄序說》）——也就是說，自龍場時這「良知」二字已在他胸口盤桓了，他當時悟道時，就已悟及於此，只是還差一點，就爲了這一點，他先是說「心卽理」,後又講「誠意」，講「克己省察」「收放心」，講「知行合一」。大方向、基本路數是一致的，但都不如「致良知」一語之下洞見全體，既包含了本體又包含了方法，又簡易精一。他說：「某之良知之說，從百死千難中得來，非是容易見得到此。不得已與人一口說盡。只恐學者得之容易，把作一種光景玩弄，不實落用功，負此知耳。」由此鑿鑿可見：良知是感覺化的思想、是思想化的感覺。它，在陽明心中口中也是百轉千回、千錘百煉、千呼萬喚才出來。

他口說良知（不是寫信提出）的最早的記載是在己卯年（正德十四年，《年譜》說是在正德十六年）在南昌，陳九川從京城回到南昌，跟陽明說：「到『誠意』上再上去不得，如何以前又有格致工夫？「陽明回應：「意未有懸空的，必著事物，故欲誠意則隨意所在某事而格之，去其人欲而歸於天理，則良知之在此事者無蔽而得致矣。」此語記載在《傳習錄》下，但人們習慣認爲《傳習錄》下面緊接著的記載才是標準的提出時間。

庚辰（正德十五年）的初夏，在贛州。陳九川往虔（卽贛州）再見先生，問：近來功夫雖若稍知頭腦，然難尋個穩當快樂處。先生曰：爾卻去心上尋個天理，此正所謂理障，此間有個訣竅。（陳）曰：請問如何？（王）曰：只是致知。（陳）曰：如何致？（王）曰：

「爾那一點良知，正是爾自家底準則。爾意念著處他是便知是，非便知非，更瞞他一些不得。爾只不要欺他，實實落落依著他去做，善便存、惡便去，他這裡何等穩當快樂！此便是格物的真訣、致知的實功。若不靠這些真機，如何去格物？我亦近年體貼出來如此分明。初猶疑只依他恐有不足，精細看，無些子欠缺。」

這個良知就是天賦悟性——上天賦予的人人具備的覺悟性。佛，覺悟者；聖，也是覺悟者。悟了以後叫覺悟，悟之前的「吾性」則是覺解力、知覺性。佛學的目標是成佛，必須破我才能成佛。儒學的目標是成聖，必須致良知才能成聖。人人能成佛是因爲人人有佛性，人人能成聖是因爲人人有良知——這個訣竅是用「一本」對「萬殊」，這個「一本」就是「爾那一點良知（自性）」，無須再往良知上裝個天理（自性上不能有一物，所以最後有「無善無惡心之體」），誠實的「依著他去做」（王門後學有「依良知」一派），便能「心體無蔽，臨事無失」了。到「臨事無失」時就是良知成良能了，一遇事變成一種本能反應，如同武功那一出手便是——便體用一元、顯微無間了。

這裏句句提示的都是功夫，因爲心學是本體功夫一元論，心中的良知是人人心中固有的「本覺」，聖人能夠一直有此「本覺」是因爲聖人悟了以後不再迷，愚人被自己的理障欲蔽埋沒了、弄丟了「本覺」。怎樣才能找回本覺、「致」出良知來呢？此間訣竅或曰良知訣竅，就在「凜然一覺」，只有靠心之「靈悟」。

首先是個「正念頭」的修養工夫。用良知作準則，「爾意念著處，他是便知是，非便知非，更瞞他不得。爾只不要欺他（做人最怕欺心），實實落落依著他做去」，這就把念頭端正了。念頭正了，至少可以解決「開頭」「入手」問題。對於思惟修來說，正念頭是至關重要的。陽明現場教學，是有針對性的，像陳九川這樣的已經會自己「推」自己的學生，關鍵要「正念頭」。

其次，凜然一覺出滋味。陽明對陳九川說：「人若知這良知訣竅，隨他多少邪思妄念，這裏一覺，都自消融。眞個是靈丹一粒，點鐵成金。」覺悟性就是這訣竅的機括、開關、閥門，把握住了就能「自救」、自我成就，不怕念起就怕覺遲。覺悟的滋味從「提澌之沛然得力處」出。如果「忽易」，就不會得「滋味」。所謂「提澌」也叫「操持」，就是「操存舍亡」——提住覺悟性良知就存、放棄了覺悟性良知就亡（沒有）。滋味則是「穩當快樂」。在儒門譜系中快樂的標兵是顏回，「人不堪憂，回也不改其樂」，因爲顏回有巨大的內心資源、滋味滿滿。念頭正了，「只要在良知上著功夫」（《傳習錄》下 212 條）就是保持這「凜然一覺」的覺悟性。點鐵成金靠的是知覺性翻轉，煩惱即菩提。

但這「一覺」是不允許自封、口說的。口頭功夫是腳不點地的，就是單憑聰明悟到此與做功夫做到此，也有天壤之別。

第三，綿密保任良知，工夫不能斷。工夫一斷就會被私意遮蔽。斷了，就趕緊「繼續舊功便是」。有一次，一個和尚問陽明禪定工夫，陽明問他：「禪家有雜、昏、惺、性四字，汝知之乎？」和尚說不知道。陽明說：「初學禪時，百念紛然雜興，雖十年塵土之事，一時皆入心內，此謂之雜；思慮既多，莫或主宰，則向昏了，此之謂昏；昏憒既久，稍稍漸知其非，與一一磨去，此之謂惺；塵念既去，則自然裏面生出光明，始復元性，此之謂性。」（束景南《王陽明散佚語錄輯補》）黃綰回憶先師正是這樣訓練他的，還讓他讀《壇經》。歐陽德回憶先師說過：「致知存乎心悟。」陽明說聖人就是能夠「保全」良知的人。學人即是學做聖人，學做聖人並不難，「只是終日與聖賢印對」。良知是心印。

陽明說：「工夫節次」沒有別的奧妙，就是保持「致良知的主宰不息」（《傳習錄》下 239 條）。

第四，「事上爲學」工夫不斷。禪宗講究一個「那邊會了，來這邊踐履」（南泉普願禪師），陽明最爲典型。高僧往往不理塵世俗務，只有氣節難有功業，只有高遠意境難以救時濟世，陽明明確地說「致良知便是必有事的功夫」（《傳習錄》下 326 條）。陽明的公式是：致良知就是格物。譬如，審案子，「不可因其應對無狀，就起個怒心；不可因他言詞圓轉，生個喜心；不可惡其囑託，就加意治之；不可因其請求，曲意從之；不可因自己事務煩冗，隨意苟且斷之；不可因旁人譖毀羅織，隨人意思處之；這許多意思皆私，只爾自知，須精細省察克治，惟恐此心有一毫偏倚，杜人是非，這便是格物致知。簿書訟獄之間，無非實學；若離了事物爲學，便是著空。」（《傳習錄》下214條）。陽明說：這樣在格物上用功，是「有根本的學問」，流行的儒學讓人到事事物物上去討尋，是「無根本的學問」，沒根的終須放倒、終要憔悴。

陽明之所以找到「致良知」這個訣竅後大快平生，就是因爲這樣可以內外一體了：出則救時濟世、致良知於現實人事，處則靜養心體、致良知於心靈發育。

第五，細心知微以入德。陽明說：「良知至微而顯，故知微可與入德。唐虞授受，只是指點得一微字，《中庸》不睹不聞，以至無聲無臭，中間只是發明德微字。」（束景南《王陽明散佚語錄輯補》）這個「微」字，類似印順法師說阿賴耶識只是個「細心」，細微處才是「得力處」、才出「入德」的滋味。陸九淵就是細微處忽易，才「粗」了。籠統了，就顢頇。心學的簡易直捷是配置著細微入德功夫的。《傳習錄》下 224 條載：「問：先生嘗謂『善惡只是一物』。善惡兩端，如冰炭相反，如何謂只一物？先生曰：『至善者，心之本體。本體上才過當些子，便是惡了。不是有一個善，卻又有一個惡來相對也。故善惡只是一物。』」這話他多次說過：善惡都是人性、善惡是一體的，只是過了或不及就是「惡」，是非也是個「『當下』是否恰好」的問題。必須堅持知微入德這種「悟後修」，才能臨事不失、本能反應即恰到好處。

陽明一生不厭其煩地再三申說：本體境界必須靠實工夫才能達到，本體論與功夫論必須合一。陽明教學生的時候，總是讓他們從靈魂深處去「煉」良知來。並舉自己下過格竹子那種死力氣例子，說這「致良知」是他用大半生的性命提煉出來的口訣、心法，絕不是有口無心者皆可耍弄的套話、口號。若過濾掉其生命證驗的資訊、遺棄掉其中的生存智慧，只是掉書袋地來比證，便是在以學解道，若是白撿過來貪便宜地說現成話便是在「玩光景」。

不實地做功便手舉這個「指南針」，也還是「兩張皮」、用大理良心嚇別人，還有「我的人欲便是良知，你的良知也是人欲」。中國這種「道德巨人」太多了，陽明的良知學說本是要對治這個痼疾的，最終還是被這個痼疾給「拈弄」、利用了去。

良知之體就是「心本體」，良知之相就是「無」，良知之用大矣哉——概括言之卽「無所不知，只是知個天理；無所不能，只是能個天理」。（《傳習錄》下 223 條）

《傳習錄》下 203 條：「在虔，（陳九川）與（王）於中、（鄒）謙之同侍。先生曰：『人胸中各有個聖人，只自信不及，都自埋倒了。』因顧於中說曰：『爾胸中原是聖人。』於中起不敢當。先生曰：『此是爾自家的，如何要推？』於中又曰：『不敢。』先生曰：『衆人皆有之，況在於中，卻何故謙起來？謙亦不得。』於中乃笑受。（陽明）又論：『良知在人，隨你如何不能泯滅，雖盜賊亦自知不當爲盜，喚他做賊，他還忸怩。』於中曰：『只是物欲遮蔽，良心在內，自不會失；如雲蔽日，日何嘗失了！』先生曰：『於中如此聰明，他人見不及此。』」——王於中用良心解釋良知獲王的贊同。可見，這個良心是既在每個人心中，又是先驗的、不以人的差異爲轉移的。

2.本體要虛　工夫要實

偉大的正德皇帝玩夠了，上天堂極樂去了。自然法則可以有限地修補一點皇帝終身制的毛病。許多受到過不公正處罰的都潛伏著等待「換頭兒」，新君也往往要平反一些冤案以提高效忠率。陽明不會公開表示喜慶，他內心與這位頑主皇帝有一定的感情。事實上，這位頑主皇帝比下一位陰險皇帝也許並不壞。

朝野都有呼聲：能臣王陽明應該入閣當輔政大臣！

正德十五年二月初，陽明借居白鹿洞養病，講學。此時洞主蔡宗兗是陽明的學生。在宋代，白鹿洞與睢陽、石鼓、嶽麓合稱四大書院。在正德十三年，陽明手書《大學古本》《中庸古本》《修道說》從贛州南邊千里傳書過來，當時就摩刻上石。

現在是正德十六年，正德人死了但須等新皇帝的年號出來，才能換紀年。

陽明還是一如既往地與學生論學、寫信回答各種問題。有人問：「學無靜根，感物易動，處事多悔，如何？」陽明說：「三者病亦相因。惟學而別求靜根，故感物而懼其易動，是故處事而多悔也，心無動靜者也，故君子之學，其靜也常覺，而未嘗無也，故常應常寂，動靜皆有事焉，是之謂集義。」歐陽德對他說：「先生致知之旨，發盡精蘊，看來這裏再去不得。」——到頭了。陽明說：「何言之易也？再用功半年，看如何？又用功一年看如何？功夫愈久，愈覺不同，此難口說。」他還說：「只這個要妙，再體到深處，日見不同，是無窮盡的。」

他對九川講：「此『致知』二字，眞個是千古聖傳之秘；見到這裏，百世以俟聖人而不惑！」後來九川眞去用心體驗，卻又出了新的問題，他問老師：「此功夫於心上體驗明白，只是解書不通。」陽明說:「只要解心。心明白,書自然融會。若心上不通,只要書上文義通,卻自生意見。」

幾個學生「侍食」,陽明隨地指點良知:「凡飲食只是要養我身,食了要消化,若徒蓄積在肚裏,便成痞了,如何長的肌膚?後世學者,博聞多識,留滯胸中,皆傷食之病也。」

黃以方問:「先生格致之說,隨時格物以致其知,則知是一節之知,非全體之知也。何以到得溥博如天,源泉如淵地位?」翻譯成西學術語就是,黃認爲這個「知」還是得由經驗積累(隨時格物)的「認識」,是知識學的「知」,而非「大全之知」、根本信仰——形而上的智能發射基地(天淵)。

這又是根本性的一問。不能證明這一點,就不能證明良知萬能,致良知也就不能統一思想、取代以往的思想體系(如理學),而陽明是以取代它爲目標的,做不到這點,他自己也會認爲並沒有成功。

陽明手指藍天說:「比如前面見天,是昭昭之天;四外見天,也只是昭昭之天。只爲許多房子牆壁遮蔽,便不見天之全體。若撤去房子牆壁,總是一個天矣。不可道眼前天是昭昭之天,外面又不是昭昭之天也。於此便見一節之知,卽全體之知;全體之知,卽一節之知:總是一個本體。」(以上均見《傳習錄》下)

因爲只有一個本體,所以直接知道了本體,就知道了全體,一卽大全。這是從知的對象上說,陽明在另外一條語錄中,又把所有的對象都推到太虛上,把良知也推到太虛上,用太虛做本體,都是一個太虛,所以致良知也就獲得了「全體之知」。他有時也把「無知無不知」的良知比作「無照無不照」的太陽。

有時又把良知比作天、淵——天淵：

人心是天淵。心之本體，無所不該，原只是一個天。只為私欲障礙，則天之本體失了。心之理無窮盡，原是一個淵。只為私欲窒塞，則淵之本體失了。如今念念致良知，將此障礙窒塞一齊去盡，則本體已複，便是天淵了。

這與當年「心卽理」的論式是一樣的，只是將理換成了天；「淵」則給予心一種生成的能力、創造的能力，於是一通俱通，一塞俱塞。心之天淵的功能，不是一句思辨的大話，而是心學的一種全新的起點。這個起點就是恢復感性的本體論地位，它並不指望全面解決知識論問題。

在心學以前的各種學說，將人看成一種結果，而人自身的自發性、由這種自發性決定的多種可能性——卽人自身的存在，被遺忘了。致良知爲了恢復這多種可能性而喚醒一種澄明的意識狀態。各種知識是有終點的，而這種澄明的狀態則只是起點，不僅超越有限又無情的知識理性，也超越蠻橫的個體自我的唯我主義。所以，它應該是最無危險的開發自性的眞理。

陽明是想找一個超驗的從而萬能的依據，賦予它不證自明、永遠有效的權威性、眞理性，好像一找到良知就等於和上帝在一起了、就得到了神啓、就得到了來自上帝的絕對命令，就正確無誤了。

但是他本人也難免飄忽的:「近欲發揮此意,只覺有一言發不出,津津然如含諸口,莫能相度。」——就是說不出來。說完之後,沉默良久,這種時候,他的學生都不敢打擾他,都知道要有更重要的話在後頭,可是這回卻是歸於無言:「近覺得此學更無有他,只是這些子,了此更無餘矣。」針對有的學生表現出健羨,王說:「連這些子,亦無放處。」絕對是高僧在參玄機,他的眞實意思是他已到達至高無上的「無」的境界,萬物皆化,與天地萬物爲一體了、與大道爲一體了。其實他是達到了一種超語言的神秘的心證境界。良知就是這麼一種覺悟性,一拿出來標榜、宣傳就不再是良知了。理解良知也需要這樣的知覺性,如王常說的:「本體要虛,工夫要實。」

3.良知應世:兩難而兩可

人生中有一種叫做「兩難」的困境。中國智慧之要著是孔夫子標舉的無可無不可,陽明則能做到兩難而兩可。因爲陽明的良知是通道。

良知,不管說得多麼玄,它必須讓人在生活中「感到」它的妙用,才能在一個講究實用的種族當中被使用,這個作用便是一個學說或一個思想體系的意義和價值了。陽明的良知之道不是一個研究綱領,而是一個以人爲出發點和目的的構造綱領。它想根本改變人與世界的關系，通過提高人的精神能力來改變整個生存狀態——中國的儒、釋、道都是「感性學」，它們的思辨方式都是美學法門，都想把美學變成意義生成論。

這種感性學的工作原理是「文學原理」，就是說它滋養人性、移人性情的作用和過程都是改變人的感覺。王陽明看不起詩文，是因爲那種詩文不能直指人心、不能讓人當下開悟，沒有多大的精神動員力量，不根本、不究竟。但是文學原理是儒釋道三家共用的走廊。佛學其實也是文學，靠想像建立體系，靠想像、比喻說服人。心學和佛學是偉大的精神哲學，都用意念法作用於人的感性感情體驗，論證方法也是比喻、人情化的類推，思辨也是詩意的，它們都能塑造出人的新感性、新的人格。

陽明是一直主張在事兒上練的，儘管每天都必有事焉，但還是事情嚴峻時更見功大。大事來了。六月十六日，嘉靖的新朝廷下了聖旨：

> 爾昔能剿平亂賊，安靜地方，朝廷新政之初，特茲召用。
>
> 敕至，爾可馳驛來京，毋或稽遲。

這正是他所期望的，「天理」也應該如此。他立即收拾起身，二十日開拔，以他的耿耿忠心和曠世奇才，早就盼望著這一天，包括前些時受窩囊氣，能忍下來，也是想到朝廷終要起用他——他說良知就是在勃然大怒時能忍下來，在激動興奮時能平靜下來。他果然做到了這一點，而且眼下看來，前些時的忍算是對了。

他是個高度成熟的政治家，假若他要當了首輔，至少會成爲一代名相，明代會中興。如果他能說服皇帝搞好國際貿易、文化交流，那日本式的「維新」也許就會在中國發生了——這是近代志士仁人的一個感興趣的假設，其中有自我安慰，但也不全是臆想。

但是，專制政體不會用這種「可能性」太多太大的人——這是一個鐵則，專制社會從本質上排斥可能的生活，所以必然視王陽明這樣的有創新能力的人爲異類。他的「致良知」理論上包含著超越道德範疇的東西，如他曾說「善惡只是一物」「善惡皆天理」，更主要的是，良知的先驗性有大於道德的內涵。在閣臣們看來（因爲皇帝不看），這些都是「混賬話」。

他走到錢塘，閣臣楊廷和、費宏等人指使言官上書製造輿論，什麼國喪期間不宜行宴賞呀，新政期間國事太忙呀，純粹是製造出來的理由——張惶了不主要之點而陰暗地達到另外的目的。這種輿論是人造的，對於更有力量的人來說，它屁用沒有——譬如當年戴銑、包括陽明他們攻劉瑾，就對劉瑾毫無威脅；後來言官攻張居正，反而讓張把他們給收拾了。現在，站在輿論背後的是掌權的，輿論所指的是沒權的，勝負立判。

現在，他沒有年輕時候的情緒反應了。他淡定得讓閣臣們洩氣，他們想以此打擊他，卻一拳打在了大氣上。陽明曾教皇帝要賞罰及時，如今他嘗到了遲到的賞賜本身就像吃隔夜的涼菜，更何況及時來了個半途而廢！他對荒誕的政界、成年人的謊言無動於衷了。如他在《歸懷》中說：「世故漸改涉，遇坎稍無餒。」不是自己哄自己，「行年忽五十」「童心獨猶在」。童心，是戰勝這個世界的精神力量（他的徒孫李贄以《童心說》開啓了晚明浪漫洪流）。他一直努力修行，才有了「童心獨猶在」。

還有一首《啾啾吟》寫得很直接：據孔夫子說能做到「智者不惑、仁者不憂」「用之則行、舍之則藏」的只有他和顏回，現在還有我老王！我有良知，所以「信步行來皆坦道」。也有轉敗爲勝的話頭：我這千金之彈怎麼能去打麻雀，我這高級金屬怎麼能去掘土？「丈夫落落掀天地，豈顧束縛如窮囚！」

本來，他給新皇帝寫《乞歸省疏》是表示擁戴、要出來工作：我當初請假時是想永歸山林矣，現在「天啓神聖，入承大統，親賢任舊，向之爲讒嫉者，皆以誅斥，陽德興而公道顯。臣於斯時，若出陷阱而登春臺也，豈不欲朝發夕至，一快其拜舞踴躍之私乎？」——他說的是眞心話，單請假是用不著這麼抒情的。——促狹的作弄在，他想走的時候不讓他走，現在要他進京他趕緊進京，卻又讓他打道回府吧。

費宏等人給他來了個「明修棧道，暗度陳倉」，准他回家，給了一個南京兵部尚書的虛銜，然後下大力量調查、審核平寧王過程中的問題，跟著他一起平叛的只提拔了一個伍文定，別的或明升暗降，或乾脆不升，有的還給「掛」了起來，讓說說清楚……

嘉靖雖立朝，這年的年號還是正德。八月，他回到山陰，他從這裏出去又回這裏來了。他一回到家裏就說了一句，「卻笑當年識未眞」（《歸興二首》）——大約此時，他才眞正的確覺得朝廷這麼「閃」他也沒什麼了。無功者受祿，有功者有罪，是專制政體中的必然現象。過去他多次請假，不見應允。現在倒好，讓他一回家就是六年。「百戰歸來白髮新，青山從此作閒人。」（《歸興二首》）

九月，他回到餘姚，來給祭掃祖墳，大半生已過，他也快回來與祖先為伍了。任何道術都不能讓人不死，聖人也只能追求精神不死。正如前不久，他在回答養生問題所說的：「區區往年嘗斃力於此矣。後乃知養德、養生只是一事。元靜（陸九淵）所云『真我』者，果能戒謹恐懼而專心於是，則神住、氣住、精住，而仙家所謂長生久視之說，亦在其中矣。」他用經驗例證法，說白玉蟾、丘長春這些仙家祖師，享壽皆不過五六十，來說明長生之說，別有所指，不過是清心寡欲、一意聖賢而已，像顏回三十多歲死了卻永遠活在人們心中——只有精神「長生」。

他回到瑞雲樓，指著藏胎衣的地方，老淚縱橫。

陽明 25 歲時，錢德洪也出生於這個瑞雲樓，當時陽明正結餘姚詩社。現在錢率侄兒和一些求學者「集體」皈依王門。錢早就知道王在江西講學的宗旨，想入門為弟子，但家鄉的一些老人還記著王小時候的淘氣事，反對錢這麼做。大儒來到身邊，錢力排眾議，毅然入門下。第二天，有 74 人同時投入王門。

陽明在老家的日子主要是：與宗族親友宴遊，隨地指點良知。古越一帶勝地頗多，今日遊一地，明日遊一地，像朱子格物一樣。用他自己的話說，則是「種果移花新事業，茂林修竹舊風流」（《歸興二首》），有點林下宰相的風致了，他越活越明白了：「須從根本求生死，莫向支流辨濁清。久奈世儒橫臆說，競搜物理外

人情，良知底用安排得？此物由來自渾成。」（《次謙之韻》）

正德十六年十二月十九日，嘉靖皇帝下詔封他為新建伯——明朝規定平過大反叛的才封伯，特別卓著的封侯。還有榮譽頭銜：光祿大夫柱國，南京兵部尚書，歲支祿米 1000 石，三代並妻一體追封，給予誥券，子孫世世承襲。誥命是派行人——專門的官員送達的，那天，正是王華的生日，親朋咸集，王華慼然不樂，告誡陽明說：「宸濠之變，皆以為汝死矣，而不死；皆以事難平矣，而卒平。然盛者衰之始，福者禍之基，雖以為榮，復以為懼也。」陽明跪下，真誠莊重地說：「大人之教，兒所日夜切心者也。」

當初，王華早就預料到寧王必反，曾在上虞的龍溪買了地方，準備避難。聽到亂起的消息時，說陽明已被害。有人勸王華去龍溪，華說：我當初是為老母作準備，老母已不在，我兒若不幸遇害，我何所逃乎天地間？並告誡家人鎮靜。等陽明倡義，有人說寧王必派人來禍害，勸華躲避，華說我要年輕，就去殺敵去了，現在，只有共同守備以防奸亂。鄉人見華宴然如平居，人心安定。

後來，正德南巡，奸黨誣陷陽明，危疑洶洶，旦夕不可測。當地的小人乘機作亂，來家裏登記財產牲畜，像即將要抄家似的。姻族皆震恐，不知怎麼辦好。華平靜如常，日休田野間，但告誡家人謹出入、慎言語。現在終於等來公正的評價。次年二月十二日，朝廷追封三代的正式通知下達，他讓陽明弟兄趕緊到門口迎接，說不可廢禮，聽到全部儀式完畢，他偃然瞑目而逝，享年

77歲。

陽明誡家人勿哭，抓緊給父親換入殮的衣服，將內外各種發送的東西準備齊全，才舉哀。他則一慟而絕。準備齊全是顧全大局，一慟而絕是一本性情。陽明能把這兩種「方式」集於一身。

這回可幫了閣臣的大忙，陽明必須按規矩在家待三年。這三年足夠他們消除陽明成功的影響了。他們將陽明的戰役總結報告作了刪削，又有人彈劾王學爲僞學，建議朝廷禁止王學的傳播。

陽明上書，辭去榮譽：「殃莫大於叨天之功，罪莫大於掩人之善，惡莫深於襲下之能，辱莫重於忘己之恥：四者備而禍全。此臣之不敢受爵者，非以辭榮也，避禍而已。」他的目的是要同時賞賜一起立了功的。但他的建議、抗議都等於零。七月十九日，吏部下文，不准辭。他又上書，要求普降龍恩，抗議他們陰行考察，對於其他平叛官員，或不行賞而削其績，或賞未及而罰已先行，或虛受升職而實使退閑，或罷官或入獄。當時都是冒著殺族滅家的危險倡義舉事的，這樣對待他們，以後國家再有危難，誰來獻身？這種阻忠義之氣、快讒嫉之心的做法，只能涼透人心。最悲涼的是陽明手下派間諜、當間諜的，沒有上了《江西捷音書》，永無出頭之日了。

他跟學生說：聖人不是不要功業氣節，只是依循著天理，該講究功業時就得講究，循著天理便是道，便不叫功業氣節了。他的言外之意是說他現在爭個公道，是符合天理的。也的確是符合天理的，若不爭便是假道學了。

4.念頭功夫 心地法門

送走父親，一慟而絕，再加上朝廷不斷地用各種方式加以刺激，他心勞力悴，大事已了，就頂不住勁了，終於臥床躺倒。他誠懇地寫了個「揭帖」：

某鄙劣無所知識，且在憂病奄奄中，故四方同志之辱臨者，皆不敢見；或不得已而見，亦不敢有所論說。各請歸而求諸孔、孟可矣。夫孔、孟之訓，昭如日月，凡支離決裂，似是而非者，皆異說也。有志於聖人之學者，外孔、孟之訓而他求，是舍日月之明，而希光於熒炬之微也，不亦繆乎？

所謂「憂」明面是丁憂、居喪，內裏還有沒有點出來的「憂」：對王華祀典的爭吵，有的御史、給事受閣臣的指使，攻擊王華、意在打壓王學。他也確實在病中，而且他一直認爲：只要每個人立了學做聖人的志向，就完全可以自己從孔孟那裏得到眞理。所以他請慕名而來的人回去自修：我王某充其量不過有點熒炬之微光，有日月之光明的是孔孟之遺訓。陽明吹滅了自己這把紙燭，讓新生去找眞正的光源。他心裏可能想到了龍潭祖師夜送德山和尚的故事：德山正要接過龍潭祖師遞過來的紙燭時，祖師吹滅了紙燭，那一霎那，德山頓悟。

不知道新生們悟沒悟，只知道新生越來越多。他的菩薩心使他不忍辜負，他遂有層次地接見學生。漸漸康復後，又像過去一樣與學生一起活動，隨地指點良知了：「潛魚水底傳心訣，棲鳥枝頭說道眞。莫謂天機非嗜欲，須知萬物是吾身。」（《碧霞池夜坐》）萬物一體之仁是致良知理路的究竟處，致良知爲的是擁有「無緣大慈、同體大悲」的心意力。

講學是他現在唯一的事業，他的教學藝術更加出神入化了：或語或默，都是「盤活」心中一念的機緣；舉手投足，皆是調教心地的入機之處。讓學生體驗日見「精明」、調出超越的精神狀態，每個人都給自己安上「反光鏡」。

有的學生太矜持，陽明說這是毛病，因爲「人有許多精神，若專在容貌上用功，則於胸中照管不及者多矣」。有的人隨便直率，陽明又說是毛病：「如今講此學，卻外面全不檢束，又分心與事爲二矣。」有的學生作文送別朋友，又覺得這種做法有問題，一是作文時費心思，二是過了一兩天後還想著，就請教該怎麼辦？王說：「文字思索亦無害。但作了常記在懷，則爲文所累，心中則有一物矣，此則未可也。」有的作詩送人，王看過說：「凡作文字要就分限所及，若說得太過，亦非修辭立誠矣。」

良知是至善至美，但他不主張強行致良知（「助」），但也不放任（「忘」），只是「今日良知見在如此，只隨今日所知擴充到底，明日良知又有開悟，便從明日良知擴充到底。如此方是精一功夫。與人論學，亦須隨人分限所及。如樹有這些萌芽，只把這些水去灌溉。萌芽再長，便又加水」。若用一桶水一下子去澆一個小芽，便澆壞了它。用滾燙的開水則貌似灌溉，實爲謀殺了。

有人問，「您說讀書只是調攝此心，但總有一些意思牽引出來，不知怎麼克服」。王說：「關鍵是立志。志立得時，千事萬爲只是一事。讀書作文安能累人？人自累於得失爾。」「只要良知眞切，雖做學業，不爲心累。縱有累亦易覺，克之而已。」強記之心、欲速之心、誇多鬥靡之心，有良知卽知其不是，卽克去之。「如此，亦只是終日與聖賢印對，是個純乎天理之心。任他讀書，亦只是調攝此心而已，何累之有？」說完這一套他浩歎一聲：「此學不明，不知此處耽擱了幾多英雄漢！」

心地法門的基本要求是與聖賢「心心相印」（終日與聖賢印對），能如此，就可以「心意知物只是一事」，念念都在成聖的努力中。這個念頭功夫的宗旨是找「虛靈不昧」的心體。所謂「虛靈」就是「空」，所謂「不昧」就是「明」，能空能明就具有了超越現實和各種妄念的能力，虛靈不昧是心體的本然狀態，所謂「找」是做工夫，因爲習性遮蔽了這本體。這是一種自救，用自身這個超越覺悟性的本源來達到覺悟的目的——良知如光源自備的明鏡，因爲它自身是虛靈不昧的。

他利用了深入人心的佛教、道教的關於虛、無的思想成果，來強調良知「眞是與物無對」，以建立良知的本體論。「仙家說到虛，聖人豈能虛上加得一毫實？佛家說到無，聖人豈能無上加得一毫有？……聖人只是還他良知的本色，更不著一些意思在。」因爲一著些意思就「迷」了、「昧」了、有念念成邪。可以用佛教的「三身」來比方陽明的良知學：良知如清淨法身是本體，是人之性；圓滿報身是發用，是人之智；百千化身是相，是人之行。「虛靈不昧」就是要體、用、相一體化，三而一、一而三。找不到無，就找不到有。就連無和有也是一不是二。

怎樣才能找到虛靈的「無」呢？靠複雜的知識學是只能越找越糊塗，這叫做「爲學日益、爲道日損」。只有簡易的實踐學，即做工夫，才能求得我心。《易經》並舉了「窮理」與「盡性」，《書經》並舉了「惟精」與「惟一」，《論語》並舉了「博文」與「約禮」，《孟子》並舉了「詳說」與「反約」、「知言」與「養氣」，《中庸》並舉了「尊德性」與「道問學」。陽明堅持不懈地將這些對子融合成一個有機體。將這些個「與」換成「即」，將「兩件」變成「一件」，內外兩忘，自會透徹。心既不能與物對立，更不能與別個心對立，誰還在對立狀態誰就還在聖學的門外。

良知是虛的，功夫是實的。這虛實之間的要害是個「誠」字。知行合一是訓練誠意的工夫。良知前冠一「致」字，恰如其分、恰到好處地點出了正意、誠意及其用力過程。不但誠則明、不誠無物，而且不誠就沒有力量。有智無力，即此智還是無智。無智無力的行只是個冥行妄做。知行合一這個「一了百了」的功夫又恰恰是活一天有一天新問題的、需日新日日新的工夫。

把握住良知這個根本，然後加以所向無敵的推導，便是他教學生的簡易直接的方法。人是可以成聖的，就看想不想成了。要眞想成就克己省察，時時刻刻致良知，用陽明的話說叫「隨物而格」，讓良知之覺悟性、知覺性變成「自然而然」的良能。有人用「知之匪艱，行之惟艱」這句聖訓來懷疑知行合一的命題，陽明說：「良知自知，原是容易的。只是不能致那良知，便是『知之匪艱，行之惟艱』。」根據心學原理，「不能致」是「不肯致」的意思。人們自肯順著自己的私心雜念任性而行，不肯順著「天則」眞修實煉。「只順其天則自然，就是功夫。」如同打太極拳「一分松一分功」，因爲松了才「順其天則」，這於「心空才明」是一個道理。

他跟同學們說：「我與諸公致知格物，日日是如此，講一二十年俱是如此。諸公聽我言，實去用功，見吾講一番，自覺長進一番。否則，只作一場話說，雖聽之亦何用？」關鍵在於領會、眞幹、實修。

尋找虛靈本體，須於不可見的世界多下工夫，主要是於「見不可見」的能力下工夫。這個見不可見的能力，主要在心，不在眼。然而，眼或者說視覺卻是通心的。視覺也是覺悟性的一種。因爲視覺自身能夠想像、有超出自身的能力。梅洛·龐蒂在《眼與心》中說：「這種能力告訴我們，一丁點兒墨汁就足以讓我們看到森林和風暴，那麼視覺就一定有其想像之物。」眼與心統一於見性——能夠見的性。一個學生用佛門公案來問「見性」問題：佛伸手，問衆見否？衆曰見。佛縮手於袖，問還見否？衆曰不見。佛說還未見性。學生不解意義。陽明說：「手指有見有不見，爾之見性常在。」——陽明的回答和《楞嚴經》中佛的回答一模一樣，關鍵是你的「見性」，你能發揮「見性」即使是盲人也能知道有手在。能見不能見不在目力而在心力，能力的根源在自性，能見的根在見性。就像愛因斯坦說的不是輪子在轉，而是輪子性在轉。

他覺得更關鍵的問題在於「人之心神只在有睹有聞上馳騖，不在不睹不聞上著實用功。蓋不睹不聞是良知本體。戒慎恐懼是致良知的工夫。學者時時刻刻常睹其所不睹，常聞其所不聞，功夫方有個實落處」。

有的學生重複他的話，將不睹不聞理解成本體，將戒慎恐懼理解成功夫，陽明馬上加以修正，說二者是合二爲一的，若「見得眞」、理解得透，倒過來說戒慎是本體，不睹不聞是工夫，「亦得」（此句引自《傳習錄》中）。

他對來自遠方的求學者說：「諸公在此，務要立個必爲聖人之心，時時刻刻，須是一棒一條痕，一摑一掌血，方能聽我說話句句得力。若茫茫蕩蕩度日，譬如一塊死肉，打也不知得痛癢，恐終不濟事。回家只尋得舊時伎倆而已，豈不惜哉！」像所有的宗教要求「起信」一樣，心學要求必須發起成聖的信心。他常常這樣教訓那些大弟子：「汝輩學問不得長進，只是未立志。」「你眞有聖人之志，良知上更無不盡。良知上留得些子別念掛帶，便非必爲聖人之志。」

聖人就是良知人，但你要故意去非當聖人不可，反而有了別念掛礙。立志是調整誠意的起腳功夫。發起成聖的信心就能誠意，誠意就可以見性、找到良知，找到了良知就找到眞理了。陽明的思路一言以蔽之，便是當世成聖人。

一個學生說他在私意萌動時，分明自心知得，只是不能立卽克服。陽明說，你那個知得，「便是你的命根。當下卽去消磨，便是立命的工夫」。問：道心人心。他說：「『率性之謂道』便是道心。但著些人的意思在，便是人心。道心本無聲無臭，故曰『微』。依著人心行去，便有許多不安穩處，故曰『惟危』。」那個「知得」就是覺悟性，就是良知的知覺性，所以是命根。當下去消磨，就是「致」，致良知就是這樣的立命功夫。

學生問：「『思無邪』一言，如何蓋得三百篇之意？」陽明回答說：「豈特三百篇，六經只此一言便可該貫，以至窮古今天下聖賢的話，『思無邪』一言也可該貫。此外更有何說？此是一了百當的功夫。」這是純潔思想的努力，將正心誠意貫徹於讀書治學中，當然也是種宗教化的獨斷論話語。

但是人心又必須活潑潑的，不活潑的心便是死心了。大熱天，他拿著扇子，也讓學生用扇。學生說不敢。他說：「聖人之學，不是這等捆縛苦楚的，不是裝做道學的模樣。」

他跟學生這樣講孟子和告子的不動心：孟子說不動心是集義，所行都合義理，此心自然無可動處。告子只要此心不動，是把捉此心，將他生生不息之根反而阻撓了。不但無益，反而有害。「孟子集義功夫，自是養得充滿，並無餒欠；自是縱橫自在，活潑潑的：此便是浩然之氣。」

心學訓練的是思維感受力，譬如一個學生覺得子在川上曰「逝者如斯」是說自家心性活潑潑地。陽明繼續點化：「須要時時用致良知的工夫，方才活潑潑地，方才與他川水一般。若須臾間斷，便與天地不相似。此是學問極至處，聖人也只如此。」致良知的效驗就是能與天地一體，還得時時與天地一體。一氣流通，便天淵自在、眞機活潑潑的。一旦不一體了，良知便被遮蔽了，便又回到了凡俗世界。

所謂做工夫，或者說學問功夫，就是爲了脫俗諦之桎梏，「於一切聲利嗜好俱能脫落殆盡」，這個還是可以做到的，只有生死念頭是「從生身命根上帶來，故不易去。若於此處見得破，透得過，此心全體方是流行無礙，方是盡性命之學」，過得了生死關，才算修行成了，也就算從自負其屍、雖生猶死的行列超度出來，找到了日子值得一過的支撐點，差不多等於起死回生了。

但怎樣才能見得破、透得過呢？他說：「只爲世上人都把生身性命看得來太重，不問當死不當死，定要宛轉委曲保全，以此把天理卻丟去了。忍心害理，何者不爲？若違了天理，便與禽獸無異，便偸生在世上百千年，也不過是做了千百年的禽獸。學者要與此等處看得明白。」

一個剛到不久的學生問：「欲於靜坐時將好名、好色、好貨等根逐一搜革，掃除廓淸，恐是挖肉做瘡否？」

陽明「正色」說道：「這是我醫人的方子，眞是去得人病根。更有大本事人過了十數年，亦還用得著。你如不用，且放起，不要作壞我的方子。」

那個學生慚愧無地。過了片刻，陽明說：「此量非你事，必吾門中稍知意思者爲此說以誤汝。」

在坐者皆「悚然」。

良知這麼難把捉，因爲良知本是《周易》之「易」：「良知卽是易，其爲道也屢遷，變動不居，周流六虛，上下無常，剛柔相易，

不可爲典要，惟變所適。此知如何捉摸得？見得透時便是聖人。」（本節陽明語錄均見《傳習錄》下）

陽明的這些教法機智生動，不免讓人眼花繚亂，其精髓在一「誠」字。誠，既是未發之中也是發而中節，只有誠了才能澄明，誠是於相離相、於空離空的澄明之境。誠了才能開覺悟性、誠是無私心雜念的無念狀態，無念念卽正，有念念成邪。誠之所以重要，因爲迷誤由己、損益由己。良知卽是獨知時，良知卽是誠意時。

5.詩意地棲居 聖學藝術化

時光荏苒，到了嘉靖二年，陽明除了講學就是親近自然，已然「胸中無事」、陶然忘機、眞能泰然自處了。

中外學者都曾關注陽明學之隱逸精神，它的確是內在於陽明心理結構的一個重要元素。他青年時期「築室陽明洞」，中年三上九華山，在提出「致良知」時期寫了一篇《思歸軒賦》，現在他終於「奉旨歸隱」了。他一路說過的隱逸話頭難以縷析，可以分爲不滿現實、守護心神兩類，前者與他人區別不大，如正德十三年他在《與黃宗賢》的信中說「仕途如爛泥，勿入其中」。守護心神的則是從心地著眼：「人在功名路上，如馬行淖泥中，腳起腳陷，須有超逸之足，始能絕塵而奔。得意場中，能長人意氣，亦能消滅人善根。」（束景南《王陽明佚文輯考編年》下）陽明性好山水，無論是求學、隱修、行軍、執政，一遇佳山勝水意必登臨，一生修養頗得力於此，這些可算是穿插式隱逸了。不管是爲了在官場自保，還是讓自己在自然中陶然忘機，他都能「常惺惺」守住自己的覺性、保住那「超逸之足」，他的根本志向是「得道」。《思歸軒賦》有言：

「夫退身以全節，大知（智）也；斂德以享道，大時也；怡神養性以遊於造物，大熙也，又夫子之夙期也。」

隱逸的關鍵是「斂德」，出離功名利祿、疏離主流規約，從而保住自己的「善根」。他覺得自己「得歸」而後能「得道」，就「志全」，從而就「化理而心安」了。他的《居越詩三十四首》篇篇都情景相生，化合無痕，是他一生詩歌創作的頂峰。因爲他得道，志全，化理，心安了。《山中漫興》前四句寫景難得地耐心細緻，感覺飽滿，爲「世事從前頓覺非」做了有力的鋪墊，結論是：「自擬春光還自領，好誰歌詠月中歸。」

這種詩意棲居的好日子的高峰是是嘉靖三年八月了，中秋節，他的守喪期已過，他在越城區的天泉橋的碧霞池上設宴讓學生會餐。有百十名學生「侍坐」，就像《論語·侍坐》章所描繪的氣象一樣，只是王這裏有酒肉，規模——學生人數也比孔子當年大多了。酒喝得半酣，歌詠聲起。人們都敞開了性子，「自由」活動起來，有的投壺，有的擊鼓，有的泛舟。陽明心中很舒坦，找到了天人合一的意境，欣然吟出「道」在言說的《月夜二首》，用月來喻人、用月光喻人的自性：

須臾濁霧隨風散，
依舊青天此月明。
肯信良知原不昧，
從他外物豈能攖？

——良知如明月，外在的聞見道理便像遮月的雲霧。雲霧不礙月體的自性明亮，去掉雲霧，月光又會更明亮。他告誡人們要守住自性，莫辜負只有一次的人生，千萬不能像漢學家、理學家那樣去做製造雲霧的工作，做支離破碎的學問，說朦朧影響的糊塗話，從而死不見道：

須憐絕學經千載，
莫負男兒過一生！
影響尚疑朱仲晦，
支離莫作鄭康成。

他想到的合適的人格典型是那位在《侍坐》章說自己的志向就是在春風中漫步唱歌的曾點：「鏗然舍瑟春風裏，點也雖狂得我情。」

陽明復述這一「故事」有以孔子自況之意，孔子的風格就是澹泊寧靜、「無可無不可」，既不枉道求榮、降志辱身，也不隱居放言，只是從容中道。陽明認取的是這個。

第二天，學生來感謝老師。陽明注解性地全面闡發了自己的意思：當年孔子在陳，想念魯國的狂士。因爲狂士不陷溺於富貴聲利之場，如拘如囚。我接受孔子的教義，脫落俗緣（所以我贊同曾點）。但是人們若止於此，「不加實踐以入精微」，則會生出輕滅世故、忽略人倫物理的毛病，雖與那些庸庸瑣瑣者不同，但都一樣是沒得了道。我過去怕你們悟不到此，現在你們幸而見識到此地步，則正好精詣力造，以求於至道。千萬不要以一見自足而終止於狂。他刻刻在念地警惕著「狂」，是敏感到心學後裔具有走入狂禪的可能。

陽明本人素來具體問題具體分析，保持動態中的正好、恰好（「時中」）。有個學生要到深山中靜養以獲得超越，陽明說：「君子養心之學，如良醫治病，隨其虛實寒熱斟酌補泄之，是在去病而已，初無一定之方，必使人人服之也。若專欲入坐窮山，絕世故，屏思慮，則恐既已養成空寂之性，雖欲勿流於空寂，不可得矣。」他的方法論吸取了佛法的精華，但價值觀力拒佛教之遺棄現世的態度。進取超越，是他的基本心態，超邁所有的既成體系是他的基本追求，更重要的是，他的體系是超實用而實用、超道德而道德。

陽明的理論幾乎「無一字無來歷」：心卽理，吾性俱足，有孟子的性善論、陸九淵和禪宗的明心見性。致良知，有《孟子》《大學》《中庸》的同類表述。能將我心與天理合起來的道理則有儒、釋、道三家的共同的「萬物一體」學說。然而，他就是能夠在「此時此刻」搔著廣大思想愛好者的癢處！奧秘在於恢復了聖學的藝術感染力。他本人將聖學藝術化了，並能藝術地在儒釋道三家通用的走廊上取我所需地釀造著心學之蜜（密）。他說：「聖學，心學也。」一方面表示自己在高舉聖學的大旗，更是在說聖學就是喚醒人自身的心靈感覺。激不活感覺的任何「學」都是外在於人的。王龍溪說：「世有議先師者：『除了致良知一句，更無伎倆。』先師歎曰：『我原只有這些伎倆。』」（《龍溪集》卷一）

這個伎倆在哲學上叫做「化約」。化約主義是東方哲學的特色，陽明學是東方哲學中化約的典範。他一路提煉過來，最後只有「致良知」三字眞經，他的《詠良知四首示諸生》，從用語到意境一派禪宗風光，因爲是在寫給禪師法聚的詩的基礎上修改的，禪師法聚、玉芝和尚、董從吾（從吾道人）這段時間和陽明過從甚密，陽明不再是學禪人，反而是能夠開示他們的老師了，因爲陽明打通了儒釋道三教的通道：

個個人心有仲尼，自將聞見苦遮迷。
而今指與真面目，只是良知更莫疑。

問君何事日憧憧？煩惱場中錯用功。
莫道聖門無口訣，良知兩字是參同。

人人自有定盤針，萬化根源總在心。

卻笑從前顛倒見，枝枝葉葉外頭尋。

無聲無臭獨知時，此是乾坤萬有基。
拋卻自家無盡藏，沿門持鉢效貧兒。

6.文火煉現量

陽明的講學不僅在教學生，更是在以文火煉自己的現量（佛教術語，基本上是感覺、直覺、「現場意識」的意思）。他跟學生說：「諸友皆數千里外來此，人當謂有益於朋友，我自覺我取朋友之益爲多。」還說過：「我自得朋友聚講，所以此中日覺精明，若一二日無朋友，氣便覺得自滿，便覺得怠惰之習復生。」（束景南《王陽明散佚語錄輯補》）學生成了他的夾持者。他說：我之所以沒有中年放倒，就是因爲當年得好朋友夾持。

龍場悟道是武火刻期開悟，頓悟的時刻，是沒有內容的，有內容就「二」了、就有了一個能知、一個所知。他後來跟冀元亨回憶：在龍場時他常常打坐入靜，一次「靜坐到寂處，形骸全忘了。偶因家人開門警覺，香汗遍體」。陽明說：「釋家所謂『見性』是如此。」（束景南《王陽明散佚語錄輯補》）可見他的修行方法與釋家明心見性的方法是一致的，而且那場悟道不是一次性的一了百了的孤立事件，而是一個綿綿不斷的過程。這個過程一直延續到他返回道山——他，不但在滁州、南京、贛州、白鹿洞，就是回到越地、走上最後的征途（思田之役）都一直在悟後修、得空卽打坐。

陽明體驗到的現量的奧秘是個「空」字，他說孔子「扣其兩端」的方法是在運用「空」的原理：「無知，是聖人之本體。未接物時，寂然不動。兩端，乃是非可否之兩端。叩者，審問也。設有鄙夫來問，此時吾心空空如也。鄙夫所問雖尋常之事，必有兩端不定之疑，我則審問其詳，是則曰是，非則曰非，可則曰可，否則曰否。一如吾心之良知以告之。此心復歸於空，無復餘蘊，故謂之竭。」（束景南《王陽明散佚語錄輯補》）「若夫子與鄙夫言時，留得些子知識（自以爲是的意見）在，便是不能竭他（夫子）的良知，道體卽有二了。」（《傳習錄》下）如此不厭其煩地引述，是爲了展示陽明對「空」字訣的掌握和運用，側面顯示了他也是這樣用文火煉掉自己的「心中一物」，放空自我，從中體會一分空一分功的效驗。

有了這個功夫，他才會對學生因勢利導、因材成就，狂者就從狂處成就他，狷者就從狷處成就他。需要剪裁，就反言棒喝；需要鼓勵，就啓發他的自信。他的基本教育原則是讓學生堅信：「決然以聖人爲人人可到，便自有擔當了。」——關鍵是每個人的「自肯承當」。

那個狂簡的王艮，出遊回來，陽明問他何所見？他說：「見滿街都是聖人。」陽明說：「你看滿街是聖人，滿街人到看你是聖人在。」

另一個出遊歸，跟老師說：「今日見一異事。」王問：「何異?」答：「見滿街人都是聖人。」王說：「此亦常事耳，何足爲異?」

問同答異，因接機者的機緣不同而「反其言而進之」，王艮圭角未融，陽明打掉他以聖人自居的傲氣。另一個來說的是在顯擺自己的發現，陽明便沮喪其招搖之心。

世人常常指責陽明狂傲，他也自知有此習氣，所以他總是不厭其煩地告誡自己和學生：必須「除卻輕傲」。人最大的毛病是「傲」。好高不能忘己是衆病痛的根源。只一傲字，便能結果了一生。「胸中切不可有，有即傲也。」輕，是浮躁、輕率、淺薄。輕傲是狂的末路，是狂的墮落形態。狂，志存古道，是有理想的英雄主義。傲則是變態自尊，妄自尊大，蔑視人本身。用陽明的話說則是「謙者衆善之基，傲者衆惡之魁」。鄒守益自我總結獲貶謫「只緣輕傲二字」，陽明鼓勵他：「知輕傲處，便是良知，致此良知，除卻輕傲，便是格物。」

輕傲、自是，在心理學上叫自戀，是不顧條件的自我欣賞。其實，盲目的自我感覺良好是所有庸庸碌碌人的共性，因爲這種性格自我封閉，不能與他人正確地交流，一味顧影自憐，哪還有心思從環境學習、從別人身上學習？有一分好名之心就少一分務實之意，這種人往往有小聰明，愛顯擺，最後被自己的虛榮心活埋了拉倒。「自是好名」的本質是自私，這自私吞噬了自己昇華自己的能量，從而在自以爲聰明的傻顯擺中丟掉了心體。

面對著謗議日熾的局面，他請學生們來分析個中原因。鄒守益說：「先生勢位隆盛，是以忌嫉謗。」薛侃說：「先生學說影響日增，又是陸（九淵）非朱，爲宋儒爭異同，則以學術謗。」王艮說：天下來問學的太多，您不推薦他們去當官，他們也有起而攻擊先生的。陽明說：「你們說的都對，但還沒說到點子上。關鍵是我過去才做得個狂者。」

陽明沉思了片刻，接著說了下去：「當年孔子在陳，思魯之狂士。狂者志存古人，一切紛囂俗染，不足以累其心，眞有鳳凰翔於千仞之意，一克念卽聖人矣。惟不克念，故闊略事情，行有破綻。唯其有破綻說明志尙不俗，心尙未壞，尙可造就。鄉願譏議狂狷，貌似中庸，其實是德之賊也。因爲他們媚世，他見君子就表現出忠信廉潔的樣子，見小人又與之同流合污，其心已破壞，絕不可能入堯舜之道。如今的士夫則比鄉願還等而下之，他們陷溺於富貴聲利之場，如拘如囚，必然視狂者爲怪物、爲仇敵。當年在南京，我還有鄉願意思，後來便任天下飛語騰口，我只依良知而行。現在我要努力悟入中行聖道。你們也不要止於狂就罷手。」

德洪問：「先生 28 歲剛及第時上《邊務八事》，務實的都讚揚，也有說您狂傲的。後來先生主試山東，在命題中就抨擊鄉願，是否您以反鄉願爲一貫之道呢？」

陽明笑了，說：「上《邊務八事》是少年時事，有許多抗厲之氣。此氣不除，欲以身任天下，不濟事。傲是人生大病，斷斷要不得。但鄉願又是壞天下心術的頑症，造成重儇狡而輕樸直，議文法而略道義，論形跡而遺心術，尙和同而鄙狷介的闇然媚世的世風，天下之人已相忘於其間而不覺。此風不除，國事無望、人心難起，讀書人只要會背朱子注文即可得官及第，士習日偷，誰還料理自家心頭的良知！」

紹興知府南大吉，是個輕官重道的人，年歲地位都不輕了，近狂而不傲，聽說了王學的宗旨，便來當門生。他性豪曠不拘小節，有悟性。一次，他反問王：「大吉臨政多過，先生何無一言？」王說：「何過？」大吉一一數落，王說「我言之矣」。南問：「何？」王說：「我不言何以知之？」南說：「良知」。王說：「良知非我常言而何？」大吉笑謝而去。

過了幾天，南又來懺悔，覺得自己的錯誤更多了。王說：「昔鏡未開，可得藏垢。今鏡明矣，一塵之落，自難住腳。此正入聖之機也，勉之！」

正因爲南大吉忙於入聖，而疏漏了官場規則，考查時被人挑剔，但他給陽明的信隻字不提這一套，還是請教如何自新。只以「不得爲聖人爲憂」。陽明大爲感動，讓學生傳閱他的信，並在回信中用「靈覺」解良知、給良知來了個「博喻」：

昭明靈覺，圓融洞澈，廓然與太虛同體。太虛之中，何物不有？而無一物能為太虛之障礙。蓋吾良知之體，本自聰明睿知，本自寬裕溫柔，本自發強剛毅，本自齋莊中正、文理密察，本自溥博源泉而時出之，本無富貴之可慕，本無貧賤之可憂，本無得喪之可欣戚，愛憎之可取舍。

嘉靖四年，他給學生魏師孟寫扇面，幾筆就勾勒出心學的方程式：

心之良知是謂聖。聖人之學，惟是致此良知而已。自然而致之者，聖人也；勉而致之者，賢人也；自蔽自昧而不肯致之者，愚不肖者也。愚不肖者，雖其蔽昧之極，良知又未嘗不存也。苟能致之，即與聖人無異矣。此良知所以為聖愚之同具，而人皆可以為堯舜者，以此也。

一直堅持「修悟雙融」的陽明先生，無論是從內心裏還是在講論中，都爲自己建構的「良知即聖」的公式而欣喜，因爲這樣他實現了自己少年立下的學做聖人的大志，對自己是個相當圓滿的交待；對於天下學子和大衆則是指明了一條金光大道：上至帝子神孫下至百姓乞兒，只須致良知都可成聖人！

7.夜航燈塔

陽明起腳就與官方意識形態程朱理學叫板，而且奮不顧身、愈戰愈勇地開出了新天地，有人擁戴必有人反對，朝中大臣視他爲怪物者多夥（楊一清、楊廷和、費宏、喬宇），同僚當中更多，當年就連他的下屬都敢公然跟他對著幹。駐在南昌的提學副史邵銳和巡按御史唐龍明確阻止當地士人就學於王門，想讓程朱理學佔領江西的學術陣地。當地士人魏良弼三兄弟毅然師從陽明，「陽明深許之」。

自從陽明、甘泉開門辦學以來，明代講學風起，各地修葺破舊書院、重開學術道場蔚然成風。譬如，那個南大吉在本年即嘉靖三年，讓山陰縣令「拓（稷山）書院而一新之」（書院在越城臥龍西崗，荒廢已久）。南大吉是爲了讓老師來講學，也爲了尊經明道。這個稽山書院成了王學重鎮。這年十月，南又輯錄了老師的論學書兩卷，與薛侃在贛州刻的三卷合成五卷本的《傳習錄》，南大吉成了王門功臣。

從嘉靖三年開始，陽明空前地忙了起來，因爲開始有大批的學生從江左江右、山南海北而來，把古越城區的寺院都住滿了，如天妃、光相等地數十人擠在一屋，夜無臥處，輪換著躺一會兒。在南鎮、禹穴、陽明洞到處住著來求學的同志。陽明每開講座，前後左右環坐而聽者，常常數百人。每次講完，學生無不跳躍稱快。心學講求情感深切動人，陽明又通達無礙，機鋒犀利，還有誠摯感人的藝術家氣度，自然會融化出一種強烈的「情感場」，讓聽講的人獲致感性的滿足、精神改變。陽明能將來問學的人講得忘乎所以是因爲他的教學藝術已達「感召之機、伸變無方」的化境。陽明單是作爲一個教育家，也已在教育史上占了醒目的一頁。

來求學者絡繹不絕，他送往迎來，月無虛日。對初學者，必講規矩。他在《教約》中規定得明明白白：每天早晨必須來一套功課，諸生務要實說：愛親敬長的心是否眞切，一應言行心術，有無欺妄非僻？教讀時要隨時就事，曲加誨諭開發。然後各退位就席學習知識。歌詩習禮都有一套方法。歌詩不能躁急、蕩囂、餒囁，目的是爲了精神宣暢，心氣和平。每月的初一、十五，他的書院還要會歌。習禮，要澄心肅慮，目標是爲了堅定德性。先難後獲，不能上手就瀟灑，那就成了良知現成派。

陽明在《四氣全篇》中詳細規定了九聲（平、舒、折、悠、發、揚、串、歎、振）在唇舌之間的位置，用氣要求，用《易》理貫穿聲氣。「歌者陶情適性，聞者心曠神怡，此調變之妙用，政教之根本，心學之樞要，而歌聲之極致也。」陽明教童生學者尤重歌詩涵詠，讓他們分班輪唱，樂在其中。沒有樂，禮會僞。《樂記》講「唯樂不可以爲僞」。歌詩能讓你在自由感性的快樂中獲得認同的和諧、養育出誠意和創意，所以陽明說它是「心學之樞要」。

陽明對學生說：「學者悟得此意，直歌到堯舜羲皇，只此便是學脈，無待於外求也。」（《王畿集》卷 7）陽明在江西推廣社學，曾經出現過「朝夕歌聲，達於委巷」的局面。

許多學生到了一年多了，陽明還記不上名字。每當臨別的時候，陽明常感慨地說：「君等離別，不出在天地間，苟同此志，吾亦可以忘形似矣！」（《傳習錄》下）

這是他講學的頂峰期。他的文章事功在傳播緩慢的古代也終於傳播開來。每個來求學的人都是廣告，所以雪球越滾越大。他的大弟子也有獨立辦學的了，對擴大王學的影響也起了巨大的推動作用。

官方的批判也是一種有力宣傳。南宮試士以議心學爲題，陽明相當高興：這回窮鄉深谷也知道我的學說了。我若錯了，必有起而求眞者。參試者中，有個王門弟子說，「我不能昧我的良知而媚時好」，不答而出，時人以爲高。而歐陽德、魏良弼直接闡發老師的思想也居然高中。

他的學生應試回來，沿途宣講老師的哲學，有人相信有人不相信。陽明說，「你們拿一個聖人去與人講學，人見聖人來，都怕走了，如何講得行。須做得個愚夫愚婦，方可與人講學。」

在這個意義上，他還強調：「與愚夫愚婦同的，是謂同德。與愚夫愚婦異的，是謂異端。」但變成王艮的「百姓日用卽是道」的大衆哲學時，王艮的平民宗教便瓦解了心學的天理界限，王艮的泰州學派大昌，陽明的心學也盛極而衰。

山陰縣西 65 里有一個牛頭山，陽明將它改名爲浮峰，鄒守益從江西來問學，走時，陽明送他到這裏，依依惜別地寫了《再遊浮峰次韻》《夜宿浮峰次謙之韻》。鄒走後，陽明與別的學生在延壽寺秉燭夜坐。陽明大概覺得這也許是永別了，慨歎悵惘不已，說，「江濤煙柳，故人倏在百里外矣」。一個學生問他爲什麼這樣思念鄒？他說：「曾子所謂以能問於不能，以多問於寡，有若無，實若虛，犯而不校，若謙之者，良近之矣。」

這個鄒守益（字謙之）確實很好地保持了儒家及王門的傳統，過去有人認爲他是王門的嫡派親傳。兩年後反對嘉靖把本生父母變爲正式皇帝皇后，貶官爲廣德州通判，他在廣德州建立復古書院，廣集生徒。嘉靖六年請刻先生文集，陽明很放心地交付他，還很精心地編定了年月，囑咐純按時間先後排，不能以文辭分類，明道而已，不能混同世俗的繁文盛而實意衰的做法。陽明編自己的文集也學了孔子刪述六經的手段。以「明道」爲宗旨的編輯方針，果然是只見夫子陽明，不見眞實陽明。

嘉靖四年九月，他回了老家餘姚，建立了一個制度，就是在龍泉寺之中天閣，每月以朔（初一）、望（十五）、初八、二十三爲期，聚會講論。他寫了一個「學規」——《中天閣勉諸生》，親書於中天閣牆壁上，告誡同盟勿一曝十寒，要堅持月月講、日日講，不得動氣求勝、長傲逐非，務在默而成之、不言而信。這種講會制度，在陽明死後，蔚爲大觀。各地的王門學生，以這種形式光大王學，有了點民間宗教會社的味道。

這個中天閣後廢爲庵。清乾隆年間改建爲龍山書院，後又不斷重修，現爲文獻館，收藏著陽明的家書等文物。閣的下方有餘姚四先賢——嚴子陵、王陽明、朱舜水、黃宗羲的古里碑亭。陽明碑亭石柱上有乾隆年間餘姚知縣的題聯：「曾將大學垂名教，尙有高樓接瑞雲。」亭額是：「眞三不朽。」

還是嘉靖四年，陽明的學生在越城區之西郭門內、光相橋東建立了陽明書院。12 年後，加上了「陽明先生祠」的內容。因爲陽明死後，依然有許多學生來居，依依不忍去，於是身爲巡按御史的周汝員便給同學們建立了這個「留守處」，用「氣場」感化來瞻仰的後生。

本年十月，他寫了一封空前絕後的劍拔弩張的《京師地震上皇帝疏》，劍指首輔費宏。費宏是江西人，寧王派人燒他家、殺他哥，他也曾向陽明提出平叛的軍事建議，陽明得罪他的原因不詳。他一直打壓陽明，不提拔陽明保舉的江西平寧王有功的官員，而且能不斷地提供清查線索，幾年來一直在調查陽明私通寧王的罪證。陽明的奏疏先將首輔與歷代名相對比：「其直不如（陳）平，厚不如（周）勃，謀斷不如房（玄齡）、杜（如晦），而救時又不如韓（琦）、范（仲淹）遠甚，徒以奸佞伴食恬寵，上激天變，下鼓民怨，中失物望。」接著用《易》之「『屯』飛『鼎』伏」卦象預示著將有折鼎之凶、「剝」卦陰生下將去君子、陽剝上將聚小人來嚇唬皇上：「小人在相位，兵起之兆。」排比了五個「此臣不去」的後果，最後一個是，像地震這樣的災異會密集發生！

兩年後費宏才暫時退休，他退休陽明才被起復，而新的閣臣班子對王陽明更不咋樣。這封奏疏還推薦楊一清當首輔呢。錢德洪編《陽明文錄》時，費宏第三次入閣，此奏疏自然不敢編入（陽明入祀孔廟前夕又將文集做了一次避諱處理），反而將費宏寫陽明的四篇文章收為附錄。費宏的文章寫得不錯，還能發現陽明事業的根在「處困之功」。

這是陽明在奉旨隱居時期直接就朝政發聲的特例，不得已插補於此，以見他還心計時務，並不像他故意說的那樣：「海內交遊惟酒伴，年來蹤跡半僧房。」（《次張體仁聯句韻》）而且還有準備相親娶老婆的書信留下來。

錢德洪、王畿鄉試中了舉，但沒有進京參加會試，坐船回到了山陰，陽明非常高興，「迎會，笑曰：『吾設教以待四方英賢，譬之市肆主人開行以集四方之貨，奇貨卽歸，百貨將日積，主人可無乏行之歎矣。』自是四方來學者日益雲集」（周汝登《錢德洪傳》）。陽明非常幽默，把錢、王比喻爲奇貨，而且會招徠百貨，自己這個主人就不怕沒有貨（「乏行 hang」）了。陽明讓他倆當助教，凡初入門者，都讓他倆引導，等志定有入、有了基礎之後，才正式接見。每臨坐，先焚香默坐，無語，找感覺（恰似慧能每次開講之前），然後讓學生試舉，立即予以針對性極強的點撥。大凡灌輸一種哲學化的生活方式，都要助人在有限的日常生活中找到無限的意義。陽明不但絕無酸腐氣，更沒有頭巾氣，酷似高僧在接引初入機的門徒。

嘉靖五年，劉邦采在安福首創惜陰會。陽明爲之作《惜陰說》。這個惜陰會每隔一個月聚會五日。次年，陽明出山去解決廣西民變，路過江西吉安，寄信安福的同志，說當時怕成虛語，現在聽說遠近來與會者竟有百數，可見良知之同然。他用程明道的話勉勵同志們：「寧學聖人而不至，不以一善而成名。」不到一年，遠近聞風而至者已經百數，爾後日益發展，等到嘉靖十三年，鄒守益、劉邦采等等在惜陰會的基礎上建立起了復古、連山、復眞書院，並訂立了四鄉會章程，春秋兩季，合五郡，出青原山，爲大會。用《年譜》的話說：「於是四方同志之會，相繼而起，惜陰爲之倡也。」這是一個歷史性的事件，是後來復社之類黨社活動的雛型。

8.幾則「語案」

(1)

陽明碰上頑固漢也是一籌莫展。有一次他送走三老頭，退坐中軒，若有憂色。錢德洪趕緊過來問訊，王說，方枘圓鑿，格格不入，聖道本來坦易，世上的俗儒自加荒塞，終身陷荊棘場中而不悔，我不知怎麼說好啊。錢德洪很感動，退下來對同學說：「先生誨人，不擇衰朽，仁人憫物之心也。」

(2)

他過繼的兒子正憲年幼難免「狂稚」，他寫扇面告誡他「學做好人」，力去傲字：「爲子而傲必不孝，爲臣而傲必不忠，爲父而傲必不慈，爲友而傲必不信。」他不敢說爲君而傲如何，其實專制君主天然大傲，把天下人都變成了奴才。但王陽明沒有像黃宗羲、龔自珍那樣反思這個問題，寫不出黃宗羲的《原君》、龔自珍的《尊隱》來。而陽明這個兒子也沒聽他的話。

(3)

一個學生問：「我只是於事上不能了。」陽明說：「以不了了之。」學生一時難解，但也沒想好，不敢再問。陽明接著說：「所謂了事，也有不同。有了家事者，有了身事者，有了心事者。汝今所謂了事，蓋以前程事爲念，雖云了身上事，其實有居產業之思在，此是欲了家事也。若是單單只了身事，言必信，行必果者，已是好男子。至於了心事者，果然難了。若知了心事，則身家之事一齊都了。若只在家事身事上著腳，世事何曾得有了時。」

有人說慮患不可不遠，陽明說：「見在福享用不盡，只管經營未來，終身人役而已。」

(4)

學生問：「舉業有妨爲學否？」陽明說：「梳頭吃飯有妨爲學否？只要去做就是學。舉業是日用間一事、人生一藝而已。若自能覺破得失外慕之毒，不徒悅人而務自謙，亦遊藝適情之一端也。」關鍵是能「覺破得失外慕之毒」，不是爲了「悅人」，而是爲了「自謙」，有自謙的功效就是「學」，在自謙的前提上「遊藝適情」，舉業也是人生一藝了。

陽明提倡「遊藝適情」，不棄世，不避世，不抗世。一個直接而尖銳的問題是，怎麼用心學這一套去答八股的卷子？一個學生就這麼問他：「舉業必守宋儒之說，今既得聖賢本意，文意又不可通，見解如此，文如彼，怎麼辦？」

陽明說：「論作聖眞機，固今所見爲近（咱們這一套靠近作聖眞機）。然宋儒之訓乃皇朝之所表彰，臣子自不敢悖。故師友講論者，理也；應舉之業，制也。德位不備，不敢作禮樂，孔子說吾從周，無意必也。」所謂無意必，就是靈活點，別執扭，隨體賦形，應物不傷，左右逢源。用它的術語說，這叫「物各付物」「物來順應」。

(5)

陽明指引的成聖之路決不是苦行之路，他有個口頭語：「常快活便是眞功夫。」還愛說「勝得容易，便是大賢」。他對作爲六經之一的「樂」，推崇備至，他決不像盧梭那樣反對演戲，他甚至認爲「今之戲子，尙與古樂相近」。他說：「《韶》之九成，便是舜的一本戲子。《武》之九變，便是武王的一本戲子。聖人一生實事，俱播在樂中。」對於「詩言志」這樣的老話題，他居然能如此新解爲「志便是樂的本」。

他寫信給黃勉之說：「樂是心之本體。仁人之心，以天地萬物爲一體，忻合和暢，原無間隔。……時習者，求復此心之本體也。悅則本體漸復矣。……時習之要，只是謹獨。謹獨卽是致良知（劉宗周、黃宗羲一脈正是以此爲基本路線的）。良知卽是樂之本體。」

這樣，致良知就變成享受法喜禪悅的大快樂，讓生命變成「欣悅的靈魂」的功課。

(6)

就找快樂而言，也是少一種毛病就多一分快樂。要想快樂，就得忘我。忘我才能成我。這個相反相成的通道包括兩個支點。一是，以天地萬物爲一體，把小我與族類大我融爲一體，「己欲立而立人，己欲達而達人」，世界是大家的，同生共長，才能良性迴圈——心物一元。二是，「君子之學，爲己之學也。爲己故必克己，克己則無己。無己者，無我也。世之學者執其自私自利之心，而自任以爲爲己；漭焉入同隳墮斷滅之中。」（《書王嘉秀請益卷》）也就是說，一是使我大起來，這叫擴充法；一是使我小至於無，這叫做克己法。讓我永遠不要封閉，總是處在與他者（如聖賢）、與人情事變的核心點保持互動，堅決克服「意必固我」。擴充是立志成聖，自我擔當，克己是尊重規律、滅人欲有克服主觀唯心主義的含義。這樣的快樂才不是傻樂。

(7)

陽明的「九聲四氣歌法」實難轉述，有《九聲半篇》《四氣半篇》《九聲全篇》《四氣全篇》，詳見束景南《王陽明佚文輯考編年》下。可以轉述的也還不過是語言：據陽明說這是古歌法，後世不知所養，故歌法不傳。陽明以春夏秋冬、生長收藏四義，開發收閉爲按歌之節（輕重節奏），傳諸海內，學者始知古人歌詩之意。陽明說：「學者悟得此意，直歌到堯舜羲皇，只此便是學脈，無待於外求也。」因爲歌詩直接作用於「吾性」，所以是「學脈，無待於外求也」。陽明教童生學者尤重歌詩涵詠，讓他們分班輪唱，樂在其中。束景南推測當時的書院常舉行書院大會，以講學、讀書、歌詩爲三大活動，陽明的《九聲四氣歌詩法》或爲陽明弟子在書院大會上傳播開來，有人稱爲「陽明先生調」。陽明與諸生歌於天泉橋，「老夫今夜狂歌發」，即是用九聲四氣歌詩法。

(8)

陽明特感性，譬如，他和學生一起出遊，看見田間的禾苗，說：「能幾何時，又如此長了。」一個學生說：「此只是有根。學問能自植根，亦不患無長。」陽明說：「人孰無根？良知卽是天植靈根，自生生不息，但著了私累，把此根戕賊閉塞了，不得發生耳。」最典型的例子，可入世界美學史的片斷是：他跟人遊南鎭（會稽山），一友指岩中花樹問：「（你常說）天下無心外之物，如此花樹，在深山中自開自落，與我心亦何相關？」

陽明說：「你未看此花時，此花與你心同歸於寂。你來看此花時，則此花顏色一時明白起來。便知此花不在你的心外。」

這不是認識論，這是意義論：意義既不在心，也不在花，而在於心花貫通，再抽象一步，叫做心物一元、「意」建立意義。

(9)

聶豹（字文蔚），《明史》說他是「傾狡之徒」。他在江西時，從遠處遙望過陽明一次。陽明在山陰賦閑時，他作爲御史巡按福建路過杭州，非要渡江到山陰拜望陽明，有人竭力阻止，不聽，見到陽明後，「大悅」。他因陽明兩封《答聶文蔚》而上了中國思想史。在陽明死後四年，聶豹已是蘇州知府，覺得自己的思想水準應該歸功於王學，才對著王的木牌，磕頭拜師傅。他後來也成爲王學後進中的一派。

陽明《答聶文蔚》大意是：各色人等每天上演的相陵相賊的活劇是江河做墨也寫不完的，從最寬厚的角度說這是知行不一、言行不一，利用語言與實際之間的縫隙來損人利己。要害在於缺少誠和愛！各種僞善陰險都因良知之學不明！與良知對應的是「私智」。眞可以說私智越多越流氓。良知類似王道，自私自利之私智則是王八蛋之道。王八蛋的根源在蔑視人本身、良知痲痹，一家骨肉都不能「同情同感」。沒有了萬物一體的情懷，才有了

「禍亂相尋於無窮」的現實。怎麼把王八蛋之道變成王道呢？只有喚醒人人自有的良知！陽明的唯良知主義就是要從歷史深淵中推出一種人格光明（他生平最後一句話是「此心光明」），這種光明是「千年暗室，一炬能明」的那種明。

陽明的「良知治國論」其實是「一種時代永恆論」：大同世界本是良知周行的世界，後來良知之學不明，便禍亂相尋。人們應該努力的就是回歸三代、復歸大同。「三代之治」才是人間世，那個大同世界不同於後來的動物世界，是因爲人人「爲其良知同也」。良知人人具有，人人拿出良知來，就不是動物世界了。換成大白話：一個人不良心了，就可以無所不爲；一個王朝、一個集團不講良心了更是可以無所不爲。所以，要過人的日子，就得講良心。人人講良心，才會天下太平。岳飛說「文官不貪財、武官不怕死」就可以天下太平。其實，文官不貪財就是文官的良心，武官不怕死就是武官的良心。良心是公義的應該，良心是道法自然的那種自然。這個「應該」和「自然」也就是名聲不大好的那個「天理」的基本意思。譬如「餓來吃飯睏來眠」就是禪、就是天理，人們不肯好好吃飯好好睡覺，偏要百般求索萬般折騰，這個折騰才是人欲。吃飯睡覺不是非滅不可的人欲，該滅的是那個求索和折騰，因爲它「過」了。良心又是將心比心的同情（含移情），「己所不欲勿施於人」的忠恕之道。陽明說得太絕：凡有血氣者莫不有良知。倒過來則是，凡昧良心、無良知者皆無血氣了，純粹冷血動物了。陽明的簡易直截之道就是致良知，一個人致良知成爲一個眞正的人，一個社會致良知則成爲三代盛世。但是統治者、君子必須從我做起從當下做起：「視人猶己，視國猶家，而以天地萬物爲一體。」

「必由致良知而天下治。」良知是改造麻木不仁的良知麻痹症的藥方。「天下之人心，皆我之心也」，這句話揭示了陽明悲憫情懷的哲學基礎。陽明的悲憫情懷是他區別於一般道學家的根本地方。他看著父母兄弟姐妹在痛苦的深淵中掙扎，他寢食難安，他覺得不去救助就不是人！

陽明學的制高點即是「天下之人皆自致其良知就天下大同」。其中的力道在於把倫理宗教化了，運用的是美學推論，是自由心證法。陽明的良知固然不含經濟方案、但可以「+」經濟方案，他說的大同主要是指全社會的倫理程度，也包括良知+「名物度數」。

錢德洪對老師從生活世界中點醒人的「脫去凡近，以遊高明」的本領頗有心得，他在刻陽明先生《文錄續編》前，深情地總結道：(這些簡短的文字) 皆尋常應酬、瑣屑細務之言，然而道理昭察，仁愛惻怛，有物各付物之意，言雖近而旨實遠也。錢德洪還在別處說過：師之學發明同體萬物之旨，使人自得其性，以成天下之務，其道可以通諸萬世而無弊者，得其道之中也。

陽明說：良知良能本一體也。「知良能，是良知；能良知，是良能。此知行合一之本旨也。」（束景南《王陽明散佚語錄輯補》）

第十二回 煮沙爲鹽 此心光明

1.曲成萬物

嘉靖朝最大的事兒就是這大禮議了。他想要本生父母也成爲正牌皇帝皇后，因此與群臣發生激烈又曠日持久的爭執。高潮時，有 220 人集體跪伏到左順門，請願抗議。此前的書面抗議更是連篇累牘。明朝的文官能夠集體行動是個了不起的特點，說明儒家文化觀念被普遍奉行。皇帝當然不可能屈服，先派太監兩次勸退，集體請願者不聽，還叫來了輔臣一起力爭。皇帝便派太監記錄諸人姓名，抓走了八個爲首的。楊愼等便在外面撼門大哭。一時群臣哭聲震宮闕。年輕的皇帝大怒，一下子抓了 134 人，另有 86 人待罪（比正德還狠）。這些人分別受到發配、奪俸、杖責等報答。後來還有抗議的，輕則勸退，重則發配。史稱「大禮未成，大獄已起」。

陽明滿了丁憂期之後、衆聲交薦進京重用，楊廷和怕陽明奪他的勢頭，阻撓陽明入閣，卻歪打正著地使陽明免了「大禮獄」一劫——堅持正統規範，他也在請願者之列；曲意逢迎獲寵，他就會爲正人君子鄙視。他的忠實的學生鄒守益就因堅持正統而獲貶謫。大名鼎鼎的楊愼（升庵）因此案在邊戍地過了後半生，並死在了那裏，臨死前還說：「遷謫本非明主意，網羅巧中細人謀。」細人們是指從邊緣竄上中心舞臺的張璁、桂萼，他們引經據典地證明皇帝的要求符合儒家規範，於是獲得越級提升，相當於劉瑾時代的「超拜」，他們最後蹬了陽明一腳。

當大禮議起時，在京的學生來信問怎樣才對，陽明不回答。他坐在碧霞池賦詩兩律，其中有「卻憐擾擾周公夢，未及惺惺陋巷貧」。覺得他們那種窮折騰是在糟蹋聖賢。

先是陽明的同事、朋友，後來變成學生的席書、方獻夫、黃綰等人，卻因支持新皇帝而獲寵驟起。他們抬了陽明一把，但也等於把陽明「送」了——他們推薦陽明入朝入閣，閣臣們怕陽明入閣便讓他去平思田之亂，結果陽明客死歸途不說，還被處了個擅離職守，又被翻舊賬，還把爵位給「炒」丟了。他們若不得寵，陽明至少能多清靜兩年，也可能晚死兩年。

嘉靖四年，廣西田州（今百色、田陽、田東）的土司岑猛屢次侵犯鄰部，又不聽徵調，與漢族政權作對。朝廷派都禦使姚鏌去征討。用了一年多時間，姚鏌攻殺岑猛，田州改設流官。朝廷也論功行賞完畢。但岑的餘部盧蘇、王受等復起。姚鏌又糾集四省兵力征討，許久不見效，被巡按御使「論」了一本。朝廷決定派新的能員擺平此事。

桂萼本來不同意用陽明，礙於張璁的面子，勉強委派陽明總督兩廣及江西、湖廣軍務，給他處置事變的全權：該剿該撫，設流官土官，隨宜定奪，還要處理前任的功過。最後叮了一句：不許推辭。

陽明還是推辭，上了一封情詞沉摯的謝絕書，說自己痰疾增劇，若半路死了，就壞了國家大事。而且土官仇殺，其勢緩，不像土匪嘯聚時刻都在塗炭生靈。姚鏌老成，一時利鈍，兵家常事；禦使所論，也只是激勵姚善後收全功。他建議朝廷委姚全權，給他時間。朝廷把這視爲一種要價。很快就讓姚退了休，敦促陽明儘快上路。

他並未朝聞旨意連夜出發。前些時，有人彈劾王華生前曾收賄賂——他主動交出來就正證明他收了；他是被迫退休的，不能按大臣的待遇追祀。陽明不得不起而抗爭：「守仁聞之，主辱臣死，親猶君也。執事辱先君至此，守仁可以死矣。」（《與毛憲清書》）最窩心的就是那麼多推薦入朝入閣的，就是不允，反而派去最南邊打仗！經大禮議產生的新班子做任何事情都會沒有底線。更重要的是，他此時的日子，如果他不出征還將繼續的日子，用他自己的話說便是：「古洞閒來日日遊，山中宰相勝封侯。」（《夏日遊陽明小洞天…》）他的講學事業規模日起，他一向所追求的並爲之奮鬥的用心學代理學的事業剛剛有了眉目，如果出征，身體會出情況，一旦爲國捐軀，他的學說會在傳播中先俗後雜。但是，這個一心救時濟世、經世致用的人又不甘老死牖下，他畢竟才 56 歲。

六月下的委任，他八月才決定出征。他隆重地寫了一道學規，名爲《客坐私祝》：

但願溫恭直諒之友，來此講學論道，示以孝友謙和之行，德業相勸，過失相規，以教訓我子弟，使無陷於非僻；不願狂躁惰慢之徒，來此博弈飲酒，長傲飾非，導以驕奢淫蕩之事，誘以貪財黷貨之謀，冥頑無恥，煽惑鼓動，以益子弟之不肖。嗚呼！由前之說，是謂良士；由後之說，是謂凶人；我子弟苟遠良士而近凶人，是謂逆子。戒之戒之！

這道學規曾被許多書院刻石立碑，如保定蓮池書院現在還存有陽明手寫體的碑刻。但是他所警告的現象，在王門後期的各地書院中時有發生，從而被當地正統道學家們視爲洪水猛獸。

九月初八，他離開山陰——永別了山陰。

他坐船從姚江往下飄流，他即使沒有永別的預感，也應當並不平靜。對於即將處理的廣西政事，他自然是一點也不愁。但，他那個不滿一歲的小兒子，還有那個在他家尚未站穩腳根的張夫人，肯定是他的愁腸。嘉靖四年正月，沒有生一男半女的諸夫人卒。

陽明的學生讓後人見到的陽明依然只是思想家的陽明——他離開越城的最大的故事就是「天泉證道」了。

2.天泉證道

時間：1527年夏曆九月初七，即陽明啓程的前夕。

地點：王府前不遠的天泉橋。

論辯圍繞著陽明的四句教而展開。這著名的四句教是：

無善無惡心之體，有善有惡意之動。

知善知惡是良知，為善去惡是格物。

甲方：王畿，主四無說。乙方：錢德洪，主四有說。

陽明的最後裁決是，打並爲一，有無合一。

王、錢二人都感到有統一宗旨的必要了，現實的原因是先生一走，這裏的實際主持就是他倆，如果他倆不統一就無法統一別人。深層的原因是他倆都感到心學的內在理路有出現分歧的張力，必須明確個「究竟處」，才能確定而明晰地綱舉目張。王畿認爲，老師的四句教，還不是「究竟話頭」，他要再向前推進，他說：「心體既然無善無惡，意也就是無善無惡，若說意有善惡，畢竟心體還有善惡在。」

錢德洪說四句教是「師門教人定本，一毫不可更易。心體是天命之性，原是無善無惡的。但人有習心，意念上見有善惡在，習染日久，覺心體上有善惡在，爲善去惡，格致誠正修，正是復那本體的工夫。若原無善惡，工夫亦不消說矣」。

王畿說：「先生立教隨時，四句教是所謂權法（權教，靈活應變的說法），不可執爲定本（定教）。體用顯微，只是一機。心意知物，只是一事。應該覺悟到心是無善無惡之心，意卽無善無惡之意，知卽是無善無惡之知，物卽是無善無惡之物。而且只有無心之心才能藏密，無意之意才能應圓，無知之知才能體寂，無物之物才能用神。天命之性，粹然至善，神感神應，其機自不容已，無善可名。惡固本無，善亦不可得而有也。這就是所謂無善無惡。若有善有惡，則心意知物一起都有了。心亦不可謂之無矣。」

錢德洪說：「像你這樣，就壞了師門教法。」

就個人的學術個性而言，王在慧解上有優勢，他也被後來的學者指爲禪，他的主張也的確是禪宗的「破參開悟法」，去體悟「本來無一物，何處惹塵埃」式的空靈，究竟話頭就是「四無」：「心無善無惡，意無善無惡，知無善無惡，物無善無惡。」（《青原贈處》，《鄒東廓文集》卷三）

錢在篤實上有優勢。他的主張則是漸修法，強調時時「爲善去惡」的復性功夫，他強調了意有善惡，於是知與物作爲意的發動流行便不得不有善惡。嚴格地說，他只強調了三有，在理論上就不像王畿那麼徹底。

他倆是在張元沖的船上辯論起來的，誰也說不服誰，就來找裁判。

已是夜晚，爲陽明送行的客人剛剛散去，陽明即將入內室休息。僕人通報說王、錢二人在前庭候立，陽明就又出來，吩咐將酒桌擺到天泉橋上。

錢彙報了兩人的主張、論辯的焦點。陽明大喜：「正要二君有此一問，我今將行，朋友中更無有論及此者。二君之見正好相取，不可相病。汝中（畿）須用德洪的工夫，德洪須透汝中本體。二君相取爲益，吾學更無遺念矣。」

德洪不太理解，請老師講講。陽明說：「有只是你自有，良知本體原來無有，本體只是太虛。太虛之中，日月星辰風雨露雷陰霾饐氣，何物不有？而何物能爲太虛之障？人心本體亦複如是——太虛無形，一過而化，亦何費纖毫力氣？德洪工夫需要如此，便是合得本體工夫。」

王畿也請老師再講講。其實從理論上他已獲勝。他的問題在實踐環節——取法太高，無法操作。陽明說：「汝中見得此意，只好默默自修，不可執以接人。上根之人世亦難遇，一悟本體即見功夫，物我內外一齊盡透，此顏子明道不敢承當（批王學的人抓住此句大做文章），豈可輕易望人！」如果有敢於承當的上根之人（譬如陽明本人），就可以這樣一悟本體即見功夫，物我內外一齊盡透！

陽明隨後對兩個人說：「我這裏接人原有此二種：利根之人直從本源上悟入，人心的本體原是明瑩無滯的，原是個未發之中，利根之人悟得無善無噁心體，便從無處立根基，意與知物，皆從無生，一了百當，一悟本體便是功夫，人己內外一齊俱透了。

簡易直截，更無剩欠，頓悟之學也（這是標準的禪宗法門）。中根以下之人，不免有習心在，本體受蔽，姑且在意念上實落爲善去惡的工夫，隨處對治，使之漸漸入悟，熟後渣滓去得盡時，本體亦明盡了。從有以還無，複歸本體。及其成功一也。」

對於他這晚年定論，他自己也覺得有必要發揮清楚，於是便接著說：

「汝中所見的四無說，是我這裏接利根人的；德洪所見的四有說，是我這裏接中根人、爲其次立法的。二君相取爲用，則中人上下皆可引入於道。若各執一邊，眼前必有失人，便於道體各有未盡。二子打並爲一，不失吾傳矣。」

王畿問：「本體透後，於此四句宗旨何如？」

陽明說：「此是徹上徹下語，自初學以至聖人，只此工夫。初學用此循循有入；雖至聖人，窮究無盡。堯舜精一功夫亦只如此。」

過了一會兒，陽明接著說：「汝中所見，我久欲發，恐人信不及，徒增紛擾，故含蓄到今。此是傳心秘藏。今既已說破，亦是天機該發洩時，豈容復秘？然此中不可執著，吾人凡心未了，雖已得悟，仍當隨時用漸修的工夫，不如此不足以超凡入聖，所謂上乘兼修中下也。」

最後，他又再囑咐一遍：「二君再不可更此四句宗旨，此四句，中人上下無不接著。我年來立教亦更幾番，今始立此四句。人心自有知識以來，已爲習俗所染，今不教他在良知上實用爲善去惡的工夫，只是懸空想個本體，一切事爲俱不著實，不過養成一個虛寂。此個病痛不是小小，不可不早說破。汝中此意正好保任（自己綿密保任、自肯承當），不宜輕以示人。概而言之，反成洩漏（流弊就是狂禪）。」

這場證道，有極可注意之點：

1.陽明更鍾情於「無」而非「有」，他在別處多次講過：悟得無善無惡心體，便從無處立根基，意、知、物皆從無生。「心意知事，只是一事」，才著念時，便非本體。講「有」是權宜之計，是爲了普度衆生。凡人的工夫須從有起腳，在念起念滅上用功。無，是本體的終極處；有，是功夫的實落處。也就是說，陽明的晚年定論是以無爲體，以有爲用。《明儒學案》引楊東明《論性臆言》詮釋陽明此意，頗可參考：「本性之善，乃爲至善。如眼之明、鑒之明。明卽善也，無一善而萬善之所從出也。此外有意之感動而爲善者，如發善念行善事之類。此善有感則生，無感則無，無乃適得至善之本體。」

2.陽明學的最大的特點又是體用一元的。本體是一種「管總」的設定，功夫與我們呼吸語默直接相關。設定爲無，是爲了追求無限、無限的追求，究其實質是一種擺脫限制、束縛的理論要求，不走到「太虛」，就不夠究竟。據黃綰後來對陽明的批評，陽明讓他們看禪宗的宗經《壇經》、看道教的《悟眞篇》後序，從中尋找「心源自在」的智慧，去練就一套實戰性很強的藝術，什麼心若明鏡，鑒而不納，隨機應物，故能勝物而不傷（《明道編》）。

不可洩露的天機正在於這種虛無而實用的意術技巧，不符合正宗儒門規矩。所謂的體用一元，在他這裏就是，只有確立了「無」的本體地位，才能弘揚「應無所住而生其心」的眞空妙智——用陽明的術語說，這叫「時時知是知非，時時無是無非」。他的《答人問道詩》居然照抄大珠慧海禪師的語錄。

明白了這個內在的理路，就可以理解，作爲天泉證道的繼續、也是思想遺囑的「嚴灘問答」，居然是用佛教話語來一錘定音了。

陽明從越城出發，並不趕赴思田，他一路遊玩，遊吳山、月岩、釣臺，在杭州一帶盤桓到九月下旬（可能娶了一個新夫人）。陽明此行更像是巡視。他興致很高，沿途有詩。十月初，他們在嚴灘作了關於「究極之說」的結論。發起者還是王畿（汝中），他有點乘勝追擊的意思，因爲他自感已摸到了眞諦。《傳習錄》《訃告同門》都記載了這個「事件」，記錄者均爲錢德洪，他是較爲被動的乙方，所以他的記錄不會誇張：

> 先生起征思田，德洪與汝中追送嚴灘。汝中舉佛家實相、幻相之說，先生曰：「有心俱是實，無心俱是幻。無心俱是實，有心俱是幻。」汝中說：「『有心俱是實，無心俱是幻』，是本體上說工夫。『無心俱是實，有心俱是幻』是工夫上說本體。」先生然其言。洪於是時尚未了達，數年用功，始信本體工夫合一。

儒家舊有的術語表達不了高度講究感應之幾的心學意術。前兩句有心、無心是指在爲善去惡方面不能採取虛無主義的立場——是對無善無惡是心之體的補充規定；後兩句的有心、無心則是有意消解一下，不能僵持有心的立場，還是應該保持「無」的智慧。

這個有無之辨從運思方式上說是佛教的，如神會和尚說的：「用而常空，空而常用，用而不有卽眞空，空而不無卽妙有。」（《顯宗記》）陽明的心本體雖說是無善無惡的，但必須用有心的態度來堅持這一點。這就是王畿所理解的從本體說工夫，還是工夫論。後兩句雖是工夫上說本體，還是本體論。簡單地說，嚴灘問答的結論就是本體工夫都是有無合一的。將天泉證道的四句教簡捷地一元化起來了。心學體系到達了最完美最單純的抽象，陽明找到了最後的運算式。

如果不需要避諱，陽明勇敢地說：我這四句教就是佛的四智——爲善去惡是格物乃成所作智，知善知惡是良知卽妙觀察智，有善有惡是意之動實平等性智，無善無惡是心之體卽最高最後的大圓鏡智——會怎麼樣？——會授人以柄，那畢竟是儒學大一統的天下。而且嘉靖元年就下詔書：恢復朱子學不可動搖地權威地位。

3.權道合一

他走到哪里，無論颳風還是下雨，都有一幫學生出迎、遠送，他是受莘莘學子擁戴的教主了。其況味比發配龍場時有了天壤之別，比當年在江西也顯得德高望重多了。就他能見到的景象而言，現在走到了頂峰。在古越講學的日子，就很舒心。現在，走到哪里都能感到心學的光輝在普照，則更開心。他自己覺得只要此學大明，就可以把這紛擾的人間世帶到良知的理想國去。

他在越城講學時，就盼著在一片湖海之交的地方卜居終老，只爲眼前能常見浩蕩。這次出來，偶然登上杭州城南的天眞山，便像找到了家似的，心與山水一起明白起來了。天眞山多奇岩古洞，俯瞰八卦田，左抱西湖，前臨胥海，正對他的心中想。隨同老師登臨的王畿、錢德洪自然懂得老師的心意，在富陽與老師分手後，便回去準備在天眞建立書院，盛讚天眞之奇。他立即寫詩給兩位高足，表示贊同：「文明原有象，卜居豈無緣？」但是，王、錢二人不久就進京趕考去了，落實此事的是薛侃，只是未能使之成爲陽明的居住地，卻成了他的紀念堂。他的大弟子鄒守益、方獻夫、歐陽德等許多人都參與修建。這裏成了王門的定期聚會講論的基地。每年春秋兩祭祀，每次一個月。

陽明過常山時寫了一首名曰《長生》的詩，正是他們剛剛論述過的究竟話頭在他生命意識上的凝結。「微軀一繫念，去道日遠爾。」說的是必須無心，一有心便落入俗套，背離了大道。「非爐亦非鼎，何坎復何離？」是說他根本不相信那些長生不死之術。他解決生死觀的辦法就是用哲學來超越：「本無終始究，寧有死生期？」這是「無」的智慧帶給他的受用。眞心學是不怕死的，因爲「乾坤由我在」，我是生命的主宰。他還說了一句禪宗語

「千聖皆過影」——結穴也是明心見性一路的，只是換成了儒家言：「良知乃吾師。」這是暗用佛禪語意（明用的可以統計：現存600多首詩賦，涉及佛教觀念和寺院的90多首，《傳習錄》有佛教用語和典故40多處）。

十月，他路經江西——所謂「提戈講道處」。他發舟廣信（今上饒），許多學生沿途求見，他答應回來時再見——沒想到沒有「回來」。一個叫徐樾的學生，從貴溪追至餘干，陽明讓他上船。徐在白鹿洞練習打坐，有了點禪定的意思，陽明一眼就看出來了，讓他舉示心中的意境。他連舉數種，陽明都說不對頭（這是禪宗接機應化的套數），最後陽明告訴他：「此體豈有方所？譬如這個蠟燭，光無所不在，不可獨以燭上爲光。」陽明指著舟中說：「此亦是光，此亦是光。」然後指著舟外的水面說：「此亦是光，此亦是光。」陽明用了禪宗的機鋒開示學生，徐樾領謝而別。

當陽明走到南浦時，父老軍民頂香林立，塡途塞巷，以至於不能通行。父老鄉親輪番爲他抬轎推車，把他傳遞到都司。這裏的百姓出於感激加敬佩，把他奉爲神。陽明一入都司就趕緊接見父老鄉親，他坐在大廳裏，百姓從東邊入西邊出，有的出來還進去，從前半晌開始一直到了中午才結束了這種獨特的會見。到目前爲止，他影響最大的地方都是他親身待過的地方，一是江西，二是浙江，三是貴州。這三個省份都比較落後，浙江雖富，在政治上並不引人矚目，而且他的影響主要集中在浙東山區，以紹興、餘姚爲中心。越是落後的地方越容易接受「吾性自足」、自信其心的心學思想。那些既得利益者集中的京畿都會，不易受此感染。後來的情形也依然沿此邏輯展開——接受心學的以中下層爲主，一般的士子多於士大夫，尤爲難能的是還有些目不識丁的工匠小販等。有一次，有人問陽明：你總說人人皆可成堯舜，那些門前拔草的人也可成堯舜？陽明說：他們縱然不是堯舜，但要讓堯舜拔草，也不過如此。這樣的「教義」對廣大平民來說就是「福音」啊。

陽明有《南浦道中》詩，說他重來南浦，還爲當年的戰事感到心驚。高興的是那些百姓都可以安居樂業了，讓人憂愁的是朝廷沒有放寬對他們的稅收。像我這樣迂腐疏懶的人，居然受到百姓這樣的歡迎，實在慚愧。

第二天，他去朝拜孔廟。他在孔廟的明倫堂講《大學》，不知道圍了多少人，有許多人事實上什麼也聽不見，但機會難得，只爲了感受這種氣氛。

他在孔廟講學，聽衆如雲的情形，被人稱爲上古三代才有的氣象。這種氣象也鼓舞了教主的情緒。他一向所致力的就是廣度衆生，讓聖學大明於天下。目前的情景是可喜的、感人的。講學雖不是他的公職，卻是他的天職。這個人從心眼裏信服孟子的「天爵」、」人爵」說（「仁義忠信，樂善不倦，此天爵也；公卿大夫，此人爵也」）他不是不要人爵，但更要修天爵。

他到了吉安，便大會士友。在簡陋的螺川驛站，給 300 多人立著講，講得相當實在、令人信服。大意是：堯舜是生知安行的聖人，還兢兢業業，用困勉的工夫。我們只是困勉的資質，卻悠悠蕩蕩，坐享生知安行的成功，豈不誤己誤人（這偏於錢德洪的講法）！他再三強調良知智慧無所不能，是周流六虛、變動不居的妙道。但用它來文過飾非，便危害大矣！這是他最後一次講演了。

臨別再三囑咐大家：「工夫只是簡易眞切。愈眞切，愈簡易；愈簡易，愈眞切。」其中的道理，他在別的時候說過：「才略、謀略、方略、經略，古人皆謂之略，略則簡而不煩，可勝大事。因略致詳，隨時精進而已，何難之有！若務於詳，鮮有能略者。蓋不患不能詳，而患不能略也。」（束景南《王陽明散佚語錄輯補》）

此時，餘姚的中天閣講會照常進行，又有新生力量鼓舞其間而日新月不同。紹興書院的同志們在王畿、錢德洪的振作接引和薰陶切磋、盡職盡責的管理下蒸蒸日上，讓陽明欣慰無任。

過新溪驛時，又有父老鄉親壺漿相迎、相送，沿路焚香膜拜。這座驛城是他當年主持修建的，爲了抵禦廣西的瑤族暴動和湖南的匪寇。現在這裏的人民可以安居樂業了，他下令讓那些駐守在山頭上的弓箭手乾脆回家務農去吧。

陽明接著往前走，去處理思田之變。所謂思恩州和田州，卽今南寧以北及武鳴縣西北，和百色市及田陽、田東一帶地區。自失去安南（今越南）以後，田州便成了南海外屏。其地屬於蠻荒區，但事關國防，更麻煩的是與少數民族的關係不好處理。

十一月二十日，他到達廣西梧州，開府辦公。梧州是漢代的蒼梧州，舊屬交趾郡。他先得向朝廷請示行動方針。十二月初一，他上奏皇上，將他瞭解到的情況和自己的舉措均一一奏明。

廣西土著，岑氏爲大。正德初年，岑猛重賄劉瑾得到田州府同知的官位。此前的官府對岑猛時而利用、時而壓制，曾讓他會剿江西土匪，結果他的兵比土匪更危害百姓。事後，他沒得到想要的官位，又擁有重兵，遂囂張生事。當地官員還想索他的重賄，他有怨氣，自然不給，官員便告他要反。用陽明的話說這叫「生事事生」。姚鏌調集四省兵力會剿岑猛，岑猛要投降，不許。岑猛逃到他丈人的地面上，因女兒早就失愛於岑猛，他丈人正好借此機會把他毒死了。

改土歸流雖是本朝的基本國策，但是在廣西田州，流官出現後，反而矛盾日起，無休寧之日。尤其是田州的瑤族是「造反」大戶。但官府總是「過計」——用的辦法都過頭。「劫之以勢而威益褻，籠之以詐而術愈窮。」打，也不行；撫，也不行。把良民的膏血揮霍於無用之地。陽明想去掉流官，因爲「流官之無益，斷可識矣」。但他的下屬提醒他這樣做是犯忌諱的，要遭來物議。他在奏疏中表示，只要有利於國家、能保護人民，死都應該，還怕什麼物議？他的結論是：對深山絕谷中盤踞的瑤族，必須存土官，借其兵力而爲中土屏障——讓他們爲我們抵禦交趾國。若把他們都殺了，改土爲流，則邊鄙之患，我（朝廷）自當之，這實在等於自撤藩籬，必有後悔。

這是他之「無」的境界給他的智慧：物各付物。他持有儒家的和平主義，忠心爲帝國謀長治久安。辦好事，也得求朝廷，還得動用私人關係說服當朝大老。帝國的秘密通道多著呢。

先給剛剛又入閣的楊一清寫了貌似情切又親切的信：我此

次事畢，若病好了，請你讓我當個散官，如南北國子監，我就感激不盡了。此時主要是說服朝廷按他的思路解決問題，否則必有反復。他給朝廷的奏疏中，一開始不好說前任已把事情弄壞，但在私人信件中，多次表示從前張惶太過，後難收拾。現在想以無事處之，已不大可能。只求省減一分，則地方少一分勞擾。他眞是知行合一地去親民、去努力追求至善。他反感帝國流行的殺人立功法。當年在江西的時候他就說過：朝廷使我日以殺人爲事，心豈割忍！

新入閣的桂萼想在歷史上留下自己的作品，在內政上提出「一條鞭法」，開張居正之先聲；在外事上便是建議陽明以殺鎭瑤（族），然後去攻打交趾。陽明只依良知而行，不會逢迎邪惡的，也知道後果，陽明給方獻夫的信中說：我深知這個和平方略必然大逆喜事者之心，「然欲殺數千無罪之人，以求成一將之功，仁者之所不忍也」。這是志士仁人的自肯承當！

陽明一面會議、處理眼前的問題，一面向朝廷彙報，算是邊斬邊奏。他是爲了保護百姓，他們已經在戰火中輾轉兩年了。朝廷又新任命他爲兩廣巡撫，他有了處置當地事務的專權。時間已到了次年的正月，攝於他剿匪平叛的威名，當他靠近田州時，岑猛的餘部盧蘇、王受很害怕。陽明有諸葛亮以夷制夷的思路，便派人去勸他們投降。當時有謠言說陽明像別的官員一樣在等著受賄。他們不敢來。他們又見陽明遣散官軍，似乎沒有進剿他們的意思，他們又放了心。陽明又派人去，說明只是爲了給他們開「更生之路」，並起誓無欺。要求他們率衆歸命南寧城下，分屯四營。發給他們歸順牌，等候正式受降。這些士兵都有了更生的希望，「皆羅拜踴躍，歡聲雷動」。

盧蘇對王受說：「王公素多詐，恐怕要騙我們。」提出要帶重兵衛護，並把軍門的哨兵都換成田州人，陽明都答應。他們果然重兵衛護著前來南寧軍門。陽明當衆宣佈：朝廷既然招撫你們，就不失信。但是你們擾害一方，牽動三省，若不懲罰，何以泄軍民之憤？於是將盧蘇、王受各杖 100——讓他們穿著盔甲接受這 100 殺威棒，以顯示王法的威嚴。

衆皆悅服。陽明然後跟著他們到他們的軍營，撫定軍心。那 1.7 萬多人（《明史》說 7 萬人），歡呼雀躍，向陽明表示願意殺賊立功贖罪。陽明說之所以招撫你們，就是爲了讓你們活下去，怎麼忍心再把你們投入到刀兵戰場？你們逃竄日久，趕快回家去吧。至於其他土匪，軍門自有辦法，以後再調發你們。

他們感動不已，流淚歡呼。

於是，這場折騰了兩年的民族糾紛，就這樣和風細雨地解決了。不折一矢，不殺一人，全活了數萬生靈。陽明自己也認爲比大禹征苗還漂亮。一面向朝廷奏凱，一面勒石刻碑紀念。學生們看見了道權合一的妙用。

4.重建倫理合理的社會

他一舉平定田州之亂，號稱是百年未有的盛事。但是朝中偏有一幫人專挑幹事人的毛病，對他百般挑剔。爲了長治久安，他向朝廷建議：把田州劃開，別立一州；以岑猛次子岑邦相爲吏目，等有功後再提爲知州。在舊田州置十九巡檢司，讓盧蘇、王受分別負責，都歸流官知府管轄。朝廷同意對岑、盧等人的安排，別的都遭到反復審核，遲遲不予批復。朝廷讓他在此頂住，總督軍務、巡撫地方，看上去是重用，其實是把他鉚死在這裏。他告誡黃綰和方獻夫不要再推薦他入朝入閣了，以免激發權臣的惡性。他視「東南小蠢，特瘡疥之疾」，「而群僚百官各懷讒嫉之心，此則腹心之禍，大可憂者」。跟 300 年後的林則徐一樣，不怕廣東之禍事，只怕朝廷內部的窩裏鬥。

陽明眞心既爲百姓好又給朝廷辦事，他認爲二者是一致的。只有民安才算國定，只有民富才算國強。他那「良知靈明」告訴他天下本來沒有對立的事物，只是人們非要把它們對立起來。譬如姚鏌非要硬打，「輕於討賊，重於受降；信於請兵，疑於對壘。（岑）猛既冤死而不白，鏌亦功名不終。猛負國恩而身殛，鏌貪軍功而官奪。」（谷應泰《明史紀事本末·誅岑猛》）。還是良知靈明的啓示：一多相容、不能排斥多樣性，必須充分承認當地少數民族的特點，再三向朝廷強調不能一味用漢法統治他們。這個強調「吾性」的人，也尊重別人的「吾性」、別的民族的自性。

他認爲用夏變夷，宜有學校。但剛剛停息戰火，滿目瘡痍，人們紛紛逃竄，興建學校，無從談起。但陽明是本體工夫一體化、即理想辦法一體化的人。他以人爲本，發文命令提學府道，但有生員（秀才），不管正式的還是增補的，其他各地願意來田州府學附籍入學的，一律歡迎。先委派教官相與講習，打出旗幟來。等建成學校，就將各生徒分發該學肄業、照常增補廩膳生員、推薦貢生。同時倡行鄉約制度，推廣他在南贛建立的社區自治的經驗。由公正果斷的鄉約主持討論約中會員的操行要事，表揚善人善事，糾察有過錯者，有彰善簿、糾過簿，隨事開引，美化風俗。

這是一套兼采宗法閭巷管理制度及道教「功過格」考評的方法，意在建立倫理合理的社會。鄉約和十家牌法是建立一種私人互動的聯盟和夥伴模式，經濟上公佈賬目，對全體成員進行倫理規約管控。倫理支配的社會就是一個大學校了，進行的是懲惡揚善的終身教育。公開地讚揚、公開地批評，在忠誠誓言的氛圍中開會，每個人都自發地檢討自己的過失，鄉約作爲社團中的領袖主持會議、評點會員功過、嚴格保護舉報人，「隨事開引，美化風俗」，讓約中的會員過有紀律的組織生活。鄉約與十家牌法成龍配套地將自然分散的百姓組織了起來。這種做法在那個歷史時期是用社區形式挽救了村社崩潰的頹勢。

陽明從臥治廬陵開始、在南贛和這裏大見效果的村社自治，因爲是體制性的東西，所以對中國社會的影響面大於他的語錄。

他的語錄主要在讀書人中傳播，這套制度被加加減減地一直實行著，他的徒子徒孫也主要是靠著這個方式在廣大農村推進了良知+鄉村自治，從而對社會有了實質性的改進。

他興禮樂，讓當地人在婚喪嫁娶中接受教化——他一直認爲聖人之道的血脈在「樂」，也就是說，樂的意識形態功能超強。在南寧興辦了學校，這裏基礎好，更是一舉成了功。他起用一些降級官員，讓他們主教敷文書院，循循善誘，漸次改化。他不是那種只佈置不檢查的官僚，他說待本院回軍之時，必有獎懲。

5.兵聲寒帶暮江雄

八寨、斷藤峽的土匪，有了百餘年的歷史。聚衆數萬，南通交趾境外諸「夷」，西接雲、貴，東北與府江、古田的瑤族回環聯接，聯綿 2000 餘里，流劫出沒，常常阻斷水陸交通，無論是大明的官軍，還是當地的土目都想剷除他們，就是不能成功。儘管明朝主要精力、兵力集中用於防禦西邊和北邊的遊牧民族，還是幾次派兵進剿這裏，但大軍不便久住，孤軍不敢追險。大軍一到，他們便隱蔽於山林峽谷。官軍勉強招撫，給自己一個臺階下。大軍一走，他們又嘯聚而出，比先前更加囂張。

斷藤峽，本叫大藤峽，是夾潯江及其南端的府江的、兩岸連山最高、最險惡的地方，登藤峽頂，數百里皆歷歷目前。而其山是夾江峻嶺，山寨臨江壁立，上山路徑僅一線，又須曆千盤，其險不亞於蜀之鳥道、蠶叢。一夫荷戟，千夫難上。山上毒瘴惡霧，非人能堪。山上出產的植物可以供應他們最低水準的生活，靠在山下圍困治不住他們。他們的武器又是長弓勁弩，還在箭頭上淬毒抹藥，中箭就立即死亡。明天順年間，都禦使韓雍曾領兵 20 萬進剿斷藤峽，撤兵無何，他們便攻陷潯州，據城大亂。流官土官交錯難治，教化的辦法也不靈驗，用食鹽等東西引誘他們，借貿易通商開化他們，他們則搶了東西就跑。用陽明的話說，「他們竊發無時，兇惡成性，不可改化」——他們的良知徹底被塵欲遮蔽了。

打他們，對於陽明來說，關鍵是下打的決心。他平了田州之亂後，兩江父老遮道控訴斷藤峽、八寨猾賊淫樂禍害的猖亂罪狀。他想起當刑部主事處決那個殺了十八個人的殺人犯，殺人犯臨刑高呼：「死而有知，必不相舍！」陽明笑道：「吾不殺汝，十八人之魂當不舍吾。汝死，何能乎？」現在，他覺得不剿滅頑匪，對不起兩江父老。他一旦決心下定，便簡易如掃塵埃一般。此次思田之役，無論是剿是撫都有一個突出的特點：簡易，輕鬆，給人易如翻掌、囊中取物的感覺。

有人依據慣例又提議調集狼兵。民間早有「土賊猶可，土兵殺我」的怨聲。陽明堅決否定了這個方案，他的理念是：「用兵之法，伐謀爲先；處夷之道，攻心爲上。」對當地瑤族來說，現在首要的是讓他們心服，用兵威把持，不是長久之計。調集遠來的客兵，如果他們不肯爲用卻百般求索，會極難對付，耗費資財，「欲借此以衛民，而反爲民增一苦；欲借此以防賊，而反爲我招一寇」，所以斷斷行不得。

他一方面調武靖州的土兵，讓他們分成六班，每班 500 人，分別輪流駐守在潯州城外，不得與民雜處，杜絕擾民的可能。然後施行他在江西嘗試成功的十家牌法，培養村民的自治能力，既互相監督，又聯防強盜，一村有事，鄰村救援。另一方面，天助他成功，當初姚鏌調集的湖南兵，因當時辦差的人跟姚鏌搗亂，故意錯發軍令，廣東等地的就因錯了而不來，湖南的則在姚鏌罷官後才到，使姚鏌不能奏凱，卻使陽明有了現成的重兵。

還是虛虛實實，能而示之不能，取而示之不取，先麻痹然後出其不意。嘉靖七年二月，他平定了思田之後，峽匪以爲必來征討，都竄入深險之地。久不見動靜，便又出來。又見陽明駐紮南寧，遣散軍隊，興建學校，他們便眞正鬆弛下來。

陽明讓湖南兵和在武靖州待命的土兵分道而進。進剿的官軍偃旗息鼓，悄悄地進山，一軍突擊，四面夾攻，迅雷不及掩耳。官軍攀木緣崖仰攻之，把大小山洞搜了個遍。最後收兵回潯州。其他各山洞也被清掃，什麼牛腸、六寺等山寨都被掃蕩，舊史稱「斷藤之賊略盡」。

用當時人的話說，八寨乃 160 年所不能誅之劇賊，是粵南諸賊的淵藪，八寨不平，兩廣無安枕之期。成化年間最輝煌的一次是土官集合狼兵深入巢穴，結果斬獲 200，就算像樣的戰功了。陽明未請示朝廷，將八寨拿下，前後斬獲 3000 餘人。陽明動用的兩路軍隊，各不滿 8000，創立了大明在這一帶作戰成本最低、成效最大的記錄。儘管，八年後，這裏的少數民族又因官府與土司之間起了震盪性的衝突而暴動，但眼下陽明收了全功。湖南兵已不堪忍受此地的氣候，開始鬧病，有瘟疫的苗頭，陽明的身體也支撐不住了。他下令班師。

大學士霍韜在給皇帝的上疏中說：臣是廣人，曾為陽明算了筆賬，這場戰役，他為朝廷省了數十萬的人力、銀米。他的前任，調三省兵若干萬，梧州軍門支出軍費若干萬，從廣東布政司支用銀米若干萬，戰死、疫死官軍、土兵若干萬，僅得田州 50 日的安寧，思恩就發生了反叛。而陽明在軍費上沒用任何征派，不折一卒，就平定了思田，還拔除了八寨、斷藤峽這樣的積年老巢。

陽明在嘉靖七年七月十二日上了《處置八寨斷藤峽以圖永安疏》，主要舉措有：移築南丹衛於八寨；改築思恩府城於荒田，就是把原在高山之上的府治移到水陸交通的地方來，荒田這個地方軒豁秀麗，便於貿易；還有調整基層政權佈局、增築守鎮城堡等等。他的方略是「謀成而敵自敗，城完而寇自解，險設而敵自摧，威震而奸自伏」，還有個時機問題——現在正好。

這一系列長治久安的益民利國的安排，朝廷裏根本沒人想聽。處置江西事變時全靠兵部尚書王瓊贊助，而王尚書早已被楊廷和藉故拿下大獄，差一點殺了頭。王瓊再三哀求，才落得發配邊疆的下場。官僚中單有在後面搞清算的。有人居然奏劾陽明，說他進剿八寨是擅自行動，儘管他們知道當初朝廷給了王可以便宜行事的權力。陽明提議在進剿過的地方建立郡縣以鎮定之，趕緊教化新民，等再來土匪時，他們已成了良民，此地就不會再反復。官僚們說：建築城邑，是大事；區處錢糧，是戶部的職責；誰讓他這麼幹了？總而言之，不以爲功，反求其過。

陽明的身體也與這種體制耗不下去了。

到目前爲止，他所有的成功幾乎都是體制外的作品：不容講學，偏講學；並沒讓他平寧王，他偏起義師。處置思田之役也是不讓撫他偏撫，沒讓剿他又剿了。不過，他實現了少年立的大志：不要只管一世的功名，要當永垂不朽的聖賢。

他關心著老家的書院和學生們，歸心似箭，以爲與學生相見漸可期矣，寫信問學生：講會地門前的草該有一丈深了吧？

這麼漂亮的戰鬥，兵部的獎賞還在宮廷裏討論來討論去；他的一系列建議，還須戶部調查研究後再說。他沒有別的權力和自由，甚至沒有就此回家的權力和自由。

上了《處置八寨斷藤峽以圖永安疏》長長的奏疏，他就臥床不起了。等到九月初八日，他那生怕一物不得其所的周密的新城設計還沒得到答復。他四月初六上的《處置平復地方以圖久安疏》，現在還沒任何答復。他一入廣西就接二連三地上起奏地方急缺官員疏、舉能撫治疏、邊方缺官薦才贊理疏，建議皇帝讓所有的大臣各推薦十個，若一人舉九人不舉，不用；九人舉一人不舉，用；若五人舉五人不舉，就得詳細考察。他講此地的官員差得沒法提，急需配備能員，否則一切都得白乾，馬上會出亂子。他一邊上疏一邊請皇帝原諒再三打擾、跡近冒犯。好像他不是在給皇帝辦差，而是在給自己過生日似的。這些，統統沒有答復。

九月初八日，皇上曾派行人專門來獎賞他，肯定他「處置得宜」，短時間內即令蠻夷畏服，罷兵息民，其功可嘉，賞了他白銀50兩。行人到時，他硬從床上爬起來，有人攙扶著也站不住，但還是望闕謝主隆恩。這種折騰再加上「感激惶懼」，他居然暈了過去。過了許久才甦醒過來。他在謝恩疏中說：對皇上特頒這種出格的大賞，我只有感泣、戰觫惶恐，「惟誓此生鞠躬盡瘁，竭犬馬之勞，以圖報稱而已」。他說，臣病得不能奔走廷闕，一睹天顏，不能略盡螻蟻、向日葵的赤誠了，臣不勝刻心銘骨、感激戀慕之至！

他是二月十三日上的《奏報田州思恩平復疏》，過了七個月才來了這獎勵。他把這種儀式上的獎賞看作對自己工作的肯定，思恩、田州數萬本無可誅之罪的赤子因此而得以生全，怎麼能不謝主隆恩！奇怪的是過去教科書罵他是鎮壓農民起義的劊子手，卻不這樣罵他的前任（非要剿滅、逼得洶洶思亂）那種類型的。王陽明成了風箱裏的耗子兩頭受氣，受了具體的氣還得受抽象的氣。

等到了十月初十，他不知道皇帝已嫌他麻煩，桂萼已在中傷他，他強扶病體，給皇帝寫了長長的《乞恩暫容回籍就醫養病疏》：從他在越賸伏六年、就想進京一睹天顏、又怕讒言頓起，直到現在還沒有一睹天顏（從嘉靖登基，陽明就一直想睹天顏）。再次重申他在兩廣征討招撫兩得當，都體現了皇上的恩威。現在已無煩苛搜刮的弊端，不會再生民亂。

陽明走得問心無愧，既對得起皇命也對得起自己的良心。他覺得自己的一系列措施夷夏交和，公私兩便，都是保治安民的良方。若有能理解其含義的人來好好執行，必能長治久安。

他讓已升爲副都御史的林富管理廣西的行政事務，副總兵張佑管理軍事事務。他舉薦的人都沒有很好地執行他的方略，尤其是張佑貪賄賂，造成瑤族的土司仇殺並因此連鎖反應出土匪的嘯聚。一世英名的陽明遂留下「寄託不終」的遺憾。他扶持的岑猛的後代也沒爭了氣。原因在於這裏根本就沒可用之才，朝中也沒可用之才（但並不是人間沒有可用之才）。

陽明曾借籲請邊關人才，給皇帝上過課：那些磊落自負，卓然思有所建立，而學識才能果足以有爲的人才，卻只因爲一時愛憎毀譽，就憤然抑鬱而去，儘管天下共爲之不平，公論昭著，亦無濟於事。有多少豪傑可用之才，爲時例所拘，因而棄置不用！他提醒皇帝，所謂時例是朝廷定的，可拘就拘，不可拘就別拘了（300 多年後龔自珍還在喊「不拘一格降人才」）。現在朝廷的考察法，固然能去掉一些貪惡庸陋之徒，但那些蠅營狗苟僥倖求進之徒是永遠會有的。而那些磊落自負、有過人之見的人，屈抑自放於山水田野間，他們能自得其樂，卻是朝廷的損失，朝廷使有用之才廢棄終身，卻用了些庸陋劣下之徒，除了增加百姓的困苦還能怎樣？

這是明代版本的王安石《上仁宗皇帝書》。龔自珍說王安石那篇萬言書就是兩句話：朝廷不得人才用，而人不能盡其才。其實，更致命的是：朝廷就是要剷除他們說的這種人才。大內之中，一個收拾陽明的羅網正在越收越緊。權奸們有他們經權互用的權道。同樣是權道，有良知則正義，無良知則邪惡。

6.鏡裏覓頭

遠在九重宮闕的嘉靖皇帝，又聽到盡平八寨、斷藤峽的捷報後，卻且喜且疑起來，遂「手詔」首輔楊一清、吏部尚書桂萼等，議一議陽明是否在自誇，還想瞭解一下他的學術到底是怎麼回事兒。嘉靖多疑善忌、鼠肚雞腸，極端剛愎自用。他們心中的「格」才是眞理的標準，陽明太出格了，儘管是出格地做了利國利民的事情，但是朕沒讓你做，你就得被考察一番，因爲這怎麼可以！

楊一清本是瞭解陽明的，但政壇沒有永恆的朋友，「利益理性」大於個人交情。陽明的個性也不夠聖賢，李東陽、楊一清都有恩於他、都中途變異。儘管陽明曾給他寫信表示願去當散官，他還是把陽明看成抄自己後路的人。他知道專以報怨爲事的桂萼會說出他想說的話，便把這個風頭讓給桂萼來出。桂萼則根本就是個小人，楊愼就恥於與他同列朝綱。桂萼嫌陽明不聽他的——你不把我放在眼裏，那我就要叫你知道我的厲害。他倒不晦默，旗幟鮮明地攻擊起陽明來，把陽明的事功和學術來了個全盤否定：「王守仁這個人爲人怪誕，不懂規矩，他的什麼心學，就是自以爲是。這次讓他征討思田，他偏一意主撫；沒讓他打八寨、斷藤峽，他偏勞師動衆地去打，這簡直是目無王法。這是典型的征撫失宜，處置不當。」

陽明本來就防著這一手，還專門讓宦官在前線對戰績做了審計。但那沒用，整你的時候才有用。楊一清說這個人好穿古人服裝、戴古人的那種帽子。桂萼便接著說他居然敢非議朱子，他的心學是在妖言惑衆，等等。這場廷對結束，陽明那潑天的功勞便拿風吹走了，還埋下了後面禁毀心學的伏筆。

方獻夫、霍韜、黃綰紛紛上疏爲陽明鳴不平。他們從廣西的地理形勢、歷史問題講起，想教會皇帝懂得陽明幹的這個活兒爲大明朝省了多少錢糧人命，保境安民，多麼重要，陽明根據實際情況便宜行事，正見出他爲陛下分憂的耿耿忠心，等等。但皇帝認爲，他們在替老師說情，所以他們的話聽不得。個中邏輯其實是他想聽的就是眞的，不想聽的都是假的。而且必須按照自己的旨意辦，大臣越勸越要頂住。他並不覺得這個國是他的，只覺得必須把這個國的便宜占完，才沒浪費了皇帝的權力。

黃綰的上疏言詞激烈：「臣以爲忠如守仁，有功如守仁，一屈於江西，討平叛藩，忌者誣以初同賊謀，又誣其輦載金帛。當時大臣楊廷和等飾成其事，至今未白。若再屈於兩廣，恐怕勞臣灰心，將士解體。再有邊患民變，誰還肯爲國家出力，爲陛下辦事？」

把陽明說成楊廷和的對立面也沒有說動嘉靖，皇帝心堅意定，淡淡地說知道了，便完事了。最高決策大凡如此，指揮千軍萬馬的王陽明在這裏只是小菜一碟。陽明這只鞋，是被他們踐踏的鞋。

嘉靖皇帝沒看到陽明寫的情深詞切的《乞恩暫容回籍就醫

養病疏》，這篇感人的性情文章被毫無性情的桂萼給壓下來了。他看到陽明表示要離開兩廣軍門，隻身回家時，便把陽明的手本，放到「留中」篋中：你不等朝廷准假就徑奔老家，我偏匿而不發，坐成你個擅離職守之罪。

陽明詳細論述了他必須回去就醫的原因。說他在南贛剿匪時中了炎毒，咳嗽不止，後退伏林野，稍好，一遇炎熱就大發作。這次本來帶著醫生來到廣西，但醫生早已不服水土，得病回老家了。他還得繼續南下，炎毒更甚，遂遍體腫毒，咳嗽晝夜不止。出發前腳上就長瘡走不了路，後來更吃不下飯，每天只喝幾勺粥，稍多就嘔吐。但是爲了移衛設所，控制夷蠻，被人背著扛著考察完地形，才敢提奏朝廷。他就用渾身是病的身體，硬是上下岩谷、穿越林野，確定下了讓廷臣認爲出格的改建城堡的方案。他的方案成了一樁罪狀，他的身體卻從此一蹶不振。被抬回南寧，就移臥於船上。他實在等不見朝廷批准了，他將從梧州到廣州，在韶關一帶等待皇帝的命令。他再三哭訴這樣做是大不得已，請皇帝憐憫他瀕臨垂危、不得已之至情，使他倖存餘息，再鞠躬盡瘁。「臣不勝懇切哀求之至！」

就是有點怨仇，看到這樣感人的文字，也會煥然冰釋。但桂萼是特殊的小人。只因陽明不聽話，就視陽明爲寇仇。他也受過不公正待遇，但他並沒有因此增長「己所不欲，勿施於人」的恕道，反而增加了仇恨人的歹毒心。他與嘉靖是君臣遇合，一對「猜人」。

時隔不久，傳來的竟是陽明客死南安的消息。桂萼說，我要參他擅離職守、江西軍功濫冒。楊一清說，即使他還活著，我也要說服聖上查禁他的新學。若不查禁，大明江山非亡在這些異端邪說上不可。他們提議開會，清洗之。

這根源於張璁想援陽明入閣，以分楊、桂之勢；楊、桂便來個先剪除新患再去舊病，唆使錦衣衛聶能遷奏陽明用金銀百萬通過黃綰送給了張璁，張璁才推薦陽明去兩廣。張璁、黃綰也不吃素，起而抗擊。結果是聶能遷在錦衣衛的監獄被活活打死。皇帝也沒別的高招，便用掛起來的老辦法。應該給「新建伯」頒發恩蔭贈謚諸典禮，現在卻什麼也沒有。後來他們之間互有勝負地鬥了幾個回合，忽而張、桂去職；忽而一清落馬。反正一天也不能閑著。除了惡人閒不住這個人性的原因，還有極權政體是根獨木橋的體制上的原因。

嘉靖八年春二月，嘉靖郊遊，桂萼密上揭帖，內容還是那一套，什麼擅離職守，事不師古，言不稱師，立異爲高，非議朱子，僞造《朱子晚年定論》，號召門徒，互相唱和。才美者樂其任意，庸鄙者借其虛聲。傳習轉訛，悖謬張甚。但平叛捕盜，功有足錄。宜追奪伯爵，以彰大信，禁邪說以正人心。

喜不常居而怒則到底的嘉靖大老官，大怒，將桂等人的奏本下轉各部，命廷臣會議該定何罪。此時黃綰等陽明的學生或被排擠到南京或說不上話，望風承旨的衆臣自然以皇帝和閣臣的意見爲意見，最後的結果見載《世宗實錄》卷 98，「嘉靖八年二月」條：

卿等議是。守仁放言自肆，詆毀先儒，號召門徒，聲附虛和，用詐任情，壞人心術。近年士子傳習邪說，皆其宣導。至於宸濠之變，與伍文定移檄舉兵，仗義討賊，元惡就擒，功固可錄，但兵無節制，奏捷誇張。近日掩襲寨夷，恩威倒置。所封伯爵，本當追奪，但系先朝信令，姑與終身。其歿後，恤典俱不准給。都察院仍榜諭天下，敢有踵襲邪說，果於非聖者，重治不饒。

看來主要打的是他的邪說，他儼然邪教教主、他的良知教就是邪教了。這棺材箍，一箍就是 30 多年，直到又換了皇帝，到隆慶元年才解開。

7.書院傳心燈

陽明知道除了普及學說，別無救濟末世的良策。他又抱病給山陰的學生寫了信，對中天閣的講會能堅持下來表示欣慰。一種思想，不是它一產生、只要正確就能光照人間，還必須靠學生去廣泛傳播，必須有穩定、持久的教化傳播，才能大行於天下。悟透之後須物化。他能運用的方式就是講學、辦書院、改造舊書院。別看他嘴上說他的學說一人信之不爲少、天下信之不爲多，但他還是不遺餘力講學、辦學。《明史》卷 231 載：在王陽明的帶動下，正德、嘉靖之際，「縉紳之士、遺佚諸老，聯講會，立書院，相望於遠近」。連澹泊的湛甘泉還走到哪里都大建書院以祀他的老師陳獻章呢，他當然是爲了擴大江門之學的影響，以補救白沙學門孤行獨詣、其傳不遠的遺憾。這也表明建書院已成「形勢」。

客觀地說，起腳於弘治年間的陽明是趕上了皇權鬆弛的好年頭，弘治廣開言路，正德不管朝政，社會上市場經濟活躍，全國的社會化程度也在提高，有了點多元共生的空間和張力。純粹隱居求道的模式再也不會成爲終南捷徑，反而會湮沒不聞。連孔子都說「君子疾沒世而名不稱」，更何況王陽明這樣的俠儒、狂者！

講學、講會、書院是社會行爲，不在官僚體制內運轉，不靠行政力量推行，是依自不依他地、以「根莖模式」在民間發展壯大的。陽明的貼身大弟子王艮是個灶丁，而他的泰州學派是推行陽明學最有力氣的一支。錢德洪、王畿雖都當了幾天小官，但他倆私語：當今之世豈是你我出仕時！遂很快退出官場，以在野的身份講了 30 年、40 年的學，而且無一日不講學，周遊著講。一邊當官一邊講學的，當了官又退出來專門講學的更多，如劉君亮、聶文蔚、何廷仕、黃弘綱、鄒守益、羅洪先、歐陽德、程文德，他們在廣建書院和長期書院講學的實踐中，成爲陽明學的支派領袖，他們在政治、學術上的地位和影響，使陽明學以書院爲中心向全社會推廣。

有明一代的書院約有 1200 餘所，大多興起於正德至萬曆年間，其中最著名的是稽山書院、白鹿洞書院、嶽麓書院、東林書院。稽山書院其實是陽明指揮南人吉創建的，明中晚期赫赫有名的學派領袖多從此出身。陽明在江西時有意大力將白鹿洞改造成講心學的基地。後來陽明的弟子季本將嶽麓書院改造爲陽明學爲主導的學術中心。那是在嘉靖十八年，作爲長沙知府的季本，不顧剛剛頒佈的禁毀書院令，大力修復嶽麓書院，並親自登壇開講官方正在禁毀的陽明學，爾後不斷有王門高足主講嶽麓。東林書院以反王學末流、恢復朱子學爲宗旨，實際上是推動了眞王學的進步革新，日本學者就認爲他們是挽救了王學。誠如錢穆先生在《中國近三百年學術史》引論中所說的：「東林言是非、好惡，其實卽陽明良知、立誠、知行合一之教耳。唯環境既變，意趣自別；激於事變，遂成異彩。若推究根柢，則東林氣節，與王門良知，實本一途。東林所以挽王學末流之蔽，而亦頗得王學初義之精。」痛快淋漓，一語中的！

嘉靖十一年，大學士方獻夫爲抗議桂萼的禁毀僞學令，公然在京城聯合學派同仁（多是翰林、科道官員）140 餘人，定期宣講陽明學，聚會的地點爲慶壽山房。十二年，歐陽德、季本等在南京大會同志，講會地點或在城南寺院，或在南國子監，使陽明學呈現繼興氣象。爾後，書院、精舍、祠堂眞如雨後春筍，幾乎遍及全中國。較早的如嘉靖十三年在衢州（今金華市附近）的講社，分爲龍遊會、水南會、蘭西會，是王門後徒各種講會的先聲；還有貴陽的王公祠。十四年，有九華山的仰止祠。十五年，天眞精舍立了祀田，如寺院的田莊。山陰的新建伯祠、龍山的陽明祠、南昌的仰止祠，廬陵（今吉安）的報功祠都是紀念堂、講會地。還有秀水文湖的書院、永康壽岩的書院。還有混元書院

（青田）、盧溪精舍（辰州）、雲興書院（萬安）、明經書院（在韶關）、嘉議書院（在溧陽，刻印了陽明的《山東甲子鄉試錄》）、新泉精舍（在南京大同樓）。建祠堂的還有龍場、贛州鬱孤山（在鬱孤臺前）、南安、信豐、南康、安遠、瑞金、崇義、琅琊山。爾後再傳弟子建的書院，最有名的是耿定向、羅汝芳在宣城建的志學書院。

各種講會更是不可數計。涇縣有水西會，寧國有同善會，江陰有君山會，貴池有光嶽會，太平有九龍會，廣德有復初會，還有泰州的心齋講堂……

誠如顧炎武所說：「以一人而易天下，其流風至於百年之久，古有之矣，王夷甫（弼）之清談，王介甫（安石）之新說。其在於今，則王伯安　（陽明）之良知矣。」（《日知錄》卷 18）明人王世貞說：「今天下之好守仁者十之七八。」自嘉靖、隆慶年間以後，幾乎沒有篤信程朱的了。上至達官貴人，下至工商市井，競相講陽明學。他要「取代朱子」的心願變成了現實，他要成聖的志向也變成了現實。他真可不朽了。

明代發生過四次全國性的禁毀書院事件，前三次都是針對心學的。嘉靖十六年爲打擊陽明的邪學；嘉靖十七年，嚴嵩反對自由講學，藉口書院耗財擾民而毀天下書院；萬曆七年，張居正主要爲打擊泰州學派等王學的支派而禁毀天下書院。第四次是天啓五年，魏忠賢爲打擊東林而禁毀天下書院。

然而每次禁毀差不多都是一次推動，明代已不同於以往，已有了「社會」，已非只有官方之國家。在野的力量已成爲相當可觀的自主集團。王學的流傳主要在社會。以王學異端的姿態發展了王學精義的東林，則起於山林，講於書院，堅持於牢獄，並能贏得全社會的同情，也是前所未有的現象。

東林領袖肯定陽明之學是聖人之學，但認爲陽明之教不是聖人之教；肯定陽明，否定王門後學。也有東林人士認爲陽明起腳於道士的養生，格竹子路子就不對，爾後也沒往對裏走，在龍場悟得的也是他的老主意，以後就以「格物在致知」來對抗朱子的「致知在格物」；就算是格物在致知，也應該在致善，而不該滑到無善無惡上去，一旦以無善無惡爲教，就勢必導致天理滅絕，只變成了養神。只是他們哪里曾想到，東林末流的討厭，其程度並不亞於王學末流。明代人的氣質是很有共性的，有人稱之爲戾氣，庶幾近之矣。

陽明獲得官方的最後、最高的認可，是到了萬曆十二年，由毫無心學氣質的古板宰相申時行提議將兩路心學大師陳獻章、王陽明入祀孔廟。起因在於萬曆皇帝覺得陽明學與朱子學「將毋同」——「王守仁學術原與朱熹互相發明，何嘗因此廢彼」。老申的論證簡明有力，先排除說他是僞學、霸術的觀點——「原未知守仁，不足申辯」；再說立門戶，他說宋儒主敬主仁也都是立門戶，陽明的致知出於《大學》，良知出於《孟子》，不能單責備陽明立門戶；第三是所謂心學是禪宗的問題，他說必外倫理、遺世務才是禪，而氣節如守仁，文章如守仁，功業如守仁，而謂之禪，可乎？再說怕崇王則廢朱也是不對，朱子學當年不因陸九淵而廢，今天會因王陽明而廢了嗎？他以上的論證都是平實之論，最後他說出了崇王的必要性:「大抵近世儒臣，褒衣博帶以爲容，而究其實用，往往病於拘曲而無所建樹；博覽洽聞而以爲學，而究其實得，往往狃於見聞而無所體驗。習俗之沉痼，久矣!」讓陽明入祀孔廟，就可以讓世人明白儒學之有用，實學之自得，大大有功於聖化。這也從一個側面看出王學的確是能滿足時代需要的，因爲老申沒有爲王門豎旗杆的義務。他倒有點我大明入祀孔廟的只有一個薛涫，不足以顯示文運之盛這樣的虛榮心。——至少是在利用皇帝的虛榮心。

萬曆皇帝曰「可」。於是，陽明從形式上也成了他一生爲之奮鬥的聖人。列位於孔廟就是官版的聖人了。雖然入祀之後還是可以再踢出來的。這種人工的紀念碑不如心頭的紀念碑長久。

《春明夢餘錄》卷 21 回顧了當年朝野對陽明的審查、批判:賞個伯爵只是一時之典，入孔廟是萬世之典，斷斷使不得。理由是嘉靖對陽明的嚴厲申飭……然後，又點明爲什麼當時嚴厲申飭，今日(即申提議時)入祀，卻無一人反對，因爲良知之說盛行了也。

陽明入祀孔廟年代偏後、地位也低，如果說「十哲」像十八羅漢的話，他只像五百羅漢堂裏的一個羅漢。

8.良知化成息壤

陽明無從知曉身後的那些時毀時榮的麻煩事。

他給皇帝上了乞骸骨的奏疏之後，就慢慢地往老家走，他還想在韶關一帶等待皇帝的命令，但他在南寧就添了水瀉，日夜不停，致命的是肺病，他年輕時臉色就是綠的，思田之行，雖不費心卻費力，關鍵是水土氣候成了催命鬼。後人推測他可能是肺癌。

他坐船沿水路往回繞。還是不斷地回信，解答學生修煉心學的疑難，幫他們找那「失之毫釐，差之千里」的微妙之處。如聶豹問怎樣才算勿忘勿助？因爲一著意便是助，一不著意便是忘。陽明先破後立。問：你忘是忘個什麼，助是助個什麼？然後說我這裏只說個必有事焉，而不說勿忘勿助。若不去事上用功，只懸空守著一個勿忘勿助，只做得個沉守空寂，學成一個癡呆漢。事情來，便不知所措。這是最可怕的學術誤人。用佛教的話說，助是倒在有邊，忘是倒在無邊，都是著相，著相就會著魔。陽明的「必有事」是要求透過事相見到本性，猶如禪宗說的「隔山見煙便知是火，隔牆見角便知是牛」。

他在去思田的路上「舟過臨江」後，給正憲寫的家書中說：

「吾平生講學，只是『致良知』三字。仁，人心也；良知之誠愛惻怛處，便是仁，無誠愛惻怛之心，亦無良知可致矣。汝於此處，宜加猛省。」

他在離開山陰之前，與周沖很深入地闡述了：「致良知便是擇乎中庸的工夫，倏忽之間有過不及，即是不致良知。」關鍵看立心有差否，必須「正感正應」。有些意思只要曉得便了，不能張惶說出來。生銅開鏡，乃是用私智鑿出。心法之要，就是執中。而且講得圓活周遍，到那耳順處，才能觸處洞然，周流無滯。不然則恐固執太早，未免有滯心。「以有滯之心而欲應無窮之變，能事皆當理乎？」功夫若不精明，就難免夾雜、支離，自己把自己攪糊塗。再好的意思一旦耽著，就僵化，就有病。如邵康節、陳獻章耽著於靜觀，卒成隱逸。向裏之學，亦須資於外（吳昌碩保留的陽明與周沖的講學答問書）。

這是陽明晚年化境的提要。他說的執中，是要切切實實地正確思維，不能偏左偏右，不能偏前偏後。而且不能「執著」「執拗」，就是「執」本身也得「中」。最關鍵的是要保住覺悟的空明性、靈明性：「以有滯之心而欲應無窮之變，能事皆當理乎？」！但必須做「及物動詞」，不能做自了漢，這也回答了他爲何終於沒有隱逸——因爲那樣，耽於靜觀，落下一等。

幾乎可以說，王門後學可能出現的各種問題他都預料到了，也想對治之。但他像任何聖人一樣不是萬能的。現在他的大限已到，他坐船在灘江上航行，路過孤峰獨秀的伏波山時，他勉力進伏波廟去朝拜了一番，因爲他 15 歲時曾夢見過這位對付少數民族而立功的東漢馬援將軍，他覺得這預示著他必定得來這蠻荒之地平定變亂，以了結這段宿命故事。他和他的學生都是很信命的。此時，他覺得眼前所見與40年前夢中所見一模一樣：「四十年前夢裏詩，此行天定豈人爲。」

他認爲如果國家政策好，就不用興兵殺伐了：「恥說兵戈定四夷。」不用殺伐建立起的權威才是眞正的權威，上古的感化原則才令人嚮往呢（《謁伏波廟二首》）。他爲自己不能解決社會危機而非常慚愧，而且認爲「勝算從來歸廊廟」，不應該談自己的貢獻。

路過廣東增城時，他堅持到湛甘泉的老家去瞻仰了一番。「十年勞夢思，今來快心目。」想念了十來年了，終於了結一樁心事，還誇張性地表示想移家於此，在山南蓋上房，「渴飲甘泉泉，饑餐菊坡菊」（《題甘泉居》）。甘泉的孩子們對父親的朋友很恭敬、僕人對他也親熱，挽留他住下來，他因爲有病，急著奔回老家，連住一夜都不能夠：「落落千百載，人生幾知音！道通著行跡，期無負初心。」（《題泉翁壁》）此刻他心裏欣慰呢，因爲他倆都沒有辜負當初共同修道的初心，這樣的知音是人生最寶貴的。陽明一般情況下是個溫情主義者。他這一生品質對等的知音差不多就湛甘泉一人。

最後的活動就是到在增城的六世祖王綱的廟裏去祭祀了一場。王綱來平苗族的變亂死於此地，而朝廷待之甚薄，他兒子把他的屍體背回，發誓不再爲皇家賣命。現在陽明沒死在戰場，卻同樣死於戰事，朝廷待之亦薄，成功不賞，反而將要一擼到底。誠如大明文豪徐渭所說，就算他的心學是偽學，也不能因此而不賞他的戰功呀。隨時利用各種藉口達到自己的目的，是狼吃羊的通用邏輯。不計大功單盯著小過，是上司們的習慣。湛甘泉說這是陽明子命該如此。其實命不命的就看有人盯著你沒有！明代的流氓皇帝個個翻臉不認人，一路順風的張居正還被抄了家呢。

他一來弱體難支，二來確實是在等待聖命下來。所以不管坐船也好，坐車也好，他都日行 50 里。多虧走到哪里，都有學生前來侍應。走到梅嶺，他呼吸愈發困難，他對學生、廣東布政使王大用說：「你知道孔明託付姜維的故事吧？」

王大用含淚點頭，不敢深說細問，立即找木匠來做棺材，早已準備好了棺材板，只覺得不吉祥不敢做。他領著親兵日夜護衛。棺材做好，皇命還沒下來。

陽明硬撐著，坐上轎，踏上驛道。王大用他們前後護擁著、扶持著，邊走邊歇地到了梅關城樓。走入這座小石頭城，王大用長長舒了口氣，心想先生能翻過這座山，到了江西那邊就好辦了。陽明打量著「梅關」這兩個顯示著帝國氣象的巨字，心想：人生是一關過後一關攔，趕緊回到陽明洞天去。

他們終於慢慢地沿著驛道下來了。改乘舟船，沿章水而下。到了南安地面，南安推官周積、贛州兵備道張思聰等聞訊趕來迎候老師。

他們進船來給老師請安。陽明勉強坐起，已咳嗽成一團。這一趟過梅嶺，他身體大虧。嶺南瘴氣重，嶺北寒氣侵。雪花不過梅嶺關那邊，這邊現在偏偏降下中雪，氣壓降低，師生心頭的陰霾更重。

陽明見所有的學生都突出一個主題：「近來進學如何？」現在依然還是這樣問，兩位門生簡略回答，趕緊問老師道體如何？陽明苦笑著說：「病勢危亟，所未死者，元氣而已。」

陽明想起過梅嶺前給錢德洪、王畿寫的信中還樂觀地展望：「吾道之昌，其有火燃泉湧之機矣，喜幸當何如哉！」當時還想用不了多久就可以與他們見面了。如今，如今，他閉上眼睛，悲從中來，緩緩地說：「平生學問才見得數分，未能與吾黨同志共成之，爲可恨耳！」學生們緩緩退出。王大用對張說，上好的材，就差裱糊了。張說，你放心，我一定用錫紙裏外都裱糊了。周則趕緊找大夫找藥。荒江野渡的地方哪會有能使陽明起死回生的醫生？

船還得慢慢地往前行。這隻夜行船快走到不能再走的地步了。夜幕降臨，他問停泊在哪里？答：青龍埔。這個碼頭離梅關只有 50 多里，屬大庾縣。

嘉靖七年十一月二十九日辰時（西元 1529 年 1 月 9 日 8 時）許，陽明讓家童叫周積進船艙來。周積躬身侍立。

陽明閉目喘氣，這個大禹陵前立志的少年，蘭亭下寫詩的文學青年，帶兵的文人，書院遍佈天下、呼喚心性自由的啓蒙大師，徐徐睜開眼睛，說：「吾去矣」。

周積泣不成聲：「老師，有何遺言？」

陽明微微一笑：「此心光明，亦復何言？」張思聰等人在南野驛站的中堂裝殮了陽明。

嘉靖七年十二月三日，張思聰與官屬師生設祭祀禮儀，將陽明入棺。

四日，棺材上船，奔南昌。士民遠近遮道哭送，哭聲震地，如喪考妣。路過南贛，官府迎祭，百姓擋著棺船、攔著路哭——是陽明給了他們安居樂業的日子。到了南昌，官府人提議等明年再走，於是來祭奠的人天天從早到晚絡繹不絕。

嘉靖八年正月初一，喪發南昌。三日到廣信。錢德洪與王畿本要進京參加殿試，聽說先生回來了，迎至與先生送別的嚴灘。訃告同門。正憲也到了。六日會於弋陽……二月回到山陰。每日哭奠如儀，門生來弔者日日百餘人。書院及寺院的學生照常聚會，就像老師在世一樣。門生李珙等日夜不停地在洪溪爲先生修墓。洪溪離越城 30 里，入蘭亭五里，是陽明生前選擇的墓地。

十一月十一日，門生千餘人，披麻戴孝，扶柩而哭。知道日子而不能來的，則各在居住地爲先生舉哀。

這位古越陽明子出於古越又回歸古越，來源於土又回歸於土。他那「聖賢相傳一點眞骨血」，變成了大禹父親（鯀）堵水的「息壤」（良知是底線，所以叫息壤），生長不已，築成東方「尊嚴精神」的心力長堤。

這個人用良心建功立業。

因此戰勝了時間、詩意地棲居在這大地上。

畫外音

王陽明：那邊會了，卻來這邊行履

問：那邊是哪里？那邊會了什麼？

答：那邊是虛空、是形而上的精神加速訓練之道場。會了打坐、呼吸吐納、不動心、禪的微妙銳敏，從而能夠正知正見正思維、「會」正知正見正思維了，就能夠無與不行、無施不可了，因爲見了自己的「本來面目（良知）」了。

問：這邊幹了什麼？

答：直接用打坐法教學生靜坐，用呼吸吐納法創建了九聲四氣歌詩法，用禪的機鋒開示學生，用不動心打仗。有人問他用兵有術否？他說哪有什麼現成的術，就是個不動心！那人說我也能不動心，我也會用兵了。陽明笑了，猶豫了一下，還是接著說：不是有個控制心、讓心不動的心，那就是兩個心了。如果把心思都用到控制心不動了，咋佈置打仗的事？有兩個大名士，平時意氣風發，聽到寧王起事，茫然自失，聽不見別人說話了，這叫臨事而失。——而陽明先生還能作出祭文天祥的詩來，一點要面臨生死考驗的氣氛都沒有。

問：陽明到底是個什麼樣的人？

長得很瘦，面部表情謙和，晚年步履形態像鶴，氣韻更像鶴。反應極快，說話卻不急，常常在不同意的時候，先笑一笑，沉一沉，再說出自己要說的話。譬如，遇見多年不見的老朋友，過去常常辯論，朋友就趕緊翻本子找當年的話頭。陽明就是笑一笑、沉了沉，不急不緩地說：「吾輩此時只說自家話罷，還翻那舊本子作甚！」（束景南《王陽明散佚語錄輯補》）

他是個有講學強迫症的人，逢人便講，有人勸他何苦這樣，他說：「我如今譬如一個食館相似，有客過此，吃與不吃，都讓他一讓，當有吃者。」（束景南《王陽明散佚語錄輯補》）

學生把他當成神，但是家裏人不覺得他了不起。他的親弟弟們、從兄弟們似乎不把他的話當回事，他過繼的兒子逆反他那一套，他夫人與他脾氣不和，他的夫人們之間是常規的那種不和，他好像一籌莫展，他活著沒有協調好，死後立即亂成一鍋粥了。他的良知萬能論在皇帝、太監、閣臣、老婆、孩子那裏都沒有多少能爲——千萬不能因此否定良知學說，千萬。而且他也不是一個不顧家、沒有管家能力的人。他小時候過苦日子，一個塾師的孩子，跟著父親蹭飯吃、蹭課聽，受後娘的虐待，形成他一種窮苦孩子對家庭的重視感。事實上，他非常顧家、善經營治理家產，打完寧王在家建了50多間房子，他那新建伯府邸是相當壯觀的（用俸祿蓋不起來的）。只是對家人不能用謀略、或者說什麼謀略也不管用，他就別無長策了。從出征思田寫的家書裏看，他對不服從的僕人也只有打與罰。

他肯定不是個「老好人」，是望之厲卽也溫型的。他的氣場很大很重，也在接人待物上做工夫。束景南《王陽明散佚語錄輯補》載：

一日寓寺中，有郡守見過，張燕行酒，在侍諸友弗肅。酒罷，先生曰：「諸友不用功，麻木可懼也。」諸友不達（理解），先生曰：「可問王汝止。」友就汝止問，汝止曰：「適太守行酒時，諸君良知安在?」眾乃惕然。

一個俗而又俗的日常應酬，他的學生沒有當回事（「弗肅」）。陽明火眼金睛，提到用功不用功的高度，學生覺得委屈，悟性極高的王畿點出了要害：良知安在？海德格爾說的「在」「不在」，就是這種「安在」之「在」——接通意義之「在場」。由此可知，良知是知良，其反義詞是：麻木不仁（包括邏輯理性）。

但絕不是讓人仔仔細細地當好小市民，出處同上：

陽明先生曰：「雉雞終日縈縈，無超然之意。須是一刀兩斷，何故縈縈如此，縈縈地討個什麼?」

陽明先生曰：「大世界不享，卻要占個小蹊小徑子；大人不做，卻要為小兒態，惜哉！」

這是「過來人」語！縈縈然占個小蹊小徑子更「痲木可懼」。他的強迫症是爲了治療這痲木症，是禪宗人之「老婆心切」。

他跟爺爺、奶奶最親，其次是父親，最後的親人是他不滿一歲的兒子。他在掌權的時候說我要是冤殺一人「天絕我後」。有個學生說：沒有後主，我們報恩無地。他說：「天地生人，自有分限。吾亦人耳，此學二千年來不意忽得眞竅，已爲過望。今僥倖成此功，若又得子，不太完全乎？汝不見果木哪有千葉石榴結果者？」（束景南《王陽明散佚語錄輯補》）他死而不朽、戰勝了時間，不是靠兒子，而是靠他的精神作品（莎士比亞說戰勝時間一靠傳延後代、二靠作品）。

他是個既堅守「情操」又能用好「情緒」的人。用好情緒需要煉，一靠在靜觀中涵濡，二靠遇事克念。他當南京鴻臚寺卿的時候給自己書齋起名靜觀齋，居所叫靜觀樓，擬楹聯以自勉：

放一毫過去非靜；收萬物回來是觀。

誰能這樣靜，誰能這樣觀？一收一放見志氣、見功力，能這樣就是心學大師，不能這樣就只好不是了。克念則是時時處處的功課，尤其是「事上練」，有人向皇上誣告他，他看見了底稿，勃然大怒，迅疾「克念」，平靜了再看還是怒，再克念，直至看了毫無情緒爲止。他出征思田前，有人介紹賣給他一處院落，地理位置各個方面都頗稱心，心動欲買下來養老！轉而「克念」：我喜歡，人家也會喜歡，算了。還是放不下，又克念，最後平靜了，自在了。

堅守情操靠「勇」於做志士仁人（參見他作的八股文《志士仁人一節》）、靠「不偏不倚」（也參見他作的八股文《君子中立不倚》）之超拔的智量、靠淡定地擔當。道德問題是智力問題——良知就是覺知。高尚情操是仁智勇三達德的合體。

他是個善良出能力來的人，因爲他的善良是從那邊會的！他天性突出的特徵是膽大、機智，不是善良。如果他不修佛禪，他可能會成爲一個海瑞式剛斷的人。如果形勢需要，他也會當個酷吏。修佛禪使他找到了「萬物一體之仁」，官方儒學的教育已經失去了這種感染力。17歲，跟鐵柱宮道士打通了「性命之學」的經脈之後，才立志學做聖人，是從性命相通的途徑通過去的，他從佛禪那裏親證了「無緣大慈、同體大悲」，然後借官方儒學這個「空殼」，把自己那邊會了的踐履出來，才做成了單純的儒、釋、道家都做不出來的思想學說、氣節功業。他是儒釋道的合金，他的過人之處全在「結合」（武術術語）得好，在釋道那邊會了，在儒家這邊行履。

在這邊行履也一直未斷「異人」幫助。他的塾師許璋曾教他「奇遯（奇門九遯）及武侯陣法」，寧王將叛前，讓兒子給陽明送去棗梨、江豆、西瓜，陽明「驚悟（早離江西）」，免於被寧王劫持。最後出征思田，陽明「走璋問計，璋曰『撫之便』。卒用其言」（《光緒上虞縣誌校續》卷八《許璋傳》）。還有九華山上的蔡蓬頭、南京的尹蓬頭，陽明都想跟他們學長生不老，都因陽明「貴介」、會「以勳業顯」而不果。陽明雖然沒有長生不老，卻從他們哪里學了隱逸出離心，從而拒絕誘惑、保全了氣節，不管時人多麼「競奔」，他都淡定神閒、如如不動。

他膽大心細、敢臨難犯險，淡定擔當、奮不顧身，又能深沉曲算、沉機不露，譬如，在江西與張忠、許泰斗，每次會議先居正座；在杭州獻俘虜寧王與張永，不願意一見面跟張永握手，就先在張永的屋子旁邊再開一間房，分左右擺好座幾，再請張永過來相敘。

朱熹的理學依託著知識論，陽明心學把「支點」挪到工夫論上來，挪到修證心體上來。陽明來這邊行履是爲了完成這個挪移，把人活著的「支點」挪移到良知地帶。支點挪了，人人皆可成堯舜、人人皆可成佛。這就是良知修身齊家、良知治國平天下之陽明學的基本理路。

陽明是說不盡的，是教育家、軍事家、書法家、文學家，這些合成了一個思想家……明末大儒劉宗周說他發展了禪宗正統。當代人寫的禪宗史有的還單列一章「陽明禪」。熟讀《悟眞篇》、並按著其要求做工夫的王陽明在道教史上也是個話題。

他是個心靈大師、語言大師、藝術大師，能跟邊地少數民族的人、村夫村婦講儒學，跟道士講仙家術，跟和尚論佛法，跟畫家說繪畫，跟書法家論書法，跟土匪交朋友，跟山水交朋友，是個把學生當老師的大師（自言：你們以爲我在教你們，其實我從你們那學得了更多。這不是謙虛，是他有過人的學習能力）。

說起他的學習能力，有一則軼事很能說明問題，黃佐《庸言》卷九載：黃佐聽說王陽明推重他，他便到紹興來拜訪正在丁父憂的陽明。與陽明「食息與俱」七日夜，陽明聽到黃佐的議論好時，「即書夾註中」，「復論禦狄治河，縷縷乃別，始知公（指陽明）未嘗不道問學也」。陽明還把黃佐的觀點寫成敷文書院的對聯，並向黃佐表示感謝。

陽明有些喜悅地說：「天下今皆悅吾言矣。」黃佐說：「恐人各自有夫子。」陽明自我解嘲地笑了。黃佐見他「面色黧悴，時咽薑蜜以下痰」。一個名滿天下的新建伯如此謙虛好學、一個病入膏肓的老人如此傾心學術，無論如何是令人尊敬的。

他像鶴而不是仙鶴，是一個一心經綸時務而朝聖的人，在朝聖的過程中發現「聖」不止一個（上帝不止一個），人人皆可成聖人，但誰自封聖人誰是小人。嘉靖下詔榜諭天下禁毀心學的目的就是打擊這個「聖人不止一個」，這太啓蒙了，太啓蒙，用不了幾輪，就該冒出「聖上」也可以不止一個了，還有什麼比這更洪水猛獸呢——因此，王陽明的一生是不見容於世又在俗世獲得成功的一生，是官到封伯封侯卻又負屈抱冤的一生，名滿天下毀亦隨之，他的性格也是飛揚與謙抑兼具，無日不憂亦無日不樂，一股豪氣一派靜氣。他說良知是太虛卻又主張在喜怒哀樂的情緒波動、在家常小事本職事務裏著實用功。他想以王道的心掌控霸道的力，與家庭婦女對丈夫的要求是一樣一樣的：既要有本事又人性脾氣都很好。他想用「良知本虛，致知即是致虛」來克服私心物欲：通過對人仁從而「鑒空衡平」（明心），通過愛「仁」而顯現出天良、顯現出與聖人共有的良知（見性、見本來面目）。希臘的哲學是愛智，陽明心學是愛仁。或者說從孔孟到王陽明到譚嗣同的「仁學」是愛仁，這個仁能「覺悟」萬物一體。

起腳於古越的陽明子，有著禹墨一脈的踐履氣質。這是他與章句之儒、僞道學之儒的根本差別。這個俠儒爲了消解言行歧出，提出心物不二、心爲根本，重新設定了人的出發點和歸宿，把天理內心化、把心天理化，從而知行合一地做人做事。陽明說他的心學是「實千古聖賢相傳一點眞骨血」，是句樸實的良心話，也是爲自己正名的辯解語。

陽明從始至終都堅持自度度人、成己成人，他認爲在有良知這一點上，人人平等、人皆可以成堯舜。這個立場保證他的「無善無惡心之體」的定盤星的有效性。他的邏輯是禪宗的，與黃檗禪師在《傳心法要》中說的若合符節：

> 此心明淨猶如虛空，無一點相貌……佛與眾生一心無異，猶如虛空無雜無壞，如大日輪照四天下；日升之時明遍天下，虛空不曾明；日末之時暗遍天下，虛空不曾暗；明暗之境自相陵奪，虛空之性廓然不變，佛及眾生心亦如此。

善惡如明暗，是有變化的，虛空之性廓然不變（無善無惡心之體）。必須「逆覺」回歸於明淨的心體，才能獲得菩提根本慧。人人都能返回心本體，都能啓動內在的本源性的直覺，都能將本體與工夫打並爲一，就看你肯不肯了——這就是心學被稱爲簡易直截的起死回生之學的邏輯。「致良知」則要求把你的「良知」使喚到眼神、語調、心中想、意之動上。使你的直覺成爲「哲學王」的直覺，從而提高你的生命品質、生活品質。

這是美育法：讓你的判斷力、想像力靜靜地發展，發展跟每個進步一樣，是深深地從內心出來，既不能強迫，也不能催促。一切都是時至才能產生。讓每個印象與情感的萌芽在自身裏、在暗中、在不能言說中，不知不覺、個人理解所不能達到的地方，以深深的謙虛與忍耐去期待一個新的豁然貫通的時刻（借句里爾克《給一個青年詩人的十封信》）。

他如此這般地成功了，立德、立功、立言，「三不朽」了。這本小書給了傳主幾個拙劣比方：鞋、夜航船、變壓器、儒釋道的合金、及物動詞，再加一個不算拙劣的：良知通道。這個通道還召喚人人都打開自己的良知通道。

他是一個從「那邊」過來的人，一個戰勝了時間的人，一個把本能變成良能的人，一個把殺人的工作變成普度衆生的人，一個讓凡信他者皆能精神加速的人。

乙未年除夕於定福莊

傳主年表

1472年　壬辰憲宗成化八年九月三十日亥時，出生於浙江餘姚龍泉山之瑞雲樓。

1482年　壬寅成化十八年，11歲，隨父親王華（新狀元）寓京師。

1488年　戊申孝宗弘治元年，17歲，回餘姚，與諸氏完婚於江西南昌。與鐵柱宮道士談養生。

1489年　已酉弘治二年，18歲，偕夫人回餘姚，拜識婁諒，信可學做聖人。

1492年　壬子弘治五年，21歲，浙江鄉試中舉。歸餘姚，結龍泉詩社，對弈聯詩。義大利的達·芬奇（1425年一1519年）創作活躍。

1493年　癸丑弘治六年，22歲，會試下第，在北京國子監學習舉業、詞章。弘治九年卒業。

1497年　丁巳弘治十年，26歲，寓京師，學諸家兵法，悟由雄成聖。

1499年　已未弘治十二年，28歲，中二甲第七進士，觀政工部。與前七子唱和，獲文學聲譽。唐寅受科場案牽連，被黜。

1500年　庚申弘治十三年，29歲，在京師，授刑部雲南清吏司主事。到直隸、淮安審決積案重囚。冬上九華山。

1502年　壬戌弘治十五年，31歲，春遊九華，出入佛寺道觀。秋告病歸越，築室陽明洞天，靜坐行導引術，後因其簸弄精神，不能成聖，摒去。

1504年　甲子弘治十七年，33歲，在京師，秋，主考山東鄉試。九月改兵部武選清吏司主事。

1505年　乙丑弘治十八年，34歲，倡身心之學，開門授徒。

1506年　丙寅武宗正德元年，35歲，與湛若水定交。上書救言官，下詔獄，謫貴州龍場驛驛丞。

1507年　丁卯正德二年，36歲，赴謫至錢塘，過五夷山，回越城。

1508年　戊辰正德三年，37歲，春至龍場。大悟「聖人之道，吾性具足」。

1509年　己巳正德四年，38歲，在貴陽，受提學副使習書聘請，主講文明書院，始揭知行合一之旨。

1510年　庚午正德五年，39歲，三月任廬陵知縣，十二月升南京刑部四川清吏司主事。路過辰州、常州時教人靜坐，補小學功夫。

1511年　辛未正德六年，40歲，在京師，正月調吏部驗封清吏司主事，二月爲會試同考官，十月升文選淸吏司員外郎。

1512年　壬申正德七年，41歲，在京師，三月升考功淸吏司郎中。十二月升南京太僕寺少卿。據《大學》古本，立誠意爲先之敎。

1513年　癸酉正德八年，42歲，赴任便道歸省。十月至滁州，督馬政。地僻官閒，日與門人遊琅琊、瀼泉間。新舊學生大集滁州。教人靜坐入道。

1514年　甲戌正德九年，43歲。在南京教人體認天理。

1515年　乙亥正德十年，44歲，在京師，上疏請歸不允。

1516年　丙子正德十一年，45歲，在南京，九月，兵部尙書王瓊特薦，升都察院僉都御史，巡撫南贛、汀、漳等處。大學士楊一淸受排擠退休，退休的大學士李東陽死。

1517年　丁丑正德十二年，46歲，正月至贛，二月平漳南，十月平南贛橫水、桶岡等地，行十家牌法。馬丁·路德發動宗教改革，反對教會出售贖罪劵。

1518年　戊寅正德十三年，47歲。正月，征三浰，三月疏乞致仕，不允。平大帽等地。六月升都察院右都御史，蔭子錦衣衛，世襲百戶。辭免，不允。七月刻古本《大學》《朱子晚年定論》。八月，門人薛侃刻《傳習錄》。九月修濂溪書院，四方學者雲集於此。

1519年　己卯正德十四年，48歲，六月，奉命戡處福建叛軍，至豐城，聞宸濠反，遂返吉安，起義兵。旬日平宸濠。始揭致良知之教。靠良知指引應付宦官刁難。「撫江西」。馬丁·路德焚毀教會法，教皇驅逐路德出教。麥哲倫啓航周遊。

1520年　庚辰正德十五年，49歲，在江西。王艮投門下，艮後創泰州學派。

1521年　辛巳正德十六年，50歲，在江西。五月，集門人於白鹿洞。六月升南京兵部尚書。九月歸餘姚，十二月封新建伯。路德著手譯聖經爲日耳曼文。

1522年　壬午世宗嘉靖元年，51歲，在紹興（山陰）。正月疏辭爵，二月父王華死。丁憂。楊廷和、費宏禁遏王學。

1523年　癸未嘉靖二年，52歲，在紹興，來從遊者日衆。唐寅逝。八月成《答聶文蔚》。

1524年　甲申嘉靖三年，53歲。在紹興。四月，服闋，屢有薦入朝入閣者。有人以大禮見問，不答。十月，門人南大吉緒刻《傳習錄》。馬丁·路德鼓勵貴族征討農民。

1525年　乙酉嘉靖四年，54歲，在紹興。夫人諸氏卒。禮部尚書席書力薦入閣，不果。決定每月朔望在餘姚龍泉寺之中天閣聚會生徒。十月，立陽明書院於越城西（山陰東）光相橋之東。

1526年　丙戌嘉靖五年，55歲，在紹興。十一月庚申，子正聰生。後七年，黃綰爲保護孤幼收爲婿，改名正億。

1527年　丁亥嘉靖六年，56歲，在紹興。四月鄒守益刻《文錄》於廣德州，九月出征思、田。天泉證道確定四句教法。

1528年　戊子嘉靖七年，57歲。二月平思田之亂。七月襲八寨、斷藤峽。十月「乞骸骨」。十一月二十九日辰時，西曆1529年1月9日8時許病逝於江西南安府大庾縣青龍埔碼頭。

參考文獻

《王陽明全集》上海古籍出版社1992年12月

《王陽明佚文輯考編年》(束景南) 上海古籍出版社2015年5月

《明儒學案》(黃宗羲) 中華書局1985年10月

《明史》中華書局1974年

《明鑒》上海書店1984年

《明史紀事本末》(谷應泰) 中華書局1975年

《四書章句集注》(朱熹) 中華書局1983年

《陸九淵集》中華書局1980年1月

《明道編》(黃綰) 中華書局1959年

《困知記》(羅欽順) 中華書局1990年8月

心學關鍵字

（一）良知意術

陽明學以良知爲宗，他一生說良知隨機發用，時而偏天理，時而偏感應，時而偏無，時而偏有，總體上不妨這樣理解：良知是明鏡，這個明鏡是有自性的，其自性可以示現爲無，卻能顯現萬有。這鏡子的光源不在外頭，在心本體。所謂心學，就是以心爲體、以心爲用的意術。

陽明說：良知良能本一體也。「知良能，是良知；能良知，是良能。此知行合一之本旨也。」（束景南《王陽明散佚語錄輯補》）

良知、良能互根互動，好像陰陽魚合成太極，而且不是靜態的平面圖，而是渦輪狀的，動靜一體、彼此難辨的。良能是本能、良知是本知，人們都忘了「本」，被各種習性牽纏遮蔽。致良知的意術的基本功是：靜坐收放心（陽明一生堅持靜坐，在官衙裏一且得空就靜坐），克各種私心雜念。這叫做「慎獨」、良知就是獨知時。靜下來能夠見「體」，動起來能夠見「用」，靜如站樁，動如打拳。純真的良知是覺悟性，不關乎思想、利益的直覺，沒有附著物的知覺性。東景南《王陽明散佚語錄輯補》：「佛氏本來面目，即吾聖人所謂良知。功夫本體大略相似，只佛氏有個自私自利之心，所以不同。佛氏外人倫，遺物理，固不得謂之明心。」如果能在人倫物理上證得「本來面目」、就是致良知功夫了。陽明比佛氏還更堅持不二法門。

良知是體、用、相三位一體的，一即三、三即一。東景南《王陽明散佚語錄輯補》：「蓋心即道，道即天，知心，則知道、知天矣。欲見此道，須從此心上體驗始得。」又說：「心不可以動靜分，體用，動靜時也。即體而言，用在體，即用而言，體在用。謂靜可見體，動可見用，則得。精神言動，大率以收斂為主，發散是不得已。」誰能眞正地心領神會，誰就功夫上身了。

面對滔滔洶洶的流氓行徑大行其道，陽明不得已在「用」上發散良知的語義。道德化的解釋：良知是知良的意思，知道「是是非非」「善善惡惡」。這是淺而言之。深而言之是超道德的，是與天通的、與天理通（道德只是天理的一小部分）。這一通天的意思就是後來他四句教的第一句「無善無惡心之體」。天人合一是天心合一。東景南《王陽明散佚語錄輯補》：

「此學如立在空中，四面皆無依靠，萬事不容染著，色色信地本來，不容一毫增減，若涉些安排，著些意思，便不是合一功夫。」

「知是理之靈處，就其主宰處說便謂之心，就其稟賦處說便謂之性。孩提之童無不愛其親，無不敬其兄，只是這個靈。能不為私欲遮隔，充拓得盡，便完完是他本體。」

「知是心之本體，心自然會知，見父自然知孝，見兄自然知悌，見孺子將跌於井自然知惻隱。此便是良知，不假外求。」（《傳習錄》上）

良知是意義通道，它本身必須虛靈才「通」，不通不是道。通了就「心意知事，總是一事」。只有誠才能虛靈不昧。

陽明以一種你們不信反正我信的姿態來興高采烈地總結良知的價值、意義。他給鄒守益寫信說：「近來信得致良知三字，眞聖門正法眼藏。往年尚疑未盡，今自多事以來，只此良知無不具足。譬如操舟得舵，平瀾淺瀨，無不如意，雖遇顚風逆浪，舵柄在手，可免沒溺之患矣。」

有一天喟然長歎，陳九川問：「先生何歎也？」王說：「此理簡易明白若此，乃一經沉埋數百年。」

陳說：「亦爲宋儒認知解上入，以識神爲性體，故聞見日益，障道日深耳。今先生拈出良知二字，此古今人人眞面目，更復奚疑？」這話完全用了佛教的原理和術語（如「識神」「性體」）可見王學內部佛學的影響力。佛教認爲識神不退，修不出大智慧，修不出性德、性本。

王的論證辦法很感動人：「然譬之人有冒別姓墳墓爲祖墳者，何以爲辨？只得開壙將子孫滴血，眞僞無可逃矣。我此良知二字，實千古聖賢相傳一點眞骨血也。」這是對說他的心學是禪、是僞學的一個悲壯的回應。在習慣了以聖學爲眞理標準的事理論證網路中，能夠認祖歸宗，他的論證也算到位了。但是這種話語相當文學評論——贊同還是反對全憑接受者的感覺，信自信、疑自疑，「自家吃飯自家飽」，各人識得自家那片月。

陽明最愛舉的例子就是好德如好色，孔子說我未見好德如好色者也，陽明則是希望人像好色一樣好德。爲了幫助讀者找到感覺，下面的釋義不追求所謂的概念嚴謹了：

良心：是種澄明的情欲，是精神的能量，其神韻在：不如此則寢食難安、是種無私的操心強迫症。

良知：生命本源性的知覺，所謂「不慮而知」就是強調其本源性，這個本源性是說人人先天共有，從這個意義上說是「現成」的，但是如同命能夠丟，良知也能丟。命丟了找不回來，良知丟了可以找回來，只能從自身找不能從外頭找。所謂丟往往是被別的活埋了。用減法，把壓著良知的去掉，良知就顯現出來了。靜坐養心的功夫意義在於此。或者用擴充法：讓善根仁心義端（端是萌芽的意思）充滿你的生命感覺。

良知本身「無知無覺」，同時又「無不知」「無不覺」；良知既「虛寂」（本無知），又「明覺」（無不知）。這個合起來的「虛明」才是「本然之良知」。爲什麼？或曰何以可能？陽明說：「心無體，以天地萬物感應之是非爲體。」（《傳習錄》卷下，第277 條）心之本體實是「無體」，必須通過天地萬物感應來呈現其「體」。這是儒者「萬物一體」觀的極致，因爲「無（知）」

才能「一」（萬物的共性在太虛中一致）；只有「無不（知）」才能「體」（良知與萬物同感共應）。眞正的心學功夫在「感應之幾」上。

陽明反復勾勒過這個工夫次第：心之本體是至善的，惡是失本體，在心體上無法作「去惡」工夫；心體一旦發動，就不能無善，於此處才能用功，用了實功便能誠意；意既誠，「則其本體如何有不正的？故欲正其心在誠意，功夫到誠意，始有著落處」（同上，第317條）。但是怎樣才能「誠意」呢？這就需要「致知」（卽致良知），知一念善便「去好（四聲，動詞）善」，知一念惡便「去惡（wu,動詞）惡」，致知工夫的核心在「爲善去惡」；爲善去惡卽心學之格物（當然只是端正倫理態度，不是科學的認識世界）。在心學這裏，正心、誠意、致知、格物，「本是一貫」、首尾相銜、圓如太極。誠意以下是具體工夫，格物致知「卽誠意之事」，正心是通過誠意功夫所達到的境界，所以說「正心是未發邊，心正則中」（《傳習錄》卷上，第88條），「常要鑒空衡平，這便是未發之中」（同上，第119條）。工夫不在本體上做，只能在感應上去做。做到「鑒空衡平」就無不知了。這叫做：「卽用求體」。哲學就是明白學，以此。如同「生生之謂易」之大易本身，是我們不能增減一毫的，但可以從簡易、交易、變易、不易等等體現出「易」道來。心學是心易、心藝，感覺化的思想、哲學化的藝術。

因此，它才是檢驗是非的標準——陽明接著說：「這些子看得透徹，隨他千言萬語，是非誠僞，到前便明。合得的便是，合不得便非。如佛家說的心印相似，眞是個試金石、指南針。」還有:「人若知這良知訣竅,隨他多少邪思枉念,這裏一覺,都自消融。眞是靈丹一粒,點鐵成金。」(同上)這裏一覺,揭示了良知是覺悟性這一本質。

單憑聰明悟到此與做工夫做到此,實際上有天壤之別。用陽明的話說:「穎悟所及,恐非實際」,因爲這種感覺化的思想是必須「體證」「體悟」「體驗」的「行己」的情操,不是邏輯技巧、概念知識。不能行的知不是眞知。

把做人與做學問統一起來就是身心之學,就不支離了。無論什麼人都有一個活著的支點問題。心學是找支點,良知是普世價值,個人良知是具體的,還得自己找,不然,良知也成了套路。

人的一生,事態紛呈、林林總總,不出「人情事變」,而事變亦在人情中。陽明說「心意知事,總是一事」。我們要做的無非是致良知:致者,找也;致者,實現也、落實也。從修行工夫上說是找,從行起坐臥、五行八作、應變料敵等等行爲上說是實現、落實。

致良知應該是我們人生的總綱,只有綱舉才能目張。

(二)揉心學

墨子說:瞎子也知道黑白的界說,但讓他挑選具體的黑白之物,他便不知道哪個是黑哪個是白了。所以,可說瞎子不知黑白,不是因爲瞎子不知黑白之名,而是因爲他不能辨黑白之實。同樣的道理,高談仁義的人,說得那個漂亮可以勝過大禹,但讓他們在仁與不仁之間選擇時，便不像說得那麼漂亮了。可以說，這樣的人不知道仁義，像瞎子不知黑白一樣。

自從人結成類以後，「名」就日益掩蓋、甚至取代了「取」。學術的積累和傳承都在膨化著「名」，名是「知」可以層累，而「取」是「行」、是每個人的直接經驗，不能直接代際層累。怎樣才能知行合一、「名取」一體？就是得做工夫、培養新感性。但是官方教育的宗旨，是如何「取」到「名」，權力資源叫「名器」，誰學好了那個名，就成了器。這，就不免以學解道，消行入知。於是，仁義道德，就成了「三歲孩童都道得，八十公公行不得」的街頭廣告，當人們要用仁義道德之名來竊取榮華富貴時，言行不一遂成爲普通的人性炎症。

陽明摸索出來致良知之路，是要讓心回到「無善無惡」的純眞地帶，從外在的觀念之網中解放出來。對於不研究天文、地理，只關注人性的中古人文觀念來說，關於人性的定義是這觀念之網的「綱」。然而關於人性的定義也只是短暫的士民協議。誰壟斷了這個制定話語的權力，誰就是這個時期的眞理發射者。眞理是人說的，而人是能夠說出任何「眞理」的。沒有人願意承認自己只是在鑄造偏見，於是人類意識的萬花筒便成爲各種打扮成眞理模樣的偏見方陣的集合體。所以，心學要求復歸心本體以擺脫假相，回到純眞，還我淸白。

這，很難很難，比孫悟空跳如來的掌心還難，因爲須廣泛改組人的意識結構。王陽明將「心」論證爲先驗的直覺，既獨立於實用，也獨立於道德，因此能夠讓人走出「意必固我」的洞穴、走出聞見道理加給你的井蛙之見，這才能日新日日新地「自力更生」。你的「自性」能夠成爲「心王」，你就成功了。心學是把理性快樂化的感性學、身心學、成功學。心學近事遠看、遠事近看，高度隨機，又絕對萬變不離心宗，從而眞誠地沿著大道中行而進。

要想活出本眞的人之味，就必須從沉淪的泥淖中超拔出來，去蔽解縛，明心見性，恢復自性的自然生機，從而超凡入聖。用擴張良知的方法，即用自我的力量來完成自我，讓生命去照亮生活，而不是用生活剝奪生命，「今日良知見在如此，只隨今日所知擴充到底；明日良知又有開悟，便從明日所知擴充到底」。全提向上，不爲任何外在的功利目的丟失「自我」，又不陷入那種束身寡過，一事不爲的怯懦小儒的可憐境地；要從心髓入微處痛下自治功夫，既抗拒循規蹈矩之虛僞，又拒絕龍拿虎擲之欺騙。告別顢頇糊塗、競奔險狡、自私自喜、自暴自棄等等自己活埋自己的活法，不做世俗的奴隸、境遇的奴隸、情欲的奴隸；自力更生，增強自己的善良和能力，當你的善良能夠給你超強能力的時候，你就活出自己來了。

「學自性出」，思想是思想家的感覺。龐蒂在《哲學贊詞》中說：「如果人們首先看到的是結論就不會有哲學；哲學家不尋找捷徑，他走完全部道路。」他接著總結道：柏格森是與種種事物的聯繫，柏格森主義是已經獲得的意見的彙集；柏格森不得安寧，柏格森主義很安心；柏格森主義使柏格森變了形。王陽明和王陽明主義也是這麼回事、也是這麼個命運。

心學不是佛學，你信了它、它也不會就保佑你。心與物的關係，一般人是「逐物」，仙佛人士是「絕物」，理學是「格物」，心學是「勝物」。所有的心法都是想如何勝物，都想造成「我順人背」的時勢、時機。都想不等於都能。能夠如此的也未必是能力夠如此，也許正好「機運」使得如此了。單靠心法未必能奏全功，還要看大形小勢，心學主要是想解決一個開端正（「中」是未發之體）、感覺對（「和」是已發之用）的問題，具體操作該咋樣就得咋樣，如打仗就得按打仗的套數來。心學是修煉心的行動力的功夫學。

我們痛苦是因為我們無能，人的能力從哪里來？王陽明說是從人人具有的心力來。心無力謂之庸人，而歹徒強盜心力高強卻天良喪盡，這個問題怎麼解決？怎樣才能心力強天良盛呢？王陽明說知行合一，靜慮息欲致良知。致良知的人是善良有能的人，是能夠善良出才能的人，是擁有善良之才能的人。靜慮息欲這個辦法的要領是擺脫思維定勢（成見、定見），從而明白活潑地做出個最好來。時至現代社會，心力只是能力的基礎了，能力裏面須有更多的技術要素，心態能左右技術的發揮使用，鑒空衡平的良知態能夠讓你超越強橫與脆弱之上，能讓你最謙抑最無畏地圓融起來。

如果說文學是心軟學，那麼心學是柔心學。這個柔是中氣充實內力彌漫之柔，可以以柔克剛的柔，不是軟弱無力之柔。一個沒有彈性的心臟是個完蛋得差不多了的心臟。天下之至柔能攻天下之至剛。太極就是太虛，良知就是太虛。如果活得太實坨坨了、不透氣了，全然不知道「意義在虛」的道理，就不能靈，就不能柔。不能柔活虛靈，就不能擔當人性最大的可能性。老子教孔子柔克剛，王陽明的致良知教給世人的是柔心成真人：仁人以明心、愛仁而見性。

（三）大學之道

《大學》的第一句是：「大學之道，在明明德，在親民，（朱注版本則爲「在新民」）在止於至善。」這裏，「在」相當於英語動詞tobe，訓爲「是」就走了名詞思維、邏輯、名理的路，訓爲「在」則堅持了存在的立場、走動詞思維、親在體驗的路。漢儒和清代的樸學走的是前一條路，宋明儒學走的是後一條路。這裏說的是大方向不單是解這一個字。在同一條路上，陽明心學與朱熹理學的分野在於，陽明直承孟子重仁重心，向內轉、誠意正心，然後「十字打開」（陸象山語），用浩然之氣頂天立地。朱熹其實是荀子風格的，重禮重理，承認存在著不以人的意志爲轉移的天理，必須格物致知找到這個理，才是窮理盡性。也可以說心學走德性之路，理學走知性之路。「親民」突出的是德性，「新民」突出的是知性。

「在新民」是說大學之道的目的是爲了是使人成爲全新的人。梁啓超取這個意思而自號「中國之新民」「新民子」，創辦《新民叢報》，旨在用「大學之道在新民」來政治啓蒙：「苟有新民，何患無新制度，無新政府，新國家」。他直接影響了胡適策動的「新文化運動」，胡適認爲新民之根是在文化。中國，從1919年的新文化到1969年的文化大革命，一路「日日新」。

陽明認爲，新民是「使民根本轉變一新」，這個意思與治國平天下銜接不上（「皆與『新』字無發明」）。親民是「以民爲親」，親民側重仁政的意涵，新民側重教化的意涵。陽明的主要理由是親民領起了後面治國平天下、安百姓的文脈。陽明列舉了一系列後文講親民一線的話，並舉《尙書》的旁證，確定此處就該是「在親民」。而且發揮說「親之卽仁之也」，意味著這樣才是孔子以仁爲本的根本精神。而且「親民」之仁政自然含有教養民衆的意思，而「新民」不能出仁政教化的全意，所以「便覺偏了」。

儒者言仁以親親爲大，只有「在親民」才能行仁義施仁政。「親民」是仁這一人性之根本元素的直接體現，又可以把仁直接落實到行上，所以大學之道斷斷然在親民。說新民，犯了焦點錯誤。

其實，「親」是誠意一系的，「新」是格物一系的。經典文本如果是「在親民」則自然首重誠意，就能從「根」上修了；如果是「在新民」則鎭日格物逐物，走上追求新知識的路，則易入道德不修、心體破碎之歧途。

這，當然是心學用倫理統物理的理路。作爲個人修爲，首重德性不算錯，只重德性便大錯。由個人修爲推演成哲學理念、社會體制便弊大於利了，一旦極端化就近乎宗教反科學了。但，在人們開始反思現代科技負作用的時候，心學也許能夠提供一些借鑒。

大學之道是培養大人、修理小人的人格教育學，是君主庶人一律要遵奉的倫理學，也是學爲大人君子的人生哲學。聖人之道，以大爲歸，孔子稱堯、舜、禹「巍巍」，還有「大哉！堯之爲君！惟天爲大，惟堯則之」。達巷黨人贊孔子：「大哉！孔子。」孟子的名言：「充實而有光輝之謂大。大而化之之謂聖。」非大不成聖人也。聖人也叫大人，大到與天地相似。

另外，《王陽明全集》卷26《大學問》，卷7《親民堂記》，闡述了明德是體、親民是用，體用如一。

（四）誠意格物致知

徐愛提出格物之物就是「事」，陽明很少直接贊許學生的理解，這次例外說了個「然」——然而牟宗三說用事定義物，「狹」了。因爲還有江河湖海以及江河湖海一般的、不是從心上來的物呢。這是一個心與自然的關係問題、身心與科學的關係問題。這些不在陽明的視域內，他還在倫理美學範圍，沒有到科學世界。在美學範圍，他的思想是積極的：「身之主宰便是心，心之所發便是意，意之本體便是知，意之所在便是物。」這四句是他的貢獻，人們稱之爲「四句理」，仔細參詳雖然都用了「是」字，但不是抽象到符號狀態的定義句或判斷句式，因爲相關項都是活的，尤其是「意之所在便是物」更是意向性的。陽明的意圖是把身心知意物的關係引導到「意　誠就是理」這條軌道上來。在意和物的關係上，意是矛盾的主要方面，意決定事物的性質和變化的方向。物不是別的，只是意之所在。意與物的關係是反射性關係，譬如心中無花便眼中無花。因此才「不誠無物」，包括事親、事君。眞誠是做好任何事情的前提。

誠意是初學的抓手、起腳的工夫，同時，格物的目的不是博學多聞，而是爲了意誠心正。誠意是格物的出發點和歸宿，格物是誠意的手段、訓練過程，格物是誠意的功課。同理，窮理是盡性的功課，道問學是尊德性的功課，總之，心學是內聖之學，學習、修煉的目的是「學爲聖人」。

有幾個核心命題須於此簡要說明：

1.關於格物。司馬光說格是格殺勿論的格，物來卽格之。朱子和宋代的大多數儒家一樣，主張窮知事物之理爲格物，訓格爲「至」。朱熹注解《大學》時說：原先解釋格物、致知的傳注亡佚了，我根據程子的意思做個補注吧——「所謂致知在格物者，言欲致吾之知，在卽物而窮其理也。蓋人心之靈莫不有知，而天下之物莫不有理，惟於理有未窮，故其知有不盡也。是以《大學》始教，必使學者卽凡天下之物，莫不因其已知之理而益窮之，以求至乎其極。至於用力之久，而一旦豁然貫通焉，則衆物之表裏精粗無不到，而吾心之全體大用無不明矣。此謂物格，此謂知之至也。」陽明年輕的時候也曾努力這樣格物，面對竹子想明白萬物的道理。不管陽明能否由此明白萬物之理，都與誠意無關。更何況任何人都不可能明白萬物之理，尤其不可能通過格竹子明白萬物之理。生也有涯、知也無涯，怎麼辦？《大學》講「物有本末，事有終始，知所先後，則近道矣」。下面便是從哪里開始修齊治平的修煉的討論了。朱子說格物致知是起點，陽明說誠意正心是起點。陽明的學生王艮比陽明本人有個更好的概括，王艮說：「格物致知四字本旨，二千年來未有定論。」其實「格，如格式之格，卽後絜矩之謂」。「絜矩」，意爲度量。致知者，知事有終始也；格物也，知物有本末也。誠意是始，平天下是終；誠意是本，平天下是末。「吾身是個矩，天下國家是個方」。「絜矩，則知方之不正，由矩之不正也」。「身是本，天下國家是末」，「格物」必先「正己」，「本治而末治，正己而物正」。知此卽致知矣。用陽明後來的話說就是：格是正，格物就是致良知以正物；物卽心中之念，致良知就是一轉念間、知其孰善孰惡，去其惡，存其善，斯意無不誠。所謂格物是止至善之功。——這是陽明學的一個提綱。

2.關於心性命天。支配心的是性，決定性的是天（「性是心之體，天是性之原」）。《孟子·盡心》：「盡其心者，知其性也。知其性，則知天矣。存其心，養其性，所以事天也。夭壽不二，修身以俟之，所以立命也。」這個內在的邏輯由孟子草創（孔子罕言性與天道），秦漢中斷，魏晉人談玄補上了這方面的探討，宋儒將其吸納到儒學裏。陽明將萬語千言濃縮到心上，主張啥事都從心上說。他從首重誠意處超越朱熹，用陽明後學的一段範疇釋義來勾勒一下心學術語的關係：

道無形體，萬象皆其形體。道無顯晦，人所見有顯晦。以形體而言，天地一物也。以顯晦而言，人心其幾也。所謂心卽理也者，以其充塞亂盈而言謂之氣，以其脈絡分明而言謂之理，以其流行賦畀而言謂之命，以其稟受一定而言謂之性，以其物無不由而言謂之道，以其妙用不測而言謂之神，以其凝聚而言謂之精，以其主宰而言謂之心，以其無妄而言謂之誠，以其無所倚著而言謂之中，以其無物可加而言謂之極，以其屈伸消息往來而言謂之易，其實則一而已。……所謂心者，非今一團血肉之具也，乃指其至靈至明、能作能知者也。此所謂良知也。

——《稽山承語》，見《明儒學案》卷25

3.誠意是「意」的靈明。意是心之動，「意之所在便是物。」是意將心物貫通，從而心物互動構成意義。「意」是所有問題的「頭腦」，心學是意術——靠「意」建立意義的藝術。念頭功夫、心地法門都聚焦於「意」，是「意」構成意義的在場（直接性、當下性），意是能指，事是所指。是「意」使事事物物不在心外，意在事親、事君、仁民愛物、視聽言動，等等，這些事便像那支花一樣，因爲意的投射而「顏色明白起來」，沒有意的投射，花和心各歸於「寂」（意義沒有建構起來）。在心外了就對心不存在了，心不誠，這些事的意義就對自己不呈現了（不誠無物）。這也是知行合一的內在理據。誠意是止於至善的入手工夫，誠意是取消任何中介的意思。

關於格物誠意何者優先，表面上看像是認識論爭辯，其實是生命風格的路徑選擇。就像理學家跟漢學家相比，理學家是詩人，漢學家是學者一樣，心學家的詩性追求又把理學家比成了學究、失去人情的道學家。陽明是生命的體悟，朱子是概念的解析。陽明培養的是能見，朱子闡釋是所見。所以徐愛聽陽明的覺得「工夫有了用力處」。

所謂誠意工夫就是意念發動「即要去其不正，以全其正」。在意念上做工夫是心學基本功。「格」就是「正」，格物的過程是正意的過程，所以格物是正心誠意之「事上練」的工夫。孟子說「惟大人惟能格君心之非」（《離婁》），程明道說「正己以格物」（《近思錄》），這是正意之主體哲學的理路。陽明沿著這條進路極而言之——「天理就是明德」，把朱熹的窮理扭到了存天理上。

陽明的格物就是處理人情事變，一以天理爲准，「能」時時處處運用天理就是「明」明德。康德說在一切事物上運用理性就是啓蒙，也是這個道理。窮理在朱熹那裏是領會理性的意思，陽明把它說成運用理性。陽明要表達的是康德式的「道德意志自律」。道德是以感情爲基礎的，感情是人欲的主要部分，既要道德又要去人欲，的確有個正不正的問題，胡塞爾的「明見性」其實想解決這個自己正自己的問題。海德格爾說的「此在」之在世結構先於自我的意向性結構，差不多是以理提心、「以全其正」。

錢穆一生推揚朱子，還是覺得心學有內勁，便來了個折中，提出了個「格心」。

李仲軒口述《逝去的武林》「大道如青天」節很好地比方了誠意格物的原理：

形意拳古有「入象」之說。入象，便是化腦子。到時候，各種感覺都會有的。碰到什麼，就出什麼功夫，見識了這個東西，你就有了這個東西。……那時候出拳就不是出拳了，覺得兩臂下的空氣能托著胳膊前進，沒有了肌肉感；兩個胯骨頭，能夠牽動天地；一溜達，萬事萬物乖乖地跟著……

不妨這樣理解：陽明說的誠意有似形意拳的化腦子，格物就是入象。

陽明平實，王學後徒便努力跑偏求深，不安於在意識上下「正意」功夫，而去誠其「意根」，意根是佛教術語，意根上加誠意是頭上安頭、多了中介，意不再靈明。

（五）天理人欲的節點在怎樣「中」

天理人欲的關係酷似佛性與人性的關係，佛性不在人性外，天理不在人欲外，關鍵是一念之轉。是一個心，不是兩個心，是一個圓內的陰陽魚，單看哪一邊先動了。天理人欲如同陰陽互相依存又彼此消長，合成人這個太極，就像煩惱與菩提彼此消長合成人這個有情。胡五峰《知言》：「天理人欲同體而異用，同行而異情。」牟宗三解釋：同體是同一事體，不是同一本體；異用是異其表現之用，非體用之用。

道心猶如佛教的眞心、眞如、自性、佛性。人心猶如佛教的心法（眼、耳、鼻、舌、身、意、末那、阿賴耶），就日常表現而言，人們只知道眼耳鼻舌身意的受想行識，不知道受想行識是自性的作用，同樣的道理，人們只知道人心的百般求索、千般挑剔，不知道人心的運作是道心的「表法」(佛學術語，示現的意思)。道心其實是心本體，孔孟曰「仁」，陽明後來說叫良知吧。它失其正、被欲望遮蔽就出現了私心 (人心)。

陽明的精一之訓的大旨，首先是指心卽性，卽天理、道心。其次是說卽使雜了人僞有了所謂人心，也依然是一個心，不堅持這一點就復歸不了眞心、道心，就陷入「二心」「三心」的支離陷阱，就再也難出離苦海了。第三，人心、道心是一不是二，猶如煩惱卽菩提，天理也卽人欲，人欲一轉就是天理，沒有一個命令人欲的天理在。它們之間的辯證關係是「一」內部的純雜、正偏的關係，不是兩個東西之間的關係。《楞嚴經》：眞心不在內、不在外、不在中間。它無所不在。巴門尼德說「存在是一」。

陽明說：「義理無定在，無窮盡。吾與子言，不可以少有所得而遂謂止此也，再言之十年，二十年，五十年，未有止也。」

他日又說：「聖如堯舜。然堯舜之上善無盡；惡如桀紂，然桀紂之下惡無盡。使桀紂未死，惡寧止此乎？使善有盡時，文王何以『望道而未之見』？」

如果把義理二字換成易理——「生生之謂易」(《周易》) 之「易道」，意思就顯豁了。生生是說生一回再生一回，沒有終止、沒有窮盡。易理通貫天地人，所有的義理都須是合乎易理的。所以義理如易理，無定在、無窮盡。無定在，是說不能著相，不能僵化固執地死死地把捉義理，這樣就把眞理變成了教條。無窮盡，是說眞理沒有終結之時。

陽明很動感情地「吾與子言」：不能有點明白就止步不前，再過五十年也不要停止對純粹理性的體悟，因爲義理並不是像理學家說的那樣定在那裏，它沒有固定的方所（學道如搔癢才說「下點」又要「上點」），沒有窮盡，沒有到頭的時候，也不會有什麼頂峰、終結可言。善也無盡，惡也無盡。至於至善，是永遠不要停止修行的意思。心學是要求永遠重新開始的學習學。

（善無盡惡無盡的說法很可能直接啓發了章太炎之善也進化惡也進化之「俱分進化論」。陽明的善惡是就主體去實施而言，太炎則側重社會總體狀況而言。

義理無定在、無窮盡的思想，被他的徒孫李贄發揮到「是非無定質、無定論」，反對封閉的體系、蔑視僵死的概念、摒棄脫離現實的空洞教條，推進了晚明的思想解放。）

陽明說：「定者心之本體，天理也，動靜所遇之時也。」

定，相當於佛教說的「如如不動」。佛說佛性如如不動，陽明說心體是定，異曲同工。「定」是特徵描述，陽明用天理來描述形容定，其實是頭巾氣的。因爲一引入天理就虛化了定的特徵，陽明的意思是「定」是像天理一樣不動的定在。動靜是隨境遇變化的狀態，是人與環境「應酬」時的狀態，做工夫須得明白心體是定的，從理論上堅信動亦定、靜亦定，從修爲上應該動時找到定、靜時找到定。動是接物的時候，靜是沒有接物的時候。能夠定了，就達到孟子說的「不動心」了。

陽明在別處還說「樂者心之本體」「知（覺性）是心之本

體」，樂、定與知不是一個層級。知比樂、定更根本，樂、定是知之用，知是綱，樂、定是目。所以屬「知是心之本體」最有前途，最後導出良知，一錘定音。

陽明這樣看待天理，與程伊川、朱熹把天理視爲「只存有不活動」的「只是理」迥然不同。清代的戴震講理從條理講，用理則克服人們把自己的意見說成天理的習慣。陽明則從功夫講，要用定將誠意、存養、省察一以貫之。陽明是入的、是信仰，戴震是出的、是邏輯。

《壇經》這樣講獲得定的方法：「汝但心如空虛，不住空見，應用無礙，動靜無心，凡聖情忘，能所俱泯，性相如如，無不定時也。」就是要求你自存心如空虛似的，可是也不著空見，不要有一個空虛的見在心裏。你能如此應用無礙——事來順應，事去則淨，也不要想我是凡夫或聖人，也沒有個能見也沒有個所見，也沒有個能空也沒有個所空；你要知道，見明之時，見不是明，見暗之時，見不是暗，見有之時，見不是有，見無之時，見不是無；性也如如，相也如如——能這樣，則時時都在定中（保持「意」的空明、虛靈、靈明）。

（可參考艾揚格《瑜伽之樹·禪定和瑜伽》：「它（禪定）從觀察身體的過程開始，繼而密切注意心的狀態，接著融合頭腦和心的智慧以深入探索深邃的冥想，借著深邃的冥想，意識與禪定的對象融合，這個主體與客體的結合，使得複雜的意識變爲單純，並映照著神聖的光輝。……這是禪定的效果：自傲、自大和自我轉化成謙卑和純眞，從而導向三摩地。」）

學生問：「伊川謂：『不當於喜怒哀樂未發之前求中。』延平卻教學者看未發之前氣象。何如？」

陽明說：「皆是也。伊川恐人於未發前討個中，把中做一物看，如吾向所謂認氣定時做中，故令只於涵養省察上用功。延平恐人未便有下手處，故令人時時刻刻求未發前氣象，使人正目而視惟此，傾耳而聽惟此，即是『戒慎不睹，恐懼不聞』的工夫。皆古人不得已誘人之言也。」

李延平是朱熹的直接老師，牟宗三在《心體與性體》中對他有深入的評述，他名氣沒有伊川大，功夫比伊川深入，陽明內心裏是贊許延平的看法的，此刻爲了幫助學生既有下手處又別跑偏，所以慨然說「皆是也」。心學兩大內容，一是心性學，一是心性功夫。陽明特別重視功夫，揭知行合一之旨就是爲了功夫上身，以免閑說話。讓人克服閒思雜慮爲了正意，現在爲求得未發之中綜合伊川和延平：不要把未發之中當做一物看（康德不懂中國心性工夫，他的「物自體」是理性的邏輯的），把體悟未發之中之前的氣象作爲下手工夫。

「中」是種狀態，什麼狀態呢？陽明在《傳習錄》第29條反對過一種傾向：就是把「氣定」當做「中」。氣定，是功夫，小而言之，射擊、射箭之類氣不定射不中。大而言之，從練氣定入手，常常保持氣定神閒，就可以避免許多窩囊、瑣碎和莽撞。但是氣定不是中。中是不偏不倚、無過無不及，有時候爲了讓學生明白，陽明直接說中是天理。他常講「於涵養省察上用功」才能克己「符」理。

延平主張體悟未發以前的氣象是築基功，具體的至少包括「戒愼不睹，恐懼不聞」，也就是「非禮勿視、非禮勿聽、非禮勿動」，時時刻刻保持住個「正」，就是在踐履「中」了。

陽明最後說這只是引導人的辦法，眞正的未發之中的功夫不是空口說的，眞正的中正氣象、境界是自己心性與天道通而爲一了，不是靠理性而是靠感性接通天道，因爲感性是生命性的，這個「支點」的轉換極有戰略意義，直通後現代資訊文明之「體驗出意義」。

（六）東林黨魁對「天泉證道」的批評

陽明生怕因藥發病，想預支永恆正確，卻很快成了箭垜子。來自官方的政治打擊，基本是沒有思想含量。明末對王學流派的批判，基本上與陽明關係不大。明清之際名儒、大儒對陽明的聲討可寫一部專史，如陸世儀說陽明才氣太盛，雖到處講學，實不過是聰明用事，就會說良知二字，對於佛老之學，因少年用功過來，所以時時提及，原是熟處難忘。顧炎武說明亡於王學空談心性。王夫之說王學淺薄不屑一辯。這裏單舉一個來自王學內部的典型：顧憲成。

陽明的大弟子歐陽德是他師爺。他對陽明學頗多獨悟，譬如，他說：「《大學》言致知，（王）文成恐人認識爲知，便走入支離去，故中間點出一良字。孟子言良知，文成恐人將這個知作光景玩弄，便走入玄虛去，故就上面點出一致字。其意最爲精密。」

（《明儒學案》之《東林學案一》）他認爲無善無惡之說會導致以善爲惡，以惡爲善，會敗壞天下教法。他的《小心齋劄記》力破「無善無惡」：

管東溟曰：「凡說之不正，而久流於世者，必其投小人之私心，而又可以附於君子之大道也。」愚竊謂無善無惡四字當之。何者？見以為心之本體，原是無善無惡也，合下便成一個空。見以為無善無惡，只是心之不著於有也，究竟且成一個混。空則一切解脫，無復掛礙，高明者入而悅之，於是將有如所云：以仁義為桎梏，以禮法為土苴，以日用為緣塵，以操持為把捉，以隨事省察為逐境，以訟悔遷改為輪回，以下學上達為落階級，以砥節礪行，獨立不懼，為意氣用事者矣。混則一切含糊，無復揀擇，圓融者便而趨之，於是將有如所云：以任情為率性，以隨俗襲非為中庸，以閹然媚世為萬物一體，以枉尋直尺為舍其身濟天下，以委曲遷就為無可無不可，以倡狂無忌為不好名，以臨難苟安為聖人無死地，以頑鈍無恥為不動心者矣。由前之說，何善非惡？由後之說，何惡非善？是故欲就而詰之，彼其所占之地步甚高，上之可以附君子之大道。欲置而不問，彼其所握之機緘甚活，下之可以投小人之私心。即孔、孟復作，亦奈之何哉！

顧憲成認爲陽明太偏佛了。他說佛學三藏十二部一言蔽之，就是這個「無善無惡」。高攀龍則認爲姚江之弊，明心而不言明善，以掃善惡爲空念，終至廢詩書而無悟，輕名節而無修，「足以亂教」。劉宗周說，「天泉證道，龍溪之累陽明多矣」。

顧憲成還有有一段總結性的言論，說得也很俏皮：

夫自古聖人教人，為善去惡而已，為善為其固有，去惡去其本無。本體如是，工夫如是，其致一而已。陽明豈不教人為善去惡？然既曰無善無惡，而又曰為善去惡；學者執其上一語，不得不忽其下一語也。……忽下一語，其上一語雖欲不弊，而不可得也。羅念庵曰：「終日談本體，不說工夫，才拈工夫，便以為外道。」使陽明復生，亦當攢眉。王塘南曰：「心意知物皆無善惡，使學者以虛見為實悟。必依憑此語，如服鴆毒。四無之說，主本體言也，陽明方曰是接上根人法，而識者至等之鴆毒，未有不殺人者。」海內有號為超悟，而竟以破戒負不韙之名，正以中此毒而然也。且夫四有之語，主工夫言也，陽明第曰是接中根以下人法，而昧者遂等之外道。然則陽明再生，目擊茲弊，將有摧心扼腕不能一日安者，何但攢眉已乎。（《與李孟白》，《明儒學案》之《東林學案一》）

顧憲成主張：「語本體，只是性善二字；語工夫，只是小心二字。」「小心」二字精密至極，幾乎沒有「自肯承當」此二字的。唯陽明足以當之，陽明的「精密」來自這個小心。陽明是個小心翼翼的志士仁人，他的自肯承當、奮不顧身都有個小心翼翼著「先招」，他小心翼翼了個「不動心」。

附錄　簡述陽明學在東亞的影響

所有的人文學及其術，都在回應著一個根本問題：面對難題、苦難、實在沒有辦法的時候還能怎麼辦？陽明一生顛蹶，在逆境、絕境中悟出、在行動中錘煉出一套「卽用求體」「有體有用」的、上可以成聖下可以應物成仁的功法。在一個沒有宗教的國度發揮著藝術化的（沒有強制性的）宗教功能，日本人稱之爲「良知之道」。

蔣介石在《中國的立國精神》（1932年6月6日）中表示要把王陽明的心學奉作中國的立國精神。1945年蔣經國號召：「我們要做總裁的信徒，爲陽明的學生。」蔣經國在陽明「過化之區」的贛州推行「新生活運動」時借重過陽明學說。厥父厥子的書信日記中頻頻談論陽明學。蔣經國將王陽明的思想精神歸結得相當到位：一是「誠」，就是「要有純潔的淸白和懇切的念頭」；一是「知行合一」，「王陽明先生不但有高深的學問，而且能將學問實用實行」。一生都在東食西宿、占盡便宜的蔣介石，對孫中山先生不夠眞誠，對三民主義不夠惻怛，他用功利主義的態度學習陽明的良知學，不可能功夫上身，充其量不過是製造口號和光景（譬如把草山改名陽明山），包括蔣介石要把心學作爲「最良的武器」，以復興中國、抵抗日本。他沒有用良知來接受良知，沒有掌握「入德之柄」，只想著立竿見影，於是失去了根本。

有人這樣區分：中國的陽明學從明中葉以後深入到民間社會,與平民教育相結合,走的是世俗化的普世主義的發展路徑；日本的陽明學起先是掌握在儒學教師個人手中，後來爲了實際的需要而逐漸成爲武士階層手中的思想武器,走的是學問化加功利化的文化民族主義的發展路徑；而朝鮮的陽明學作爲與佛教禪宗相混的異端思想被引進,是在壟斷性的主流意識形態的辯斥聲中艱難傳佈的,走的是類似秘傳原教旨主義的發展路徑。眞可謂良知是種子一花開五葉，葉葉不相同。而且，陽明只是指頭，良知才是指頭所指的月亮。《傳習錄》是指月錄，五百年來陽明學在中外的傳播影響史有似一曲《春江花月夜》：「江畔何人初見月，江月何年初照人?」哪個想被江月照，哪個照了沒照成？

早在1511年，日本禪僧了庵桂悟（西元1424-1514年）以87歲高齡（也有83歲之說），奉幕府將軍之命出使中國，陽明在京城隨同楊一淸拜訪之。1513年，王陽明經寧波時，會見了了庵，作《送日本正使了庵和尚歸國序》相贈。此序之眞跡今藏於日本三田博物館。日本學者稱桂悟親與陽明接觸，爲日本王學宣導之篙矢，並稱這一佳話不可輕易看過。日本的陽明學始祖，公認爲是中江藤樹（西元1608-1648年），他與比他小40歲的朝鮮哲人鄭齊斗一樣，完全是從心靈的需要由朱子學轉向陽明學。

中江藤樹之後的日本的陽明學，大致可分爲兩派：一派是具有強烈內省性格的德教派（也叫存養派），忠實地繼承了藤樹的傳統。另一派是以改造世界爲己任的事功派，其中有領導都市平民起義的大鹽中齋，有幕末志士吉田松陰。大鹽中齋，通稱平八郎，在思想上篤信王陽明的「良知」說，在政治上則極力把良知理論付諸實踐，可以說是日本近代陽明學者中以「實踐」二字爲其信仰的第一人。1837年，大鹽中齋爲了賑濟災民，領著學生門徒、近郊農民、城市貧民共三百人，舉行了有名的「大鹽平八郎起義」。起義失敗，大鹽本人也引火自焚。吉田松陰是維新運動時期先驅性的思想家和教育家。吉田松陰以其叔父的名義在家鄉創建了松下村塾，陽明學被他轉化爲爭取思想自由、自主自力的自尊無畏的、倒幕維新的思想武器。80多名學生，竟有近半數爲明治維新做出了傑出貢獻。吉田松陰提倡「自得」：「自得者，得於心也」，「成吾自由之心也」。

吉田松陰的老師是佐久間象山，佐久間象山的老師佐藤一齋（西元1722-1859年），當幕府儒官19年，曾在幕府官學大本營任教，凡士庶人入其門者不下三千人，他「陽朱陰王」地發展了陽明學。他說：此心靈昭不昧，凜凜自惕，吾心卽天也。有志者要當以古今第一等人物自期焉，士當恃在已者，動天驚地極大事業，亦都自一己締造。有《言志錄》四卷。在其門下和再傳弟子中最有名的要說倒幕領袖西鄉隆盛、明治時期最有影響力的當權人物伊藤博文。西鄉隆盛也是主張學習應「自得於心」，以利用「較量格鬥」，不然的話，「空讀聖賢之書，如同觀人劍術，無絲毫自得於心。若不自得於心，一旦較量格鬥，則唯敗逃而已」。這種實用心學，啓發日本人起來開港倒幕，廢藩置縣，教育改革，富國強兵，促進了明治維新。井上哲次郎說：德川時代，朱子學派固陋迂腐者頗多。反之，陽明學派中人物，則多有建樹者，而固陋迂腐之人幾乎沒有。陽明學果有陶冶人物之功。

日本陽明學突出的，一是立志，一是力行，一是自尊無畏。對於心與物、心與理誰是第一性、誰是第二性等問題毫不在意，他們只要求立大志，做大丈夫，幹大事業，於是勇於打破門戶之見、博采衆家之長，積極吸收並推進西學本土化，形成了他們東洋道德西洋技術的文化模式（「和魂洋才」）。他們汲取了陽明學「誠意」「篤行」的知行合一功夫，形成了讓蔣介石震撼的力行精神。他們推崇「不怨天尤人而求諸己」「造命卻由我」的人生哲學，將良知說轉化爲「自尊無畏」的心力，找到了自強自力的基本途徑。在倒幕維新的運動中，爲了自己的心念而拋頭顱、灑熱血，建功立業。陽明學還啓動了他們的武士道。日本博士新渡戶道造的《武士道》云：「武士道的核心是良心，即義務與愛合二爲一」，而且最重「中國哲人王陽明」的知行合一。大名士楊度也說過：武士道獨宗陽明，更以知行合一之說，策其以身殉道之情。攜帶方便的《節本明儒學案》爲陽明學在下層武士、民間流傳起了作用。《天皇的陰謀》講日人交流情志的「腹藝」能見心學工夫特色。

朝鮮的官學是朱子學，脫離朱子學一律被視爲斯文亂賊而加以迫害，信奉異端邪說的陽明學會遭致禍害，而鄭齊斗（1649—1736）頂著身亡家破的風險也終於家門破落，由於自己的良知發現，奉陽明學爲性命之學，不顧親友勸阻，就是爲了從陽明學中發現眞正的生活而隱居於江華道霞谷、以家學秘傳的方式傳授陽明學，爲了致良知、並用致良知的方式體證良知。霞谷陽明學可減縮爲「生理論」「體用論」「實心論」。其生理論的要點是並重心的本體性（理）和生動性，爲朝鮮性理學界有關理氣、未發已發的論爭開拓了一條解決之路。《良知體用圖》恐怕是全世界陽明學後裔中精准明白地闡釋了心學宗旨的大著作。此圖由三個同心圓構成，中心是「性圈」（心之性=心之本然=良知之體），中間「情圈」（心之情=心之發=良知之用），最外「萬物圈」（上爲天圈下爲地圈）。他將體和用分置於各自的同心圓中，據韓國學者說，他消解了陽明學良知體用迴圈的危險，有效地克服了良知現成論，抵制了陽明學「任情縱欲」的弊端。他的實心論就是「實忠實孝，實致實格，言無誇嚴，行無僞飾」。他一生眞修實煉做工夫，痛斥知識人的虛僞，提倡「敬愼」的修養論。他是實心實意地要通過體證陽明學而解決自己的、也是那一代人的精神危機，所開創的霞谷派陽明學如同孤島上的燈火，薪盡火傳、綿綿不絕。

韓國現代陽明學的代表是朴殷植（柏庵，1859—1925）和鄭寅普（爲堂，1893—1950）。所謂現代就是西學東漸，西方列強入侵之後，人們感到衛正斥邪的守舊論（「老論」）不足以應對時事，朱子學格物致知的方法很難適應弱肉強食、優勝劣敗的生存競爭，轉而從陽明學中尋找開化自強的應變理論（「少論」）。1910年，朴殷植用漢文撰寫了陽明學的入門書——《王陽明先生實紀》,該書對近代朝鮮學界的影響相當大。朴氏提出「儒教求新論」，宣導用陽明學來革新朝鮮傳統儒學。他說已到了「實際行動的時代」，陽明知行合一學說是解決時代問題的「不二法門」，將良知本體確立爲可以與世事相適應而前進發展的主體自覺，有了這個自覺，就可以既與時俱進，又不臣服於西方的物質文明。他說：「人作爲渺然一身，處在複雜變化的事物中，不能不受引用和使役，要想命令制禦萬事萬物的話，就必須把良知的本能當作基本要領。」（《朴殷植全書》下）他用這基本要領建立民族主體性，他既把良知作爲測量方圓長短的規矩，又標舉陽明學隨時應變的特點，大力宣導實踐以提高國力，又立足陽明學的「拔本塞源論」，提倡建立一個大同世界，來抵抗西洋帝國主義（《大同學說之問答》）。朴殷植以及後來的鄭寅普等人爲喚醒朝鮮民族的獨立意識和自主精神而奔走呼號,並最終使陽明精神與近代新思潮合而爲一，啓發了韓國的近代化改革，在十九世紀末恢復國權運動、獨立運動及民權思想上極具意義。陽明思想是朝鮮實學的源頭。

與明清之際罵王學亡國相反，清末民初每當應變乏術的時候，都有人會「想起」王陽明。譬如，嚴復曾浩歎如果讓王陽明處理近世亂局就不會這麼不可收拾。之前，本是標榜篤信程朱的曾國藩，也讓學界中人覺得他「入而講學，出而戡亂，酷似陽明」（《湘學略》）。曾國藩一生三變，並沒有宗主陽明的時期，但他的幕僚記載他私下自稱「吾學以禹墨爲體，莊老爲用」（歐陽兆熊《水窗春囈》）。這其實也是陽明的特色：禹墨是實踐的儒俠、莊老是超越的虛靈。曾國藩學了王陽明的「團練」、自籌民兵去剿洪秀全，他倆最相似處是都以教爲綱，能夠捐棄俗學的紛華、提煉出孔教的綱要，堅持「何才不育」「以善孽善」。他從宗信陽明學之人多能建立功業的角度，看到心學教育的成效，不再糾正陽明直指本心之說，轉而肯定陽明學。

眞正從掌握「入德之柄」認信良知說的，於日本是中江藤樹，於韓國是鄭齊斗，於中國是譚嗣同。譚嗣同的悲劇更顯現出心力說的偉大。看看《仁學》的目錄便知他與陽明學一氣貫通：「智慧生於仁」；「仁爲天地萬物之源，故唯心，故唯識」；「仁者寂然不動，感而遂通天下之故」；「不生不滅，仁之體」等等。王陽明、譚嗣同都直承孟子，都在用千年的眼光，看百年的是非；都在用講良心的方法，去做需要用手段的事情；都特立獨行、輾轉於滔滔濁世，希望用浩然正氣打通天地間的壅塞。譚嗣同比王陽明更「大丈夫」，王陽明比譚嗣同更有意術。

曾國藩、譚嗣同是湖湘文化的代表，湖湘文化一個突出特點就是「致知力行」，並把「致知力行」統一於自我價値的實現上。這種「致知力行」「經世致用」的思想模範成爲一代又一代湖湘學子的「共由之軌」，譬如譚嗣同影響了楊昌濟，楊昌濟影響了毛澤東。

譚嗣同對楊昌濟的影響是直接的。1898年，戊戌變法進入高潮，楊昌濟就讀於嶽麓書院，參加了譚嗣同等人組織成立的「南學會」。該學會每月講演四次，楊昌濟每次都參加，在一次講演會上，楊問譚嗣同：「如何理解天地之大德曰生？」譚嗣同非常讚賞這一問，興奮地說：「獨能發如此奇偉精深之問。此豈秦漢以下之學者胸中所能有哉？」他的回答是：「總之以民爲主，如何可以救民，即以如何爲是，則頭頭是道，衆說皆通矣。」楊昌濟對譚嗣同的「心力說」和「沖決羅網」的精神非常敬佩。陽明學對青年毛澤東的影響，是個大題目，不能輕易粗說，玆摘毛澤東的《講堂錄》、書信、讀書批註若干則，會心極遠的讀者，自能各有所悟：

理想者，事實之母也。

高尚其理想（立一理想。此後一言一動皆期合此理想）。

心之所之謂之志。

一個之我，小我也；宇宙之我，大我也。一個之我，肉體之我也；宇宙之我，精神之我也。

聖賢，德業俱全者也；豪傑，欺於品德，而有大功大名者。

有辦事之人，有傳教之人。前如諸葛武侯、范希文，後如孔孟朱陸王陽明等是也。

聖人既得大本者也，賢人略得大本者也，愚人不得大本者也。

十年未得真理，即十年無志，終身未得，即終身無志。

——《講堂錄》

夫本源者，宇宙之真理。天下之生民，各為宇宙之一體，即宇宙之真理，各具於人人之心中，雖有偏全之不同，而總有幾分之存在。今吾以大本大源為號召。天下之心其有不動者乎？天下之心皆動，天下之事有不能為者乎？天下之事可為，國家有不富強幸福者乎？……故愚以為，當今之世，宜有大氣量人，從哲學、倫理學入手，改造哲學，改造倫理學，根本上變換全國之思想。

——1917年8月給黎錦熙的信

孟軻之義內，王守仁之心即理，似均為直覺論。

——1917年至1918年《倫理學原理》批註

毛澤東「宇宙之我即精神之我」的說法有效地論證了「吾心即宇宙」這一心學原理。「終身未得眞理即終身無志」亦是對心學立志的最透闢的論說。他1917年發表的《心之力》幾乎是篇良知萬能論：「人之力，莫大於心。陽氣發處，金石亦透，精神一到何事不成！」他給黎錦熙的信顯露出重立大本、重開大用的開國領袖的心力。他說陽明是傳教的，挺棒；其實，陽明也是辦事的。把傳教與辦事合一就是導師、領袖、統帥、舵手合一了。

陽明學五百年不老，尤其是支撐了「儒學第三期發展」（海外新儒家皆熊十力弟子、再傳弟子，熊十力可謂最後一個心學家，比梁漱溟、賀麟還「後」），陽明學在歐美也且傳且播，也有了越來越多的研究心學的機構和專著、專刊和專家了。但是陽明會在各種「陽明學」會議上睡著的，他不想當成知識對象，《傳習錄》也不是文本理性，這跟供在孔廟吃冷豬頭沒什麼兩樣，他想活在生生不息的創生洪流裏，活在草根們指揮滑鼠的「心」裏。也許，生活在物聯網中的人會有一天需要「良知+互聯網」，從而回首望陽明。

心學是揉心學，在「安心」功能上類似佛禪，比佛禪不遺棄人倫物理。心學是儒釋道三教的精華，陽明用釋道的功法完成了儒家的使命。教陽明養生術的鐵柱宮道士所信奉的是「淨明忠孝教」：「『淨明』只是正心誠意，『忠孝』只是扶植綱常，世人習聞此語，多是忽略過去，此間卻務眞踐實履。」（《玉眞先生語錄內集》）陽明是個立體的渦輪機，靜態解剖必有遺珠之憾。

陽明感到陸九淵講心學「說粗了」（也說過孟子「比妄人爲禽獸，此處欠細」）。後人談王的影響事實上都「說粗了」、也只能「粗」著說，因爲受影響者的直覺是不可轉述的。失去了直覺的「話頭」，要麼變成語義的邏輯的分析、要麼只是外緣的事實性的歸納，都可與契機性的應答差之毫釐失之千里，包括我這篇小文、這本小書。

今天最大的危機是人性危機，沒有標準、沒有底線的流氓精神遠遠比良知精神強悍狂囂，有各種各樣的殺「善」機制大行其道，我還是要借陽明來呼喊良知，哪怕只在幾個人心裏生起漣漪，也會燈火相傳，陽明會當年指認傳人一樣說：「擔當世道，力行所知，將在此子。」

丙申初一於定福莊